한 눈에 읽는 성경으로

나의 최고 행복

지은이 이 상 철

P.R과 M.R 독서법으로
읽는 성경

1년에
100독 성경읽기

치유와 영성

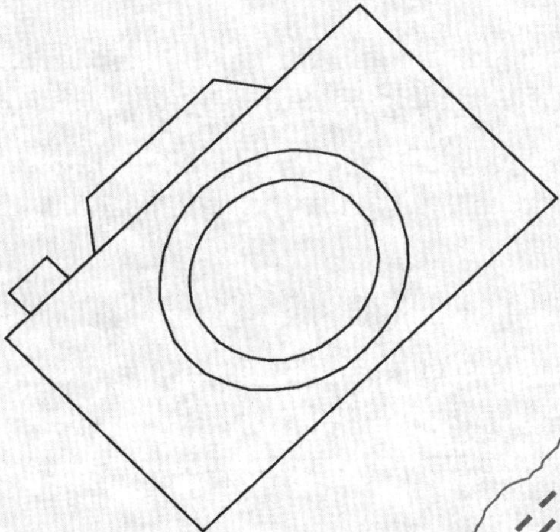

P.R (Photo Reading)

책을 사진 보듯이 읽는다

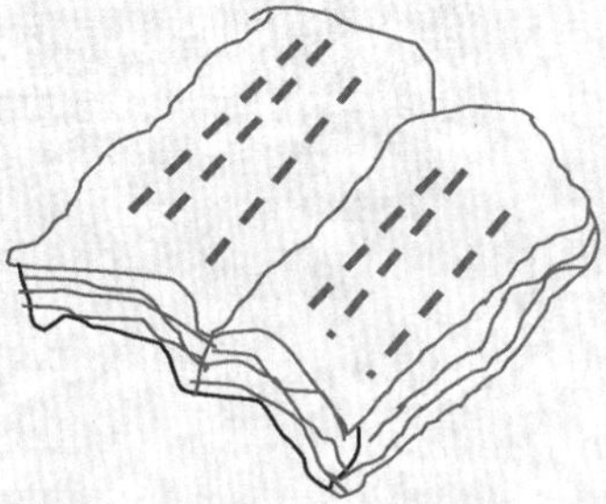

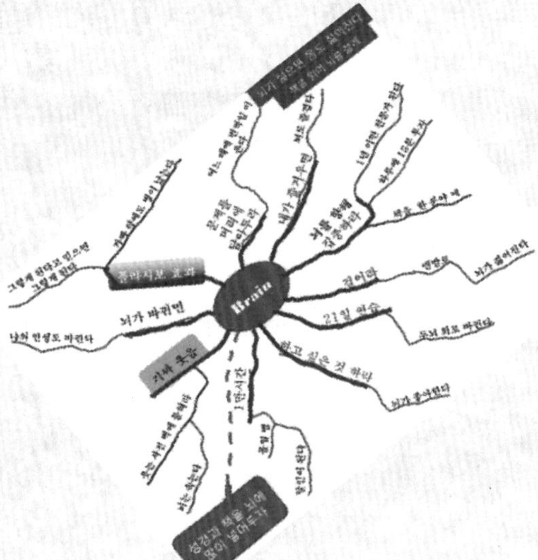

M.R (Mind Map Reading)

읽은 책을 내 머리에 그림으로 정리 한다

한 눈에 한번 성경을 보는 것으로

나의
최고 행복

지은이 이상철

매일 평안해 지는 행복한 길로 인도합니다.
확신과 믿음이 없거나 믿음이 약한 사람에게 들려 주는 반가운 소식입니다.
여섯 달만 그냥 따라 해보면 그냥 행복해 집니다.

말씀(성경)이란!

태초에 하나님이 천지를 창조 하시니라.
태초에 말씀이 계시니라.
그 안에 생명이 있었다.
나는 알파와 오메가다.
처음과 마지막이다.

말씀은 우주의 에너지다.
말씀으로 안 되는 것이 없다.

성경은 곧 예수는 그리스도라는 것입니다.

성경을 읽고 깨달음의 결과는
예수님이 그리스도라는 것이다.
이 깨달음이 올 때는 성경의
핵심을 깨달은 것이다.

차 례(Contents)

들어가는 말 _ *5*
1. 포토리딩과 마인드맵이란? _ *6*
2. 책 사용법 _ *6*
3. P.R(Photo Reading)과 M.M(Mind Map)으로 성경과 책 읽기 _ *7*
4. P.R를 해보기 _ 8
5. 왜 우리는 성경을 필수적으로 읽어야 하는가? _ *10*
6. 마인드 맵 보는 법 _ *11*

구약전서 _ *12*
5경 _ *13*
역사서 _ *14*
시가서 _ *71*
대 선지서 _ *83*
소 선지서 _ *120*

신약전서 _ *162*
공관 복음서와 역사서 _ *163*
바울서신서 _ *192*
공동서신서 _ *238*
요한계시록 _ *265*

7. P.M독서법으로 얻은 성경의 열매 _ *285*
맺는말 _ *288*

들어가는 말

30년 동안 목회를 하면서 늘 생각하고 있었던 것을 정리 하게 되었습니다.
목회자나 기독신자들이 부담감을 가지고 있는 것이 있는데 그것이 어떻게 하면 성경을 많이 읽고 그 내용을 좀더 잘 알 수 있을까 였다.

본인도 무거운 짐을 해결 하려고 하는 중에 포토리딩(Photo Reading)과 마인드맵(Mind Map)을 공부하게 되어서 그렇게도 부담이 되었던 성경 읽기가 쉽게 되어 홀가분한 감회가 커서 이 책을 쓰게 되었습니다.
늘 강단에 올라 가서 설교를 하기 위해서는 산고의 고통을 겪고 나서 자신도 없는 설교를 하게 되는 아쉬움이 쉽게 풀어지는 해방의 기쁨을 맛 보았습니다.
그 뿐 입니까. 성경 보는 재미가 솔솔 나고 믿음이 날마다 확실해졌습니다.
설교에는 자신과 믿음과 능력이 생기고 메세지 전하는 것이 부담이 아니라 즐거운 것이 되었습니다.

매일 매일 성경 보는 일이 행복하고 이제는 책 읽는 것이 쉽고 즐거움이 되었습니다.

특히 인문 고전 같은 것은 얼마나 중요 한지 감화가 큽니다.

성경과 독서의 즐거움을 맛보고 행복한 신앙 생활을 할 수 있기를 바라는 마음에서 이 책을 쓰게 되었습니다.

목회자 들에게는 목회가 즐거운 행복의 사명이 느껴지고 일반 기독 신자들은 신앙 생활이 이렇게 즐겁고 행복하다는 것을 알게 되어 교회의 분위기가 완전 반전되어 하늘나라가 임하는 일들이 각 교회마다 일어 날 것입니다.

이 책은 한번 읽고 버리는 책이 아니라 언제든지 성경과 함께 곁에 두고 함께 읽는 책입니다. 거기서 생명, 능력, 믿음, 자신감 이 약동하는 신자로 자랄 것입니다.

자라는 우리 학생들에게는 여기에 실린 독서 법 대로 성경과 책을 읽으면 분명히 세계적인 인물로 탄생될 것입니다.

이 사실은 확실합니다.

교회부흥과 생명력이 교회를 감쌀 것입니다. 전도와 기도의 자신감과 응답이 올 것입니다. 따라서 건강과 치유도 덤으로 받게 될 것입니다.

전국에 있는 모든 교회와 기독신자들이 성경과 책을 읽으므로 대한 민국은 강대국이 틀림없이 됩니다. 성경이 증언 하고 있습니다.

감사합니다.

이상철 양촌에서(2018.2월)

1.포토리딩과 마인드맵이란

1)포토리딩(Photo Reading : P.R)

토니부잔<마인드맵북>의 책에서는 우리의 뇌(腦)에는 뇌 세포가 그물과 같이 방사형으로 구성되어있고 우뇌(右腦)는 이미지를 좋아하는 이미지 기억의 역할을 한다. 그래서 문자로 된 활자를 그림처럼 기억 하는 것이다. 그림은 한꺼번에 기억하기 때문에 순간적으로 사진으로 기억하는 역할을 하는 것이다.
그래서 포토리딩이라 합니다. 사진으로 책을 기억 하는 것입니다. 책의 한 쪽을 순간에 사진을 찍는 것이지요. 그 다음의 이해 단계는 뇌가 알아서 정리를 하는 것을 우리는 인정 하면 됩니다(히11/1 믿음은 바라는 것들의 실상이요...)

2)마인드맵(Mind Map : M.M)

이미지로 정리된 것을 우리는 P.R로 보든지 정독을 하든지 하는 독서를 M.R이라 한다. 마인드맵은 한 눈으로 보는 요약된 것이기 때문에 시간적으로는 몇 십 분의 일로 단축되는 시간 절약이 되어 마인드맵으로 되어 있는 것으로 보면 성경과 책을 쉽고 엄청나게 많이 보게 됩니다.

마인드맵

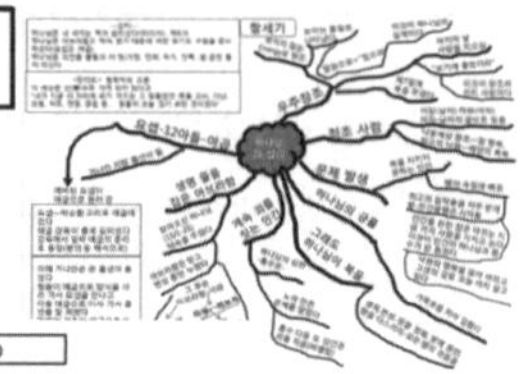

2.책 사용법

1)마이드맵(그림=이미지)

성경의 각 권을 요약한 것으로 이미지화 한 것. 뇌는 사진을 잘 기억한다.
한꺼번에 한권의 성경을 볼 수 있다.
기억도 잘 된다. 사간은 무척 단축된다.

성경 해설

2)성경해설(요점과 핵심 되는 메시지)

내용을 주요한 것을 골라 핵심을 잡았다. 설교 주제로 잡으면 유용하다.
마인드맵에서와 같이 한 페이지로 볼 수 있도록 했다.
이것만 봐도 하나님이 무엇을 말씀하시는지 알 수 있다.

3)말씀으로 기도하기(하나님의 약속을 가지고 기도하는 것)

우리의 기도는 하나님의 약속을 확실하게 꼭 붙들고 하는 것이 기도를 잘 하는 기도다.
벽에 못도 없는데 무조건 모자를 걸 수 없듯이 약속(못)을 정확히 보고 기도하는 것이 짧은 시간에 기도해도 응답이 되는 기도다.

말씀으로 기도하기

3.P.R(Photo Reading)과 M.R(Mind Map Reading)으로 성경과 독서하기

1)P.R(포토리딩)

책의 1쪽을 1초간 그냥 눈으로 보는 것이다. 양쪽이기 때문에 2초가 걸린다.(<티이거 시 런닝>-박연선, 박길선)
성경은 1,754쪽이다 . 1,754초가 된다 60초로 나누면 약 30분이 걸린다.
이렇게 보는 것이 P.R성경독서법이다. 매일 한번씩 P.R로 성경을 보면 반년 쯤 되면 성령의 역사가 어떻게 흐르는가를 맛보고 성경을 가까이 하게되고 성경 보는 시간이 가장 행복해 지는 시간이다. 성경을 생각만해도 힘이 나고 기뻐진다. 입에서는 찬송이 저절로 나온다.
일반 책도 이렇게 보면 된다. 이해가 되느냐? 이해는 마인드맵 에서 다 소화가 되어집니다.

2)성경 정독

정독은 한번 시간을 내서 밑줄 그어 가면서 작심 하고 일단 1독을 한다. (주요 부분은 표시해가면서...)
제2독은 1독 할 때 표시된 부분을 중심으로 읽는다. 시간이 엄청 단축되겠지요.
그 다음으로는 이 책을 사용 하십시오. 물론 처음 부터 이 책을 읽어도 됩니다.
더 깊이 있게 하기 위해서 입니다. 시간이 없는 분은 이 책 한 권이면 충분합니다.
그 다음부터는 계속 이 책과 성경을 번 갈아 P.R과 정독을 합니다.
하나님이 얼마나 좋아하시는지를 알 수 있습니다. 증거들이 나타나기 시작 할 것입니다.

3)일반 독서도 P.R부터 시작 하십시오.

중요부분 표시
정독 할 때는 대충대충 읽으십시오.
정리는 M.M(Mind Map)때 하면 됩니다.(기억, 이해, 적용, 창의력 등)
마인드맵(Mind Map=M.M)작성은 별도로 설명이 필요하기 때문에 여기서는 약합니다.

4) M.R(마인드맵 리딩)

이 책을 가지고 마인드맵(M.M)을 P.R과 정독을 하면 됩니다.
또 성경이해와 말씀으로 기도하기 를 가지고도 P.R과 정독을 하면 됩니다.

5)1년에 300독 이상 성경 읽기

성경본문 6독-2개월 1독(정독 후 제2독 이후부터 읽기 시작해서)
성경본문 200독-P.R로 매월 20독

마이드맵 과 성경해설 과 말씀으로 기도하기 를 정독하기
마이드맵 정독 50독-매월 5독
성경해설 정독 50독-매월 5독
말씀으로 기도하기 40독-매월 4독

이렇게 읽으면 일년에 적어도 300-500독의 성경을 읽을 수 있다.

이렇게 성경본문 P.R과 이 책을 가지고 P.R 를 하고 성경과 이 책을 정독하면
성령의 바람이 불 것입니다. "네 배속에서 생수의 강이 흘러 나오리라."(요7/37)
각 교회에서 나오는 생수는 세상을 살립니다(에스겔47장).
달려가면서 볼 수 있도록 판에 말씀을 새기라 했습니다(합2/2).
이 백성이 지식이 없어서 망한다 했습니다(호4/6).
말씀을 읽는 자와 듣는 자와 지키는 자가 복이 있다 했습니다(계1/3).
하나님의 심판기준이 하나님이 주신 약속, 언약, 계약으로 하신다.
하나님의 말씀은 하나도 땅에 떨어지지 않는다.
천지는 없어져도 하나님의 말씀은 없어지지 않는다(마24/25).

성령의 검 곧 하나님의 말씀이다(엡6/17).
성령충만은 말씀충만 곧 믿음충만이다.

4 P.R를 해보기(타이거 시 러닝-박연선 박길선)

1)포토리딩 하기 전(시진 찍기 전)
책의 표지, 주제, 굵은 글씨, 목차 등을 빨리 본 후
두 눈을 감고 심 호흡을 3-4회 한다(우뇌 활성화 시키는 준비 운동이다)
가장 편안한 상태에 들어간다.

"이 책에 대하여 완벽하게 집중한다."
"이 책의 정보를 갈망한다."
"내 마음에 새기고 사용 할 수 있다."
"잠재 의식 속에 다 들어 온다."

숫자 3을 생각 하면서 "평안하다."
숫자 2를 생각 하면서 "평안하다."
숫자 1를 생각하면서 지금 까지
가장 평안 했던 장소에 수(몇) 초간 머문다.

2)책장 넘기기(사진 찍기)

평안한 마음으로 1초에 한 쪽, 두 페이지에 2초간 보는 것이다. 다음 페이지로 넘어간다.

"감사하다.
감사하다.
감사하게 보자......"
이 때 속으로 중얼거리면서 책장을 넘긴다.
마음의 눈을 머리 위 가마자리 위에서 20㎝에 고정하고 책을 내려다 본다.
글 씨는 보지 말고 책의 여백을 본다.

3)책장을 다 넘긴 후(눈 감고).

"이정보를 언제든지 사용 할 수 있다."
"여러 방면으로 나에게 도움이 되는지 알고 싶다."
"모두가 잠재의식에 다 들어 왔다."

"내가 다섯을 세고 나서 눈을 뜨면 정신이 맑고 상쾌하게 깨어난다."
"하나 깨어 난다. 둘 깨어 난다. 셋 깨어 난다. 넷 깨어 난다. 다섯 깨어 났다."
(눈을 뜬다)
일 반 적으로 책은 10-20분 후에 읽는다.
가장 좋은 방법은 하루 밤을 자고 다음날 읽는 것이다.

5. 왜! 우리는 성경을 필수 적으로 읽어야 하는가

그리스도에 대한 말씀이므로 성경만은 꼭 읽어야 한다.
"주는 그리스도시요 살아 계신 하나님의 아들 이시니이다."(마16/16)
예수는 그리스도 입니다.
그리스도는 왕 선지자 제사장이라는 뜻이다.
나의 과거의 죄 문제를 해결 해 주시는 제사장.
나의 현재 문제를 해결해 주시는 왕.
나의 미래의 일을 해결 해주시는 선지자에 대해서 자세히 알려 주는 분이 그리스도 입니다.
그래서 신 구약 속에는 우주의 모든 것이 다 들어 있다.

성경을 통하여 세계와 나라와 단체와 개인의 모든 것을 볼 수 있는 눈이 열린다.
지금 우리가 사는 모든 것을 보는 길을 찾을 수 있다.
오늘 날 교회의 미래가 다 보인다.
지금 신앙생활의 참과 거짓을 구별 할 수 있는 분별력이 생긴다.
또한 정치가나 국가의 장래 일 까지도 알 수 있다.
오늘 날의 교회의 예를 고찰 하지 않을 수 없다.
오죽 했으면 루터는 목숨 까지 걸고서 라틴어 성경을 독일 어로 번역하려고 했던가.
예나 지금이나 성도는 성경을 알아야 바른 예배를 드릴 수 있고 올 바른 찬송을 할 수 있다. 바른 목회도 성경을 바로 알아야 양 때 들을 바로 인도 할 수 있다.
예수님께서는 한 시대를 보시고 한탄 하시면서 이 성전이 돌 하나 돌 위에 남지 않을 것이라고 하셨는가.
그리스도가 없으면 교회당이 무슨 소용이 있는가.
교회에는 그리스도 만 있으면 다다.
46년 동안 지은 교회당이 무슨 소용이 있는가.
역사를 자랑이나 하는 바리세인 과 유대인이 오늘에도 가득 깔렸다.

에스겔 선지자가 하나님으로 부터 받은 메시지에 우리는 정신 바짝 차리고 한 생을 던져야 한다(겔33/1-19, 34/24)
"너희가 이 좋은 꼴을 먹는 것을 작은 일로 여기느냐."(겔34/18)
사회가 무질서하고 교회는 타락일로를 걸을 때 하나님께서는 하박국 선지자를 불러서 "너는 묵시를 기록하여 판에 명백히 새기되 달려 가면서도 읽을 수 있게 하라."(합2/2)

하나님은 나라가 어려울 때마다 말씀운동을 하라 하셨다. 이스라엘 백성들에게 말씀 주시려고 사막이란 광야로 끌고 다니면서 낮추게 하여서 말씀을 주셨다. 이것이 신명기 주제다. 언제든지 말씀을 메고 다녔던 이스라엘의 광야 행진 이었다.
앞으로도 우리는 말씀운동이 없으면 교회도 국가도 모두가 큰 어려움을 당한다. 교회는 이 시대를 책임 지는 사명이 있다.

6.마인드맵 보는 법

1)우리의 뇌세포는 그물 같아서 그물 모양을 좋아합니다.
2)중앙에 세포핵이 있습니다. 이 핵에는 핵심 단어(Key Word)라 보면 됩니다.
3)이어진 굵은 가지는 단원에 해당합니다.
4)다음 작은 가지는 굵은 가지의 내용이거나 설명 또는 연관된 내용이 됩니다.
5)박스는 별 의미는 없지만 묶는다는 것뿐입니다.
6)보는 방법으로 화살표(➡)로 부터 시작 해서 시계방향으로 돌아 가면서 보면 됩니다.
기장 : 기록한 장소. 기년 : 기록한 연대. 배경 : 그 시대상황. 대상 : 누구 에게 하는 말인가.

성경과 이 책을 6개월 정도 꾸준히 읽어 보시기 바랍니다 어떤 치유가 일어 나는지 행복해 지는 **약(藥)이** 성경과 책에 다 들어 있습니다.

지혜가 자라고 아이디어가 발생 합니다.
건강도 더불어 옵니다.
아름다움도 같이 따라옵니다(환골탈태)(전8/1)
대기만성의 축복을 받으시기 바랍니다.

이래서 책과 성경을 읽으면 교회에는 성령의 바람이 불고 지혜의 능력이 나타날 것입니다.
(대하17/9-12, 34/29-30)

많이 읽으면 어려운 한국 교회와 선교에 활력소가 반드시 될 것입니다. 나라의 경제도 이렇게 되면 강대국이 됩니다. 이스라엘을 보십시오! 강원도 만한 나라가 강대국을 다 무너뜨렸습니다. 하나님은 군대도 많이 두지 말라고 했습니다. 지금 **교인들에게 말씀의 새 바람** 이 일어 나야 합니다. 교회 개혁의 바람이 불어야 합니다.

말씀 없는 시대가 온다(암8/11-13)
말씀의 능력(마13/1-50)
말씀운동(막4/10-32)
말씀을 많이 먹어라(골3/16-17)
서신서를 기억하라(유1/17)

구약전서

5경

창세기(창)
출애굽기(출)
레위기(레)
민수기(민)
신명기(신)

---섭리---
하나님은 내 새끼는 먹여 살리신다(마15/32, 막8/3)
하나님은 아브라함과 약속 했기 때문에 어떤 위기도 구원을 준비 하셨다(요셉과 야곱)
하나님은 의인을 붙들고 이 땅(가정, 단체, 국가, 민족...)을 운전 통치 하신다

<캉디드>-볼테르-에서 철학자의 교훈
이 세상은 선(善)으로 가게 되어 있다고
"내가 지금 이 자리에 오기 까지는 그 힘들었던 죽을 고비, 가난, 모험, 저주, 전쟁, 궁핍 등... 일들이 오늘 있기 위한 것이었다"

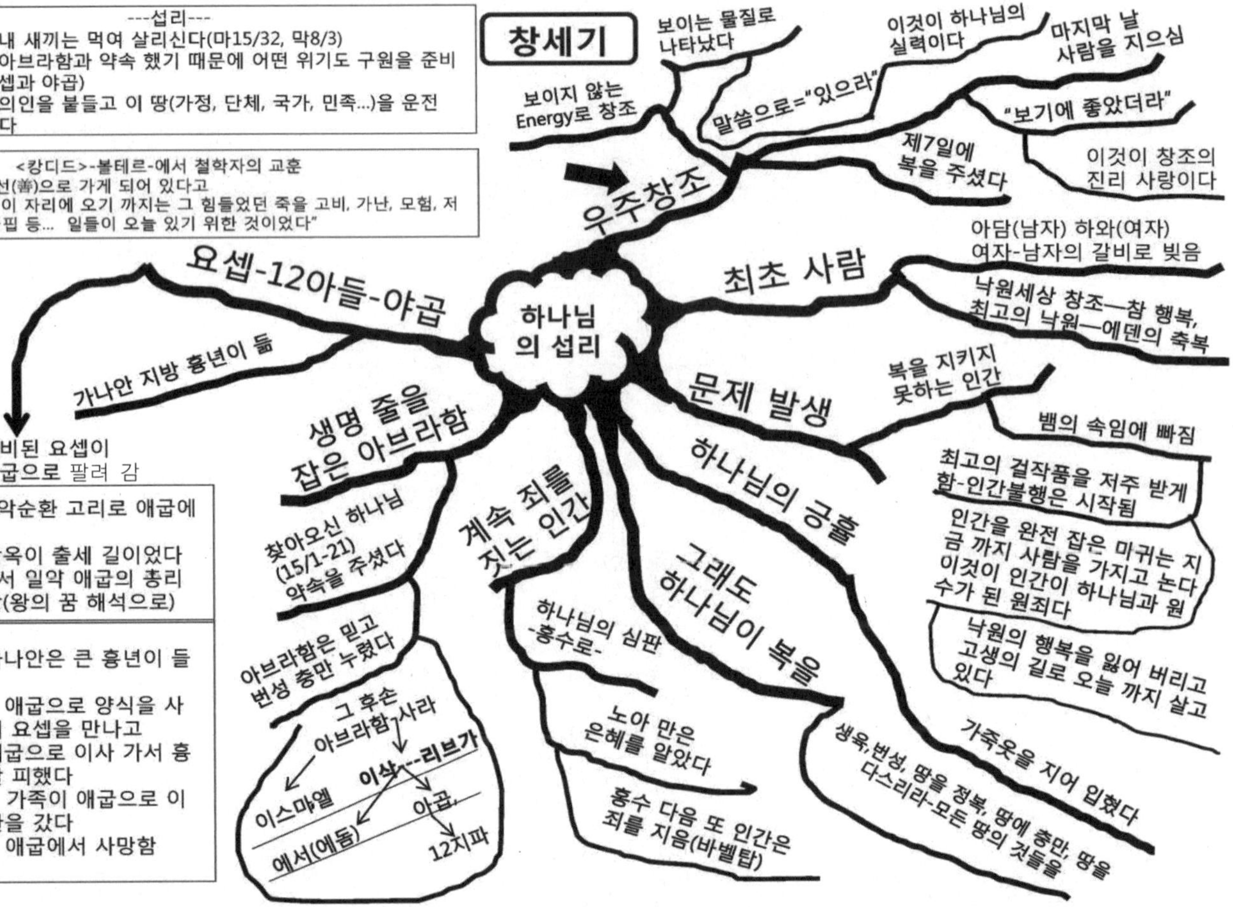

요셉—악순환 고리로 애굽에 갔다
애굽 감옥이 출세 길이었다
감옥에서 일약 애굽의 총리로 등장(왕의 꿈 해석으로)

이때 가나안은 큰 흉년이 들었다
형들이 애굽으로 양식을 사러 가서 요셉을 만나고
다들 애굽으로 이사 가서 흉년을 잘 피했다
70명의 가족이 애굽으로 이사 피난을 갔다
야곱은 애굽에서 사망함

성경 해설(창세기)

저자 : 모세.   주제 : 시작-성경 전체 이해의 근본 구속 역사의 시작.   기장 : 시내광야.
기연 : BC1446-1406   배경 : 하란, 가나안, 애굽

Message

1)창조 : 하나님이 보시기에 좋았더라.
2)사람에게 복을 주셨다 : "생육하고 번성하고 충만하고 정복하라 땅을 다스리라."
3)인간에게 문제가 발생함 : 에덴 동산에서 누릴 복을 잃어버렸다.
하나님의 약속을 지키지 않으므로 죽음을 불러왔다.
하나님의 눈 밖에 나서 축복의 동산에서 퇴출 당하여 저주의 곳으로 쫓겨 나게 되었다.
인류의 불행이 이때부터 시작 되었다.
지금 까지 인간은 행복이 없이 문제 투성인 곳에 있다가 저주의 지옥으로 갈 운명에 처해졌다.
그래서 하나님의 특별한 사면이 있어야 했다.—예수 그리스도를 준비 하셨다.
"누구든지 주의 이름을 부르는 자는 구원을 얻으리라."
4)죄인 인간 : 땀을 흘리고 고통으로 자식을 낳으면서 사는 불행 속의 생활이 시작 되었다.
5)계속 죄를 지으면 심판 하겠다. : 노아 홍수 사건이다.

하나님의 섭리

하나님은 이런 인간을 불쌍히 여기사 의인 한 사람을 준비해서 전 인류를 구했다.
아브라함을 선택—야곱을 선택
하나님의 약속(언약) : 어떤 환난 속에서도 언약 때문에 내 새끼는 끝까지 책임 지시고 구해 주셨다.
미리 요셉을 곡창지대 애굽에 보내시고 나중 온 가족을 다 살렸다.

말씀으로 기도하기(창세기)

1)태초에 하나님이 천지를 창조하시니라(1/1)
2)하나님이 자기 형상 곧 하나님의 형상대로 사람을 창조 하시되 남자와 여자를 창조 하시고(1/27)
3)하나님이 그들에게 복을 주시며 하나님이 그들에게 이르시되 생육하고 번성하여 땅에 충만하라 땅을 정복하라 바다의 물고기와 하늘의 새와 땅에 움직이는 모든 생물을 다스리라(1/28)
4)여호와 하나님이 땅의 흙으로 사람을 지으시고 생기를 그 코에 불어 넣으시니 사람이 생령이되니라(2/7)
5)아담이 이르되 이는 뼈 중의 뼈요 살 중의 살이라 이것을 남자에게서 취하였은즉 여자라 부르리라 하니라(2/23)
6)남자가 부모를 떠나 그 의 아내와 합하여 둘이 한 몸을 이룰 지로다(2/24)
7)여호와께서 사람의 죄악이 세상에 가득함과 그의 마음으로 생각하는 모든 계획이 항상 악할 뿐임을 보시고 땅 위의 사람 지으셨음을 한탄 하사 마음에 근심하시고 내가 사람을 창조한 사람을 내가 지면에서 쓸어 버리되 사람으로 부터 (6/5-7)
8)그러나 노아는 여호와께 은혜를 입었더라(6/8)
9)여호와께서 노아에게 이르시되 네 온 집은 방주로 들어 가라 이 세대에서 네가 내 앞에 의로움을 내가 보았음이니라(7/1)
10)무지개가 구름 사이에 있으리니 내가 보고 나 하나님과 모든 육체를 가진 땅의 모든 생물 사이의 영원한 언약을 기억 하리라(9/16)
11)너를 축복하는 자에게는 내가 복을 내리고 너를 저주하는 자에게는 내가 저주하리니 땅의 모든 족속이 너로 말미암아 복을 얻을 것이라 하신지라(12/3)
12)아브라함아 두려워 하지 말라 나는 네 방패요 너의 지극히 큰 상급이니라(15/1)
13)여호와께 능하지 못할 일이 있겠느냐(18/14)
14)하나님이 그 지역의 성을 멸하실 때 곧 롯이 거주하는 성을 엎으실 때에 하나님이 아브라함을 생각하사 롯을 그 엎으시는 중에서 내 보내셨더라 (19/29)
15)하나님은 하늘의 이슬과 땅의 기름짐이며 풍성한 곡식과 포도주를 네게 주시기를 원하노라(27/28)
16)이에 두려워 하여 이르되 두렵도다 이곳이여 이것은 다름 아닌 하나님의 집이요 이는 하늘 문이로다(28/17)
17)여호와께서 요셉과 함께하시므로 그 가 형통한자가 되어 그의 주인 애굽사람 집에 있으니(39/2)
18)내 나그네의 길의 세월이 백삼십년이니이다 내 나이가 얼마 못 되니 우리조상의 나그네 길의 연조에 미치지 못하나 험악한 세월을 보내었나이다(47/9)
19)요셉은 무성한 가지 곧 샘 곁의 무성한 가지라 그 가지가 담을 넘었도다(49/22)
20)위로 하늘의 복과 아래로 깊은 샘의 복과 젖먹이는 복과 태의 복이로다(49/25)

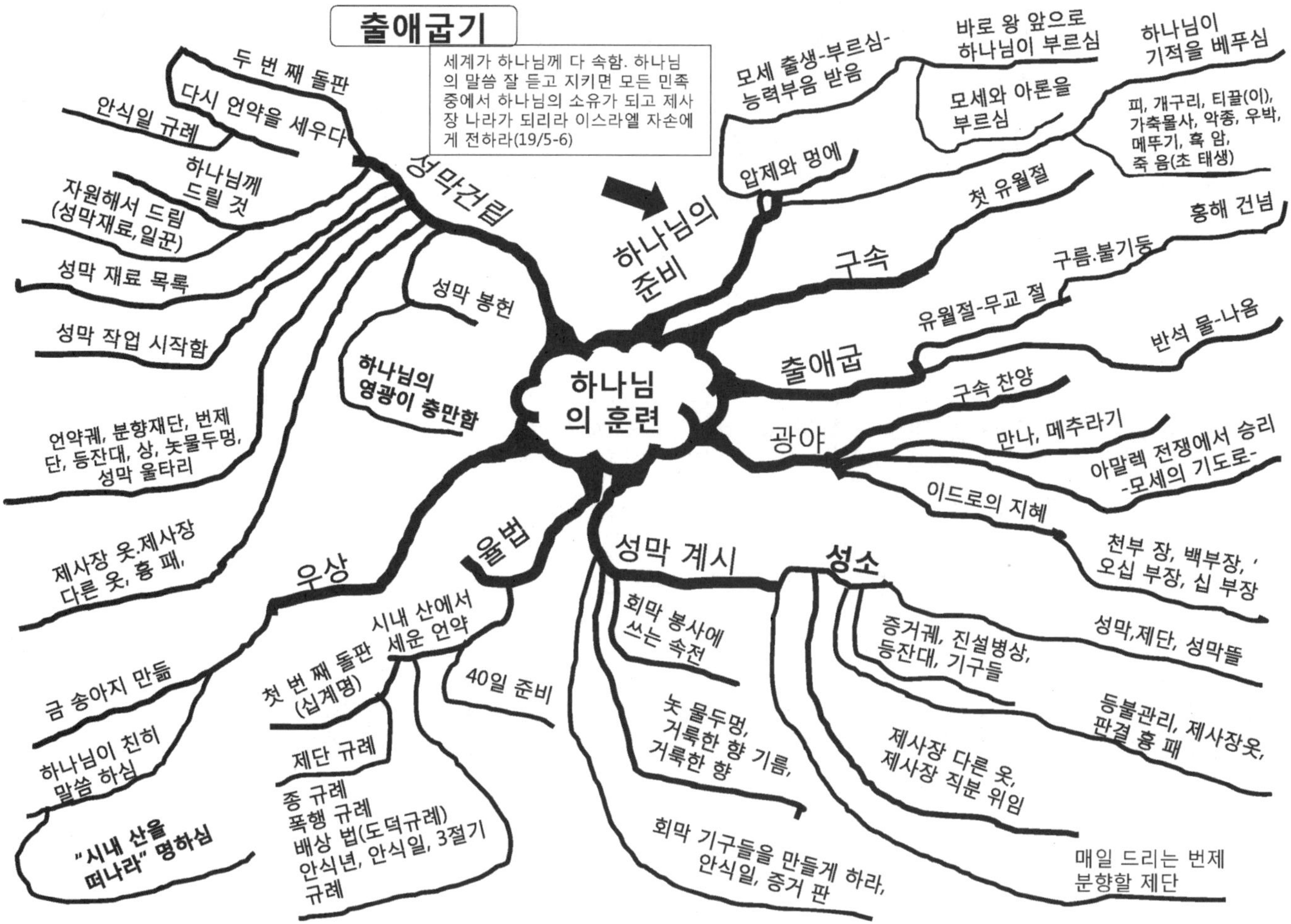

출애굽기
세계가 하나님께 다 속함. 하나님의 말씀 잘 듣고 지키면 모든 민족 중에서 하나님의 소유가 되고 제사장 나라가 되리라 이스라엘 자손에게 전하라(19/5-6)
하나님의 훈련
하나님의 준비
모세 출생-부르심-능력부음 받음
압제와 멍에
바로 왕 앞으로 하나님이 부르심
모세와 아론을 부르심
하나님이 기적을 베푸심
피, 개구리, 티끌(이), 가축돌사, 악종, 우박, 메뚜기, 흑 암, 죽 음(초 태생)
구속
첫 유월절
홍해 건넘
구름.불기둥
유월절-무교 절
출애굽
반석 물-나옴
구속 찬양
광야
만나, 메추라기
아말렉 전쟁에서 승리 -모세의 기도로-
이드로의 지혜
천부 장, 백부장, 오십 부장, 십 부장
성소
증거궤, 진설병상, 등잔대, 기구들
성막,제단, 성막뜰
등불관리, 제사장옷, 판결 흉 패
제사장 다른 옷, 제사장 직분 위임
매일 드리는 번제 분향할 제단
성막 계시
회막 봉사에 쓰는 속전
놋 물두멍, 거룩한 향 기름, 거룩한 향
회막 기구들을 만들게 하라, 안식일, 증거 판
율법
시내 산에서 세운 언약
40일 준비
첫 번 째 돌판 (십계명)
제단 규례
종 규례 폭행 규례 배상 법(도덕규례) 안식년, 안식일, 3절기 규례
우상
제사장 옷.제사장 다른 옷, 흉 패,
금 송아지 만듦
하나님이 친히 말씀 하심
"시내 산을 떠나라" 명하심
성막건립
두 번 째 돌판
다시 언약을 세우다
안식일 규례
하나님께 드릴 것
자원해서 드림 (성막재료,일꾼)
성막 재료 목록
성막 작업 시작함
언약궤, 분향재단, 번제단, 등잔대, 상, 놋물두멍, 성막 울타리
성막 봉헌
하나님의 영광이 충만함

성경 해설(출애굽기)

저자 : 모세. 주제 : 항상 준비 하라. 구원. 계시. 기장 : 시내광야.
기연 : BC1446-1406 . 배경 : 애굽(BC1876-1446, 430년간). 광야 시내 산

Message

1)하나님이 쓰시는 사람 : 준비된 사람을 쓰신다. 모세는 모든 분야에 많은 공부를 한 준비된 사람이었다.
2)탈출의 핵심 : 양을 잡아서 피를 문인방과 문설주에 바르라.
인생의 문제는 그리스도의 피로 시작하면 하나님은 책임을 지신다.
3)진행 : 유월절 이후 가는 곳 마다 기적을 일으켜 가나안 까지 끌고 가신다.
실재로 역사 하시는 것은 성령(구름기둥, 불기둥) 이었다. 지금도 불기둥 구름기둥은 있다.
신앙 생활은 성령의 인도 받는 것이다.
4)인생의 가는 길 : 인생이 살아 가는 길은 짐승도 살수 없는 사막과 광야 길이다.
하나님은 그 곳에서 먹이시고 만나도 주신다.
마지막 "여호와의 날"(종말의 환란 때도)에도 하나님은 그 곳에서 먹이시고 쉬게 하실 것이다.
5)신앙의 삶 : "사람이 떡으로만 살 것이 아니요 하나님의 입에서 나오는 말씀으로 말미암느니라"
말씀이 인생의 양식이다 율법을 주셨다.
피는 구원 이지만 삶은 율법이다.
6)교회를 주셨다 : 주의 백성들은 교회(성막)를 떠나면 죽음의 날이다. 물 떠난 물고기는 죽는 날이다.
7)우상은 철저히 쳐 부수신다 : 금송아지 우상을 부수셨다. 우리 교회에도 금송아지 우상들이 많이 있다.

성 막을 건립하라! : 그곳에서 나(하나님)와 만나자-레위기의 중심이다.
이스라엘 나라는 "제사장의 나라다."

말씀으로 기도하기-1(출애굽기)

1)내가 내려가서 그들을 애굽인의 손에서 건져내고 그들을 그 땅에서 인도하여 아름답고 광대한 땅, 젖과 꿀이 흐르는 땅 곧 가나안 족속, 헷족속, 아모리족속, 브리스족속, 히위족속, 여부스족속의 지방에 데려가려 하노라(3/8)

2)하나님이 이르시되 내가 반드시 너와 함께 있으리라(3/12)

3)여호와 께서 그에게 이르시되 누가 사람의 입을 지었느냐 누가 말 못 하는 자나 못 듣는 자나 눈 밝은 자나 맹인이 되게 하였느냐 나 여호와가 아니냐(4/11)

4)우슬초 묶음을 가져다가 그릇에 담은 피에 적셔서 그 피를 문인방과 좌우설주에 뿌리고 아침 까지 한 사람도 자기 집 문 밖에 나가지 말라 여호와 께서 애굽 사람들에게 재앙을 내리려고 지나가실 때에 문인방과 좌우문설주의 피를 보시면 여호와께서 그 문을 넘으시고 멸하는 자에게 너희 집에 들어가서 너희를 치지 못하게 하실 것임이니라 너희는 이 일을 규례로 삼아 너희와 너희 자손이 영원히 지킬 것이니(12/22-24)

5)여호와께서 너희를 위하여 싸우시리니 너희는 가만히 있을 지니라(14/14)

6)여호와는 나의 힘이요 노래시며 나의 구원이시로다 그는 나의 하나님이시니 내가 그를 찬송할 것이요(15/2)

7)여호와께서는 영원 무궁하도록 다스리시도다(15/18)

8)내가 애굽 사람에게 어떻게 행하였음과 내가 어떻게 독수리 날개로 너희를 업어 내게로 인도하였음을 너희가 보았느니라(19/4)

9)너는 네 하나님 여호와의 이름을 망령되게 부르지 말라 여호와는 그의 이름을 망령되게 부르는 자를 죄 없다 하지 아니하리라(20/7)

10)안식일을 기억하여 거룩하게 지키라 엿새 동안은 힘써 네 모든 일을 행할 것이나
일곱째 날은 네 하나님 여호와의 안식일인즉 너나 네 아들이나 네 딸이나 네 남종이나 네 여종이나 네 가축이나 네 문 안에 있는 머무는 객이라도 아무 일도 하지 말라 이는 엿세 동안에 나 여호와가 하늘과 땅과 바다와 그 가운데 모든 것을 만들고 일곱째 날에 쉬었음이라 그러므로 나 여호와가 안식일을 복되게 하여 그날을 거룩하게 하였느니라
네 부모를 공경 하라 그리하면 네 하나님 여호와가 네게 준 땅에서 네 생명이 길리라
살인 하지 말라
간음 하지 말라
도둑질 하지 말라
네 이웃에 대하여 거짓 증거하지 말라
네 이웃의 집을 탐내지 말라 네 이웃의 아내나 그의 남종이나 그의 영종이나 그의 소나 그의 나귀나 무릇 네 이웃의 소유를 탐내지 말라(20/8-17)

11)내게 토단을 쌓고 그 위에 네 양과 소로 네 번제와 화목 제를 드리라 내가 내 이름을 기념하게 하는 모든 곳에서 네게 임하여 복을 주리라(20/24)

12)너는 무당을 살려 두지 말라(22/18)

13)짐승과 음행 하는 자는 반드시 죽일지니라(22/19)

14)너는 뇌물을 받지 말라 뇌물은 밝은 자의 눈을 어둡게 하고 의로운 자의 말을 굽게 하느니라(23/8)

말씀으로 기도하기-2(출애굽기)

15)모세가 여호와의 모든 말씀을 기록 하고(24/4)
16)모세가 그 피를 가지고 백성에게 뿌리며 이르되 이는 여호와께서 이 모든 말씀에 대하여 너희와 세우신 언약의 피니라(24/8)
17)칠칠 절 곧 맥추의 초실 절을 지키고 세말에는 수장 절을 지키라(34/22)

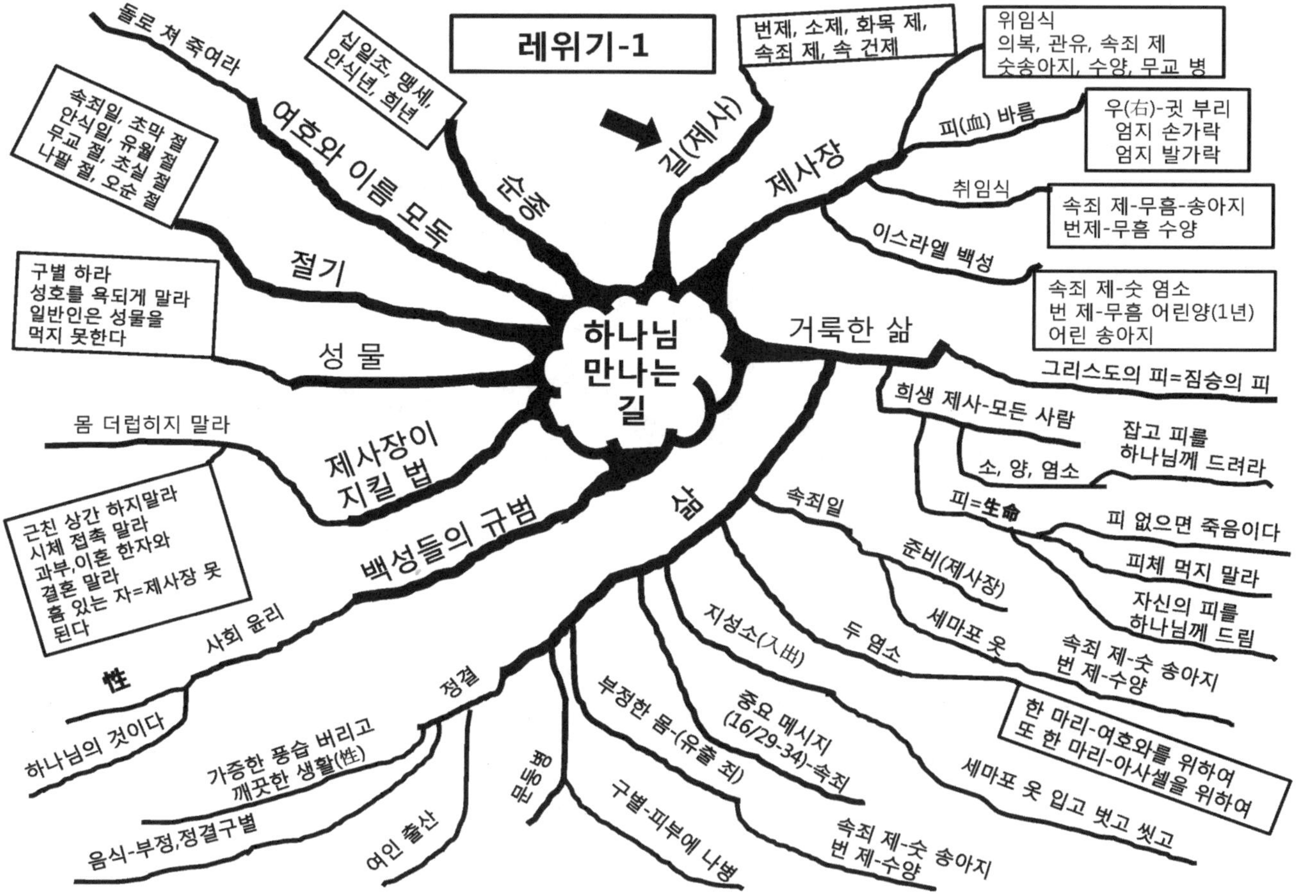
레위기-1
하나님 만나는 길
길(제사)
번제, 소제, 화목 제, 속죄 제, 속 건제
제사장
위임식
의복, 관유, 속죄 제
숫송아지, 수양, 무교 병
피(血) 바름
우(右)-귓 부리
엄지 손가락
엄지 발가락
취임식
속죄 제-무흠-송아지
번제-무흠 수양
이스라엘 백성
속죄 제-숫 염소
번 제-무흠 어린양(1년)
어린 송아지
거룩한 삶
그리스도의 피=짐승의 피
희생 제사-모든 사람
잡고 피를
하나님께 드려라
소, 양, 염소
피=生命
피 없으면 죽음이다
피체 먹지 말라
자신의 피를
하나님께 드림
삶
속죄일
준비(제사장)
세마포 옷
속죄 제-숫 송아지
번 제-수양
두 염소
한 마리-여호와를 위하여
또 한 마리-아사셀을 위하여
세마포 옷 입고 벗고 씻고
지성소(入出)
중요 메시지
(16/29-34)-속죄
부정한 몸-(유출 죄)
속죄 제-숫 송아지
번 제-수양
구별-피부에 나병
불결함
여인 출산
정결
가증한 풍습 버리고
깨끗한 생활(性)
음식-부정,정결구별
性
하나님의 것이다
사회 윤리
백성들의 규범
근친 상간 하지말라
시체 접촉 말라
과부,이혼 한자와
결혼 말라
흠 있는 자=제사장 못
된다
제사장이 지킬 법
몸 더럽히지 말라
성 물
구별 하라
성호를 욕되게 말라
일반인은 성물을
먹지 못한다
절기
속죄일, 초막 절
안식일, 유월 절
무교 절, 초실 절
나팔 절, 오순 절
여호와 이름 모독
돌로 쳐 죽여라
순종
십일조, 맹세,
안식년, 희년

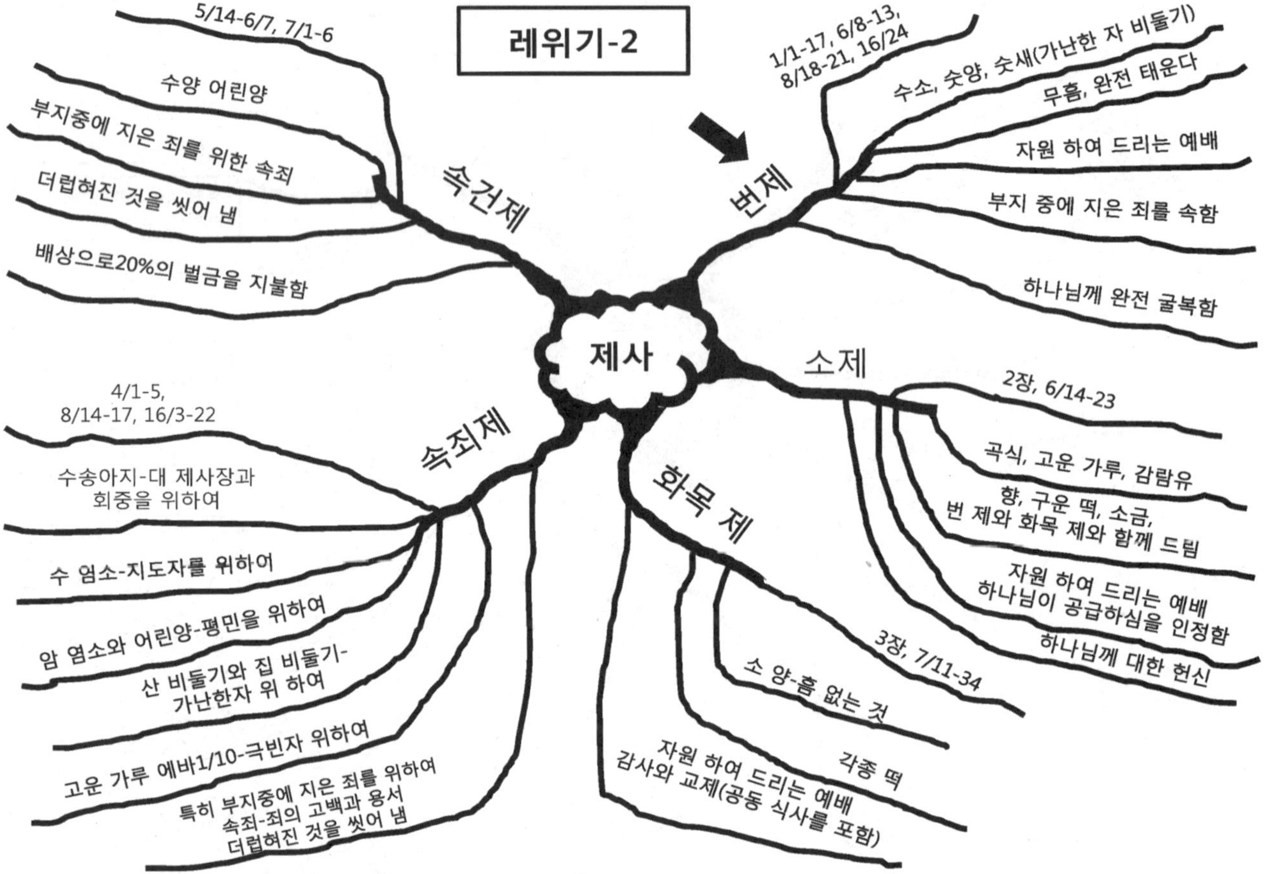
레위기-2
제사
번제
1/1-17, 6/8-13,
8/18-21, 16/24
수소, 숫양, 숫새(가난한 자 비둘기)
무흠, 완전 태운다
자원 하여 드리는 예배
부지 중에 지은 죄를 속함
하나님께 완전 굴복함
소제
2장, 6/14-23
곡식, 고운 가루, 감람유
향, 구운 떡, 소금,
번 제와 화목 제와 함께 드림
자원 하여 드리는 예배
하나님이 공급하심을 인정함
하나님께 대한 헌신
화목 제
3장, 7/11-34
소 양-흠 없는 것
각종 떡
자원 하여 드리는 예배
감사와 교제(공동 식사를 포함)
속죄제
4/1-5,
8/14-17, 16/3-22
수송아지-대 제사장과
회중을 위하여
수 염소-지도자를 위하여
암 염소와 어린양-평민을 위하여
산 비둘기와 집 비둘기-
가난한자 위 하여
고운 가루 에바1/10-극빈자 위하여
특히 부지중에 지은 죄를 위하여
속죄-죄의 고백과 용서
더럽혀진 것을 씻어 냄
속건제
5/14-6/7, 7/1-6
수양 어린양
부지중에 지은 죄를 위한 속죄
더럽혀진 것을 씻어 냄
배상으로20%의 벌금을 지불함

성경 해설(레위기)

저자 : 모세. 주제 : 이스라엘의 성결. 기장 : 시내광야.
기연 : BC1446-1406. 배경 : 시내 산 BC1445-

핵심 : 나를 만나려면 성 막으로 오라. 그리고 거기서 이야기 하자. 꼭 피를 들고 오너라.

Message

1)하나님 만나는 길 : 제사다,—제사장이 꼭 있어야 한다.
번 제, 소 제, 화목 제, 속죄 제, 속건 제
2)거룩한 삶 : 구별된 삶
짐승의 피로서 깨끗해 져야 한다. 예수 그리스도의 보혈로 씻어야 한다.
씻어야 지성소에서 하나님을 만날 수 있다.
3)피는 생명이다 : 성찬예식이다.
왜 세례를 받아야 먹고 마시는가 예수 그리스도의 피로써 구원을 받으므로 천국을 얻게 되고 지금 천국을 가진 자가 다가올 천국을 가지게 되기 때문에 성찬의 예식은 미리 천국을 기념하는 예식이다.
구원(세례)받지 못한 사람은 성찬예식이 아무런 의미가 없다.
4)성호 모독 죄 : 돌로 쳐 죽여라.
5)"와 이크라" : 성막을 다 지어 놓고 거기서 만나서 이야기 하자 이것이 **"레위기"**의 중심이다.
6)교회는 아무나 올 수는 있다 그러나 하나님을 만나지 못한 사람은 마당만 밟는 사람이다.(이사야(1/12)

교회당은 생명 당이다.

말씀으로 기도하기(레위기)

1)여호와께서 회막에서 모세를 부르시고 그에게 말씀하여 이르시되(1/1)
2)너희는 센 머리 앞에서 일어서고 노인의 얼굴을 공경하며 네 하나님을 경외하라(19/32)

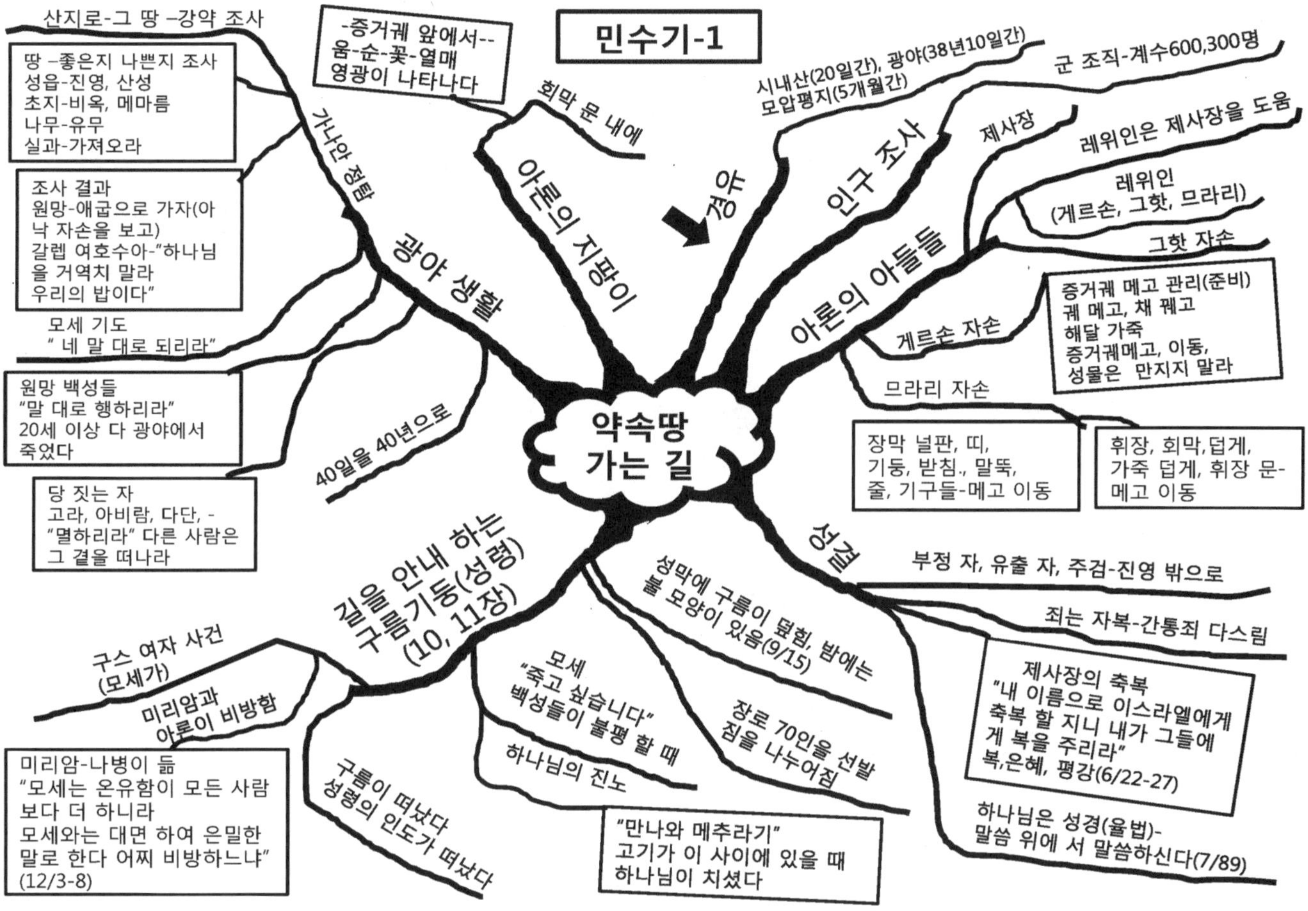
민수기-1
약속땅 가는 길
경유
시내산(20일간), 광야(38년10일간)
모압평지(5개월간)
인구 조사
군 조직-계수600,300명
제사장
레위인은 제사장을 도움
아론의 아들들
레위인
(게르손, 그핫, 므라리)
그핫 자손
증거궤 메고 관리(준비)
궤 메고, 채 꿰고
해달 가죽
증거궤메고, 이동,
성물은 만지지 말라
게르손 자손
므라리 자손
장막 널판, 띠,
기둥, 받침., 말뚝,
줄, 기구들-메고 이동
휘장, 회막,덥게,
가죽 덥게, 휘장 문-
메고 이동
성결
부정 자, 유출 자, 주검-진영 밖으로
죄는 자복-간통죄 다스림
제사장의 축복
"내 이름으로 이스라엘에게
축복 할 지니 내가 그들에
게 복을 주리라"
복,은혜, 평강(6/22-27)
하나님은 성경(율법)-
말씀 위에 서 말씀하신다(7/89)
성막에 구름이 덮힘, 밤에는
불 모양이 있음(9/15)
장로 70인을 선발
짐을 나누어짐
"만나와 메추라기"
고기가 이 사이에 있을 때
하나님이 치셨다
모세
"죽고 싶습니다"
백성들이 불평 할 때
하나님의 진노
길을 안내 하는
구름기둥(성령)
(10, 11장)
구름이 떠났다
성령의 인도가 떠났다
구스 여자 사건
(모세가)
미리암과
아론이 비방함
미리암-나병이 듦
"모세는 온유함이 모든 사람
보다 더 하니라
모세와는 대면 하여 은밀한
말로 한다 어찌 비방하느냐"
(12/3-8)
아론의 지팡이
회막 문 내에
-증거궤 앞에서--
움-순-꽃-열매
영광이 나타나다
광야 생활
40일을 40년으로
당 짓는 자
고라, 아비람, 다단, -
"멸하리라" 다른 사람은
그 곁을 떠나라
원망 백성들
"말 대로 행하리라"
20세 이상 다 광야에서
죽었다
모세 기도
" 네 말 대로 되리라"
가나안 정탐
산지로-그 땅 –강약 조사
땅 –좋은지 나쁜지 조사
성읍-진영, 산성
초지-비옥, 메마름
나무-유무
실과-가져오라
조사 결과
원망-애굽으로 가자(아
낙 자손을 보고)
갈렙 여호수아-"하나님
을 거역치 말라
우리의 밥이다"

민수기-2

약속된 가나안 까지는 성령의 인도로 가야 한다
하나님의 명령에 불 순종 하면 큰 어려움 당한다
(40일이 40년에 해당되는 고생이 왔다)
이 세상의 신앙 길은 철저히 하나님의 말씀으로 가는 길 뿐이다
말씀에 긍정적인 사람만이 가나안의 젖과 꿀이 흐르는 땅으로 가게 된다
또 하나님이 세운 지도자의 말을 잘 들어야 한다

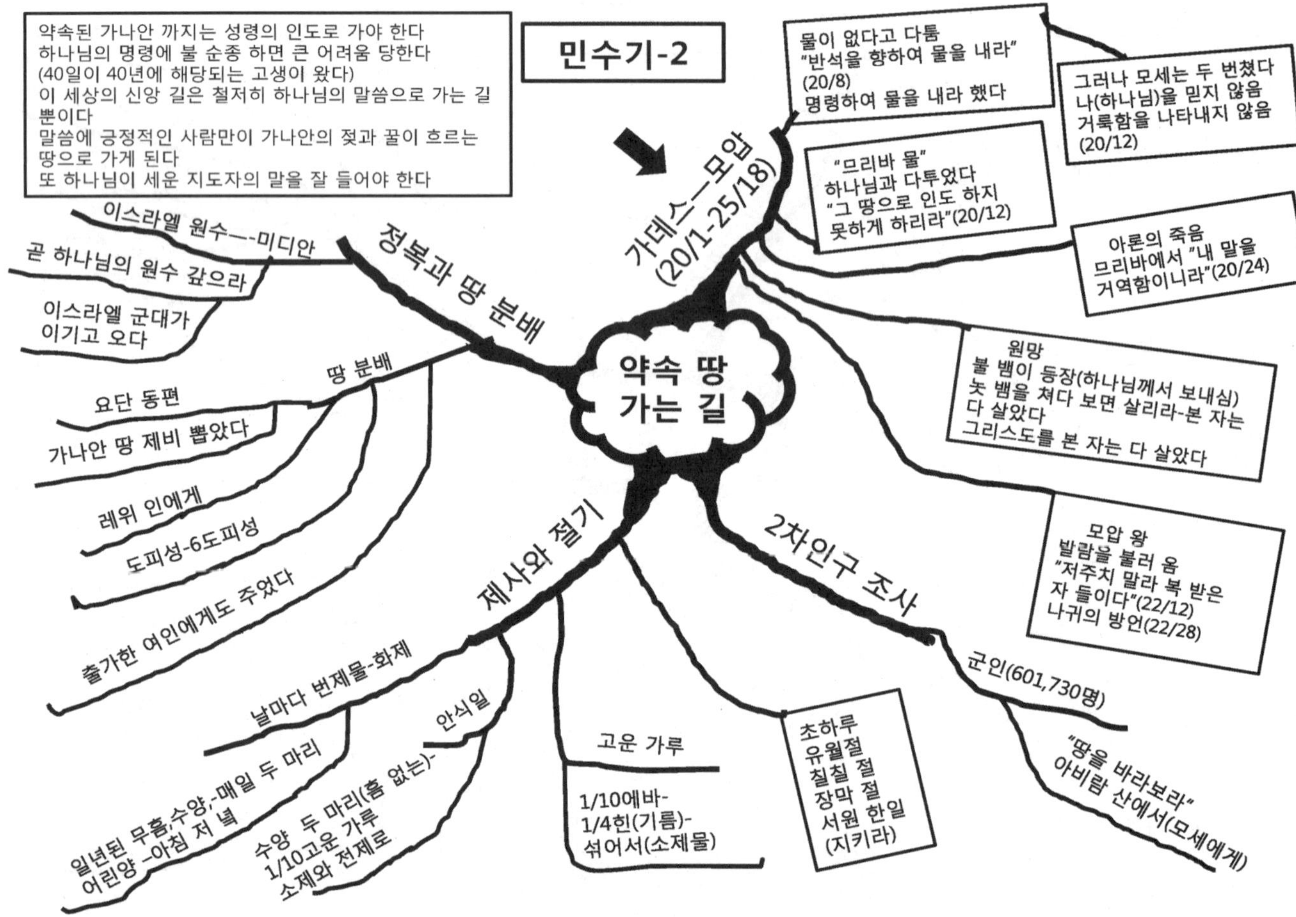

성경 해설(민수기)

저자 : 모세　주제 : 약속 받은 땅으로 가는 여정　기장 : 모압 땅　기연 : BC1446-1406

Message

1)성도의 가는 여정 : 가는 길은 광야와 사막이다.
먹을 것 입을 것 없다. 그러니 하나님이 주셔야 한다.
2)여정의 인도자 : 불기둥 구름 기둥이 인도한다.
3)성막 : 어디를 가든지 성 막을 항상 가지고 다녔다.
성도와 교회는 떨어 질래야 떨어 질 수 없는 필연의 관계다.
성도는 교회가 없으면 사막에 묻혀 죽는다.
4)가는 길에서 지킬 조건 : 철저히 율법을 지켜야 한다.
불평하면 불 뱀이 물어 죽인다.
광야교회생활은 철저히 성령의 인도받고 긍정적인 생각으로 끝까지 가야 하는 나의 신앙생활이다.
5)가나안 땅 정탐 : "천국은 침노하는 자의 것이다." 우리가 사는 주위와 환경을 분석하고 파악해서 침노해야 한다.
현재 우리 주위는 주로 APT주택이 대부분이다 분석을 해야 한다.
하나님 나라를 확장하기 위해서다.
6)예배 : 절기, 제사, 성결은 하나님이 특별히 명하신 예배다.
7)인구 조사 : 603,560명-한국 군인과 같다-싸울 수 있는 숫자다.
8)부정적인 사람 : 다 사막에 묻혀버렸다.
9)긍정의 사람 : 갈렙과 여호수아는 약속(언약)으로 들어 갔다.

신앙 생활은 성령의 인도로 살아 가는 것이다.

말씀으로 기도하기(민수기)

1)너희는 이스라엘 자손을 위하여 이렇게 축복하여 이르되
여호와는 네게 복을 주시고 너를 지키시기를 원하며
여호와는 그의 얼굴을 네게 비추사 은혜 베푸시기를 원하며
여호와는 그 얼굴을 네게로 향하여 드사 평강 주시기를 원하노라 할지니라 하라
그들은 이 같이 내 이름으로 이스라엘 자손에게 추복할지니 내가 그들에게 복을 주리라(6/23-27)

2)뱀에게 물린 자가 놋 뱀을 쳐다 본즉 모두 살더라(21/9)

3)사람이 여호와께 서원하였거나 결심하고 서약하였으면 깨뜨리지 말고 그가 입으로 말한 대로 다 이행 할 것이니라 (30/2)

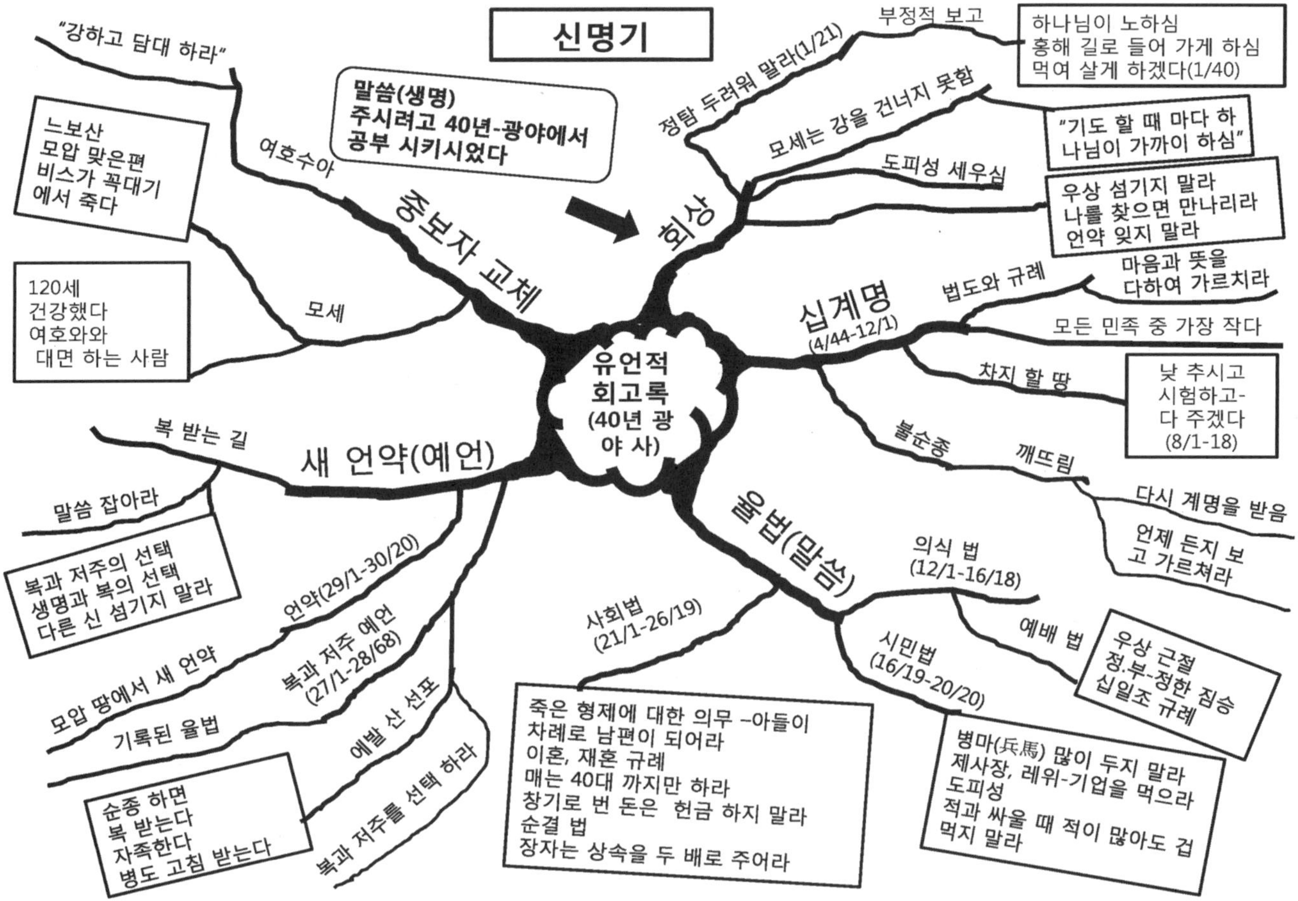
신명기
말씀(생명)
주시려고 40년-광야에서
공부 시키시었다
유언적
회고록
(40년 광
야 사)
중보자 교체
"강하고 담대 하라"
여호수아
느보산
모압 맞은편
비스가 꼭대기
에서 죽다
모세
120세
건강했다
여호와와
대면 하는 사람
회상
부정적 보고
정탐 두려워 말라(1/21)
하나님이 노하심
홍해 길로 들어 가게 하심
먹여 살게 하겠다(1/40)
모세는 강을 건너지 못함
"기도 할 때 마다 하
나님이 가까이 하심"
도피성 세우심
우상 섬기지 말라
나를 찾으면 만나리라
언약 잊지 말라
십계명
(4/44-12/1)
법도와 규례
마음과 뜻을
다하여 가르치라
모든 민족 중 가장 작다
차지 할 땅
낮 추시고
시험하고-
다 주겠다
(8/1-18)
불순종
깨뜨림
다시 계명을 받음
언제 듣지 보
고 가르쳐라
율법(말씀)
의식 법
(12/1-16/18)
예배 법
우상 근절
정.부-정한 짐승
십일조 규례
시민법
(16/19-20/20)
병마(兵馬) 많이 두지 말라
제사장, 레위-기업을 먹으라
도피성
적과 싸울 때 적이 많아도 겁
먹지 말라
사회법
(21/1-26/19)
죽은 형제에 대한 의무 –아들이
차례로 남편이 되어라
이혼, 재혼 규례
매는 40대 까지만 하라
창기로 번 돈은 헌금 하지 말라
순결 법
장자는 상속을 두 배로 주어라
새 언약(예언)
복 받는 길
말씀 잡아라
복과 저주의 선택
생명과 복의 선택
다른 신 섬기지 말라
언약(29/1-30/20)
모압 땅에서 새 언약
복과 저주 예언
(27/1-28/68)
기록된 율법
에발 산 선포
순종 하면
복 받는다
자족한다
병도 고침 받는다
복과 저주를 선택 하라

성경 해설(신명기)

저자 : 모세 주제 : 말씀 꼭 잡아라(모세의 설교) 기장 : 모압 광야 기연 : BC1406
배경 ; 모압 광야

Message

1)모세를 부르신 하나님 : 성막을 다 짓고 모든 성구도 갖추고 각 직분 자도 세우고 하나님이 지도자 모세를 불러서 당부하신 말씀
①너를 낮추게 하고
②말씀을 주겠다.
하나님이 말씀 주시려고 광야에서 공부 시키시었다.(8/2)
2)신앙 생활의 기본
①피로 구원 받고 ②예배로 감사하고 ③긍정적인 신앙 생활을 할 것
④맡은 직분 이행 ⑤철저한 교회중심 ⑥예수 믿어도 가난 고통 등은 있다.
⑦율법과 말씀 듣고 이행 ⑧성탐하고 정복하라(전도-하나님 나라 확장이다)
3)신자가 받는 복
①긍정적으로 복을 택하고(30/1-20)
②고난의 떡 : 잊지 말라 애굽 종살이를 늘 기억하라.
하나님 떠난 생활이 어떤 것이었는지를...
하나님이 낮추시는 것에는 하나님의 뜻이 있어서 그렇다.
그것은 귀중한 말씀을 심어 주시려는 하나님의 뜻이 들어 있다.
고난에는 하나님의 뜻이 들어 있다.
일 평생을 두고 성경을 읽어라.(매일 먹을 진수 성찬이다.)(17/19)

광야 : "너를 낮추시고, 말씀 주기 위해서다. "

말씀으로 기도하기(신명기)

1)우리 하나님 여호와께서 우리가 그에게 기도 할 때 마다 우리에게 가까이 하심과 같이 그 신이 가까이 함을 얻은 큰 나라가 어디 있느냐(4/7)

2)마음을 다하고 뜻을 다하여 그를 찾으면 만나리라(4/29)

3)네 하나님 여호와는 자비 하신 하나님이심이라 그 가 너를 버리지 아니하시며 너를 멸하지 아니하시며 네 조상들에게 맹세하신 언약을 잊지 아니하시리라(4/31)

4)이스라엘아 들으라 우리 하나님 여호와는 오직 유일한 여호와 이시니
너는 마음을 다하고 뜻을 다하고 힘을 다하여 네 하나님 여호와를 사랑하라
오늘 내가 네게 명하는 이 말씀을 너는 마음에 새기고
네 자녀에게 부지런히 가르치며 집에 앉았을 때에든지 길을 갈 때에든지 누워 있을 때에든지 일어 날 때에든지
이 말씀을 강론 할 것이며
너는 또 그것을 네 손목에 매어 기호를 삼으며 네 미간에 붙여 표로 삼고
또 네 집 문설주와 바깥 문에 기록 할 지니라(6/4-9)

5)네 하나님 여호와 께서 이 사십 년 동안에 네게 광야 길을 걷게 하신 것을 기억하라 이는 너를 낮추시며 너를 시험하사 네 마음이 어떠한지 그 명령을 지키는지 지키지 않는지 알려 하심이라(8/2)

6)네 하나님 여호와를 기억하라 그가 네게 재물 얻을 능력을 주셨음이라 이 같이 하심은 네 조상들에게 맹세하신 언약을 오늘과 같이 이루려 하심이니라(8/18)

7)평생 자기 앞에 두고 읽어 그의 하나님 여호와 경외하기를 배우며 이 율법의 모든 말과 이 규례를 지켜 행할 것이라(17/19)

8)네가 나가서 적군과 싸우려 할 때에 말과 병거와 백성이 너보다 많음을 볼지라도 그들을 두려워하지 말라 애굽 땅에서 너를 인도 하여 내신 네 하나님 여호와께서 너와 함께 하시느니라(20/1)

9)창기가 번 돈과 개 같은 자의 소득은 어떤 서원하는 일로든지 네 하나님 여호와의 전에 가져 오지 말라 이 둘은 다 네 하나님 여호와께 가증한 것임 이니라(23/18)

10)여호와께서 너를 위하여 하늘의 아름다운 보고를 여시사 네 땅에 때를 따라 비를 내리고 네 손으로 하는 모든 일에 복을 주시리니 네가 많은 민족에게 꾸어 줄지라도 너는 꾸지 아니할 것이요(28/12)

11)오직 그 말씀이 네게 매우 가까워서 네 입에 있으며 네 마음에 있은즉 네가 이를 행할 수 있느니라(30/14)

12)보라 오늘 생명과 복과 사망과 화를 네 앞에 두었나니 (30/15)

13)내가 생명과 사망과 복과 저주를 네 앞에 두었은즉 너와 네 자손이 살기 위하여 생명을 택하고(30/19)

14)강하고 담대 하라 내가 너와 함께 하리라 하시니라(31/23)

역사서

여호수아(수)
사사기(삿)
룻기(룻)
사무엘상(삼상)
사무엘하(삼하)
열왕기상(왕상)
열왕기하(왕하)

역대상(대상)
역대하(대하)
에스라(스)
느헤미야(느)
에스더(에)

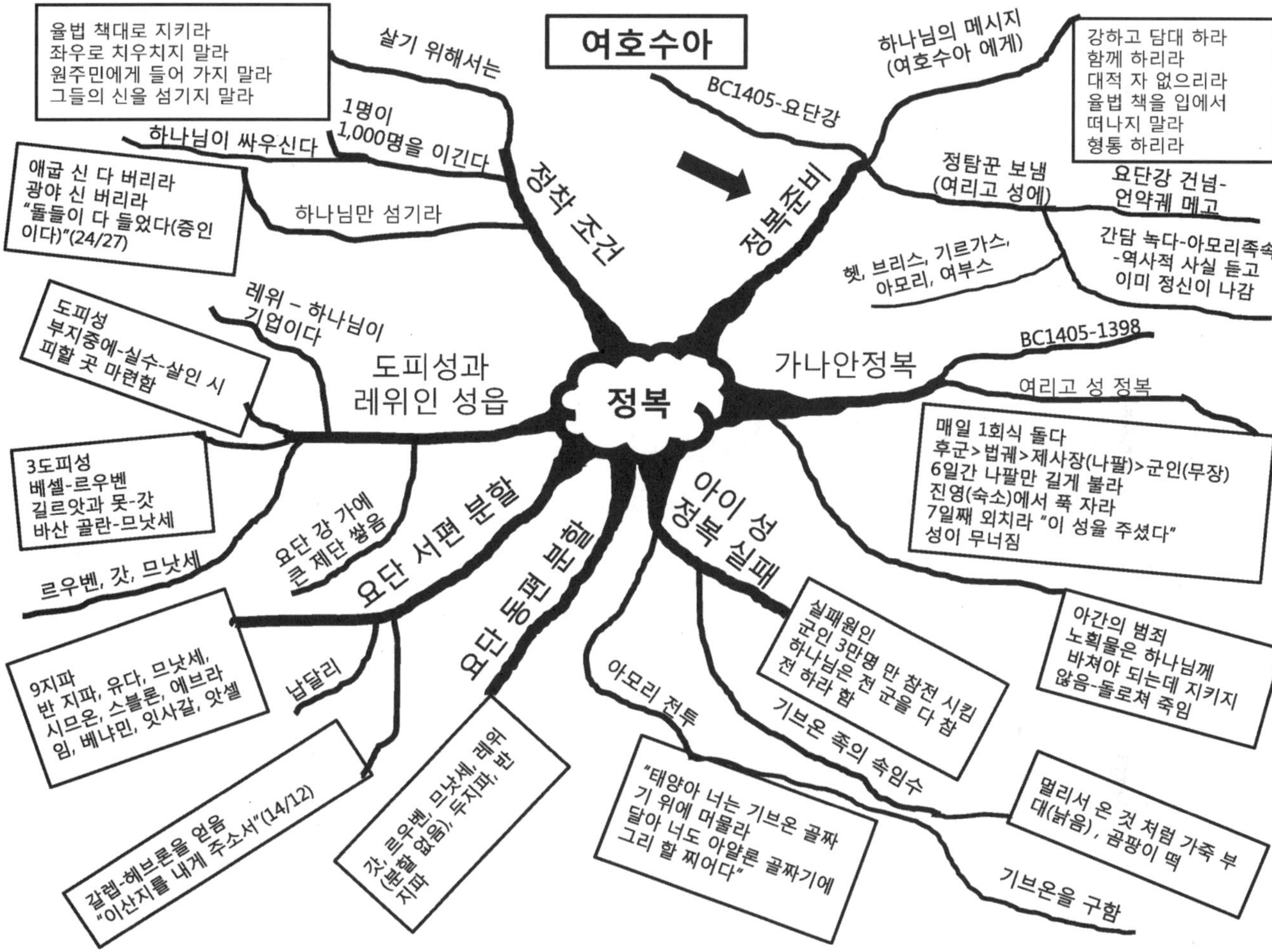
여호수아
정복
정착 조건
살기 위해서는
율법 책대로 지키라
좌우로 치우치지 말라
원주민에게 들어 가지 말라
그들의 신을 섬기지 말라
1명이 1,000명을 이긴다
하나님이 싸우신다
하나님만 섬기라
애굽 신 다 버리라
광야 신 버리라
"돌들이 다 들었다(증인 이다)"(24/27)
정복준비
BC1405-요단강
하나님의 메시지 (여호수아 에게)
강하고 담대 하라
함께 하리라
대적 자 없으리라
율법 책을 입에서
떠나지 말라
형통 하리라
정탐꾼 보냄 (여리고 성에)
요단강 건넘-언약궤 메고
간담 녹다-아모리족속
-역사적 사실 듣고
이미 정신이 나감
헷, 브리스, 기르가스, 아모리, 여부스
가나안정복
BC1405-1398
여리고 성 정복
매일 1회식 돌다
후군>법궤>제사장(나팔)>군인(무장)
6일간 나팔만 길게 불라
진영(숙소)에서 푹 자라
7일째 외치라 "이 성을 주셨다"
성이 무너짐
아간의 범죄
노획물은 하나님께
바쳐야 되는데 지키지
않음-돌로쳐 죽임
아이 성 정복 실패
실패원인
군인 3만명 만 참전 시킴
하나님은 전 군을 다 참
전 하라 함
기브온 족의 속임수
멀리서 온 것 처럼 가죽 부
대(낡음), 곰팡이 떡
아모리 전투
기브온을 구함
"태양아 너는 기브온 골짜
기 위에 머물라
달아 너도 아얄론 골짜기에
그리 할 찌어다"
요단 동편 분할
갓, 르우벤, 므낫세, 레위
갓(분할 없음), 두지파, 반
지파
요단 서편 분할
납달리
9지파
반 지파, 유다, 므낫세, 에브라
임, 베냐민, 잇사갈, 앗셀
시므온, 스블론,
갈렙-헤브론을 얻음
"이산지를 내게 주소서"(14/12)
요단 강 가에
큰 제단 쌓음
르우벤, 갓, 므낫세
도피성과 레위인 성읍
레위 – 하나님이
기업이다
도피성
부지중에-실수-살인 시
피할 곳 마련함
3도피성
베셀-르우벤
길르앗과 못-갓
바산 골란-므낫세

성경 해설(여호수아)

저자 : 여호수아. 주제 : 가나안 정복과 정착. 기장 : 가나안. 기연 : BC12세기.
배경 : 요단 강 BC1405 가나안 BC1405 분할 BC1390

목적 : 가나안 정복과 정착
내용 : 정탐 → 정복 → 진행

Message

1)정복 : 하나님 말씀대로 준비하고 여리고를 정복함.
2)아이성 정복 실패는 말씀을 어기고 인본적으로 하다가 실패함.
3)하나님이 주시는 메세지로 하면 실패하지 않는다.
4)하나님과 함께 한다는 확신이 있을 때 하나님의 능력을 선포 할 때 기적이 일어났다.
기브아 전쟁시 : "태양아 너는 기브온 위에 머무르라 달아 너도 아얄론 골짜기에서 그리할 지어다."(10/12)
5)항상 무슨 일을 할 때는 하나님의 말씀을 먼저 세우고 말씀 따라가라.
6)요단강을 건널 때도 여리고 성을 정복할 때도 여호와의 법궤를 앞세우고 따라갔다.
말씀이 있는 곳에 하나님이 계신다.
7)1당 천명의 법칙 : 율법 책 말씀에 의해 따라가면 승리 한다.
"너희를 위해 싸우심이라."(23/10)
8)하나님의 말씀이 선포되면 사람들은 듣지않을 수도 있으나 자연은 확실히 듣는다.
"돌 들이 들었음이라 이 돌 들이 증거가 되리라."(24/27)
9)말씀의 중요성 : "율법책을 네 입에서 떠나지말라. 주야로 그 것을 묵상하라."(1/8)
10)우리와 함께 하시는 하나님 : 하나님의 말씀을 읽고 묵상하고 선포하고 행할 때
하나님은 우리와 함께 하시며 함께 일하신다.—할렐루야!

말씀으로 기도하기(여호수아)

1)네 평생에 너를 능히 대적할 자가 없으리니 내가 모세와 함께 있었던 같이 너와 함께 있을 것임 이니라 내가 너를 떠나지 아니 하며 버리지 아니 하리니
강하고 담대 하라 너는 내가 그들의 조상에게 맹세하여 그들에게 주리라 한 땅을 이 백성에게 차지 하게 하리라(1/5-6)
2)오직 강하고 극히 담대 하여 나의 종 모세가 네게 명령한 그 율법을 다 지켜 행하고 우로나 좌로나 치우치지 말라 그리하면 어디로 가든지 형통 하리니(1/7)
3)이 율법 책을 네 입에서 떠나지 말게 하며 주야로 그것을 묵상하여 그 안에 기록된 대로 다 지켜 행하라 그리하면 네 길이 평탄하게 될 것이며 네가 형통하리라(1/8)
4)내가 네게 명령한 것이 아니냐 강하고 담대 하라 두려워하지 말며 놀라지 말라 네가 어디로 가든지 네 하나님 여호와가 너와 함께하느니라 하시니라(1/9)
5)너는 언약 궤를 멘 제사장들에게 명령 하여 이르기를 너희가 요단 물가에 이르거든 요단에 들어서라 하라(3/8)
6)제사장 일곱은 양각 나팔 일곱을 잡고 여호와의 궤 앞에서 계속 행진하며 나팔을 불고 무장한 자들은 그 앞에 행진하며 후군은 여호와의 궤 뒤를 따르고 제사장들은 나팔을 불며 행진 하니라(6/13)
7)태양아 너는 기브온 위에 머무르라 달아 너도 아얄론 골짜기에서 그리할지어다(10/12)
8)여호수아가 그들에게 이르되 두려워하지 말며 놀라지 말고 강하고 담대 하라 너희가 맞서서 싸우는 모든 대적에게 여호와께서 다 이와 같이 하시리라(10/25)
9)이제는 여호와를 경외하며 온전함과 진실함으로 그를 섬기라 너희 조상들이 강 저쪽과 애굽에서 섬기던 신들을 치워 버리고 여호와만 섬기라(24/14)
10)이 돌들이 우리에게 증거가 되리니 이는 여호와께서 우리에게 하신 모든 말씀을 이 돌들이 들었음이니라 그런즉 너희가 너희의 하나님을 부인하지 못하도록 이 돌들이 증거가 되리라(24/27)

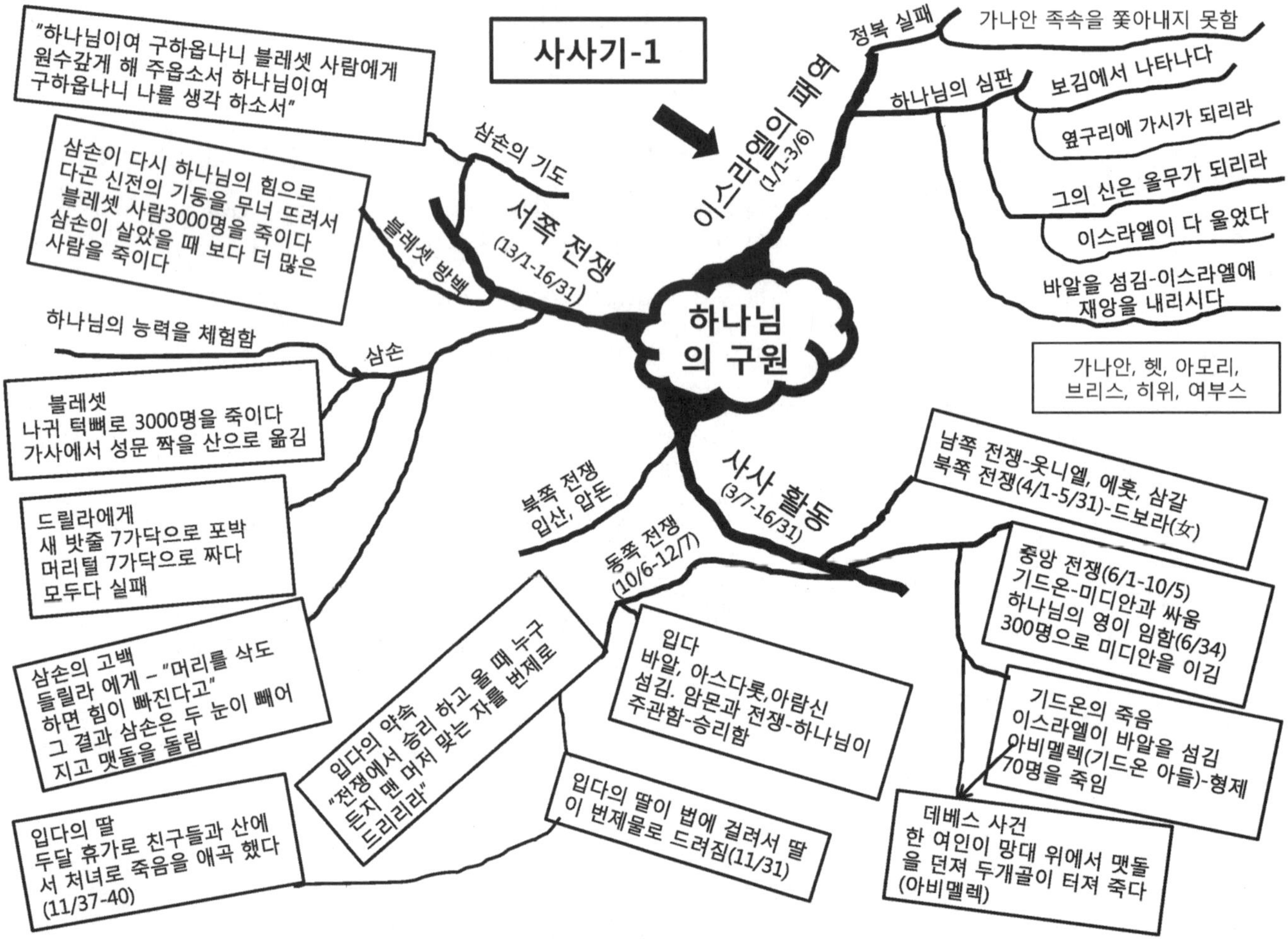
사사기-1
하나님의 구원
이스라엘의 패역 (1/1-3/6)
정복 실패
가나안 족속을 쫓아내지 못함
하나님의 심판
보김에서 나타나다
옆구리에 가시가 되리라
그의 신은 올무가 되리라
이스라엘이 다 울었다
바알을 섬김-이스라엘에 재앙을 내리시다
가나안, 헷, 아모리, 브리스, 히위, 여부스
사사 활동 (3/7-16/31)
남쪽 전쟁-옷니엘, 에훗, 삼갈
북쪽 전쟁(4/1-5/31)-드보라(女)
중앙 전쟁(6/1-10/5)
기드온-미디안과 싸움
하나님의 영이 임함(6/34)
300명으로 미디안을 이김
기드온의 죽음
이스라엘이 바알을 섬김
아비멜렉(기드온 아들)-형제 70명을 죽임
데베스 사건
한 여인이 망대 위에서 맷돌을 던져 두개골이 터져 죽다 (아비멜렉)
동쪽 전쟁 (10/6-12/7)
입다
바알, 아스다롯,아람신 섬김. 암몬과 전쟁-하나님이 주관함-승리함
입다의 약속
"전쟁에서 승리 하고 올 때 누구든지 맨 먼저 맞는 자를 번제로 드리리라"
입다의 딸이 법에 걸려서 딸이 번제물로 드려짐(11/31)
입다의 딸
두달 휴가로 친구들과 산에서 처녀로 죽음을 애곡 했다 (11/37-40)
북쪽 전쟁
입산, 압돈
서쪽 전쟁 (13/1-16/31)
삼손의 기도
"하나님이여 구하옵나니 블레셋 사람에게 원수갚게 해 주옵소서 하나님이여 구하옵나니 나를 생각 하소서"
블레셋 방백
삼손이 다시 하나님의 힘으로 다곤 신전의 기둥을 무너 뜨려서 블레셋 사람3000명을 죽이다
삼손이 살았을 때 보다 더 많은 사람을 죽이다
삼손
하나님의 능력을 체험함
블레셋
나귀 턱뼈로 3000명을 죽이다
가사에서 성문 짝을 산으로 옮김
드릴라에게
새 밧줄 7가닥으로 포박
머리털 7가닥으로 짜다
모두다 실패
삼손의 고백
들릴라 에게 - "머리를 삭도하면 힘이 빠진다고"
그 결과 삼손은 두 눈이 빼어지고 맷돌을 돌림

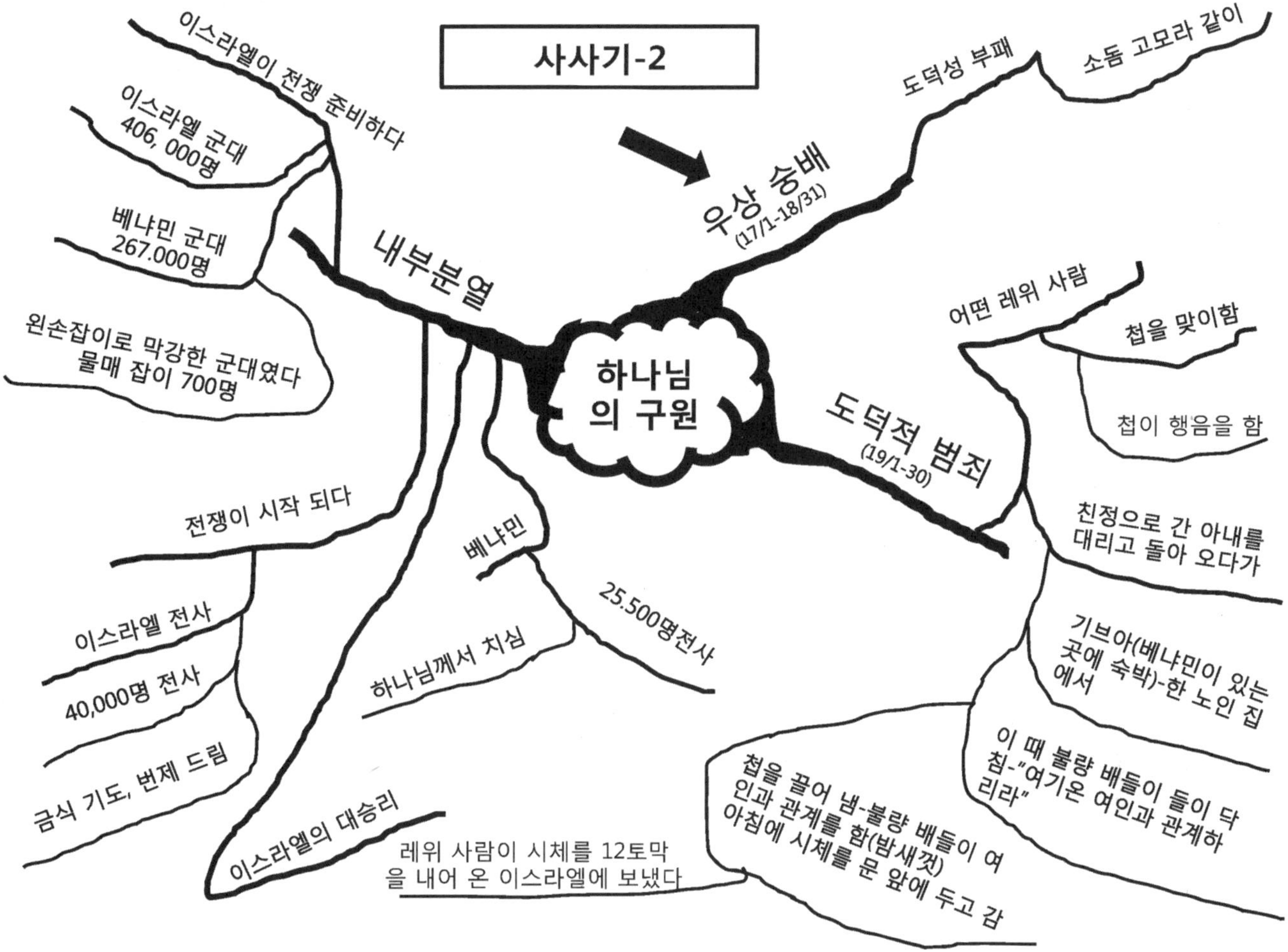
사사기-2
하나님의 구원
우상 숭배 (17/1-18/31)
도덕성 부패
소돔 고모라 같이
도덕적 범죄 (19/1-30)
어떤 레위 사람
첩을 맞이함
첩이 행음을 함
친정으로 간 아내를 대리고 돌아 오다가
기브아(베냐민이 있는 곳에 숙박)-한 노인 집에서
이 때 불량 배들이 들이 닥침-"여기온 여인과 관계하리라"
첩을 끌어 냄-불량 배들이 여인과 관계를 함(밤새껏) 아침에 시체를 문 앞에 두고 감
레위 사람이 시체를 12토막을 내어 온 이스라엘에 보냈다
내부분열
이스라엘이 전쟁 준비하다
이스라엘 군대 406, 000명
베냐민 군대 267.000명
왼손잡이로 막강한 군대였다 물매 잡이 700명
전쟁이 시작 되다
이스라엘 전사
40,000명 전사
금식 기도, 번제 드림
베냐민
25.500명전사
하나님께서 치심
이스라엘의 대승리

성경 해설(사사기)

저자 : 사무엘. 주제 : 이스라엘의 반복 타락과 하나님의 구원. 기장 : 가나안. 기연 : BC1050-1000.
대상 : 이방 문화에 타락한 이스라엘 백성들. 배경 : 가나안 BC1390-1050. 340년간

Message

1)이스라엘이 가나안을 일시에 정복하지 못 한 것은 율법을 무시한 결과였다.
그 결과로 하나님의 벌이 따라왔다.
2)하나님은 이스라엘을 지키기 위해서 사사들을 세우셨다.(2/16)
3)가나안을 완전 정복하지 못하고 원주민을 남겨두었다.
4)올무와 가시가 된 원주민 : 남겨둔 원주민은 계속해서 덫과 가시로 해를 입혔다.
5)하나님의 구원 : 여러곳곳마다 사사들을 세워서 민족을 지켰다.
6)위대한 지도자들 : 기드온, 입다, 삼손 등은 민족을 구했다.
7)삼손의 실책 : 여자에 빠져서 중간에 실패하기도 했다.
그러나 죽을 때 더 많은 블레셋사람들을 죽였다.
8)하나님의 간섭 :
①우상숭배 → ②외적을 사용하여 침입하게 한다 → ③회개하게 한다 → ④구원 하신다
하나님은 반드시 회개라는 과정을 거친다
9)삼손의 예정설
잉태 때 부모에게 나타난 기묘자(예수 그리스도, 여호와 사자)가 있었다.
나라를 구하는 것은 역시 예수 그리스도 이다.
우리의 구세주다.

말씀으로 기도하기(사사기)

1)여호와의 목전에서 악을 행하였으므로 여호와께서 칠 년 동안 그들을 미디안의 손에 넘겨 주시니(6/1)
2)그 때에 이스라엘에 왕이 없으므로 사람이 각기 자기의 소견에 옳은 대로 행하였더라(21/25)

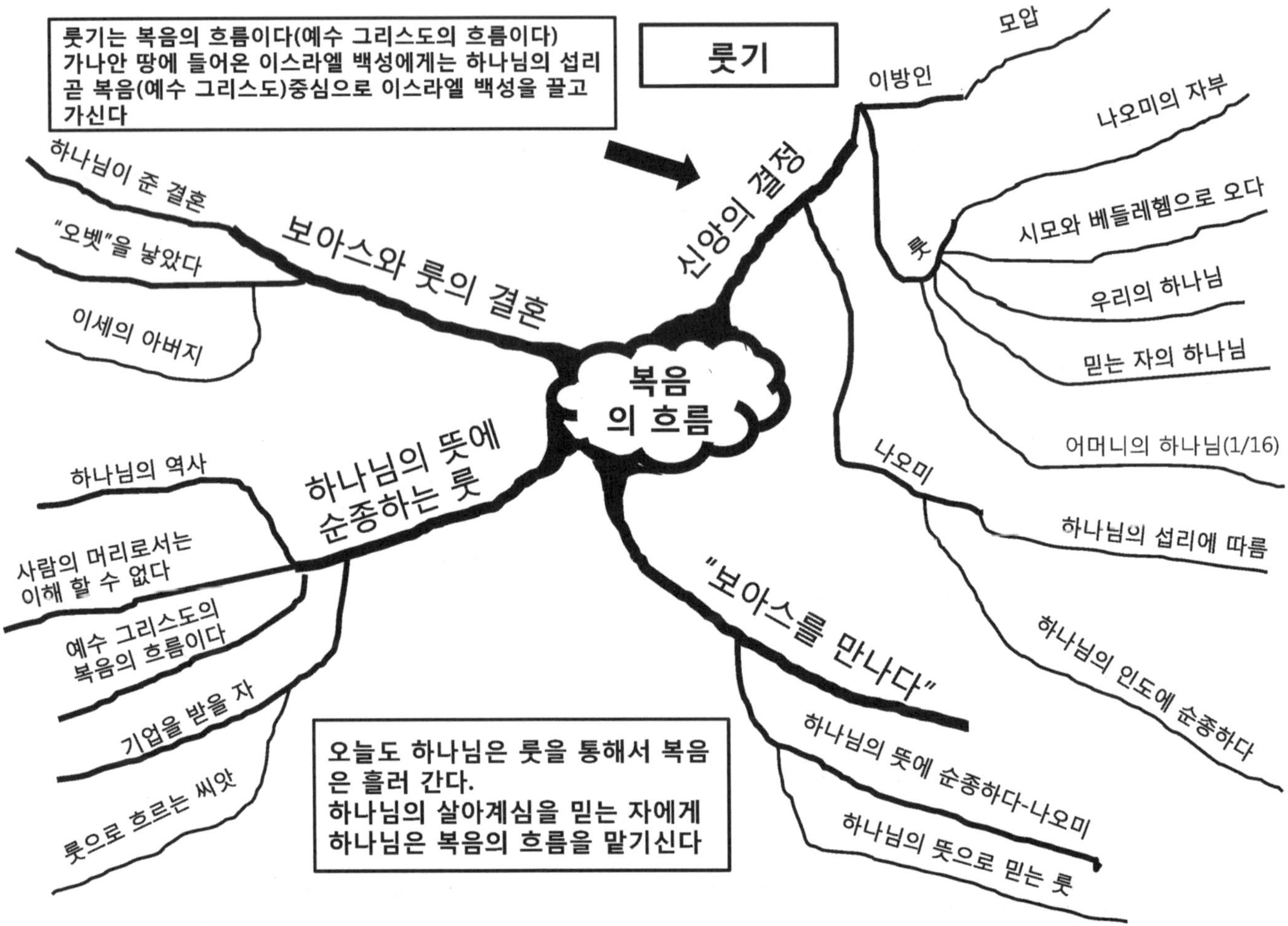
룻기는 복음의 흐름이다(예수 그리스도의 흐름이다)
가나안 땅에 들어온 이스라엘 백성에게는 하나님의 섭리
곧 복음(예수 그리스도)중심으로 이스라엘 백성을 끌고
가신다
룻기
복음
의 흐름
보아스와 룻의 결혼
하나님이 준 결혼
"오벳"을 낳았다
이세의 아버지
신앙의 결정
이방인
모압
나오미의 자부
룻
시모와 베들레헴으로 오다
우리의 하나님
믿는 자의 하나님
어머니의 하나님(1/16)
나오미
하나님의 섭리에 따름
하나님의 인도에 순종하다
하나님의 뜻에
순종하는 룻
하나님의 역사
사람의 머리로서는
이해 할 수 없다
예수 그리스도의
복음의 흐름이다
기업을 받을 자
룻으로 흐르는 씨앗
"보아스를 만나다"
하나님의 뜻에 순종하다-나오미
하나님의 뜻으로 믿는 룻
오늘도 하나님은 룻을 통해서 복음
은 흘러 간다.
하나님의 살아계심을 믿는 자에게
하나님은 복음의 흐름을 맡기신다

성경 해설(룻기)

저자 : ?　주제 : 구원의 줄기(씨).　기장 :가나안.　기연 : BC1375-1050
배경　: 모압에서 10년 베들레헴 2년 (사사시대)

Message

1)하나님의 구원 계획 : 사회는 혼미 속에 흘러가지만
하나님은 철저히 구원의 길을(예수그리스도의 길) 준비하신다.
2)룻의 가치 : 다윗의 증조모(**曾祖母**)다. 룻을 통해서 예수 그리스도가 오셨다.
3)룻기는 : 복음의 흐름이다. 예수 그리스도의 흐름이다.
4)하나님의 인도의 중심 : 가나안에서 하나님의 섭리는 복음 중심으로 백성들을 끌고 가신다.
5)복음의 중요성 : 오늘 날에도 복음을 가진 자를 중심으로 진행해 가신다.
사람의 용모, 외모, 풍채, 돈, 지위, 기적 능력이 아니다.
6)복음은 일시적인 바람이 아니다. : 한 때 기적과 능력이 있을 수도 있다. 그러나 하나님은
그런 것으로 구원의 길을 인도하시지는 않는다.
7)기막힌 복음의 흐름　:　하나님의 살아 계신다는 것을 믿는 자에게 복음의 흐름을 맡기신다.
8)룻의 역할 : 복음(예수 그리스도)이 오는 징검다리 역할 이다.
9)우리는 복음이 건너 올 수 있는 징검다리가 되는 사명자가 필요하다.

말씀으로 기도하기(룻기)

1)룻이 이르되 내게 어머니를 떠나며 어머니를 따르지 말고 돌아가라 강권 하지 마옵소서 어머니께서 가시는 곳에 나도 가고 어머니께서 머무시는 곳에서 나도 머물겠나이다 어머니의 백성이 나의 백성이 되고 어머니의 하나님이 나의 하나님이 되시리니(1/16)

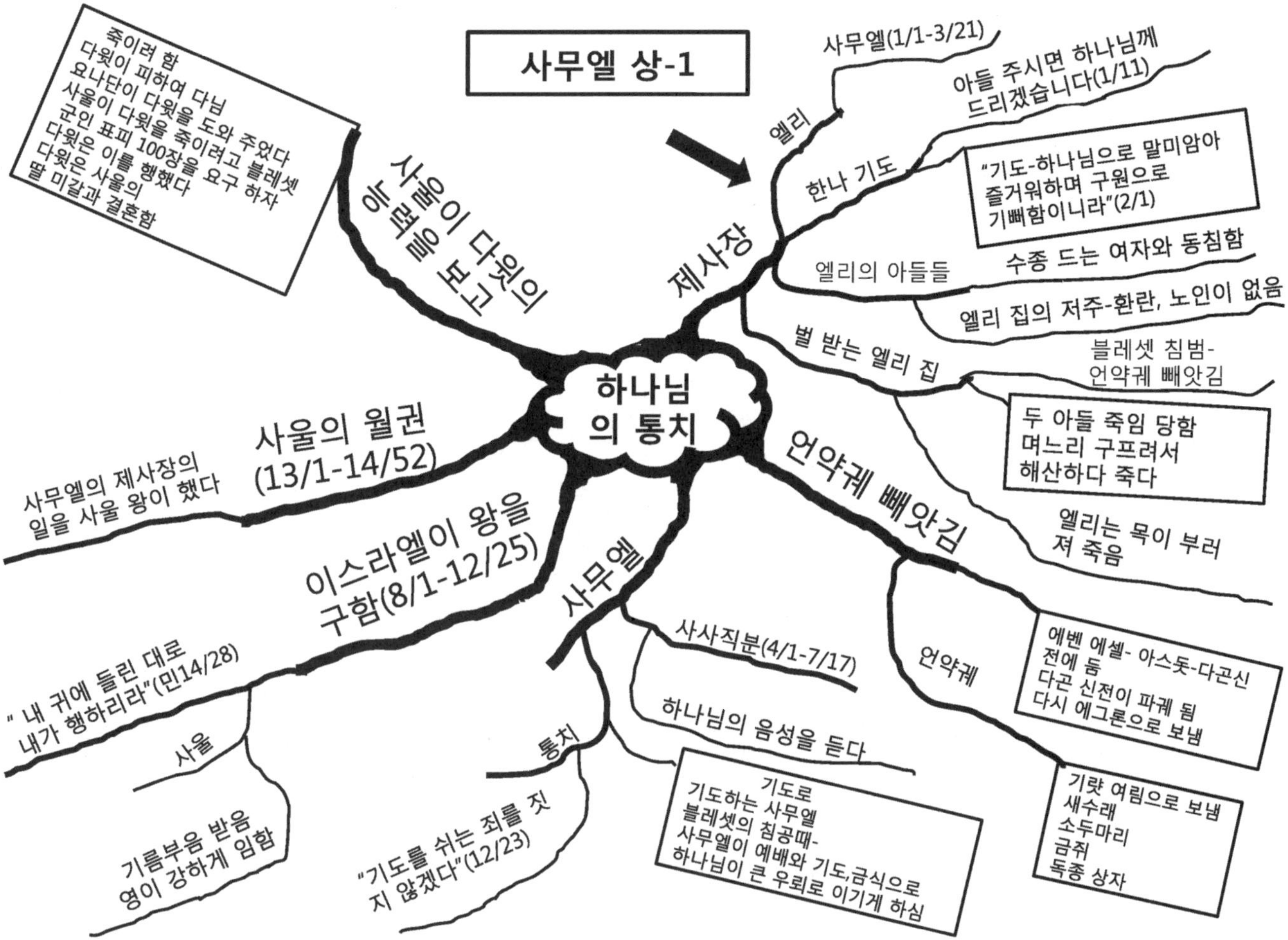
사무엘 상-1
하나님의 통치
제사장
엘리
사무엘(1/1-3/21)
한나 기도
아들 주시면 하나님께 드리겠습니다(1/11)
"기도-하나님으로 말미암아 즐거워하며 구원으로 기뻐함이니라"(2/1)
엘리의 아들들
수종 드는 여자와 동침함
엘리 집의 저주-환란, 노인이 없음
벌 받는 엘리 집
블레셋 침범-언약궤 빼앗김
두 아들 죽임 당함 며느리 구프려서 해산하다 죽다
엘리는 목이 부러져 죽음
언약궤 빼앗김
언약궤
에벤 에셀- 아스돗-다곤신전에 둠 다곤 신전이 파괴 됨 다시 에그론으로 보냄
기럇 여림으로 보냄 새수래 소두마리 금쥐 독종 상자
사무엘
사사직분(4/1-7/17)
하나님의 음성을 듣다
기도로 기도하는 사무엘 블레셋의 침공때-사무엘이 예배와 기도,금식으로 하나님이 큰 우뢰로 이기게 하심
통치
"기도를 쉬는 죄를 짓지 않겠다"(12/23)
이스라엘이 왕을 구함(8/1-12/25)
" 내 귀에 들린 대로 내가 행하리라"(민14/28)
사울
기름부음 받음 영이 강하게 임함
사울의 월권(13/1-14/52)
사무엘의 제사장의 일을 사울 왕이 했다
사울이 다윗의 인기를 보고
죽이려 함 다윗이 피하여 다님 요나단이 다윗을 도와 주었다 사울이 다윗을 죽이려고 블레셋 군인 표피 100장을 요구 하자 다윗은 이를 행했다 다윗은 사울의 딸 미갈과 결혼함

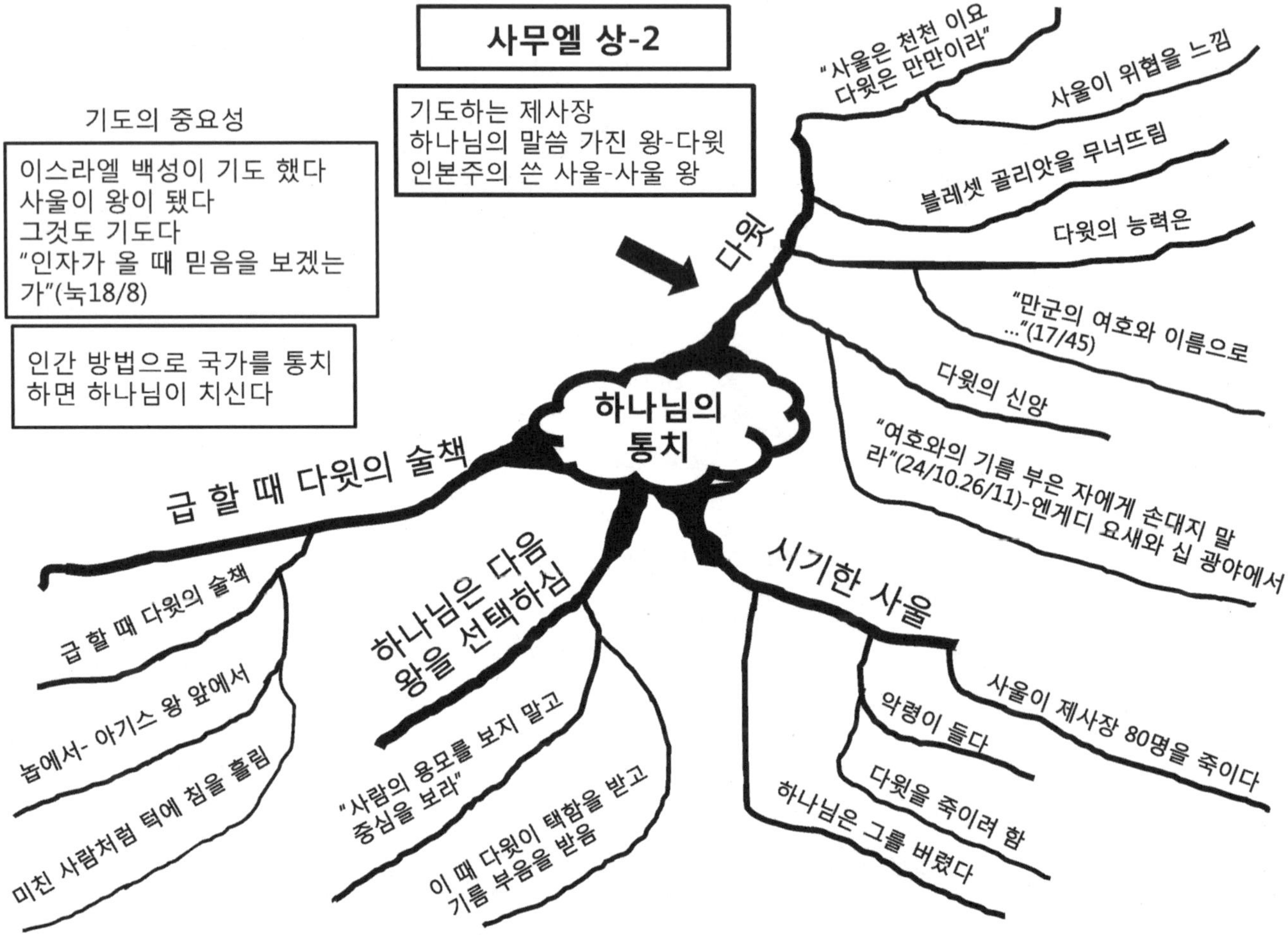
사무엘 상-2
기도의 중요성
이스라엘 백성이 기도 했다
사울이 왕이 됐다
그것도 기도다
"인자가 올 때 믿음을 보겠는가"(눅18/8)
인간 방법으로 국가를 통치하면 하나님이 치신다
기도하는 제사장
하나님의 말씀 가진 왕-다윗
인본주의 쓴 사울-사울 왕
하나님의 통치
다윗
"사울은 천천 이요 다윗은 만만이라"
사울이 위협을 느낌
블레셋 골리앗을 무너뜨림
다윗의 능력은
"만군의 여호와 이름으로 ..."(17/45)
다윗의 신앙
"여호와의 기름 부은 자에게 손대지 말라"(24/10.26/11)-엔게디 요새와 십 광야에서
시기한 사울
사울이 제사장 80명을 죽이다
악령이 들다
다윗을 죽이려 함
하나님은 그를 버렸다
하나님은 다음 왕을 선택하심
"사람의 용모를 보지 말고 중심을 보라"
이 때 다윗이 택함을 받고 기름 부음을 받음
급 할 때 다윗의 술책
급 할 때 다윗의 술책
놉에서- 아기스 왕 앞에서
미친 사람처럼 턱에 침을 흘림

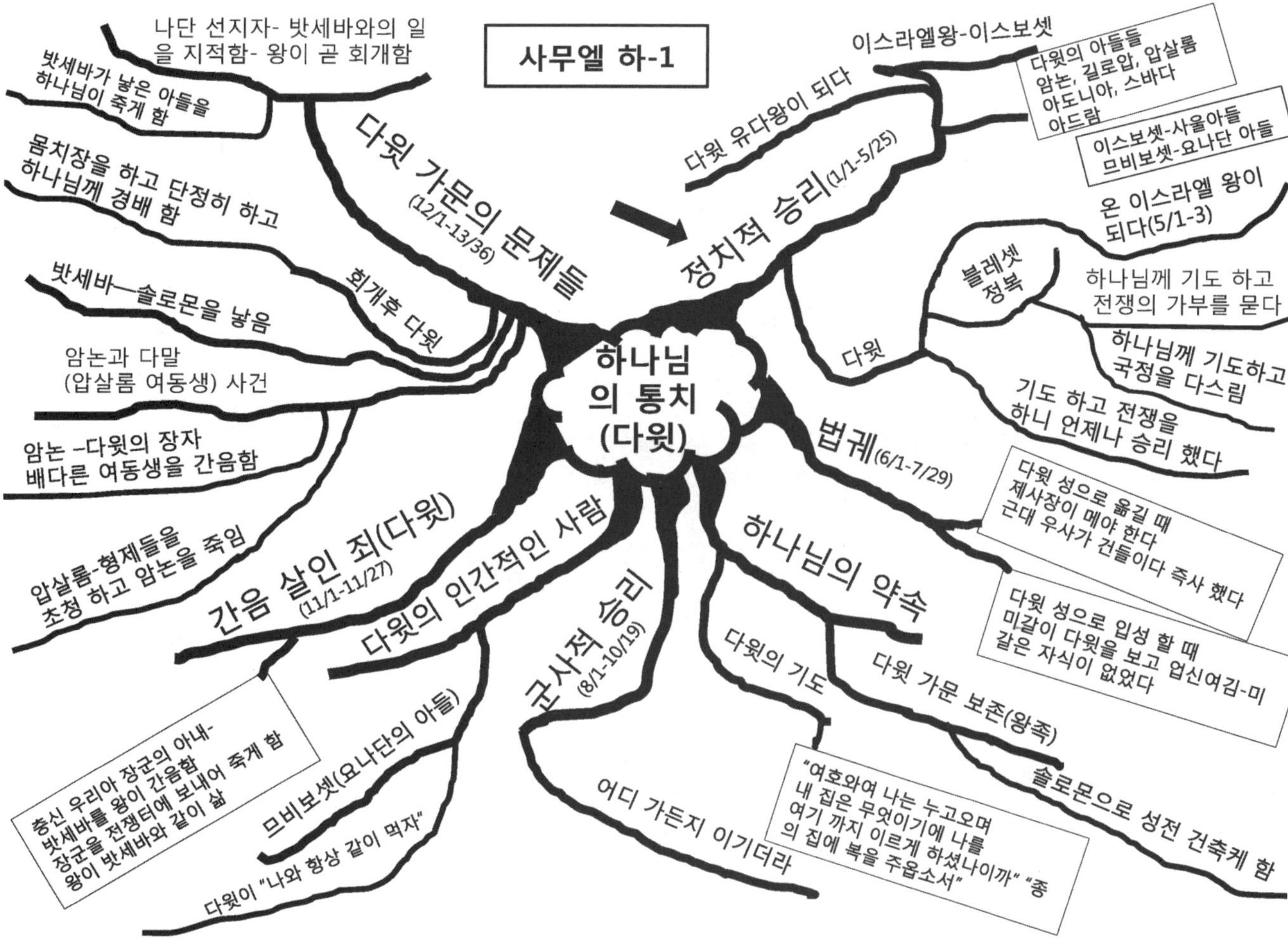
사무엘 하-1
하나님의 통치 (다윗)
다윗 가문의 문제들 (12/1-13/36)
나단 선지자- 밧세바와의 일을 지적함- 왕이 곧 회개함
밧세바가 낳은 아들을 하나님이 죽게 함
몸치장을 하고 단정히 하고 하나님께 경배 함
회개후 다윗
밧세바—솔로몬을 낳음
암논과 다말 (압살롬 여동생) 사건
암논 –다윗의 장자 배다른 여동생을 간음함
압살롬-형제들을 초청 하고 암논을 죽임
간음 살인 죄(다윗) (11/1-11/27)
충신 우리아 장군의 아내-밧세바를 왕이 간음함 장군을 전쟁터에 보내어 죽게 함 왕이 밧세바와 같이 삶
다윗의 인간적인 사람
므비보셋(요나단의 아들)
다윗이 "나와 항상 같이 먹자"
군사적 승리 (8/1-10/19)
어디 가든지 이기더라
다윗의 기도
"여호와여 나는 누고오며 내 집은 무엇이기에 나를 여기 까지 이르게 하셨나이까" "종의 집에 복을 주옵소서"
하나님의 약속
다윗 가문 보존(왕족)
솔로몬으로 성전 건축케 함
법궤(6/1-7/29)
다윗 성으로 옮길 때 제사장이 메야 한다 근대 우사가 건들이다 죽사 했다
다윗 성으로 입성 할 때 미갈이 다윗을 보고 업신여김-미갈은 자식이 없었다
정치적 승리(1/1-5/25)
다윗 유다왕이 되다
이스라엘왕-이스보셋
다윗의 아들들 암논, 길로압, 압살롬 아도니아, 스바다 아드람
이스보셋-사울아들 므비보셋-요나단 아들
온 이스라엘 왕이 되다(5/1-3)
다윗
블레셋 정복
하나님께 기도 하고 전쟁의 가부를 묻다
하나님께 기도하고 국정을 다스림
기도 하고 전쟁을 하니 언제나 승리 했다

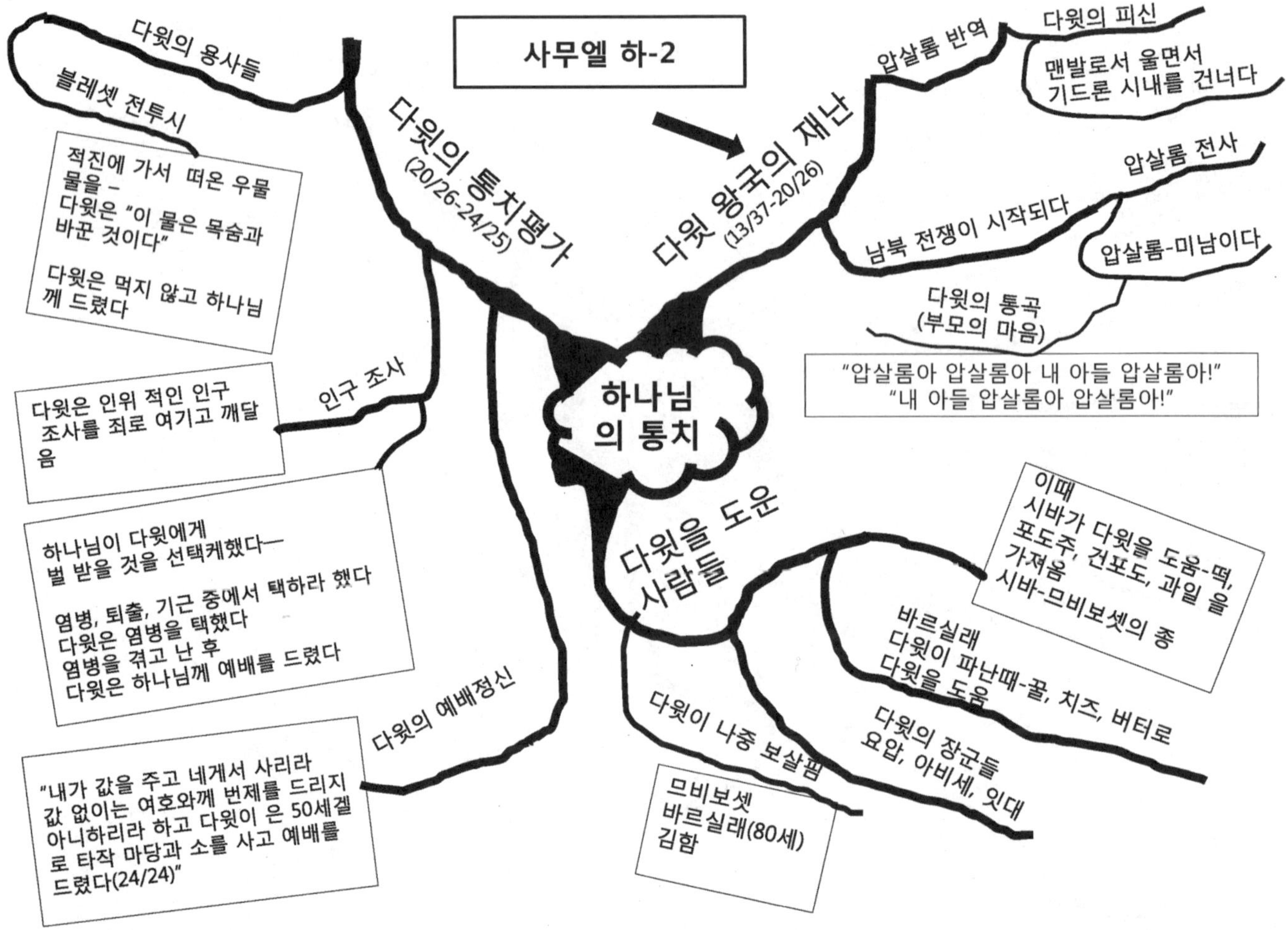
사무엘 하-2
하나님의 통치
다윗의 통치평가 (20/26-24/25)
다윗의 용사들
블레셋 전투시
적진에 가서 떠온 우물 물을 - 다윗은 "이 물은 목숨과 바꾼 것이다" 다윗은 먹지 않고 하나님께 드렸다
인구 조사
다윗은 인위 적인 인구 조사를 죄로 여기고 깨달음
하나님이 다윗에게 벌 받을 것을 선택케했다— 벌 받을 것을 선택케했다 염병, 퇴출, 기근 중에서 택하라 했다 다윗은 염병을 택했다 염병을 겪고 난 후 다윗은 하나님께 예배를 드렸다
다윗의 예배정신
"내가 값을 주고 네게서 사리라 값 없이는 여호와께 번제를 드리지 아니하리라 하고 다윗이 은 50세겔로 타작 마당과 소를 사고 예배를 드렸다(24/24)"
다윗 왕국의 재난 (13/37-20/26)
압살롬 반역
다윗의 피신
맨발로서 울면서 기드론 시내를 건너다
압살롬 전사
남북 전쟁이 시작되다
압살롬-미남이다
다윗의 통곡 (부모의 마음)
"압살롬아 압살롬아 내 아들 압살롬아!" "내 아들 압살롬아 압살롬아!"
다윗을 도운 사람들
이때 시바가 다윗을 도움-떡, 포도주, 건포도, 과일 을 가져옴 시바-므비보셋의 종
바르실래 다윗이 파난때-꿀, 치즈, 버터로 다윗을 도움
다윗의 장군들 요압, 아비세, 잇대
다윗이 나중 보살핌
므비보셋 바르실래(80세) 김함

성경 해설(사무엘 상 하)

저자 : 사무엘.　주제 : 사무엘, 다윗, 사울을 통한 하나님의 통치.
기장 : 가나안.　기연 : BC930.　배경 : 가나안 역사 BC1105-970

Message

1)목적 : 이스라엘 왕국의 시작　다윗에 의한 왕국의 통일
2)특징 : 이 땅의 왕정 정치, 사사 시대는 임시적인 국가 였다.
3)인간이 통치하는 나라는 문제투성이었다.
4)후에 도래될 예수그리스도의 왕국이 진짜 왕국이 온다(천년 왕국시대)
5)다윗으로 부터 구원의 뿔이 이어져 왔다. –예수 그리스도 까지
6)다윗의 신앙 : "여호와의 기름 부은 자에게 손대지 말라."(삼상 24/10, 26/11)
7)다윗은 즉각적인 회개를 참 잘 했다.
8)국가 통치 : 인간의 방법으로 통치 하면 하나님이 치셨다.(사울 기타 왕들)
9)제사장 : 기도하는 제사장이 정말 필요 하다.
10)하나님의 말씀을 정확히 말하는 제사장이 절실하다.
11)기도의 제고 : "인자가 올 때에 세상에서 믿음을 보겠느냐 염려스럽다."(현대어 성경 눅18/8)
강청 기도는 다시 한번 생각 해봐야 한다.
이스라엘 백성들이 왕을 달라고 강청 기도를 했다.　그래서 사울이 왕이 되었다.
기도에서 조심 해야 할 점이다. 그래서 말씀으로 하는 기도가 있어야 한다.
"내 귀에 들린 대로 내가 너희 에게 행하리니."(민14/28)
12)예배 : 참된 예배는 재앙을 그치게 한다.(삼하 24/10-25)

말씀으로 기도하기(사무엘 상 하)

1)나 여호와가 말하노라~~ 나를 존중히 여기는 자를 내가 존중히 여기고 나를 멸시하는 자를 내가 경멸 하리라 (삼상2/30)
2)나는 너희를 위하여 기도하기를 쉬는 죄를 여호와 앞에 결단코 범하지 아니하고 선하고 의로운 길을 너희에게 가르칠 것인즉(삼상12/23)
3)사무엘이 사울 에게 : 이제 왕은 여호와의 말씀을 들으소서(삼상15/1)
4)여호와께서 사무엘 에게 이르시되 그의 용모와 키를 보지 말라 내가 이미 그를 버렸노라 내가 보는 것은 사람과 같지 아니하니 사람은 외모를 보거니와 나 여호와는 중심을 보느니라 하시니라(삼상16/7)
4)하나님께서 부리시는 악령이 사울에게 이를 때에 다윗이 수금을 들고 와서 손으로 탄즉 사울이 상쾌하여 낫고 악령이 그에게서 떠나더라(삼상16/23)
5)다윗이 블레셋 사람에게 이르되 너는 칼과 단창으로 내게 나아오거니와 나는 만군의 여호와의 이름으로 곧 네가 모욕하는 이스라엘 군대의 하나님의 이름으로 네게 나아가노라(삼상17/45)
6)오늘 여호와께서 너를 내 손에 넘기시리니 내가 너를 네 목을 베고 블레셋 군대의 시체를 오늘 공중의 새와 땅의 짐승들에게 주어 온 땅으로 이스라엘에 하나님이 계신 줄 알게 하겠고 (삼상17/46)
7)또 여호와의 구원하심이 칼과 창에 있지 아니함을 이 무리에게 알게 하리라 전쟁은 여호와께 속한 것인즉 그가 너희를 우리 손에 넘기시리라(삼상17/47)
8)다윗이 달려가서 블레셋 사람을 밟고 그의 칼을 그 칼 집에서 빼내어 그 칼로 그를 죽이고 그의 머리를 베니 블레셋 사람들이 자기 용사의 죽음을 보고 도망하는지라(삼상17/51)

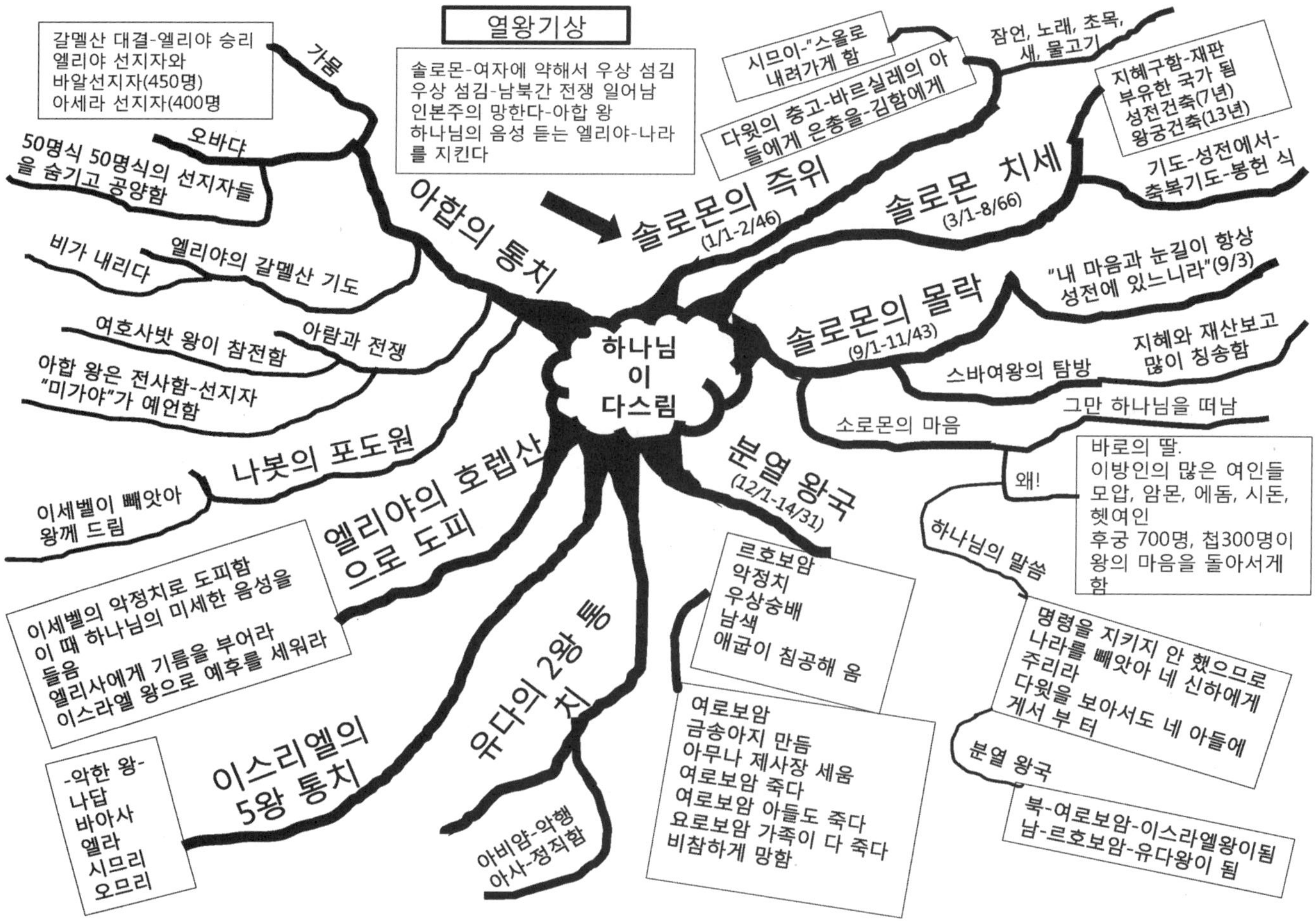

열왕기상
하나님이 다스림
솔로몬-여자에 약해서 우상 섬김
우상 섬김-남북간 전쟁 일어남
인본주의 망한다-아합 왕
하나님의 음성 듣는 엘리야-나라를 지킨다
솔로몬의 즉위 (1/1-2/46)
시므이-"스올로 내려가게 함
다윗의 충고-바르실레의 아들에게 은총을-김함에게
잠언, 노래, 초목, 새, 물고기
솔로몬 치세 (3/1-8/66)
지혜구함-재판
부유한 국가 됨
성전건축(7년)
왕궁건축(13년)
기도-성전에서-축복기도-봉헌 식
솔로몬의 몰락 (9/1-11/43)
"내 마음과 눈길이 항상 성전에 있느니라"(9/3)
스바여왕의 탐방
지혜와 재산보고 많이 칭송함
그만 하나님을 떠남
소로몬의 마음
왜!
바로의 딸.
이방인의 많은 여인들
모압, 암몬, 에돔, 시돈, 헷여인
후궁 700명, 첩300명이
왕의 마음을 돌아서게 함
하나님의 말씀
명령을 지키지 안 했으므로 나라를 빼앗아 네 신하에게 주리라
다윗을 보아서도 네 아들에게서 부 터
분열 왕국
북-여로보암-이스라엘왕이됨
남-르호보암-유다왕이 됨
분열 왕국 (12/1-14/31)
르호보암
악정치
우상숭배
남색
애급이 침공해 옴
여로보암
금송아지 만듬
아무나 제사장 세움
여로보암 죽다
여로보암 아들도 죽다
요로보암 가족이 다 죽다
비참하게 망함
유다의 2왕 통치
아비얌-악행
아사-정직함
이스리엘의 5왕 통치
-악한 왕-
나답
바아사
엘라
시므리
오므리
엘리야의 호렙산으로 도피
이세벨의 악정치로 도피함
이 때 하나님의 미세한 음성을 들음
엘리사에게 기름을 부어라
이스라엘 왕으로 예후를 세워라
나봇의 포도원
이세벨이 빼앗아 왕께 드림
아합의 통치
아람과 전쟁
여호사밧 왕이 참전함
아합 왕은 전사함-선지자 "미가야"가 예언함
엘리야의 갈멜산 기도
비가 내리다
오바댜
50명식 50명식의 선지자들을 숨기고 공양함
가뭄
갈멜산 대결-엘리야 승리
엘리야 선지자와
바알선지자(450명)
아세라 선지자(400명

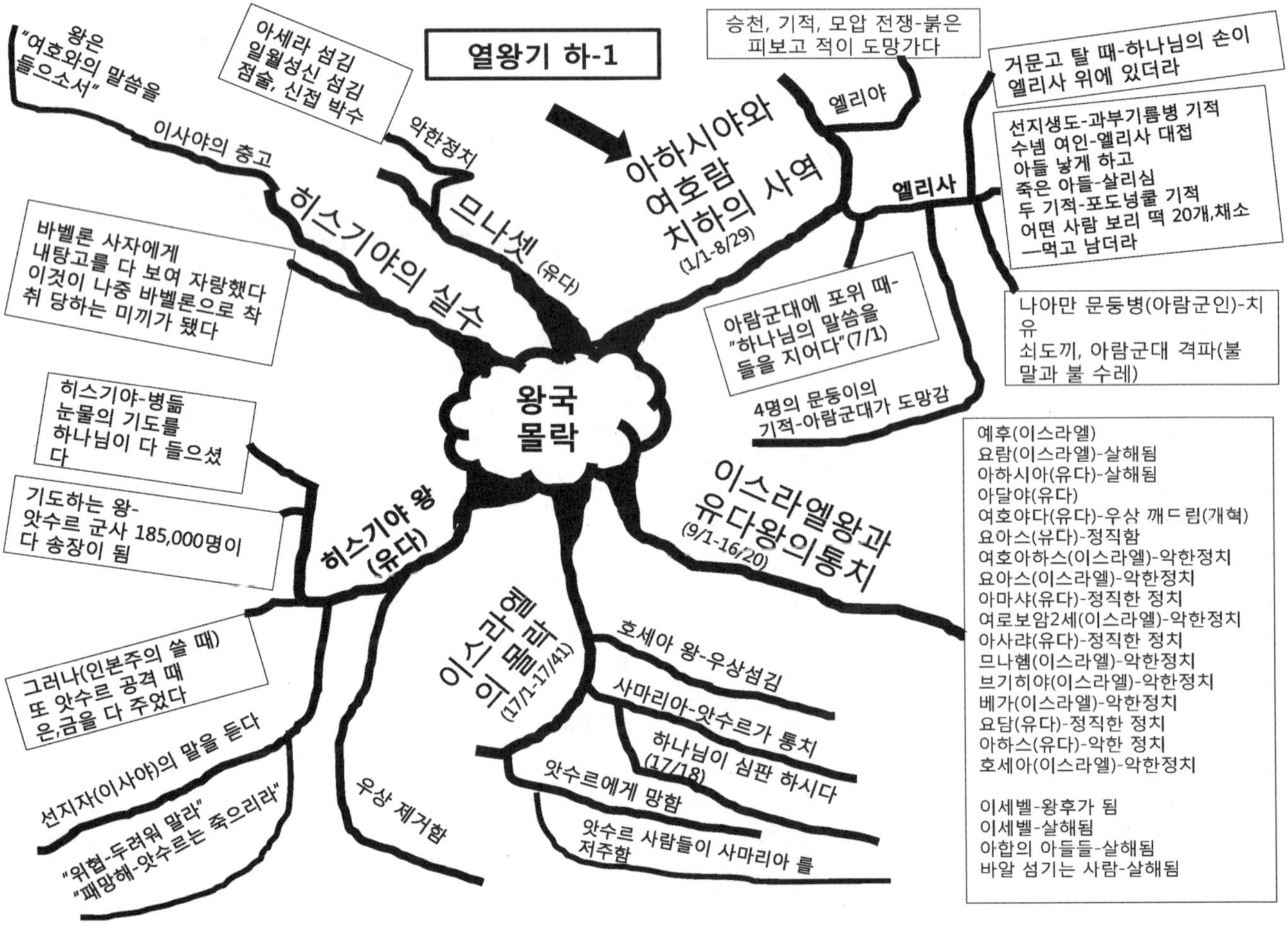
열왕기 하-1
왕국 몰락
아하시야와 여호람 치하의 사역 (1/1-8/29)
엘리야
승천, 기적, 모압 전쟁-붉은 피보고 적이 도망가다
엘리사
거문고 탈 때-하나님의 손이 엘리사 위에 있더라
선지생도-과부기름병 기적
수넴 여인-엘리사 대접
아들 낳게 하고
죽은 아들-살리심
두 기적-포도넝쿨 기적
어떤 사람 보리 떡 20개,채소 —먹고 남더라
나아만 문둥병(아람군인)-치유
쇠도끼, 아람군대 격파(불 말과 불 수레)
아람군대에 포위 때-"하나님의 말씀을 들을 지어다"(7/1)
4명의 문둥이의 기적-아람군대가 도망감
이스라엘왕과 유다왕의통치 (9/1-16/20)
예후(이스라엘)
요람(이스라엘)-살해됨
아하시아(유다)-살해됨
아달야(유다)
여호야다(유다)-우상 깨드림(개혁)
요아스(유다)-정직함
여호아하스(이스라엘)-악한정치
요아스(이스라엘)-악한정치
아마샤(유다)-정직한 정치
여로보암2세(이스라엘)-악한정치
아사랴(유다)-정직한 정치
므나헴(이스라엘)-악한정치
브기히야(이스라엘)-악한정치
베가(이스라엘)-악한정치
요담(유다)-정직한 정치
아하스(유다)-악한 정치
호세아(이스라엘)-악한정치
이세벨-왕후가 됨
이세벨-살해됨
아합의 아들들-살해됨
바알 섬기는 사람-살해됨
이스라엘이 멸망 (17/1-17/41)
호세아 왕-우상섬김
사마리아-앗수르가 통치
하나님이 심판 하시다 (17/18)
앗수르에게 망함
앗수르 사람들이 사마리아 를 저주함
히스기야 왕 (유다)
우상 제거함
선지자(이사야)의 말을 듣다
"위협-두려워 말라" "패망해-앗수르는 죽으리라"
그러나(인본주의 쓸 때) 또 앗수르 공격 때 은,금을 다 주었다
기도하는 왕-앗수르 군사 185,000명이 다 송장이 됨
히스기야-병듦 눈물의 기도를 하나님이 다 들으셨다
히스기야의 실수
바벨론 사자에게 내탕고를 다 보여 자랑했다 이것이 나중 바벨론으로 착취 당하는 미끼가 됐다
이사야의 충고
왕은 "여호와의 말씀을 들으소서"
므나셋 (유다)
악한정치
아세라 섬김 일월성신 섬김 점술, 신접 박수

열왕기 하-2

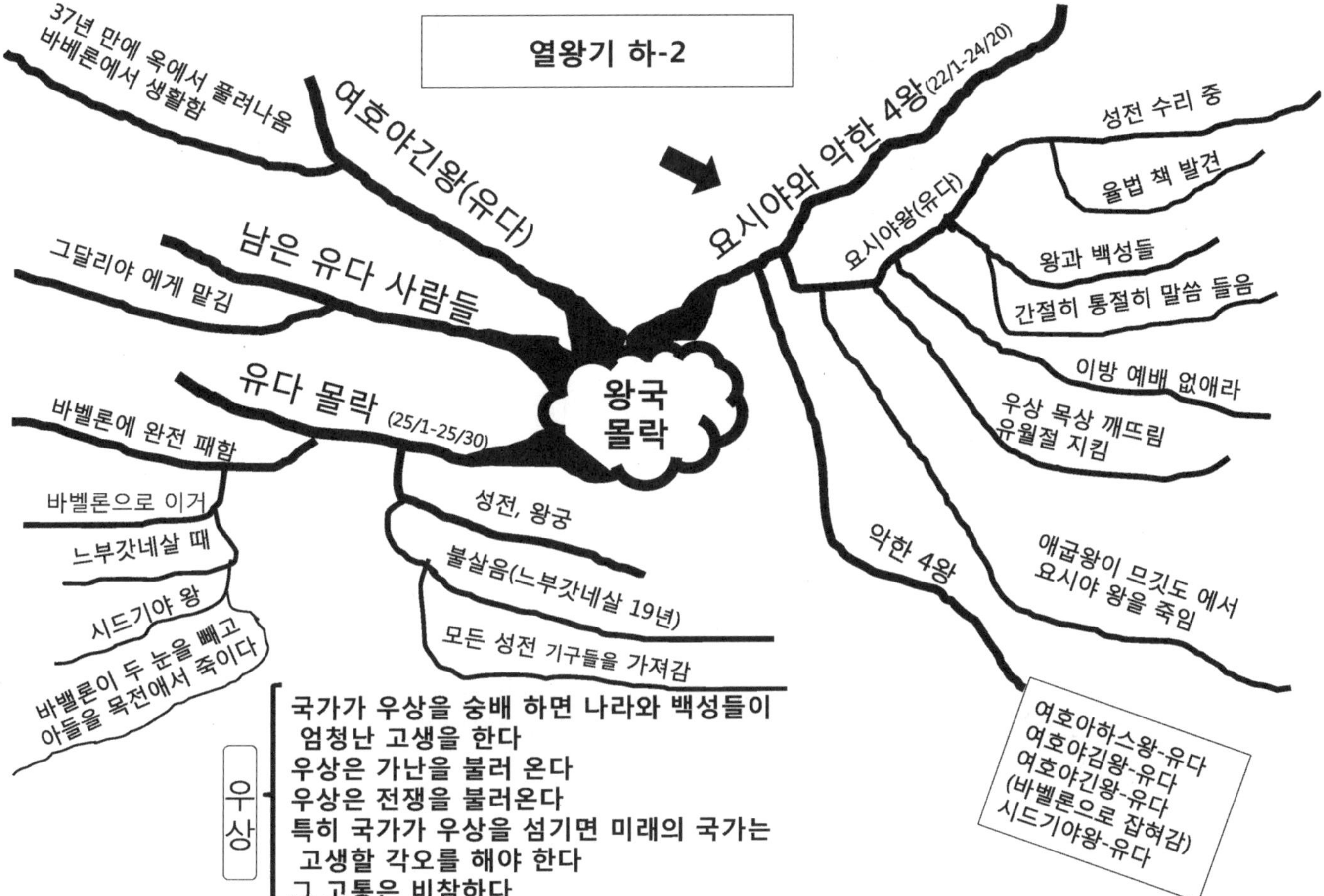

우상

- 국가가 우상을 숭배 하면 나라와 백성들이 엄청난 고생을 한다
- 우상은 가난을 불러 온다
- 우상은 전쟁을 불러온다
- 특히 국가가 우상을 섬기면 미래의 국가는 고생할 각오를 해야 한다
- 그 고통은 비참하다

성경 해설(열왕기 상 하)

저자 : ?. 주제 : 분열 왕국, 분열 왕국의 몰락. 기장 : 바벨론. 기연 : BC561-537
배경 : 이스라엘—앗수르(BC853-722) 131년간, 유다—바벨론(BC715-560) 155년간

교훈 : 영적 교훈-우상 숭배가 멸망의 원인이다.
예배 타락 : 하나님을 배신 하는 것이다. 다른 신을 섬김으로 하나님이 노하심
---경위---
솔로몬 즉위—분열 왕국
사마리아-이스라엘 수도. 예루살렘-유다 수도
솔로몬 왕국-BC976-936(40년간). 남북 분열 왕국-BC936-721(215년간).
유다 왕국-BC721-562(159년간)
열왕기 하 –왕국 몰락 국가
시대 : 이스라엘에 앗수르가 침공 점령(BC853-722 : 131년간)
유다에 바벨론이 침공 점령(BC715-569 : 155년간)

Message

1)솔로몬 왕국 : 여자에 약해서 우상 섬김
2)남 북으로 분열 국가 : 우상의 무서움을 알라-르호보암과 여로보암 사이에 늘 전쟁이 있더라.
3)아합 왕 : 우상 섬기고 꾀를 쓰는 왕의 몰락과 비참한 인생을 맛 봄
4)엘리야 : 하나님의 음성을 듣는 지도자가 나라를 이끄는 지도자다 "엘리사"를 세웠다.
5)갈멜산 대결 : 우상과 대결에서 하나님의 능력을 보여 주었다.
6)이사야의 설교 : 선지자 이사야는 "여호와의 말씀을 들으소서" 였다.
7)하나님의 음성을 듣는 선지자를 가리켜 : "이스라엘의 병거와 마병이여..."(왕하2/12)이라 했다-엘리야를 두고 하는 말이다.
8)찬송의 능력 : 찬송은 하나님의 손이 함께하시는 능력이 있다.(왕하 3/15)
"음악 하는 자가 연주를 할 때 하나님의 손이 임 하니라."
9)기도 하는 종 : 집에서도 나라를 지킨다.(왕하6/8-18, 왕하19/8-37)
10)주여! 3창 기도 : "들으소서, 보시옵소서, 아시옵소서" (왕하19/15-19)

말씀으로 기도하기(열왕기 상 하)

---열왕기 상---

1)여호와께서 그에게 이르시되 네 기도와 네가 내 앞에서 간구한 바를 내가 들었은즉 나는 네가 건축한 이 성전을 거룩하게 구별하여 내 이름을 영원히 그곳에 두며 내 눈길과 내 마음이 항상 거기에 있으리니(왕상9/3)
2)솔로몬이 마음을 돌려 이스라엘의 하나님 여호와를 떠나므로 여호와께서 그에게 진노하시니라 여호와께서 일찍이 두 번이나 그에게 나타나시고(왕상11/9)
3)이 일에 대하여 명령하사 다른 신을 따르지 말라 하셨으나 그가 여호와의 명령을 지키지 않았으므로(왕상11/10)
4)여호와께서 솔로몬에게 말씀하시되 네게 이러한 일이 있었고 또 네가 내 언약과 내가 네게 명령한 법도를 지키지 아니하였으니 내가 반드시 이 나라를 네게서 빼앗아 네 신하에게 주리라(왕상11/11)
5)그러나 네 아버지 다윗을 위하여 네 세대에는 이 일을 행하지 아니하고 네 아들의 손에서 빼앗으려니와(왕상11/12)
6)엘리야가 말하되~~여호와여 주께서 이스라엘 중에서 하나님이신 것과 내가 주의 종인 것과 내가 주의 말씀대로 이 모든 일을 행하는 것을 오늘 알게 하옵소서(왕상18/36)
7)여호와여 내게 응답하옵소서 내게 응답하옵소서 이 백성에게 주 여호와는 하나님이신 것과 주는 그들의 마음을 되돌이키심을 알게 하옵소서(왕상18/37)
8)지진 후에 불이 있으나 불 가운데에도 여호와께서 계시지 아니하더니 불 후에 세미한 소리가 있는지라(왕상19/12)

---열왕기 하---

9)엘리사가 보고 소리 지르되 가로되 내 아버지여 내 아버지여 이스라엘의 병거와 그 마병이여 하더니 (2/12)
10)거문고 타는 자가 거문고를 탈 때에 여호와의 손이 엘리사 위에 있더니(3/15)
11)그가 이르되 계집종의 집에 기름 한 그릇 외에는 아무것도 없나이다(4/2)
12)너는 밖에 나가서 모든 이웃에게 그릇을 빌리되 조금 빌리지 말고(4/3)
13)두려워하지 말라 우리와 함께한 자가 그들과 함께한 자 보다 많으니라(6/16)
14)너희는 알라 곧 여호와께서 아합의 집에 대하여 하신 말씀은 하나도 땅에 떨어지지 아니하리라 여호와 께서 그의 종 엘리야를 통하여 하신 말씀을 이제 이루셨도다 하니라(10/10)
15)그룹들 위에 계신 이스라엘의 하나님 여호와여 주는 천하 만국에 홀로 하나님이시라 주께서 천지를 만드셨나이다(19/15)
16)여호와여 귀를 기울여 들으소서 여호와여 눈을 떠서 보시옵소서 산헤립이 살아 계신 하나님을 비방하러 보낸 말을 들으시옵소서(19/16)

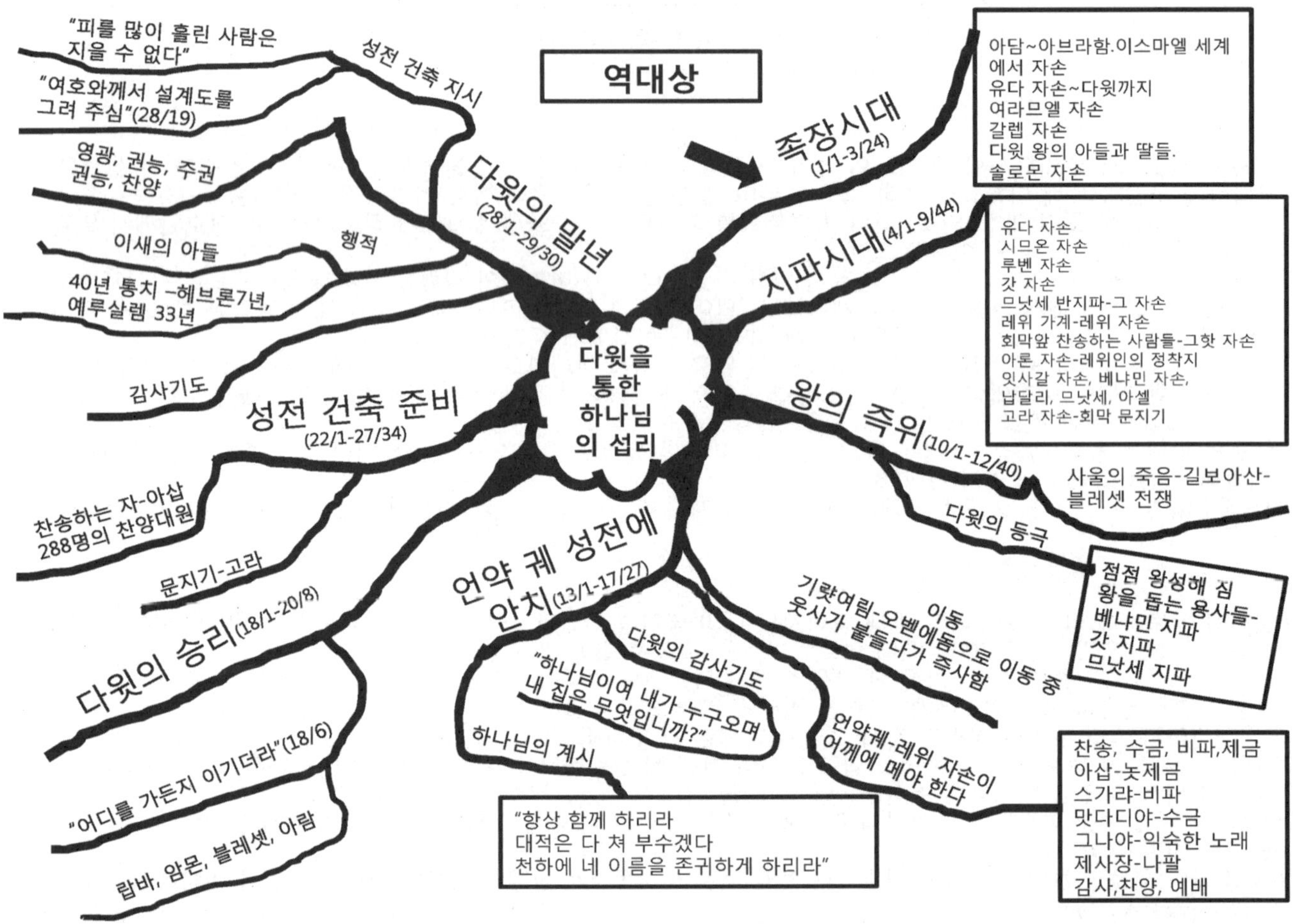
역대상
다윗을 통한 하나님의 섭리
족장시대 (1/1-3/24)
아담~아브라함.이스마엘 세계에서 자손
유다 자손~다윗까지
여라므엘 자손
갈렙 자손
다윗 왕의 아들과 딸들.
솔로몬 자손
지파시대(4/1-9/44)
유다 자손
시므온 자손
루벤 자손
갓 자손
므낫세 반지파-그 자손
레위 가계-레위 자손
회막앞 찬송하는 사람들-그핫 자손
아론 자손-레위인의 정착지
잇사갈 자손, 베냐민 자손,
납달리, 므낫세, 아셀
고라 자손-회막 문지기
왕의 즉위(10/1-12/40)
사울의 죽음-길보아산-블레셋 전쟁
다윗의 등극
점점 왕성해 짐
왕을 돕는 용사들-
베냐민 지파
갓 지파
므낫세 지파
언약 궤 성전에 안치(13/1-17/27)
이동
기랏여림-오벧에돔으로 이동 중
웃사가 붙들다가 즉사함
언약궤-레위 자손이 어깨에 메야 한다
찬송, 수금, 비파,제금
아삽-놋제금
스가랴-비파
맛디디야-수금
그나야-익숙한 노래
제사장-나팔
감사,찬양, 예배
다윗의 감사기도
"하나님이여 내가 누구오며 내 집은 무엇입니까?"
하나님의 계시
"항상 함께 하리라
대적은 다 쳐 부수겠다
천하에 네 이름을 존귀하게 하리라"
다윗의 승리(18/1-20/8)
"어디를 가든지 이기더라"(18/6)
랍바, 암몬, 블레셋, 아람
성전 건축 준비 (22/1-27/34)
찬송하는 자-아삽
288명의 찬양대원
문지기-고라
감사기도
다윗의 말년 (28/1-29/30)
성전 건축 지시
"피를 많이 흘린 사람은 지을 수 없다"
"여호와께서 설계도를 그려 주심"(28/19)
영광, 권능, 주권
권능, 찬양
행적
이새의 아들
40년 통치 –헤브론7년, 예루살렘 33년

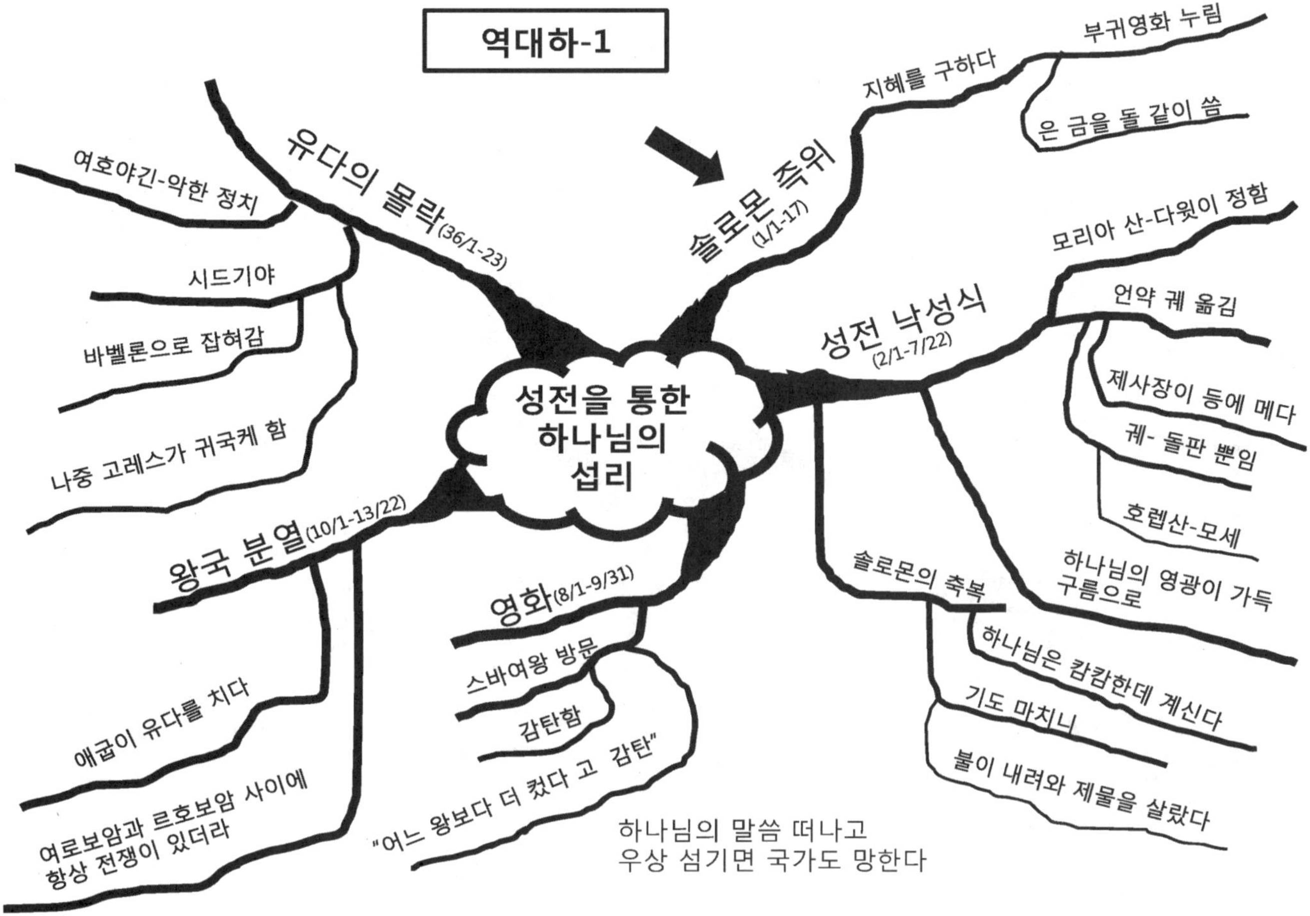
역대하-1
성전을 통한 하나님의 섭리
솔로몬 즉위 (1/1-17)
지혜를 구하다
부귀영화 누림
은 금을 돌 같이 씀
성전 낙성식 (2/1-7/22)
모리아 산-다윗이 정함
언약 궤 옮김
제사장이 등에 메다
궤- 돌판 뿐임
호렙산-모세
하나님의 영광이 가득 구름으로
솔로몬의 축복
하나님은 캄캄한데 계신다
기도 마치니
불이 내려와 제물을 살랐다
영화(8/1-9/31)
스바여왕 방문
감탄함
"어느 왕보다 더 컸다 고 감탄"
왕국 분열(10/1-13/22)
애굽이 유다를 치다
여로보암과 르호보암 사이에 항상 전쟁이 있더라
유다의 몰락(36/1-23)
여호야긴-악한 정치
시드기야
바벨론으로 잡혀감
나중 고레스가 귀국케 함
하나님의 말씀 떠나고
우상 섬기면 국가도 망한다

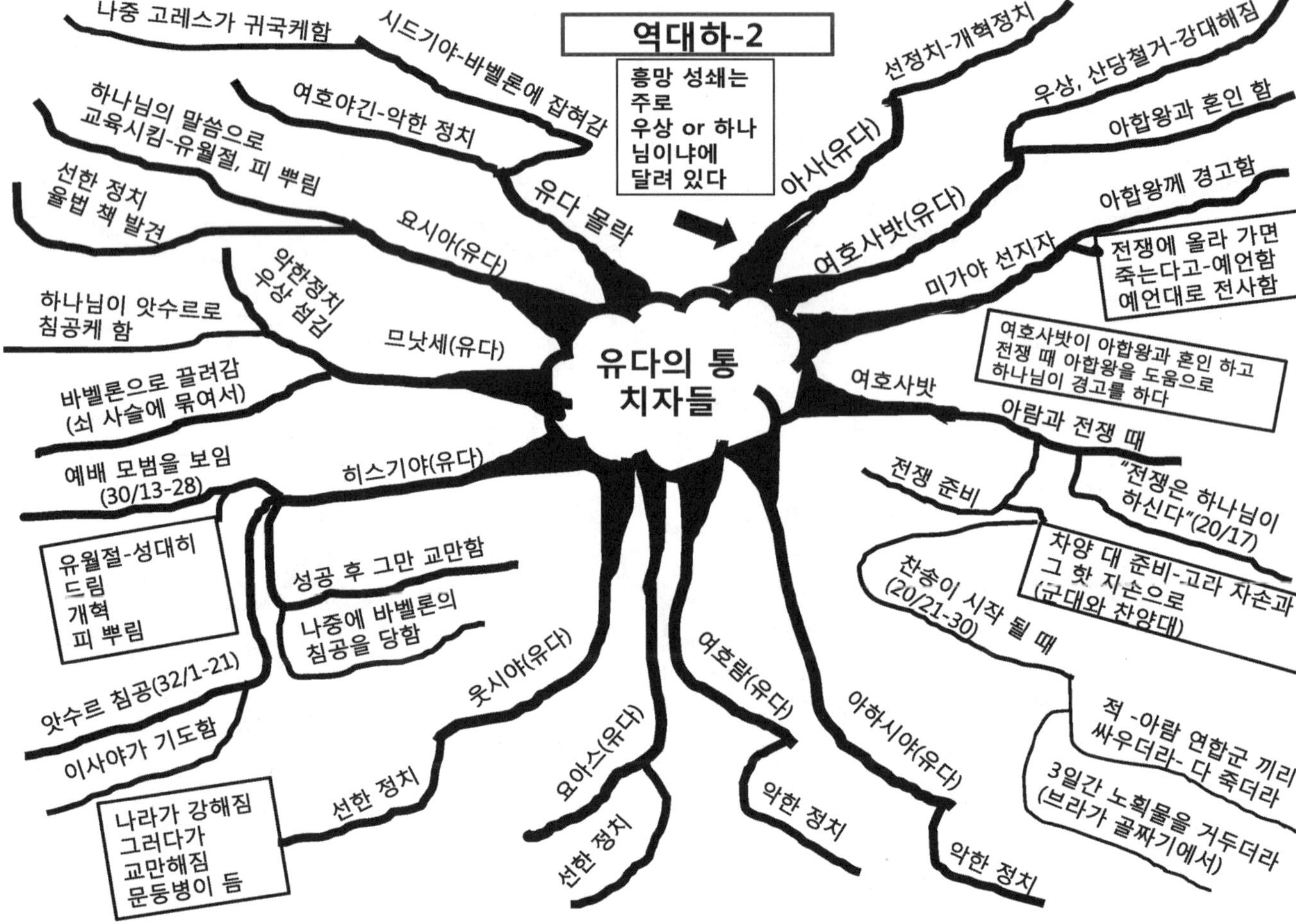
역대하-2
흥망 성쇄는 주로 우상 or 하나님이냐에 달려 있다
유다의 통치자들
아사(유다)
선정치-개혁정치
우상, 산당철거-강대해짐
아합왕과 혼인 함
여호사밧(유다)
아합왕께 경고함
미가야 선지자
전쟁에 올라 가면 죽는다고-예언함 예언대로 전사함
여호사밧
여호사밧이 아합왕과 혼인 하고 전쟁 때 아합왕을 도움으로 하나님이 경고를 하다
아람과 전쟁 때
전쟁 준비
"전쟁은 하나님이 하신다"(20/17)
찬양 대 준비-고라 자손과 그 핫 자손으로 (군대와 찬양대)
찬송이 시작 될 때 (20/21-30)
적 -아람 연합군 끼리 싸우더라- 다 죽더라
3일간 노획물을 거두더라 (브라가 골짜기에서)
아하시야(유다)
악한 정치
여호람(유다)
악한 정치
요아스(유다)
선한 정치
웃시야(유다)
선한 정치
나라가 강해짐 그러다가 교만해짐 문둥병이 듬
히스기야(유다)
예배 모범을 보임 (30/13-28)
유월절-성대히 드림 개혁 피 뿌림
성공 후 그만 교만함
나중에 바벨론의 침공을 당함
앗수르 침공(32/1-21)
이사야가 기도함
므낫세(유다)
악한정치 우상 섬김
하나님이 앗수르로 침공케 함
바벨론으로 끌려감 (쇠 사슬에 묶여서)
요시아(유다)
선한 정치 율법 책 발견
하나님의 말씀으로 교육시킴-유월절, 피 뿌림
유다 몰락
여호야긴-악한 정치
시드기야-바벨론에 잡혀감
나중 고레스가 귀국케함

성경 해설(역대 상 하)

저자 : 에스라.
주제 :
역대상-다윗을 사용 하시는 하나님의 섭리.
역대하-솔로몬의 성전을 통한 하나님의 섭리. 그 밖의 왕들의 통치
기장 : 유대 땅. 기연 : BC450. 대상 : 이스라엘 백성, 귀환한 백성.
배경 : 유다(BC970-930, 930-586),이스라엘(BC1010-970)

왕국의 역사 : 날마다 사건, 지나간 시대의 사건들, 이스라엘의 흥망성쇠의 역사적 사건과 교훈

교훈 : 하나님을 거역 하면 화를 받고 하나님을 숭배하면 복을 받는다.
죄를 범한 왕에게는 그 형벌이 아주 크다.
회개를 촉구한다 이스라엘 민족에게 반성을 촉구한다.
올 바른 생활 방식을 요구한다.
변화무상한 현실에서 바르게 살아가는 방식을 깨달으라.

Message

흥망 성쇠는 우상이냐 하나님 숭배냐 이다. 역대기의 핵심이다

1)부귀 영화는 40년, 고생은 350년 이었다,
2)말씀 떠나고 우상 섬기면 국가도 비참하게 망한다,
3)말씀과 축복이 있을 때 하나님이 함께 하신다(대상13/3-14)
4)말씀과 찬양(대상15/25-28)
5)군사력(인원)을 계산 하지 말고 하나님의 능력을 믿으라.(대상21/1)
6)아삽의 찬양대 288명(대상25/1-7)
7)예배 드릴 때 하나님의 영광이 내려 온다.(대하7/1-3)
8)말씀 듣지 않으면 전쟁이 일어난다.(대하16/7-10)
9)교회는 말씀을 잘 가르쳐라.(대하17/9-12)
10)우상 섬기는 국가를 돕지 말라.(대하18/1-3)
11)전쟁은 하나님이 하신다.(대하20/17)
12)교만은 하나님이 가장 싫어 하시는 것이다.(대하26/16-19)
13)예배는 이렇게 드려라.(대하29/20-29)
14)히스기야 왕의 교만 죄(대하32/2-26)
15)강단에서 말씀을 읽어 주어라.(대하34/29-30)

--Message정리--

교회는 말씀운동, 찬양, 예수 그리스도의 피 뿌림
교회는 우상을 없애는 개혁을 해야 한다.
주의 종은 어떤 일이 있어도 교만을 멀리 하라.

말씀으로 기도하기(역대상)

1)사울이 죽은 것은 여호와께 범죄 하였기 때문이라 그가 여호와의 말씀을 지키지 아니하고 또 신접한 자에게 가르치기를 청하고 여호와께 묻지 아니하였으므로 그를 죽이시고 그 나라를 이새의 아들 다윗에게 넘겨 주셨더라(10/13-14)
2)만군의 여호와께서 함께 계시니 다윗이 점점 강성하여 가니라(11/9)
3)하나님의 궤가 오벧에돔의 집에서 그의 가족과 함께 석 달을 있으니라 여호와께서 오벧에돔의 집과 그의 모든 소유에 복을 내리 셨더라(13/14)
4)다윗이 여호와 앞에 들어가 앉아서 이르되 여호와 하나님이여 나는 누구이오며 내 집은 무엇이기에 나에게 이에 이르게 하셨나이까(17/16)
5)여호와여 우리귀로 들은 대로 주와 같은 이가 없고 주 외에는 하나님이 없나이다(17/20)
6)다윗이 어디로 가든지 여호와께서 이기게 하셨더라(18/6)
7)사탄이 일어나 이스라엘을 대적하고 다윗을 충동하여 이스라엘을 계수하게 하니라(21/1)
8)네가 만일 여호와께서 모세를 통하여 이스라엘에게 명령하신 모든 규례와 법도를 삼가 행하면 형통하리니 강하고 담대하여 두려워하지 말고 놀라지 말지어다(22/13)

말씀으로 기도하기-1(역대하)

1)이제 이곳(솔로몬 성전)에서 하는 기도에 내가 눈을 들고 귀를 기울이리니(7/15)
2)내 눈과 내 마음이 항상 여기에 있으리라 (7/16)
3)네가 만일 내 앞에서 행하기를 네 아버지 다윗이 행한 것과 같이 하여~~내 율례와 법규를 지키면 내가 네 나라 왕위를 견고하게 하되 전에 내가 네 아버지 다윗과 언약하기를 이스라엘을 다스릴 자가 네게서 끊어지지 아니하리라 한 대로 하리라(7/17-18)
4)(여호사밧 왕 때) 그들이 여호와의 율법 책을 가지고 유다에서 가르치되 그 모든 유다 성읍들로 두루 다니며 백성들을 가르쳤더라(17/9)
5)여호와께서 유다 사방의 모든 나라에 두려움을 주사 여호사밧과 싸우지 못하게 하시매 블레셋 사람들 중에서는 여호사밧에게 예물을 드리며 은으로 조공을 바쳤고 아라비아 사람들도 짐승 떼 곧 숫양 칠천칠백 마리와 숫염소 칠천칠백 마리를 드렸더라(17/10-11)

말씀으로 기도하기-2(역대하)

6)여호사밧이 부귀와 영화를 크게 떨쳤고 아합 가문과 혼인함으로 인척 관계를 맺었더라(18/1)

7)선견자 예후가 나가서 여호사밧 왕을 맞아 이르되 왕이 악한 자를 돕고 여호와를 미워하는 자들을 사랑하는 것이 옳으니이까 그러므로 여호와께로 부터 진노하심이 왕에게 임하리이다
그러나 왕에게 선한 일도 있으니 이는 왕이 아세라 목상들을 이 땅에서 없애고 마음을 기울여 하나님을 찾음이니이다(19/2-3)

8)그런즉 너희 여호와를 두려워하는 마음으로 삼가 행하라 우리의 하나님 여호와께서는 불의함도 없으시고 치우침도 없으시고 뇌물을 받는 일도 없으시니라(19/7)

9)(연합군이 침공해 올 때) 여호사밧이 두려워 하여 여호와께로 낯을 향하여 간구하고 온 유다 백성에게 금식하라 공포하매 유다 사람이 여호와께 도우심을 구하려 하여 유다 모든 성읍에서 모여와서 여호와께 간구하더라(20/3-4)

10)우리 조상들의 하나님 여호와여 주는 하늘에서 하나님이 아니시니이까 이방 사람들의 모든 나라를 다스리지 아니하시나이까 주의 손에 권세와 능력이 있사오니 능히 주와 맞설 사람이 없나이다(20/6)

11)만일 재앙이나 난리나 견책이나 전염병이나 기근이 우리에게 임하면 주의 이름이 이 성전에 있으니 우리가 이 성전 앞과 주 앞에 서서 이 환난 가운데에서 주께 부르짖은즉 들으시고 구원하시리라 하였나이다 (20/9)

12)우리 하나님이여 그들을 징벌하지 아니하시나이까 우리를 치러 오는 이 큰 무리를 우리가 대적할 능력이 없고 어떻게 할 줄도 알지 못하옵고 오직 주만 바라보나이다(20/12)

13)유다 모든 사람들이 그들의 아내와 자녀와 어린아이와 더불어 여호와 앞에 섰더라(20/13)

14)너희는 이 큰 무리로 말미암아 두려워하거나 놀라지 말라 이 전쟁은 너희에게 속한 것이 아니요 하나님께 속한 것이니라(20/15)

15)이 전쟁에는 너희가 싸울 것이 없나니 대열을 이루고 서서 너희와 함께한 여호와가 구원하는 것을 보라 유다와 예루살렘아 너희는 두려워하지 말며 놀라지 말고 내일 그들을 맞서 나가라 여호와가 너희와 함께하리라 하셨느니라 하매(20/17)

16)여호사밧이 서서 이르되 유다와 예루살렘 주민들아 내 말을 들을지어다 너희는 너희 하나님 여호와를 신뢰하라 그리하면 견고히 서리라 그의 선지자들을 신뢰하라 그리하면 형통하리라(20/20)

17)백성과 더불어 의논 하고 노래하는 자들을 택하여 거룩한 예복을 입히고 군대 앞에서 행진하며 여호와를 찬송하여 이르기를 여호와께 감사하세 그의 인자하심이 영원하도다 하게 하였더니(20/21)

18)그 노래와 찬송이 시작 될 때에 여호와께서 복병을 두어 유다를 치러온 암몬 자손과 모압과 세일산 주민들을 치게 하시므로 그들이 패하였으니(20/22)

말씀으로 기도하기-3(역대하)

19)유다 사람들이 망대에 이르러 그 무리를 본즉 땅에 엎드러진 시체들뿐이요 한 사람도 피 한자가 없는지라(20/24)

20)하나님의 묵시를 밝히 아는 스가랴가 사는 날에 하나님을 찾았고 그가 여호와를 찾을 동안에는 하나님이 형통하게 하셨더라(26/5)

21)(웃시야왕의 교만) 그가 강성하여지매 그의 마음이 교만하여 악을 행하여 그의 하나님 여호와께 범죄하되 곧 여호와의 성전에 들어가서 향단에 분향하려 한지라(26)16)

22)웃시야여 여호와께 분향하는 일은 왕이 할 바가 아니오 오직 분향하기 위하여 구별함을 받은 아론의 자손 제사장들이 할 바니 성소에서 나가소서 왕이 범죄하였으니 하나님 여호와에게서 영광을 얻지 못하리이다(26/18)

23)웃시야가 손으로 향로를 잡고 분향하려 하다가 화를 내니 그가 제사장에게 화를 낼 때에 여호와의 전 안 향 단 곁 제사장들 앞에서 그의 이마에 나병이 생긴지라(26/19)

24)히스기야 왕이~~ 이사야와 더불어 하늘을 향하여 부르짖어 기도하였더니
여호와께서 한 천사를 보내어 앗수르 왕의 진영에서 모든 큰 용사와 대장과 지휘관들을 멸하신 지라 앗수르 왕이 낯이 뜨거워 그의 고국으로 돌아갔더니 그의 신의 전에 들어갔을 때에 그의 몸에서 난 자들이 거기서 칼로 죽였더라(32/20-21)

25)히스기야가 마음이 교만 하여 그 받은 은혜를 보답하지 아니 하므로 진노가 그와 유다와 예루사렘에 내리게 되었더니(32/25)

26)히스기야가 마음의 교만함을 뉘우치고 예루살렘 주민들도 그와 같이 하였으므로 여호와의 진노가 히스기야의 생전에는 그들에게 내리지 아니하니라(32/26)

27)제사장 힐기야가 내게 책을 주더이다 하고 사반이 왕 앞에서 그것을 읽으매
왕이 율법의 말씀을 듣자 곧 자기 옷을 찢더라(34/18-19)

28)왕(요시야왕)이 여호와의 전 안에서 발견한 언약 책의 모든 말씀을 읽어 무리의 귀에 들려주고(34/30)

29)바사왕 고레스가 이같이 말하노니 하늘의 신 여호와께서 세상 만국을 내게 주셨고 나에게 명령하여 유다 예루살렘에 성전을 건축하라 하셨나니 너희 중에 그의 백성 된 자는 다 올라갈지어다 너희 하나님 여호와께서 함께하시기를 원하노라 하였더라(36/23)

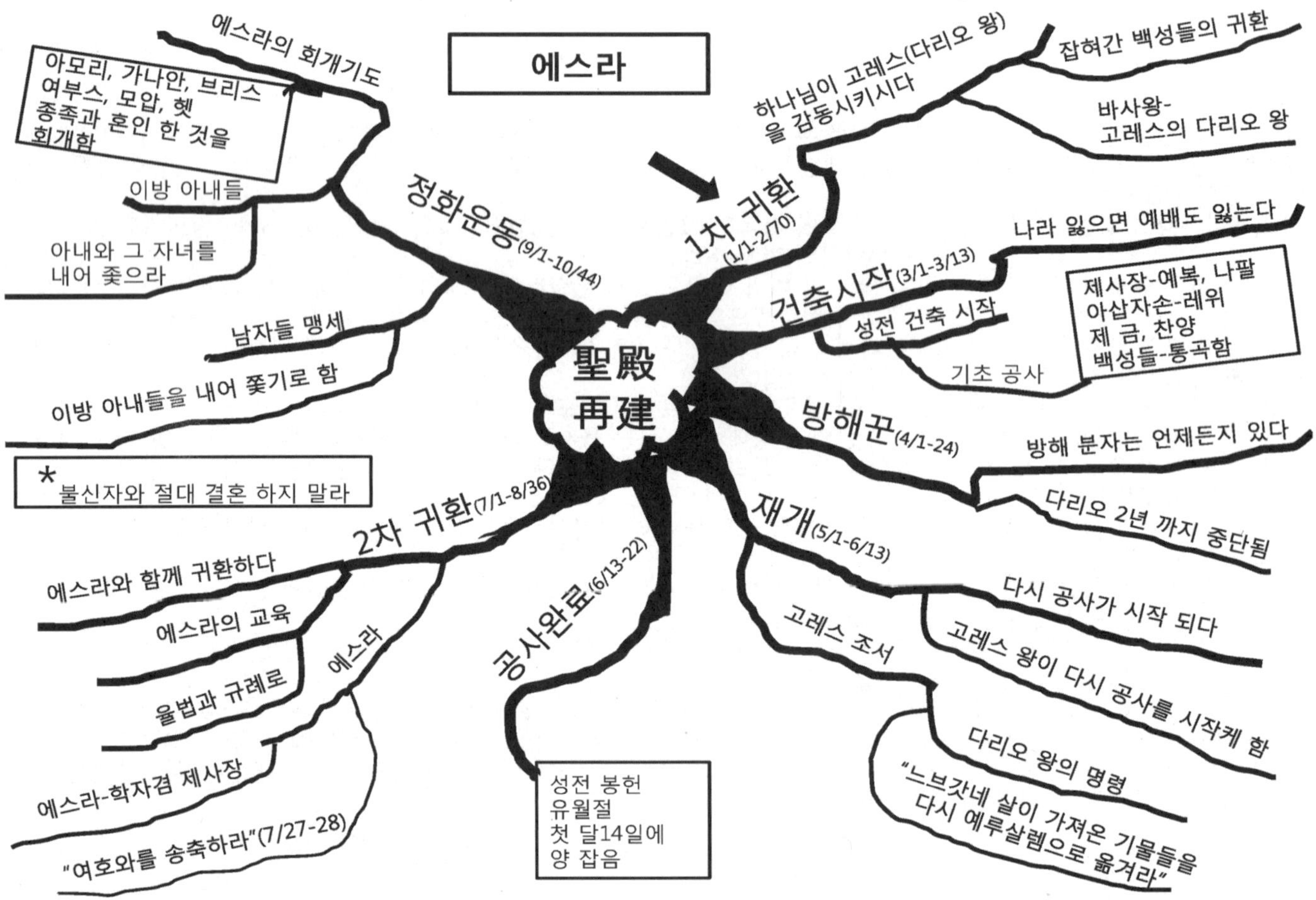
에스라
聖殿
再建
1차 귀환(1/1-2/70)
하나님이 고레스(다리오 왕)
을 감동시키시다
잡혀간 백성들의 귀환
바사왕-
고레스의 다리오 왕
건축시작(3/1-3/13)
나라 잃으면 예배도 잃는다
성전 건축 시작
기초 공사
제사장-예복, 나팔
아삽자손-레위
제 금, 찬양
백성들-통곡함
방해꾼(4/1-24)
방해 분자는 언제든지 있다
다리오 2년 까지 중단됨
재개(5/1-6/13)
다시 공사가 시작 되다
고레스 왕이 다시 공사를 시작케 함
고레스 조서
다리오 왕의 명령
"느브갓네살이 가져온 기물들을
다시 예루살렘으로 옮겨라"
공사완료(6/13-22)
성전 봉헌
유월절
첫 달14일에
양 잡음
2차 귀환(7/1-8/36)
에스라와 함께 귀환하다
에스라의 교육
율법과 규례로
에스라
에스라-학자겸 제사장
"여호와를 송축하라"(7/27-28)
* 불신자와 절대 결혼 하지 말라
정화운동(9/1-10/44)
에스라의 회개기도
아모리, 가나안, 브리스
여부스, 모압, 헷
종족과 혼인 한 것을
회개함
이방 아내들
아내와 그 자녀를
내어 쫓으라
남자들 맹세
이방 아내들을 내어 쫓기로 함

성경 해설(에스라)

저자 : 에스라(제사장)-하나님이 도우신다는 뜻. 주제 : 성전 재건 및 이스라엘 백성의 개혁.
기장 : 수복한 유다 땅. 기연 : BC450. 대상 : 귀환한 유대인.
배경 : 바 사- 예루살렘(BC538-516, 458-457). 바벨론 에서 귀환한 유대인

참고 : 에스라와 느혜미야는 한 책이었다
내용 : 1부(1/1-6/12) 예루살렘 귀환과 성전 재건(고레스가 허락)
2부(7/1-10/14) 예루살렘에서 개혁과 에스라 활동
---바벨론 왕조(바사 왕조)---
다리오1세(BC521-486) 아하수에로(BC486-465) 아닥사스다(BC464-424)
다리오2세(BC423-404) 아닥사스다2세(BC404-359) 다리오3세(BC338-333)

Message

1)나라를 잃으면 예배가 잘 안 된다.(3/1-6)
2)예배의 감격(성전을 가진 기쁨)(3/10-13)
3)고레스 왕을 사용하시는 하나님(5/13-17)
4)회개 운동(10/1) 온 백성의 회개운동은 나라를 세우는 일이다.
5)불신자와 결혼하지 말라(10/10-12)

무너진 교회를 재건해야 할 때다.
교회의 교인 숫자는 날마다 줄어 들고 있다.
교회 내에도 교만 우상들이 즐비하다.
참된 말씀운동(루터,칼빈같이)이 일어 나야 할 때다(북의 끓는 가마가 있다)

핵심 : 교회 재건이다(말씀, 예배, 찬송,회개, 전도)

말씀으로 기도하기(에스라)

1)고레스 원년에 여호와께서 예레미야의 입을 **통하여** 하신 말씀을 이루게 하시려고 바사왕 고레스의 마음을 감동 시키시매 그가 온 나라에 공포도 하고 조서를 내려 ~~예루살렘 성전을 건축하라 하셨나이다(1/1-2)
2)이 성전의 기초가 놓임을 보고 대성 통곡하였으나 여러 사람은 기쁨으로 크게 함성을 지르니(3/12)
3)우리가 ~~ 금식하며 우리 하나님께 간구하였더니 그의 응낙하심을 입었느니라(8/23)
4)에스라가 성전 앞에 엎드려 울며 기도하여 죄를 자복할 때에 많은 백성이 크게 통곡하매 이스라엘 중에서 백성의 남녀와 어린아이의 큰 무리가 그 앞에 모인지라(10/1)
5)제사장 에스라가 일어나 그들에게 이르되 너희가 범죄하여 이방 여자를 아내로 삼아 이스라엘의 죄를 더하게 하였으니(10/10)

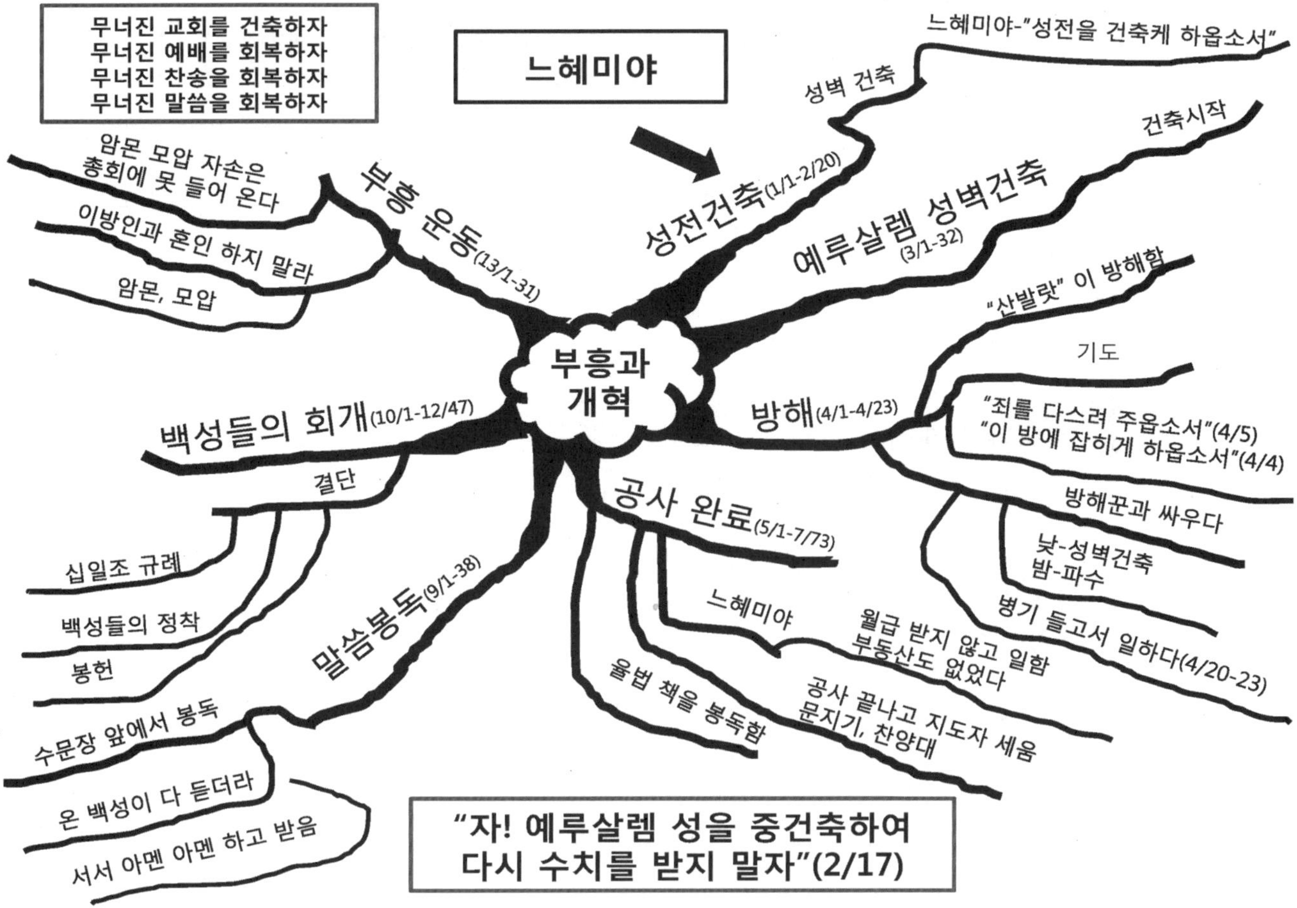
무너진 교회를 건축하자
무너진 예배를 회복하자
무너진 찬송을 회복하자
무너진 말씀을 회복하자
느헤미야
부흥과 개혁
성전건축(1/1-2/20)
성벽 건축
느헤미야-"성전을 건축케 하옵소서"
예루살렘 성벽건축(3/1-32)
건축시작
방해(4/1-4/23)
"산발랏" 이 방해함
기도
"죄를 다스려 주옵소서"(4/5)
"이 방에 잡히게 하옵소서"(4/4)
방해꾼과 싸우다
낮-성벽건축
밤-파수
병기 들고서 일하다(4/20-23)
공사 완료(5/1-7/73)
느헤미야
월급 받지 않고 일함
부동산도 없었다
공사 끝나고 지도자 세움
문지기, 찬양대
율법 책을 봉독함
말씀봉독(9/1-38)
수문장 앞에서 봉독
온 백성이 다 듣더라
서서 아멘 아멘 하고 받음
백성들의 회개(10/1-12/47)
결단
십일조 규례
백성들의 정착
봉헌
부흥 운동(13/1-31)
암몬 모압 자손은
총회에 못 들어 온다
이방인과 혼인 하지 말라
암몬, 모압
"자! 예루살렘 성을 중건축하여
다시 수치를 받지 말자"(2/17)

성경 해설(느헤미야)—여호와는 위로해 주셨다

주제 : 이스라엘 백성의 영적 부흥 운동과 개혁. 저자 : 느헤미야. 기장 : 유대 땅(총독으로 있을 때).
기연 : BC421-400. 대상 : 예루살렘 복구 사업에 참여한 유대인. 배경 : BC444-432

하나님의 역사(섭리)
하나님은 약속 대로 행하셨다.
하나님의 섭리 : 고레스. 다리오, 아닥사스닥, 학 개, 스가랴를 사용 하셔서 일 하셨다.
에스라-제사장, 학자, 종교생활 재건에 노력 했다.
느헤미야-정치적 군사적으로 노력 했다.

Message

1)무너진 교회를 중 건축하자. 무너진 예배를 회복하자.
무너진 찬송을 회복하자. 무너진 말씀을 회복하자.
2)예루살렘 성전을 건축하여 다시 수치를 당하지 말자(2/17)
3)기도 : "성을 건축하게 하옵소서."(2/5)
4)방해꾼들 : 교회 일을 하는데는 언제 든지 방해 꾼들이 있다.(4/1)-
방해꾼 "산발랏"
5)싸우면서 성을 건축했다-병기 들고서 건축했다.(4/21-23)
6)총독(느헤미야) : 월급도 받지 않고서 일을 했다.(5/14-19)
7)말씀운동 : 에스라가(제사장, 학자) 말씀을 봉독했다.(8/1-6)

말씀으로 기도하기(느헤미야)

1)(느헤미야가 수산 궁에 있을 때)
이제 주의 종들인 이스라엘 자손을 위하여 주야로 기도하오며 우리 이스라엘 자손이 주께 범죄한 죄들을 자복하오니 주는 귀를 기울이시며 눈을 여시사 종의 기도를 들으시옵소서 나와 내 아버지의 집이 범죄 하여~~모세에게 명령하신 계명과 율례와 규례를 지키지 아니하였나이다(1/6-7)

2)학사 에스라에게 여호와께서 이스라엘에게 명령하신 모세의 율법 책을 가져오기를 청하매 일곱째 달 초하루에
제사장 에스라가 율법 책을 가지고 회중 앞 곧 남자나 여자나 알아들을 만한 모든 사람 앞에 이르러
수문 앞 광장에서 새벽부터 정오까지 남자나 여자나 알아 들을 만한 모든 사람 앞에서 읽으매 뭇 백성이
그 율법 책에 귀를 기울였는데~~
에스라가 모든 백성 위에 서서 그들 목전에 책을 펴니 책을 펼 때에 모든 백성이 일어서니라
에스라가 위대하신 하나님 여호와를 송축하매 모든 백성이 손을 들고 아멘 아멘 하고 응답하고 몸을 굽혀 얼굴을 땅에 대고 여호와께 경배 하니라(8/1-6)

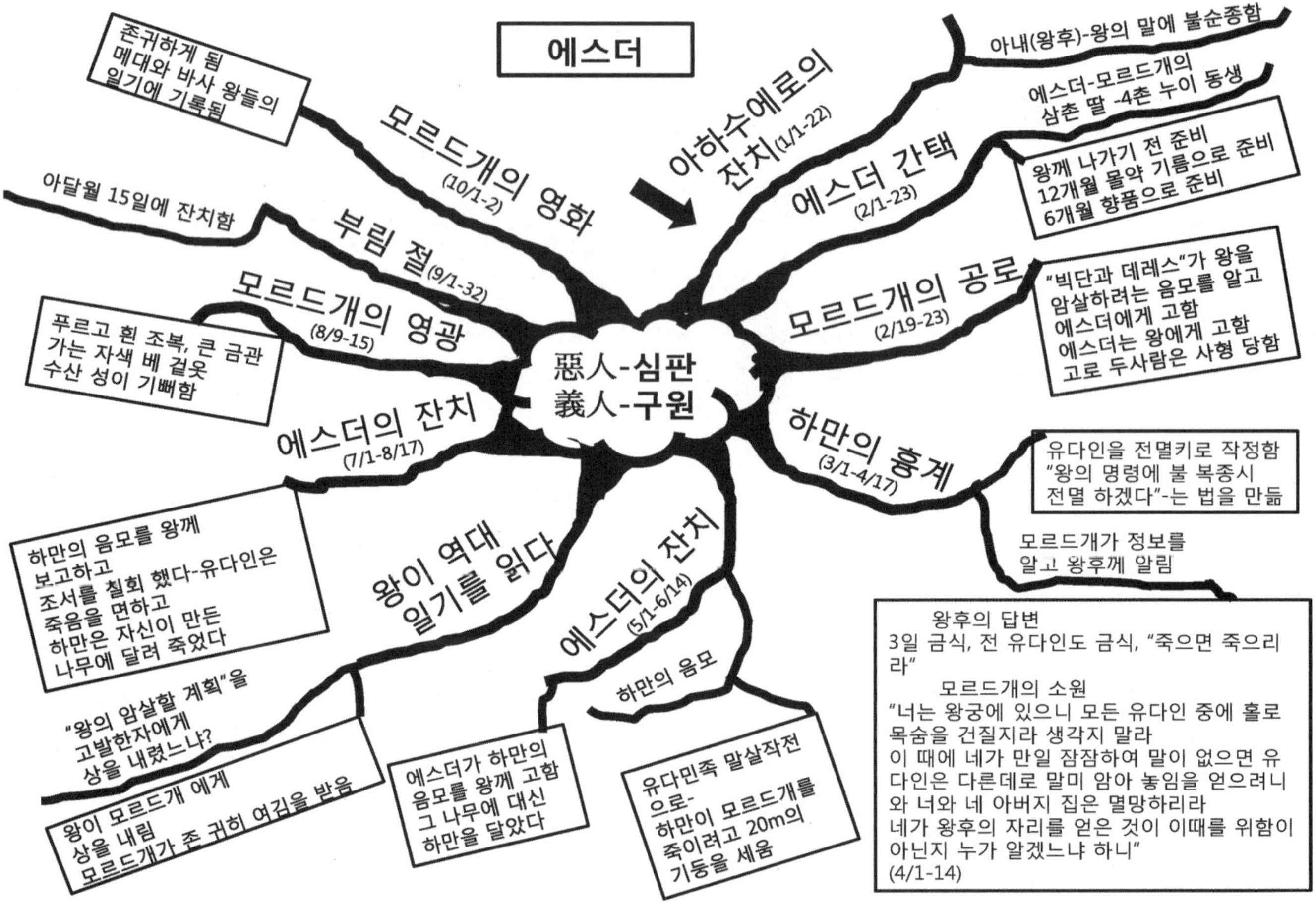
에스더
惡人-심판
義人-구원
아하수에로의 잔치(1/1-22)
아내(왕후)-왕의 말에 불순종함
에스더 간택 (2/1-23)
에스더-모르드개의 삼촌 딸 -4촌 누이 동생
왕께 나가기 전 준비
12개월 몰약 기름으로 준비
6개월 향품으로 준비
모르드개의 공로 (2/19-23)
"빅단과 데레스"가 왕을 암살하려는 음모를 알고 에스더에게 고함
에스더는 왕에게 고함
고로 두사람은 사형 당함
하만의 흉계 (3/1-4/17)
유다인을 전멸키로 작정함
"왕의 명령에 불 복종시 전멸 하겠다"-는 법을 만듦
모르드개가 정보를 알고 왕후께 알림
왕후의 답변
3일 금식, 전 유다인도 금식, "죽으면 죽으리라"
모르드개의 소원
"너는 왕궁에 있으니 모든 유다인 중에 홀로 목숨을 건질지라 생각지 말라
이 때에 네가 만일 잠잠하여 말이 없으면 유다인은 다른데로 말미 암아 놓임을 얻으려니와 너와 네 아버지 집은 멸망하리라
네가 왕후의 자리를 얻은 것이 이때를 위함이 아닌지 누가 알겠느냐 하니"
(4/1-14)
에스더의 잔치 (5/1-6/14)
하만의 음모
유다민족 말살작전 으로-
하만이 모르드개를 죽이려고 20m의 기둥을 세움
왕이 역대 일기를 읽다
"왕의 암살할 계획"을 고발한자에게 상을 내렸느냐?
왕이 모르드개 에게 상을 내림
모르드개가 존 귀히 여김을 받음
에스더가 하만의 음모를 왕께 고함
그 나무에 대신 하만을 달았다
에스더의 잔치 (7/1-8/17)
하만의 음모를 왕께 보고하고
조서를 철회 했다-유다인은 죽음을 면하고
하만은 자신이 만든 나무에 달려 죽었다
모르드개의 영광 (8/9-15)
푸르고 흰 조복, 큰 금관
가는 자색 베 겉옷
수산 성이 기뻐함
부림 절(9/1-32)
아달월 15일에 잔치함
모르드개의 영화 (10/1-2)
존귀하게 됨
메대와 바사 왕들의 일기에 기록됨

성경 해설(에스더)

저자 ; 미상. 주제 : 악인에 대한 심판과 택한 자의 구원. 기장 : 페르샤. 기연 : BC464-436.
대상 : 멸망 직전에 구원 받은 유대인(바사국에서). 시대 : 바사(BC483-473 :10년간)

핵심 : 악인은 심판 하고 의인은 구원한다

Message

1)선민을 인도 하시는 하나님
2)하나님의 은밀한 섭리
3)"너를 그 자리에 있게 한 것이 이 때를 위함인지 누가 알랴?"(4/14)
하나님이 이 민족(선민, 택한 자)을 두고 너를 사용하시려는
계획이 있는지 잘 생각해 보라. "죽으면 죽으리라."(4/16)
4)한 시대가 주어 졌을 때(6.25전쟁, 일제 강점기 등)
"생각 하건대 현재의 고난은 장차 나타날 영광과 족히 비교 할 수 없도다."(롬8/18)
한 시대에 주를 위해서 죽을 수 있다면 자신 있게 죽을 수 있어야 한다.
(주기철목사, 사도들, 수 많은 순교자들...)
주여 감사 합니다!
주님이 파수꾼을 찾으면 기꺼이 파수꾼으로 죽을 수 있어야 한다.(겔22/30)

말씀으로 기도하기(에스더)

1)밤낮 삼 일을 먹지도 말고 마시지도 마소서 나도 나의 시녀와 더불어 이렇게 금식한 후에 규례를 어기고 왕에게 나아가리니 죽으면 죽으리이다 하니라(4/16)

2)유다인 모르드개와 왕후 에스더가 명령한 바와 유다인이 금식하며 부르짖은 것으로 말미암아 자기와 자기 자손을 위하여 정한 바가 있음이더라(9/31)

시가서

욥기(욥)
시편(시)
잠언(잠)
전도서(전)
아가(아)

시가서는
양이 많기 때문에 다음 기회에 다시
시가서(욥기, 시편, 잠언, 전도서, 아가)만 다시
마인드맵과 **해설**과 **말씀으로 기도하기** 를
다른 책으로 작성하여 싣겠습니다.

왜! 시가서가 이렇게 편집이 되어 있는지를
설명과 함께 작성하겠습니다.

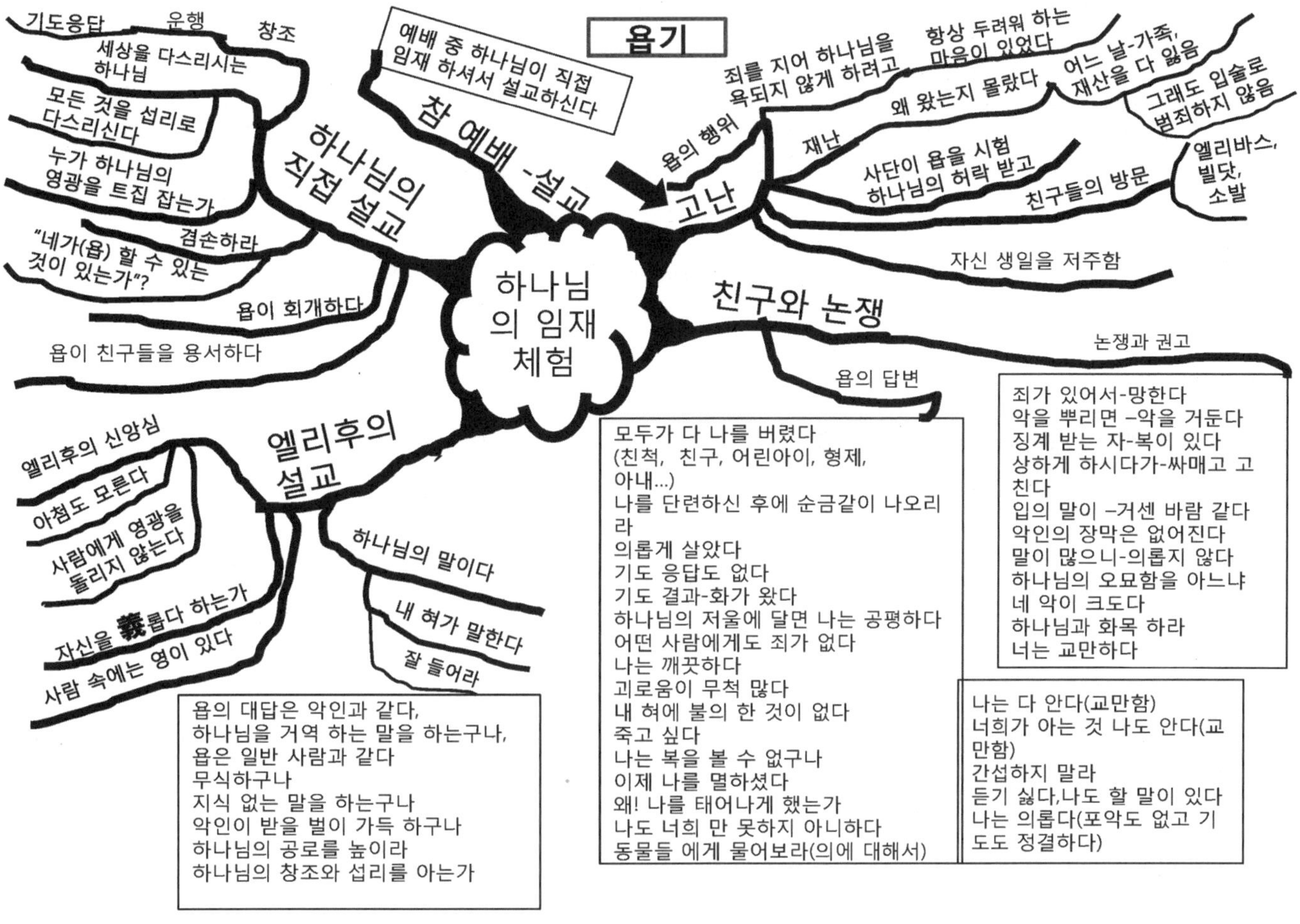
욥기
하나님의 임재 체험
참 예배 -설교
예배 중 하나님이 직접 임재 하셔서 설교하신다
하나님의 직접 설교
기도응답
운행
창조
세상을 다스리시는 하나님
모든 것을 섭리로 다스리신다
누가 하나님의 영광을 트집 잡는가
겸손하라
"네가(욥) 할 수 있는 것이 있는가"?
욥이 회개하다
욥이 친구들을 용서하다
고난
욥의 행위
죄를 지어 하나님을 욕되지 않게 하려고
항상 두려워 하는 마음이 있었다
재난
왜 왔는지 몰랐다
어느 날-가족, 재산을 다 잃음
그래도 입술로 범죄하지 않음
사단이 욥을 시험 하나님의 허락 받고
친구들의 방문
엘리바스, 빌닷, 소발
자신 생일을 저주함
친구와 논쟁
논쟁과 권고
죄가 있어서-망한다
악을 뿌리면 –악을 거둔다
징계 받는 자-복이 있다
상하게 하시다가-싸매고 고친다
입의 말이 –거센 바람 같다
악인의 장막은 없어진다
말이 많으니-의롭지 않다
하나님의 오묘함을 아느냐
네 악이 크도다
하나님과 화목 하라
너는 교만하다
욥의 답변
모두가 다 나를 버렸다
(친척, 친구, 어린아이, 형제, 아내...)
나를 단련하신 후에 순금같이 나오리라
의롭게 살았다
기도 응답도 없다
기도 결과-화가 왔다
하나님의 저울에 달면 나는 공평하다
어떤 사람에게도 죄가 없다
나는 깨끗하다
괴로움이 무척 많다
내 혀에 불의 한 것이 없다
죽고 싶다
나는 복을 볼 수 없구나
이제 나를 멸하셨다
왜! 나를 태어나게 했는가
나도 너희 만 못하지 아니하다
동물들 에게 물어보라(의에 대해서)
나는 다 안다(교만함)
너희가 아는 것 나도 안다(교만함)
간섭하지 말라
듣기 싫다,나도 할 말이 있다
나는 의롭다(포악도 없고 기도도 정결하다)
엘리후의 설교
엘리후의 신앙심
아침도 모른다
사람에게 영광을 돌리지 않는다
자신을 義롭다 하는가
사람 속에는 영이 있다
하나님의 말이다
내 혀가 말한다
잘 들어라
욥의 대답은 악인과 같다,
하나님을 거역 하는 말을 하는구나,
욥은 일반 사람과 같다
무식하구나
지식 없는 말을 하는구나
악인이 받을 벌이 가득 하구나
하나님의 공로를 높이라
하나님의 창조와 섭리를 아는가

성경 해설(욥기)

저자 : 미상 주제 : 의인이 겪는 고난의 참된 의미. 기장 : 미상.
대상 : 고난 중 하나님의 뜻을 발견 하려는 모든 사람. 배경 : 족장 시대 북 아라비아 우스 땅

핵 심
하나님이 기뻐하시는 신앙 생활, 하나님이 기뻐하시는 예배는 신자가 하나님을 만나고 하나님께 경배 드리며 창조된 만물에 대해서 기쁨으로 감사로 찬송하는 것이다.

Message

1)사탄은 틈만 나면 우리의 약점(강점)을 물고 늘어진다(1/5)
2)욥의 율법적 신앙 생활 : 욥은 늘 염려하는 삶이었다(1/5)-갈2/20을 깨닫지 못했다.
3)사탄에 꽉 잡힘 (3/25-26) : 자유롭지 못한 신앙 "너희를 자유롭게 하리라." 두려움 안절부절로 하는 태도 우리의 신앙 생활이 그런 것이다.
4)3친구설교(4/1-31/40)
율법적으로 설교를 했다. 율법적으로 설교를 하면 인간으로써 안 걸려들 사람이 없다. 3친구들 –"네가 악하고 죄가 많다. 죄가 있기 때문에 그렇게 고생을 한다."
5)욥의 답변 : 나는 죄가 전혀 없다 나는 의롭다 정말 나는 의롭게 살아 왔다 금수에게 물어 보라.
나는 너희들 보다 더 의롭다 하나님이 아신다.
율법적으로 욥은 교만 했다.
6)엘리후의 설교(32/1-37/24)
악이 가득 하다 하나님의 오묘한 것을 모르는 교만한 자다.
7)욥의 예배 자세 : 욥은 4명의 설교를 전혀 듣지 않았으며 오히려 4명의 주의 종을 가르치려 했다.
8)하나님이 직접 설교 하셨다(38/1-42/9)
하나님이 창조역사를 두고 설교 하셨다 욥을 낮추게 하셨다 욥이 하나님의 설교를 듣고 회개를 했다(42/5-6)
9)하나님이 욥을 자유롭게 풀어주시고 따라서 갑절의 복을 주시고 140세 까지 장수의 복을 주셨다.
"욥의 잘 못은 창조주 하나님을 찬송하지 못했다.

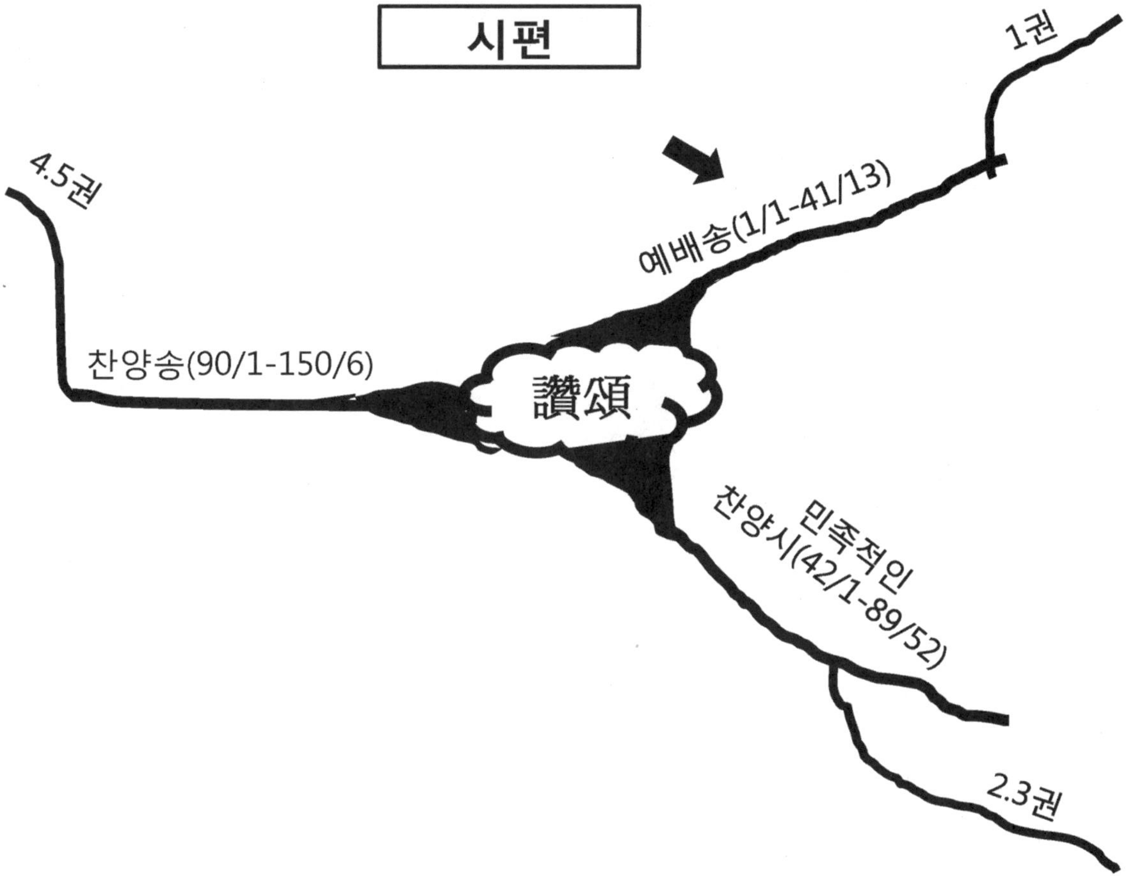
시편
1권
4.5권
예배송(1/1-41/13)
찬양송(90/1-150/6)
讚頌
민족적인
찬양시(42/1-89/52)
2.3권

성경 해설(시편)

주제 : 하나님께 찬미와 간구. 기장 : 예루살렘 및 여러 곳. 기연 : BC1440-586. 저자 : 다윗외 다수
대상 : 하나님을 경외 하는 이스라엘 백성들. 배경 : BC1021-430

시편 : 포로귀환 후 회중 찬송

1)Palms(삼즈) : 찬송가--노래, 기도
2)구성
1권 : 1-41편. 2권 : 42-72편. 3권 : 73-89편. 4권 : 90-106편. 5권 : 107-150편
주를 찬송 할지어다 : 1권—5권말
3)
①다윗의 노래(73편)
1집 : 3-41편(33편 제외). 2집 : 51-72편(66, 67, 71, 72편 제외).
86, 101, 103, 108-110, 122-124, 133, 138-145편
②아삽의 노래(12편)
50, 73-83편
③고라의 노래(12편)
42-49, 84, 85, 87, 88편
④성전에 올라가면서(15편)
120-134편
⑤할렐루야 노래(11편)
104-106, 111-113, 115, 117, 135, 146, 150편
4)내용 ; 고난, 감사, 기쁨, 희망
5)예수그리스도와 시편
예수님이 시편을 사용하시었다
시22/1, 마27/46, 막15/34, 눅24/44

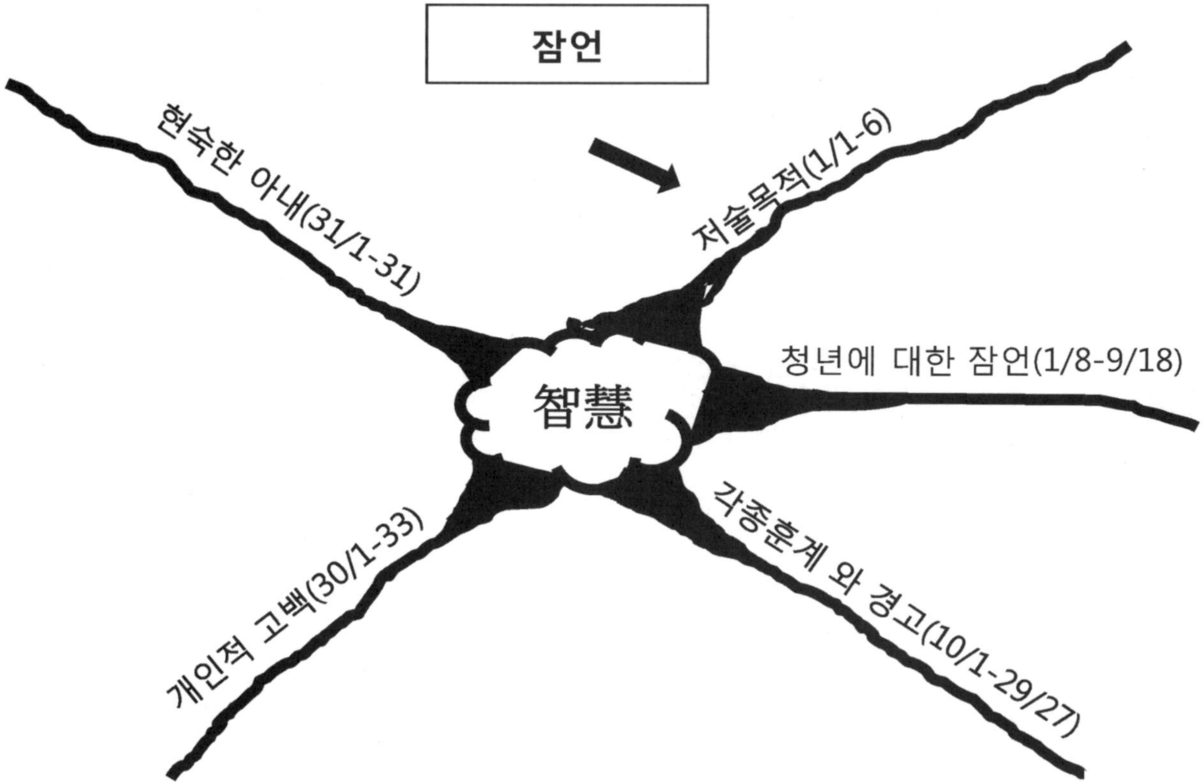
잠언
智慧
저술목적(1/1-6)
청년에 대한 잠언(1/8-9/18)
각종훈계 와 경고(10/1-29/27)
개인적 고백(30/1-33)
현숙한 아내(31/1-31)

성경 해설(잠언)

저자 : 솔로몬외 다수. 주제 : 하나님을 경외 함으로 얻게 되는 지혜로운 삶. 기장 : 예루살렘
기연 : BC950-BC700. 대상 : 이스라엘 백성. 배경 : 유다

1)속담
2)배경 : 아가-솔로몬의 청년기, 잠언-솔로몬의 중년기, 전도서-솔로몬의 노년기
3)목적 : 지혜를 얻어 하나님을 경외하게 함
4)구성
1집(1/1-9/18) : 서문 역할
2집(10/1-22/16) : 솔로몬의 잠언 중심
3집(22/17-24/34) : 지혜자의 말
4집(25/1-29/27) : 솔로몬 잠언
5집(30장) : 아굴의 잠언
6집(31/1-9) : 어머니가 가르쳐 준말
7집(31/10-30) : 어진 부인, 완전한 아내에게
5)예
"지혜를 얻는 것이 은을 얻는 것보다 얼마나 낫고 그 이익이 정금 보다 나음이니라."(3/14)
"무릇 지혜로운 여인은 그 집을 세우고 미련한 여인은 자기 손으로 그 것을 허느니라."(14/1)
'적은 소득이 의를 겸하면 많은 소득이 불의를 한 것보다 나으리라."(16/8)
"개가 그 토한 것을 도로 먹는 것 같이 미련한 자는 그 미련한 것을 거듭 행하느니라."(26/11)

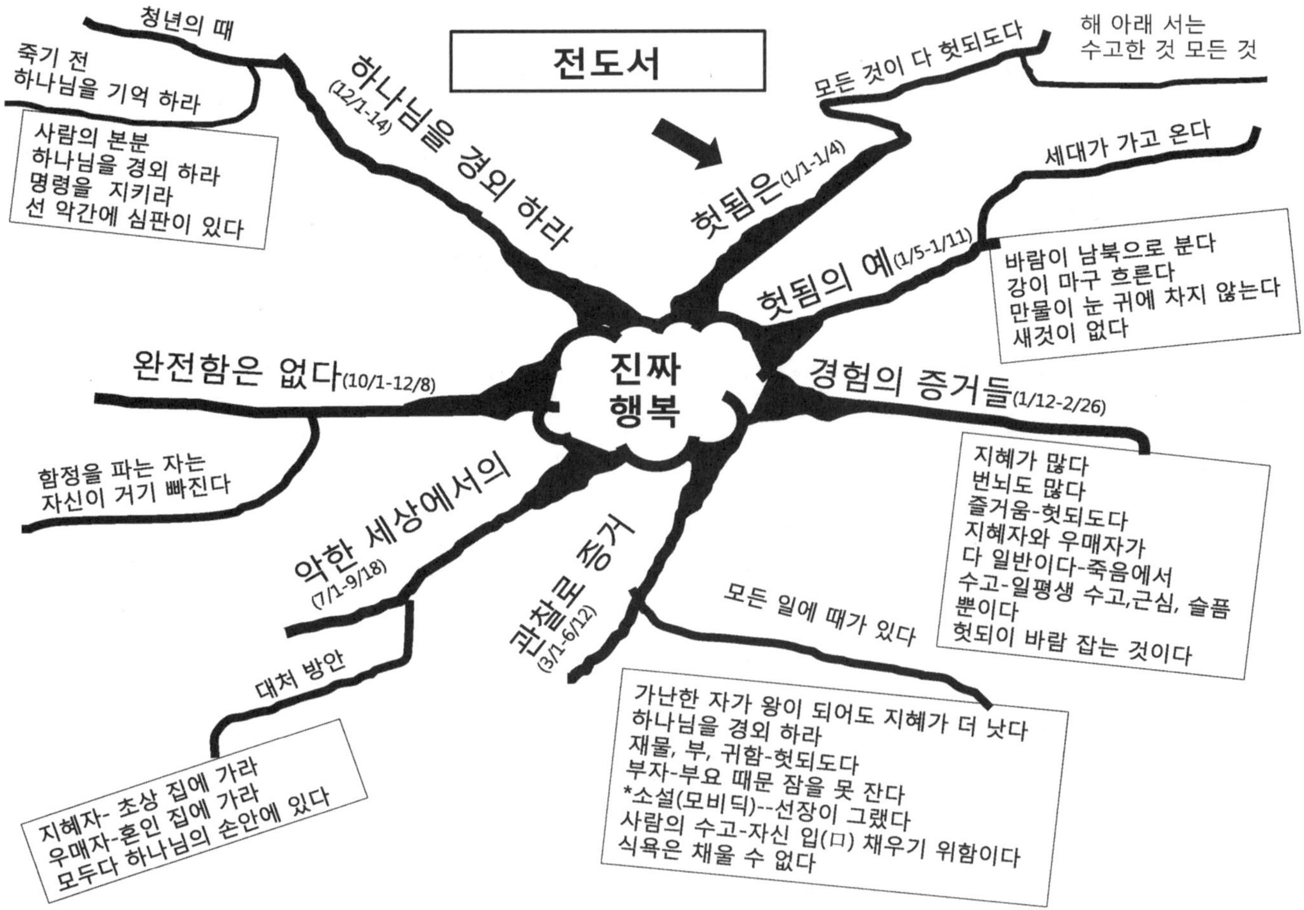
전도서
진짜 행복
헛됨은(1/1-1/4)
모든 것이 다 헛되도다
해 아래 서는 수고한 것 모든 것
헛됨의 예(1/5-1/11)
세대가 가고 온다
바람이 남북으로 분다
강이 마구 흐른다
만물이 눈 귀에 차지 않는다
새것이 없다
경험의 증거들(1/12-2/26)
지혜가 많다
번뇌도 많다
즐거움-헛되도다
지혜자와 우매자가 다 일반이다-죽음에서
수고-일평생 수고,근심, 슬픔뿐이다
헛되이 바람 잡는 것이다
관찰로 증거(3/1-6/12)
모든 일에 때가 있다
가난한 자가 왕이 되어도 지혜가 더 낫다
하나님을 경외 하라
재물, 부, 귀함-헛되도다
부자-부요 때문 잠을 못 잔다
*소설(모비딕)--선장이 그랬다
사람의 수고-자신 입(口) 채우기 위함이다
식욕은 채울 수 없다
악한 세상에서의(7/1-9/18)
대처 방안
지혜자- 초상 집에 가라
우매자-혼인 집에 가라
모두다 하나님의 손안에 있다
완전함은 없다(10/1-12/8)
함정을 파는 자는 자신이 거기 빠진다
하나님을 경외 하라(12/1-14)
청년의 때
죽기 전 하나님을 기억 하라
사람의 본분
하나님을 경외 하라
명령을 지키라
선 악간에 심판이 있다

성경 해설(전도서)

전도자 : 전도서를 기록한 저자. 저자 : 솔로몬. 주제 : 진정한 행복.
기장 : 예루살렘. 기연 : BC(솔로몬 말기). 대상 : 이스라엘 백성
목적
세상목표와 축복을 최종 목적일 때는 헛됨만이 남게 된다
최고의 인생목적은 하나님을 경외 하는 것이다
또 하나님께 순종 하는 것이다
인생의 최고의 행복은 무엇인가

명칭 : 강의 하는 사람, 설교자
내용 :
1)해 아래 있는 모든 것은 다 헛되다(1/1-11)
2)지혜와 쾌락을 추구하고 즐기는 것은 다 헛되도다(1/12-2/17)
3)부와 사업을 추구 하는 것도 다 헛되도다(2/18-6/12)
4)죽으면 인생은 끝이다(7/1-2)
5)지혜는 귀하다(8/1)
6)젊은 사람에게 경고 하는 말(11/9-12/8)
7)모든 사람은 하나님께 경외 해야 한다(12/12-14)

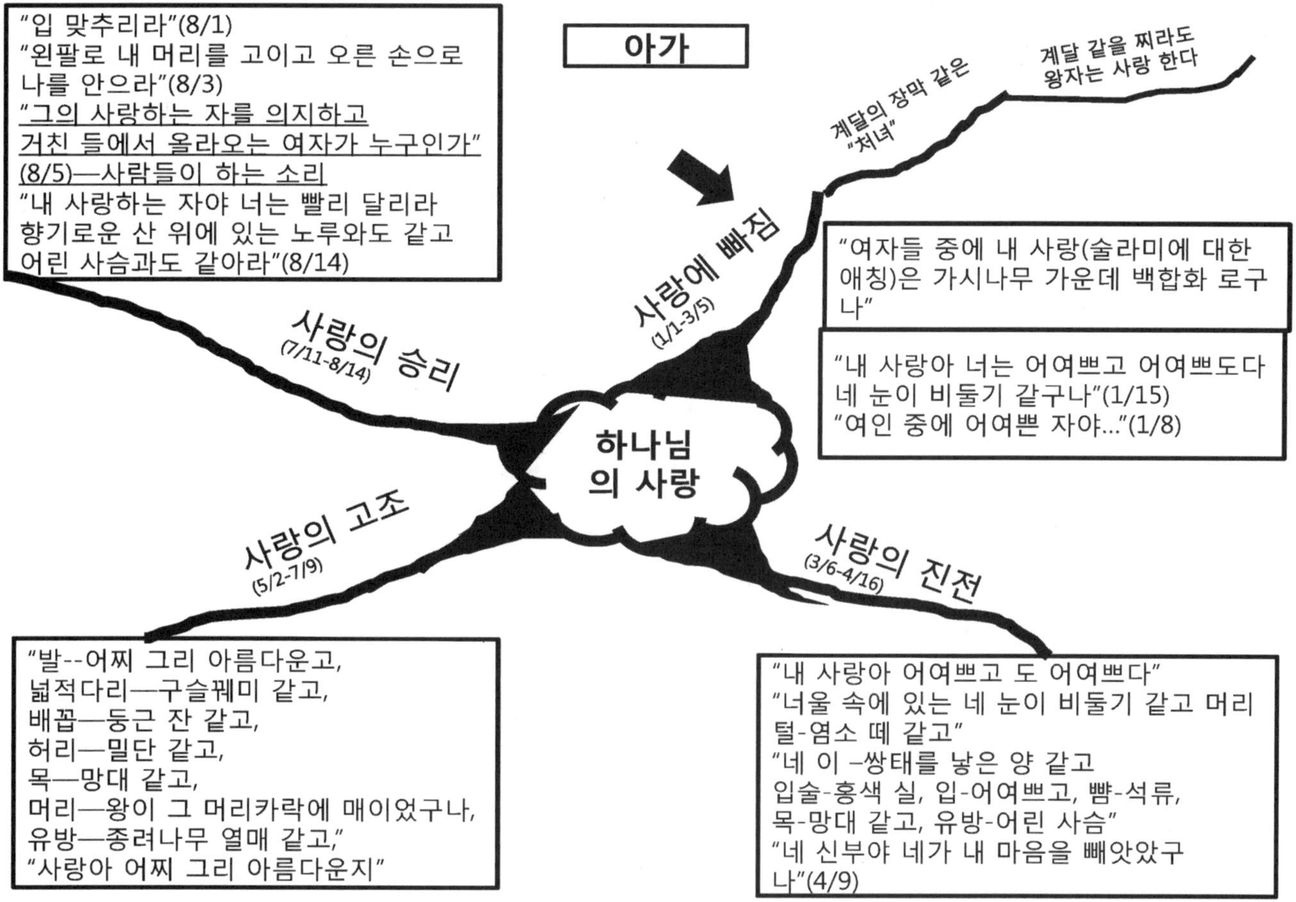
아가
하나님
의 사랑
사랑에 빠짐
(1/1-3/5)
계달의 장막 같은
"처녀"
계달 같을 찌라도
왕자는 사랑 한다
"여자들 중에 내 사랑(술라미에 대한 애칭)은 가시나무 가운데 백합화 로구나"
"내 사랑아 너는 어여쁘고 어여쁘도다
네 눈이 비둘기 같구나"(1/15)
"여인 중에 어여쁜 자야..."(1/8)
사랑의 진전
(3/6-4/16)
"내 사랑아 어여쁘고 도 어여쁘다"
"너울 속에 있는 네 눈이 비둘기 같고 머리
털-염소 떼 같고"
"네 이 –쌍태를 낳은 양 같고
입술-홍색 실, 입-어여쁘고, 뺨-석류,
목-망대 같고, 유방-어린 사슴"
"네 신부야 네가 내 마음을 빼앗았구
나"(4/9)
사랑의 고조
(5/2-7/9)
"발--어찌 그리 아름다운고,
넓적다리—구슬꿰미 같고,
배꼽—둥근 잔 같고,
허리—밀단 같고,
목—망대 같고,
머리—왕이 그 머리카락에 매이었구나,
유방—종려나무 열매 같고,"
"사랑아 어찌 그리 아름다운지"
사랑의 승리
(7/11-8/14)
"입 맞추리라"(8/1)
"왼팔로 내 머리를 고이고 오른 손으로
나를 안으라"(8/3)
"그의 사랑하는 자를 의지하고
거친 들에서 올라오는 여자가 누구인가"
(8/5)—사람들이 하는 소리
"내 사랑하는 자야 너는 빨리 달리라
향기로운 산 위에 있는 노루와도 같고
어린 사슴과도 같아라"(8/14)

성경 해설(아가)

저자 : 솔로몬. 주제 : 그리스도의 사랑. 기장 : 예루살렘.
기연 : BC965. 대상 : 이스라엘 백성

노래의 노래, 가장 뛰어난 노래, 하나님과 백성의 사이, 예수님과 아내의 사이의 노래

1막(1/1-2/17)
  왕의 구애를 물리치다
2막(2/8-3/5)
  애인의 내방 : 봄의 노래(2/8-17)
  꿈속에서 애인을 찾다(3/1-5)
3막(3/6-5/1)
  왕의 환행 : 위풍의 유혹(3/6-11)
  그녀의 미를 찬미(4/1-5/1)
4막(5/1-6/10)
  꿈속에서 애인을 찬양(5/2-6/3)
  왕이 정신이 빼앗기다(6/4-10)
5막(6/11-8/4)
  왕의 찬미(6/11-7/9)
  그녀의 거절(7/9-10)
  귀향의 권고(7/11-8/4)
6막(8/5-14)
  사랑의 승리 찬가(8/5-7)
  대승의 증언(8/8-14)

---노래---

1)신부의 노래(1/2-8)
2)신부와 신랑 사이 2중주(1/9-2/7)
3)신부의 회상(2/8-3/5)
4)솔로몬의 행진(3/6-11)
5)젊은이의 노래(4/1-5/1)
6)잃은 사랑을 찾아 부른 노래(5/2-6/3)
7)신부 미의 서술(6/4-7/9)
8)신부의 노래(7/10-8/4)
9)잡다한 노래(8/5-14)

대선지서

이사야(사)
예레미야(렘)
예레미야애가(애)
에스겔(겔)
다니엘(단)

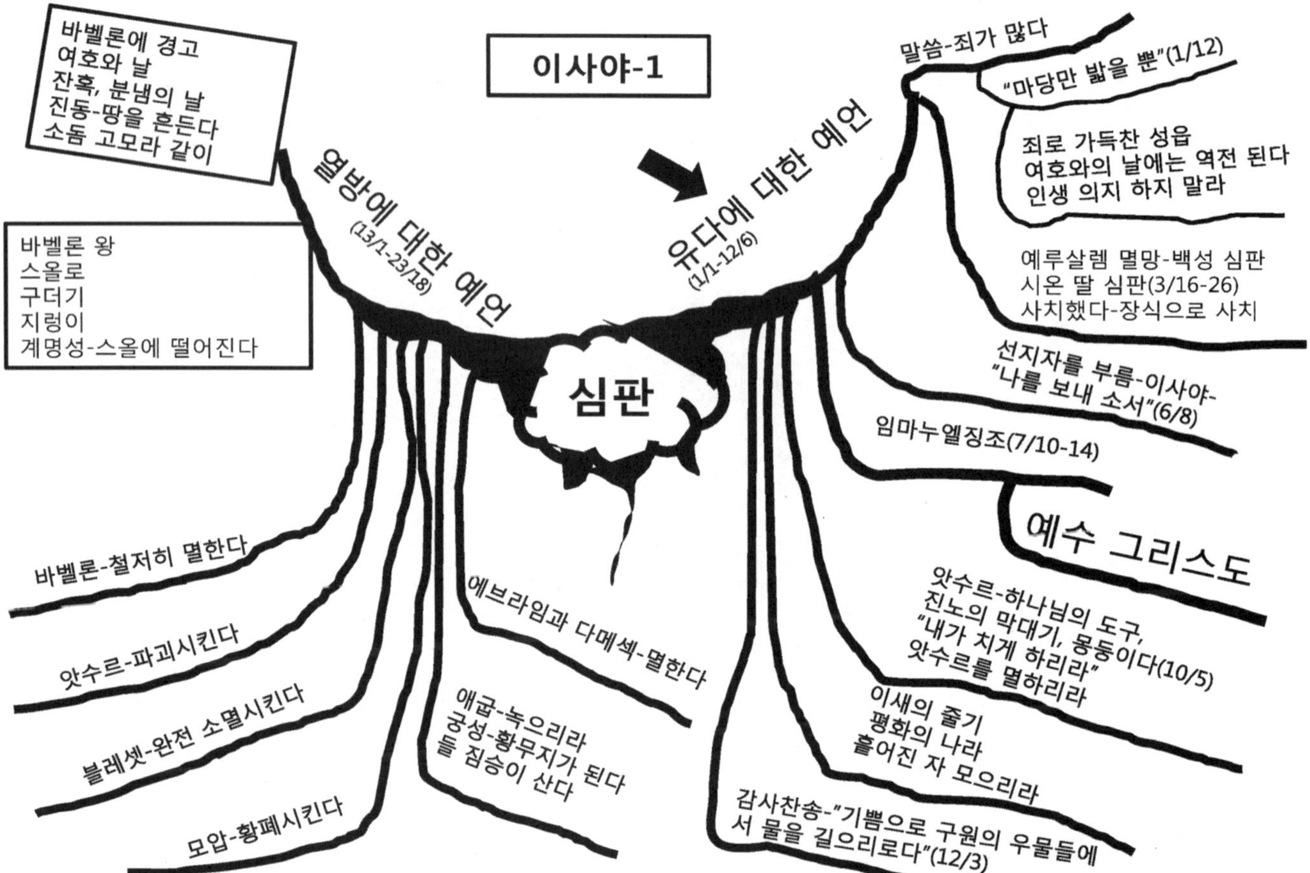
이사야-1
바벨론에 경고
여호와 날
잔혹, 분냄의 날
진동-땅을 흔든다
소돔 고모라 같이
열방에 대한 예언
(13/1-23/18)
바벨론 왕
스올로
구더기
지렁이
계명성-스올에 떨어진다
바벨론-철저히 멸한다
앗수르-파괴시킨다
블레셋-완전 소멸시킨다
모압-황폐시킨다
에브라임과 다메섹-멸한다
애굽-녹으리라
궁성-황무지가 된다
들 짐승이 산다
심판
유다에 대한 예언
(1/1-12/6)
말씀-죄가 많다
"마당만 밟을 뿐"(1/12)
죄로 가득찬 성읍
여호와의 날에는 역전 된다
인생 의지 하지 말라
예루살렘 멸망-백성 심판
시온 딸 심판(3/16-26)
사치했다-장식으로 사치
선지자를 부름-이사야-
"나를 보내 소서"(6/8)
임마누엘징조(7/10-14)
예수 그리스도
앗수르-하나님의 도구,
진노의 막대기, 몽둥이다(10/5)
"내가 치게 하리라"
앗수르를 멸하리라
이새의 줄기
평화의 나라
흩어진 자 모으리라
감사찬송-"기쁨으로 구원의 우물들에
서 물을 길으리로다"(12/3)

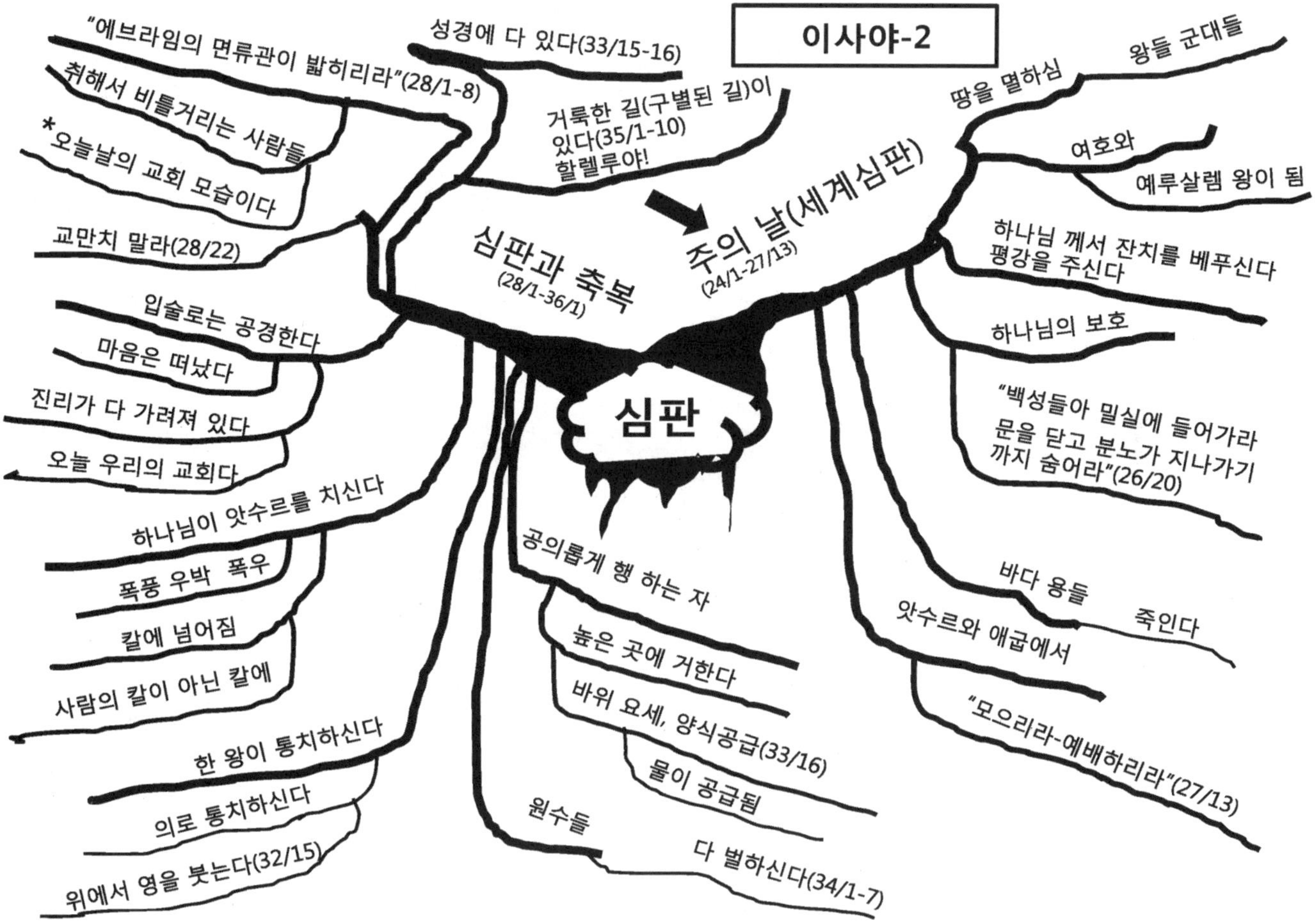

이사야-2
심판
심판과 축복
(28/1-36/1)
주의 날(세계심판)
(24/1-27/13)
"에브라임의 면류관이 밟히리라"(28/1-8)
취해서 비틀거리는 사람들
*오늘날의 교회 모습이다
교만치 말라(28/22)
성경에 다 있다(33/15-16)
거룩한 길(구별된 길)이
있다(35/1-10)
할렐루야!
입술로는 공경한다
마음은 떠났다
진리가 다 가려져 있다
오늘 우리의 교회다
하나님이 앗수르를 치신다
폭풍 우박 폭우
칼에 넘어짐
사람의 칼이 아닌 칼에
한 왕이 통치하신다
의로 통치하신다
위에서 영을 붓는다(32/15)
공의롭게 행 하는 자
높은 곳에 거한다
바위 요새, 양식공급(33/16)
물이 공급됨
원수들
다 벌하신다(34/1-7)
땅을 멸하심
왕들 군대들
여호와
예루살렘 왕이 됨
하나님 께서 잔치를 베푸신다
평강을 주신다
하나님의 보호
"백성들아 밀실에 들어가라
문을 닫고 분노가 지나가기
까지 숨어라"(26/20)
바다 용들
죽인다
앗수르와 애굽에서
"모으리라-예배하리라"(27/13)

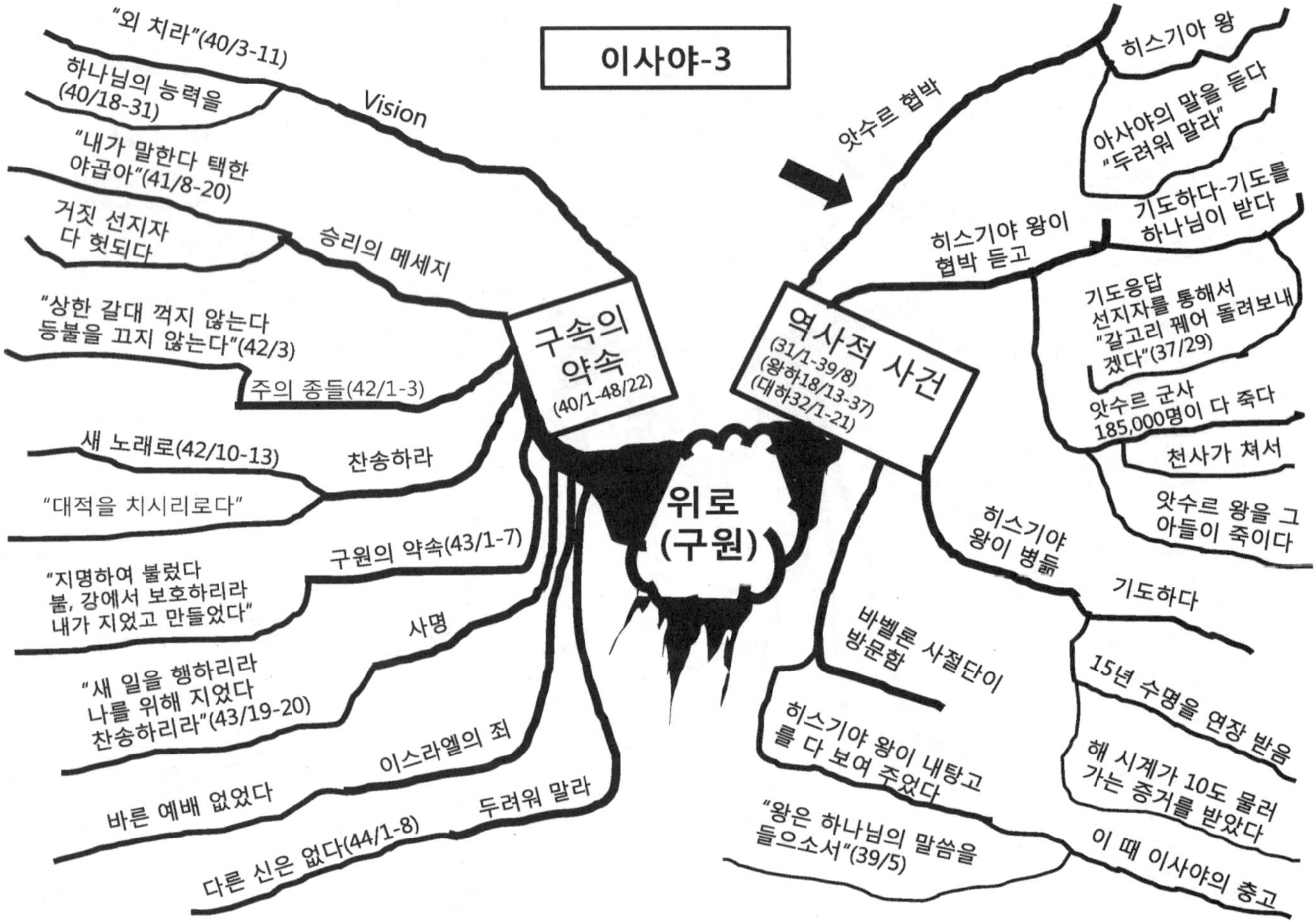

이사야-3
위로
(구원)
구속의
약속
(40/1-48/22)
Vision
"외 치라"(40/3-11)
하나님의 능력을
(40/18-31)
승리의 메세지
"내가 말한다 택한
야곱아"(41/8-20)
거짓 선지자
다 헛되다
"상한 갈대 꺾지 않는다
등불을 끄지 않는다"(42/3)
주의 종들(42/1-3)
찬송하라
새 노래로(42/10-13)
"대적을 치시리로다"
구원의 약속(43/1-7)
"지명하여 불렀다
불, 강에서 보호하리라
내가 지었고 만들었다"
사명
"새 일을 행하리라
나를 위해 지었다
찬송하리라"(43/19-20)
이스라엘의 죄
바른 예배 없었다
두려워 말라
다른 신은 없다(44/1-8)
역사적 사건
(31/1-39/8)
(왕하18/13-37)
(대하32/1-21)
앗수르 협박
히스기아 왕
아사야의 말을 듣다
"두려워 말라"
히스기야 왕이
협박 듣고
기도하다-기도를
하나님이 받다
기도응답
선지자를 통해서
"갈고리 꿰어 돌려보내
겠다"(37/29)
앗수르 군사
185,000명이 다 죽다
천사가 쳐서
앗수르 왕을 그
아들이 죽이다
히스기야
왕이 병듦
기도하다
15년 수명을 연장 받음
해 시계가 10도 물러
가는 증거를 받았다
바벨론 사절단이
방문함
히스기야 왕이 내탕고
를 다 보여 주었다
"왕은 하나님의 말씀을
들으소서"(39/5)
이 때 이사야의 충고

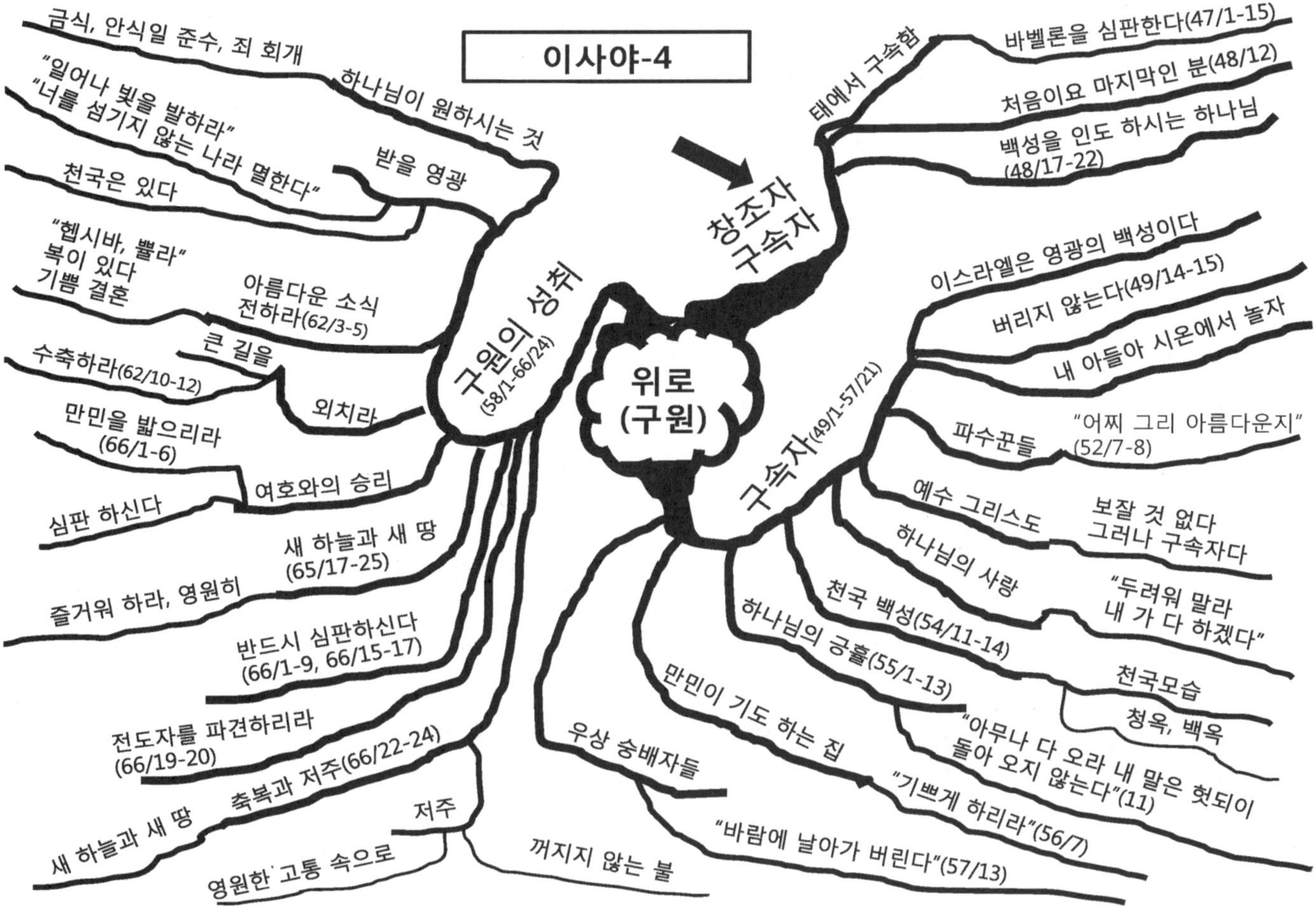

이사야-4
위로 (구원)
창조자 구속자
태에서 구속함
바벨론을 심판한다(47/1-15)
처음이요 마지막인 분(48/12)
백성을 인도 하시는 하나님 (48/17-22)
구속자(49/1-57/21)
이스라엘은 영광의 백성이다
버리지 않는다(49/14-15)
내 아들아 시온에서 놀자
파수꾼들
"어찌 그리 아름다운지" (52/7-8)
예수 그리스도
보잘 것 없다 그러나 구속자다
하나님의 사랑
"두려워 말라 내 가 다 하겠다"
천국 백성(54/11-14)
천국모습
청옥, 백옥
하나님의 긍휼(55/1-13)
"아무나 다 오라 내 말은 헛되이 돌아 오지 않는다"(11)
만민이 기도 하는 집
"기쁘게 하리라"(56/7)
우상 숭배자들
"바람에 날아가 버린다"(57/13)
구원의 성취 (58/1-66/24)
하나님이 원하시는 것
금식, 안식일 준수, 죄 회개
받을 영광
"일어나 빛을 발하라"
"너를 섬기지 않는 나라 멸한다"
천국은 있다
아름다운 소식 전하라(62/3-5)
"헵시바, 쁄라" 복이 있다 기쁨 결혼
큰 길을
수축하라(62/10-12)
외치라
만민을 밟으리라 (66/1-6)
여호와의 승리
심판 하신다
새 하늘과 새 땅 (65/17-25)
즐거워 하라, 영원히
반드시 심판하신다 (66/1-9, 66/15-17)
전도자를 파견하리라 (66/19-20)
축복과 저주(66/22-24)
새 하늘과 새 땅
저주
영원한 고통 속으로
꺼지지 않는 불

성경 해설(이사야)

저자 : 이사야.   주제 : 구원은 여호와의 것이다.   기장 : 유대 땅.   기연 : BC739-680.
대상 : 유다 백성들(타락)   배경 : 이스라엘과 유다BC739-680

활동 시기 : 히스기야 왕 때 40년간 활동(웃시야, 요담, 아하스, 히스기야)
시국 : 사회적, 부정, 도덕타락, 불신앙
이사야 주장 : 타국 원조 구하지 말자, 사람을 두려워 말자, 사람에게 신뢰 하지 말자, 다만 하나님만 믿으라
신앙 : 하나님을 경외, 하나님만 신뢰, 메시야 도래(수난-영광-종말)

Message

1)앗수르 : 진노의 막대기 몽둥이다(10/5-6)
2)감사찬송 "기쁨으로 구원의 우물들에서 물을 길으리로다."(12/3)
3)마당만 밟는 예배 ; 죄를 회개하지 않는 예배
4)"주의 날"(24/1-27/13)에 왕들을 심판 한다. 백성들에게는 잔치를 베푼다.
5)모양으로 드리는 예배 : 취해서 비틀거린다. 교만해 졌다.
진리는 숨어져 버렸다(28/1-32/15)
6)기도하는 히스기야 왕 ; 선지자의 설교를 듣는다"두려워 말라."
앗수르 군사를 "갈고리로 코를 꿰며 재갈을 물려 오던 길로 돌아가게 하리라"
(37/21-38)
7)천년 왕국 약속(65/17-25, 35/1-10)

8)성경은 잘못이 하나도 없다(34/16)
9)전도하라(40/3-31) "외치라"
10)내 백성아 "두려워 말라"(41/10, 43/5, 44/8)
11)"너는 귀한 하나님의 아들이다"(43/1-7, 14-21, 44/1-5)
12)"너를 모태에서 부터 지었다"(44/24)
13)"너를 잊지 않겠다"(49/14-16)
14)"전도하는 발이 참 아름답도다"(52/7)
15)예수 그리스도는 우리의 고통과 슬픔을 짊어지고 가신다(53/4)
16)천국의 환희(54/11-14)
17)성경 말씀은 틀림 없이 그대로 된다(55/1-11)
18)금식은 하나님이 기뻐하신다(58/3-6)
19)구원이란 축복(61/1-3)
20)"너는 뿔라다"(신부) (62/4-5) "내 사랑아!"-아가서 주제다.
21)불신자 : 극렬한 심판(63/1-6, 66/6, 66/16)
22)하나님의 영광스런 불(수레, 회오리 바람)(66/15)
23)비교되는 두 가지 세상 모습(66/22-24)

말씀으로 기도하기-1(이사야)

1)하늘이여 들으라 땅이여 귀를 기울이라 여호와께서 말씀하시기를 내가 자식을 양육하였거늘 그들이 나를 거역 하였도다(1/2)
2)너희가 어찌 하여 매를 더 맞으려고 패역을 거듭하느냐 온 머리는 병들었고 온 마음은 피곤 하였으며(1/5)
3)발바닥에서 머리까지 성한 곳이 없이 상한 것과 터진 것과 새로 맞은 흔적뿐이거늘 그것을 짜며 싸매며 기름으로 부드럽게 함을 받지 못하였도다(1/6)
4)너희 소돔의 관원 들아 여호와의 말씀을 들을 지어다 너희 고모라의 백성아 우리 하나님의 법에 귀를 기울일 지어다(1/10)
5)여호와께서 말씀 하시되 너희의 무수한 제물이 내게 무엇이 유익하뇨 나는 숫양의 번제와 살진 짐승의 기름에 배불렀고 나는 수송아지나 어린 양이나 숫염소의 피를 기뻐하지 아니하노라(1/11)
6)너희가 내 앞에 보이려고 오니 이것을 누가 너희 에게 요구하였느냐 내 마당만 밟을 뿐이니라(1/12)
7)헛된 제물을 다시는 가져 오지 말라 분향은 내가 가증히 여기는바요 월삭과 안식일과 대회로 모이는 것도 그러하니 성회와 아울러 악을 행하는 것을 내가 견디지 못하겠노라(1/13)
8)여호와께서 말씀 하시되 오라 우리가 서로 변론 하자 너희 죄가 주홍 같을 지라도 눈과 같이 희어 질 것이요 진홍같이 붉을 지라도 양털 같이 희게 되리라(1/18)
9)너희가 즐겨 순종 하면 땅의 아름 다운 소산을 먹을 것이요(1/19)
10)너희가 거절하여 배반하면 칼에 삼켜지리라 여호와의 입의 말씀이니라(1/20)
11)율법이 시온에서부터 나올 것이요 여호와 말씀이 예루살렘에서 부터 나올 것임 이니라(2/3)
12)무리가 그들의 칼을 쳐서 보습을 만들고 창을 쳐서 낫을 만들 것이라(2/4)
13)야곱 족속아 오라 우리가 여호와의 빛에 행하자(2/5)
14)그 땅에는 은 금이 가득하고 보화가 무한하며 그 땅에는 마필이 가득하고 병거가 무수하며 그 땅에는 우상도 가득하므로 그들이 자기 손으로 짓고 자기 손가락으로 만든 것을 경배 하여 천한 자도 절하며 귀한 자도 굴복하오니 그들을 용서하지 마옵소서(2/7-9)
15)너희는 바위틈에 들어가며 진토에 숨어 여호와의 위엄과 그 광대하심의 영광을 피하라(2/10)
16)그날에 눈이 높은 자가 낮아지며 교만한 자가 굴복되고 여호와께서 홀로 높힘을 받으시리라(2/11)
17)대저 만군의 여호와의 날이 모든 교만한 자와 거만한 자와 자고한 자에게 임하리니 그들이 낮아지리라(2/12)
18)너희는 인생을 의지하지 말라 그의 호흡은 코에 있나니 셈할 가치가 어디 있느냐(2/22)

<예루살렘 멸망>

19)그들의 죄를 말해 주고 숨기지 못함이 소돔과 같으니 그들의 영혼에 화가 있을진저 그들이 재앙을 자취하였도다(3/
20)너희는 의인에게 복이 있으리라 말하라 그들은 그들의 행위의 열매를 먹을 것 임이요(3/10)
21)악인에게는 화가 있으리니 이는 그의 손으로 행한 대로 그가 보응을 받을 것임 이니라(3/11)

말씀으로 기도하기-2(이사야)

<시온 딸들에게>

22)시온의 딸들이 교만하여 늘인 목정을 통하는 눈으로 다니며 아기작거려 걸으며 발로는 쟁쟁한 소리를 낸다 하시도다(3/16)

23)주께서 시온의 딸들의 정수리에 딱지가 생기게 하시며 여호와께서 그들의 하체가 드러나게 하시리라(3/17)

24)그 날에 그들이 장식한 발목 고리와 머리의 망사와 반달 장식과
귀고리와 팔목 고리와 얼굴 가리개와
화관과 발목 사슬과 띠와 향합과 호신부와
반지와 코 고리와
예복과 겉옷과 목도리와 손 주머니와
손 거울과 세마포 옷과 머리 수건과 너울을 제하 시리니(3/18-23)

25)그 때에 썩은 냄새가 향기를 대신 하고 노끈이 띠를 대신하고 대머리가 숱한 머리털을 대신하고 굵은 베옷이 화려한 옷을 대신하고 수치스런 흔적이 아름다움을 대신할 것이며
너희의 장정은 칼에 너희의 용사는 전란에 망할 것이며
그 성문은 슬퍼하며 곡할 것이요 시온은 황폐하여 땅에 앉으리라(3/24-26)

<포도원 노래>

26)땅을 파서 돌을 제하고 극상품 포도나무를 심었도다 그 중에 망대를 세웠고 또 그 안에 술틀을 팠도다 좋은 포도 맺기를 바랐더니 들 포도를 맺었도다(5/2)

27)내가 좋은 포도 맺기를 기다렸거늘 들 포도를 맺음은 어찌 됨인고(5/4)

28)만군의 여호와의 포도원은 이스라엘의 족속이요 그가 기뻐하시는 나무는 유다 사람이라 그들에게 정의를 바라셨더니 도리어 포악이요(5/7)

29)그러므로 내 백성이 무지 함으로 말미암아 사로잡힐 것이요 그들의 귀한 자는 굶주릴 것이요 무리는 목마를 것이라(5/13)

30)그러므로 스올이 욕심을 크게 내어 한량 없이 그 입을 벌린즉 그들의 호화로움과 그들의 많은 무리와
그들의 떠드는 것과 그 중에서 즐거워하는 자가 거기에 빠질 것이라(5/14)

31)그 때에는 어린양들이 자기 초장에 있는 것 같이 풀을 먹을 것이요 유리하는 자들이 부자의 버려진 밭에서 먹으리라(5/17)

32)거짓으로 끈을 삼아 죄악을 끌며 수레 줄로 함같이 죄악을 끄는 자는 화 있을 진저(5/18)

33)스스로 지혜롭다 하며 스스로 명철 하다 하는 자들은 화 있을 진저(5/21)

말씀으로 기도하기-3(이사야)

34)불꽃이 그루터기를 삼킴 같이, 마른 풀이 불 속에 떨어짐 같이 그들의 뿌리가 썩겠고 꽃이 티끌 처럼 날리리니 그들이 만군의 여호와의 율법을 버리며 이스라엘의 거룩하신 이의 말씀을 멸시하였음이라(5/24)
35)내가 누구를 보내며 누가 우리를 위하여 갈꼬 하시니 그 때에 내가 이르되 내가 여기 있나이다 나를 보내소서 하였더니(6/8)
36)주께서 친히 징조를 너희에게 주실 것이라 보라 처녀가 잉태하여 아들을 낳을 것이요 그의 이름을 임마누엘이라 하리라(7/14)
37)흑 암에 행하던 백성이 큰 빛을 보고 사망의 그늘 진 땅에 거주하던 자에게 빛이 비치도다(9/2)
38)무겁게 멘 멍에와 그들의 어깨의 채찍과 그 압제자의 막대기를 주께서 꺾으시되 미디안의 날과 같이 하셨음 이니이다(9/4)
39)이는 한 아이가 우리에게 났고 한 아들을 우리에게 주신 바 되었는데 그의 어깨에는 정사를 메었고 그의 이름은 기묘자라, 모사라, 전능하신 하나님이라, 영존하시는 아버지라, 평강의 왕이라 할 것임이라(9/6)
40)그 정사와 평강의 더함이 무궁하며 또 다윗의 왕좌와 그의 나라에 군림하여 그 나라를 굳게 세우고 지금 이후로 영원히 정의와 공의로 그것을 보존하실 것이라 만군의 여호와의 열심이 이를 이루시리라(9/7)
41)앗수르 사람은 화 있을진저 그는 내 진노의 막대기요 그 손의 몽둥이는 내 분노라(10/5)
42)내가 그를 보내어 경건하지 아니한 나라를 치게 하며 내가 그에게 명령하여 나를 노하게 한 백성을 쳐서 탈취하며 노략하게 하며 또 그들을 길거리의 진흙같이 짓밟게 하려 하거니와(10/6)
43)이새의 줄기에서 한 싹이 나며 그 뿌리에서 한 가지가 나서 결실할 것이요(11/1)
44)그의 위에 여호와의 영 곧 지혜와 총명의 영이요 모략과 재능의 영이요 지식과 여호와를 경외하는 영이 강림 하시리니(11/2)
45)그가 여호와를 경외함으로 즐거움을 삼을 것이며 그의 눈에 보이는 대로 심판하지 아니하며 그의 귀에 들리는 대로 판단하지 아니하며(11/3)
46)공의로 가난한 자를 심판하며 정직으로 세상의 겸손한 자를 판단할 것이며 그의 입의 막대기로 세상을 치며 그의 입술의 기운으로 악인을 죽일 것이며(11/4)
47)그 때에 이리가 어린 양과 함께 살며 표범이 어린 염소와 함께 누우며 송아지와 어린 사자와 살진 짐승이 함께 있어 어린 아이에게 끌리며 (11/6)
48)젖 먹는 아이가 독사의 구멍에서 장난하며 젖 뗀 어린아이가 독사의 굴에 손을 넣을 것이라(11/8)
49)여호와를 아는 지식이 세상에 충만 할 것이니라(11/9)
50)여호와께서 열방을 향하여 기치를 세우시고 이스라엘의 쫓긴 자들을 모으시며 땅 사방에서 유다의 흩어진 자들을 모으시리니(11/12)
51)보라 하나님은 나의 구원이시라 내가 신뢰하고 두려움이 없으리니 주 여호와는 나의 힘이시며 나의 노래시며 나의 구원이심이라(12/2)

말씀으로 기도하기-4(이사야)

52)(바벨론에게) 보라 여호와의 날 곧 잔혹히 분냄과 맹렬히 노하는 날이 이르러 땅을 황폐하게 하며 그 중에서 죄인들을 멸하리니(13/9)
53)(바벨론에게) 하늘의 별들과 무리가 그 빛을 내지 아니하며 해가 돋아도 어두우며 달이 그 빛을 비추지 아니할 것이로다(13/10)
54)나 만군의 여호와가 분하여 맹렬히 노하는 날에 하늘을 진동시키며 땅을 흔들어 그 자리에서 떠나게 하리니(13/13)
55)너 아침의 아들 계명성이여 어찌 그리 하늘에서 떨어졌으며 너 열국을 엎은 자여 어찌 그리 땅에 찍혔는고(14/12)
56)이제 네가 스올 곧 구덩이 맨 밑에 떨어짐을 당하리로다(14/15)
57)그 날에 여호와께서 높은 데에서 높은 군대를 벌하시며 땅에서 땅의 왕들을 벌하시리니(24/21)
58)그 때에 달이 수치를 당하고 해가 부끄러워하리니 이는 만군의 여호와께서 시온 산과 예루살렘에서 왕이 되시고 그 장로들 앞에서 영광을 나타내실 것임이라(24/23)
59)여호와여 주는 나의 하나님이시라 내가 주를 높이고 주의 이름을 찬송하오리니(25/1)
60)사망을 영원히 멸하실 것이라 주 여호와께서 모든 얼굴에서 눈물을 씻기시며 자기 백성의 수치를 온 천하에서 제하시리라 여호와께서 이같이 말씀하셨느니라(25/8)
61)여호와여 주께서 우리를 위하여 평강을 베푸시오리니 주께서 우리의 모든 일도 우리를 위하여 이루심이니이다(26/12)
62)여호와 우리 하나님이시여 주 외에 다른 주들이 우리를 관할하였사오나 우리는 주만 의지하고 주의 이름을 부르리이다(26/13)
63)주의 죽은 자들은 살아나고 그들의 시체들은 일어나리이다 티끌에 누운 자들아 너희는 깨어 노래하라 주의 이슬은 빛난 이슬이니 땅이 죽은 자들을 내놓으리로다(26/19)
64)그날에 여호와께서 그의 견고하고 크고 강한 칼로 날랜 뱀 리워야단 곧 꼬불꼬불한 뱀 리워야단을 벌하시며 바다에 있는 용을 죽이시리라(27/1)
65)그 날에 여호와께서 창일하는 하수에서 부터 애굽 시내에까지 과실을 떠는 것같이 너희를 하나하나 모으시리라(27/12)
66)그 날에 큰 나팔을 불리니~~멸망하는 자들과 애굽땅으로 쫓겨난 자들이 돌아와서 예루살렘 성산에서 여호와께 예배하리라(27/13)
67)이 백성이 입으로는 나를 가까이하며 입술로는 나를 공경하나 그들의 마음은 내게서 멀리 떠났나니 그들이 나를 경외함은 사람의 계명으로 가르침을 받았을 뿐이라(29/13)
68)(앗수르를 치심) 혁혁한 진노로~~ 맹렬한 화염과 폭우와 폭풍과 우박으로 하시리니(30/30)
69)오직 공의롭게 행하는 자 정직히 말하는 자 토색한 재물을 가증히 여기는 자 손을 흔들어 뇌물을 받지 아니하는 자 귀를 막아 피 흘리려는 꾀를 듣지 아니하는 자 눈을 감아 악을 보지 아니하는 자(33/15)
그는 높은 곳에 거하리니 견고한 바위가 그의 요새가 되며 그의 양식은 공급되고 그의 물은 끊어지지 아니하리라(33/16)

말씀으로 기도하기-5(이사야)

70)너희는 여호와의 책에서 찾아 읽어보라 이것들 가운데서 빠진 것이 하나도 없고 제 짝이 없는 것이 없으리니 이는 여호와의 입이 이를 명령하셨고 그의 영이 이것들을 모으셨음이라(34/16)
71)겁내는 자들에게 이르기를 굳세어라, 두려워하지 말라, 보라 너희 하나님이 오사 보복하시며 갚아주실 것이라 하나님이 오사 너희를 구하시리라(35/4)
72)그 때에 저는 자는 사슴 같이 뛸 것이며 말 못하는 자의 혀는 노래하리니 이는 광야에서 물이 솟겠고 사막에서 시내가 흐를 것임이라(35/6)
73)거기 대로가 있어 그 길을 거룩한 길이라 일컫는 바 되리니 깨끗하지 못한 자는 지나가지 못하겠고 오직 구속함을 입은 자들을 위하여 있게 될 것이라 우매한 행인은 그 길로 다니지 못할 것이며
거기에는 사자가 없고 사나운 짐승이 그리로 올라 가지 아니하므로 그것을 만나지 못하겠고 오직 구속함을 받은 자만 그리로 행할 것이며
여호와의 속량함을 받은 자들이 돌아오되 노래하며 시온에 이르러 그들의 머리위에 영영한 희락을 띠고 기쁨과 즐거움을 얻으리니 슬픔과 탄식이 사라지리로다(35/8-10)
73)(히스기야 왕의 기도) 그룹들 사이에 계신 이스라엘 하나님 만군의 여호와여 주는 천하에 만국에 유일하신 하나님이시라 주께서 천지를 만드셨나이다(37/16)
74)(히스기야 기도) 여호와여 귀를 기울여 들으시옵소서 여호와여 눈을 뜨고 보시옵소서 산헤립이 사람을 보내어 살아 계시는 하나님을 훼방한 모든 말을 들으시옵소서(37/17)
75)(히스기야 기도) 우리 하나님 여호와여 이제 우리를 그의 손에서 구원하사 천하 만국이 주만이 여호와이신 줄을 알게 하옵소서(37/20)
76)외치는 자의 소리여 이르되 너희는 광야에서 여호와의 길을 예비하라 사막에서 우리 하나님의 대로를 평탄케 하라(40/3)
77)골짜기 마다 돋우어 지며 산마다, 언덕마다 낮아지며 고르지 아니한 곳이 평탄하게 되며 험한 곳이 평지가 될 것이요(40/4)
78)말하는 자의 소리여 이르되 외치라 대답하되 내가 무엇이라 외치리이까 하니 모든 육체는 풀이요 모든 아름다움은 들의 꽃과 같으니(40/6)
79)풀은 마르고 꽃은 시듦은 여호와의 기운이 그 위에 붊이라 이 백성은 실로 풀이로다(40/7)
80)풀은 마르고 꽃은 시드나 우리 하나님의 말씀은 영원히 서리라(40/8)
81)아름다운 소식을 시온에 전하는 자여 너는 높은 산에 오르라 아름다운 소식을 예루살렘에 전하는 자여 너는 힘써 소리를 높이라 두려워하지 말고 소리를 높여 유다의 성읍들에게 이르기를 너희의 하나님을 보라 하라(40/9)

말씀으로 기도하기-6(이사야)

82)보라 주 여호와께서 장차 강한 자로 임하실 것이요 친히 그의 팔로 다스릴 것이라 보라 상급이 그에게 있고 보응이 그의 앞에 있으며
그는 목자같이 양 떼를 먹이시며 어린 양을 그 팔로 모아 품에 안으시며 젖먹이는 암컷들을 온순히 인도 하시리로다(40/10-11)
83)너희가 알지 못하였느냐 너희가 듣지 못하였느냐 태초부터 너희에게 전하지 아니하였느냐 땅의 기초가 창조될 때 부터 너희가 깨닫지 못하였느냐(40/21)
84)너는 알지 못하였느냐 듣지 못하였느냐 영원하신 하나님 여호와 땅끝까지 창조하신 이는 피곤하지 않으시며 곤비 하지 않으시며 명철이 한이 없으시며
피곤 한 자에게는 능력을 주시며 무능한 자에게는 힘을 더하시나니(40/28-29)
85)오직 여호와를 앙망 하는 자는 새 힘을 얻으리니 독수리가 날개 치며 올라감 같을 것이요 달음박질하여도 곤비 하지 아니하겠고 걸어가도 피곤하지 아니하리로다(40/31)
86)나의 종 너 이스라엘아 내가 택한 야곱아 나의 벗 아브라함의 자손아
내가 땅 끝에서부터 너를 붙들며 땅 모퉁이에서 부터 너를 부르고 네게 이르기를 너는 나의 종이라 내가 너를 택하고 싫어하여 버리지 아니하였다 하였노라(41/8-9)
87)두려워하지 말라 내가 너와 함께 함이라 놀라지 말라 나는 네 하나님이 됨이라 내가 너를 굳세게 하리라 참으로 너를 도와주리라 참으로 나의 의로운 오른손으로 너를 붙들리라(41/10)
88)버러지 같은 너 야곱아 너희 이스라엘 사람들아 두려워하지 말라 나 여호와가 말하노니 내가 너를 도울 것이라 네 구속 자는 이스라엘의 거룩한 이이니라(41/14)
89)내가 붙드는 나의 종 내 마음에 기뻐하는 자 곧 내가 택한 사람을 보라 내가 나의 영을 그에게 주었은즉 그가 이방에 정의를 베풀리라(42/1)
90)그는 외치지 아니하며 목소리를 높이지 아니하며 그 소리를 거리에 들리게 하지 아니하며
상한 갈대를 꺾지 아니하며 꺼져가는 등불을 끄지 아니하고 진실로 정의를 시행할 것이며(42/2-3)
91)야곱아 너를 창조하신 여호와께서 지금 말씀 하시느니라 이스라엘아 너를 지으신 이가 말씀 하시느니라 너는 두려워하지 말라 내가 너를 구속하였고 내가 너를 지명하여 불렀나니 너는 내 것이라(43/1)
92)네가 물 가운데로 지날 때에 내가 너와 함께 할 것이라 강을 건널 때에 물이 너를 침몰하지 못할 것이며 네가 불 가운데로 지날 때에 타지도 아니할 것이요 불 꽃이 너를 사르지도 못하리니(43/2)
93)대저 나는 여호와 네 하나님이요 이스라엘의 거룩한 이요 네 구원자임이라 내가 애굽을 너의 속량물로 구스와 스바를 너를 대신하여 주었노라(43/3)
94)보라 내가 새 일을 행하리니 이제 나타날 것이라 너희가 그것을 알지 못하겠느냐 반드시 내가 광야에 길을 사막에 강을 내리니(43/19)

말씀으로 기도하기-7(이사야)

95)너를 모태에서 부터 지어낸 너를 도와줄 여호와가 이같이 말하노라 나의 종 야곱, 내가 택한 여수룬아 두려워하지 말라 나는 목마른 자에게 물을 주며 마른 땅에 시내가 흐르게 하며 나의 영을 네 자손에게 나의 복을 네 후손에게 부어 주리니(44/2-3)

96)네 구속자요 모태에서 너를 지은 나 여호와가 이같이 말하노라 나는 만물을 지은 여호와라 홀로 하늘을 폈으며 나와 함께한 자 없이 땅을 펼쳤고(44/24)

97)나는 빛도 짓고 어둠도 창조하며 나는 평안도 짓고 환난도 창조하나니 나는 여호와라 이 모든 일들을 행하는 자니라(45/7)

98)야곱아 내가 부른 이스라엘아 내게 들으라 나는 그니 나는 처음이요 또 나는 마지막이라(48/12)

99)섬들아 내게 들으라 먼 곳 백성들아 귀를 기울이라 여호와 께서 태에서부터 나를 부르셨고 내 어머니의 복중에서부터 내 이름을 기억하셨으며(49/1)

100)여호와께서 그의 고난 당한 자를 긍휼히 여기실 것임이라(49/13)

101)여인이 어찌 그 젖 먹는 자식을 잊겠으며 자기 태에서 난 아들을 긍휼히 여기지 않겠느냐 그들은 혹시 잊을지라도 나는 너를 잊지 아니할 것이라(49/15)

102)너희는 하늘로 눈을 들며 그 아래의 땅을 살피라 하늘이 연기같이 사라지고 땅이 옷같이 헤어지며 거기에 사는 자들이 하루살이 같이 죽으려니와 나의 구원은 영원히 있고 나의 공의는 폐하여지지 아니하리라(51/6)

103)시온이여 깰지어다 깰지어다 네 힘을 낼지어다 거룩한 성 예루살렘이여 네 아름다운 옷을 입을지어다(52/1)

104)좋은 소식을 전하며 평화를 공포하며 복된 좋은 소식을 가져오며 구원을 공포하며 시온을 향하여 이르기를 네 하나님이 통치하신다 하는 자의 산을 넘는 발이 어찌 그리 아름다운가(52/7)

105)그는 주 앞에서 자라나기를 연한 순 같고 마른 땅에서 나온 뿌리 같아서 고운 모양도 없고 풍채도 없은즉 우리가 보기에 흠모할 만한 아름다운 것이 없도다(53/2)

106)그는 멸시를 받아 사람들에게 버림을 받았으며 간고를 많이 겪었으며 질고를 아는 자라 마치 사람들이 그에게서 얼굴을 가리는 것 같이 멸시를 당하였고 우리도 그를 귀히 여기지 아니 하였도다(53/3)

107)그는 실로 우리의 질고를 지고 우리의 슬픔을 당하였거늘 우리는 생각하기를 그는 징벌을 받아 하나님께 맞으며 고난을 당한다 하였노라(53/4)

108)그가 찔림은 우리의 허물 때문이요 그가 상함은 우리의 죄악 때문이라 그가 징계를 받으므로 우리는 평화를 누리고 그가 채찍에 맞으므로 우리는 나음을 받았도다(53/5)

109)여호와께서는 우리 모두의 죄악을 그에게 담당시키셨도다(53/6)

110)이는 너를 지으신 이가 네 남편이시라 그의 이름은 만군의 여호와이시며 네 구속자는 이스라엘의 거룩한 이시라 그는 온 땅의 하나님이라 일컬음을 받으실 것이라(54/5)

111)오호라 너희 모든 목마른 자들아 물로 나아오라 돈 없는 자도 오라 너희는 와서 사먹되 돈 없이 값없이 와서 포도주와 젖을 사라(55/1)

말씀으로 기도하기-8(이사야)

112)너희가 어찌하여 양식 아닌 것을 위하여 은을 달아 주며 배부르게 하지 못할 것을 위하여 수고 하느냐 내게 듣고 들을지어다 그리하면 너희가 좋은 것을 먹을 것이며 너희 자신이 기름진 것으로 즐거움을 얻으리라(55/2)
113)너희는 여호와를 만날 만한 때에 찾으라 가까이 계실 때에 그를 부르라(55/6)
114)내 생각이 너희의 생각과 다르며 내 길은 너희 길과 다름이니라 여호와의 말씀이니라(55/8)
115)내 입에서 나가는 말도 이와 같이 헛되이 내게로 돌아오지 아니하고 나의 기뻐하는 뜻을 이루며 내가 보낸 일에 형통함이니라(55/11)
116)내 집은 만민이 기도 하는 집이라(56/7)
117)하나님의 말씀에 악인에게는 평강이 없다 하셨느니라(57/21)
118)우리가 금식하되 어찌하여 주께서 보지 아니하시오며 우리가 마음을 괴롭게 하되 어찌하여 주께서 알아 주지 아니하시나이까 보라 너희가 금식하는 날에 오락을 구하며 온갖 일을 시키는 도다(58/3)
119)내가 기뻐하는 금식은 흉악의 결박을 풀어 주며 멍에의 줄을 끌러주며 압제 당하는 자를 자유하게 하며 모든 멍에를 꺾는 것이 아니겠는냐(58/6)
120)일어나 빛을 발하라(60/1)
121)보라 어둠이 땅을 덮을 것이며 캄캄함이 만민을 가리려니와 오직 여호와께서 네 위에 임하실 것이며 그의 영광이 네 위에 나타나리니(60/2)
122)나라들은 네 빛으로 왕들은 비치는 네 광명으로 나아오리라(60/3)
123)너를 섬기지 아니하는 백성과 나라는 파멸하리니 그 백성들은 반드시 진멸되리라(60/12)
124)다시는 낮에 해가 네 빛이 되지 아니하며 달도 네게 빛을 비추지 않을 것이요 오직 여호와가 네게 영원한 빛이 되며 네 하나님이 네 영광이 되리니(60/19)
125)다시는 네 해가 지지 아니하며 네 달이 물러가지 아니할 것은 여호와가 네 영원한 빛이 되고 네 슬픔의 날이 끝날 것임이라(60/20)
126)네 백성이 다 의롭게 되어 영원히 땅을 차지하리니 그들은 내가 심은 가지요 내가 손으로 만든 것으로서 나의 영광을 나타낼 것인즉(60/21)
127)그 작은 자가 천명을 이루겠고 그 약한 자가 강국을 이룰 것이라 때가 되면 나 여호와가 속히 이루리라(60/22)
128)여호와께서 내게 기름을 부으사 가난한자에게 아름다운 소식을 전하게 하려 하심이라(61/1)
129)나를 보내사 마음이 상한 자를 고치며 포로된 자에게 자유를 갇힌 자에게 놓임을 선포하며(61/1)
130)여호와의 은혜의 해와 우리 하나님의 보복의 날을 선포하여 모든 슬픈 자를 위로하며(61/2)

말씀으로 기도하기-9(이사야)

131)무릇 시온에서 슬퍼하는 자에게 화관을 주어 그 재를 대신하며 기쁨의 기름으로 그 슬픔을 대신하며 찬송의 옷으로 그 근심을 대신하시고 그들이 의의 나무 곧 여호와께서 심으신 그 영광을 나타낼 자라 일컬음을 받게 하려 하심이라(61/3)

132)오직 너를 헵시바라 하며 네 땅을 뿔라라 하리니 이는 여호와께서 너를 기뻐하실 것이며 네 땅이 결혼한 것처럼 될 것임이라(62/4)

133)네 하나님이 너를 기뻐하시리라(62/5)

134)성문으로 나아가라 나아가라 백성이 올 길을 닦으라 큰 길을 수축하고 수축하라 돌을 제하라 만민을 위하여 기치를 들라(62/10)

135)여호와께서 땅끝까지 선포하시되 너희는 딸 시온에게 이르라 보라 네 구원이 이르렀느니라 보라 상급이 그에게 있고 보응이 그 앞에 있느니라(62/11)

136)내가 노함으로 말미암아 만민을 밟았으며 내가 분함으로 말미암아 그들을 취하게 하고 그들의 선혈이 땅에 쏟아지게 하였느니라(63/6)

137)너희는 내가 창조하는 것으로 말미암아 영원히 기뻐하며 즐거워 할지니라 보라 내가 예루살렘을 즐거운 성으로 창조하며 그 백성을 기쁨으로 삼고(65/18)

138)거기는 날 수가 많지 못하여 죽는 어린이와 수한이 차지 못한 노인이 다시는 없을 것이라 곧 백세에 죽는 자를 젊은이라 하겠고 백세가 못되어 죽는 자는 저주 받은 자이리라(65/20)

139)떠드는 소리가 성읍에서 부터 들려 오며 목소리가 성전에서 부터 들리니 이는 여호와께서 그의 원수에게 보응하시는 목소리로다(66/6)

140)여호와께서 불에 둘러싸여 강림 하시리니 그의 수레들은 회오리바람 같으리로다 그가 혁혁한 위세로 노여움을 나타내시며 맹렬한 화염으로 책망하실 것이라(66/15)

141)여호와께서 불과 칼로 모든 혈육에게 심판을 베푸신즉 여호와께 죽임 당할 자가 많으리라(66/16)

142)그들이 나가서 내게 패역한 자들의 시체들을 볼 것이라 그 벌레가 죽지 아니하며 그 불이 꺼지지 아니하며 모든 혈육에게 가증함이 되리라(66/24)

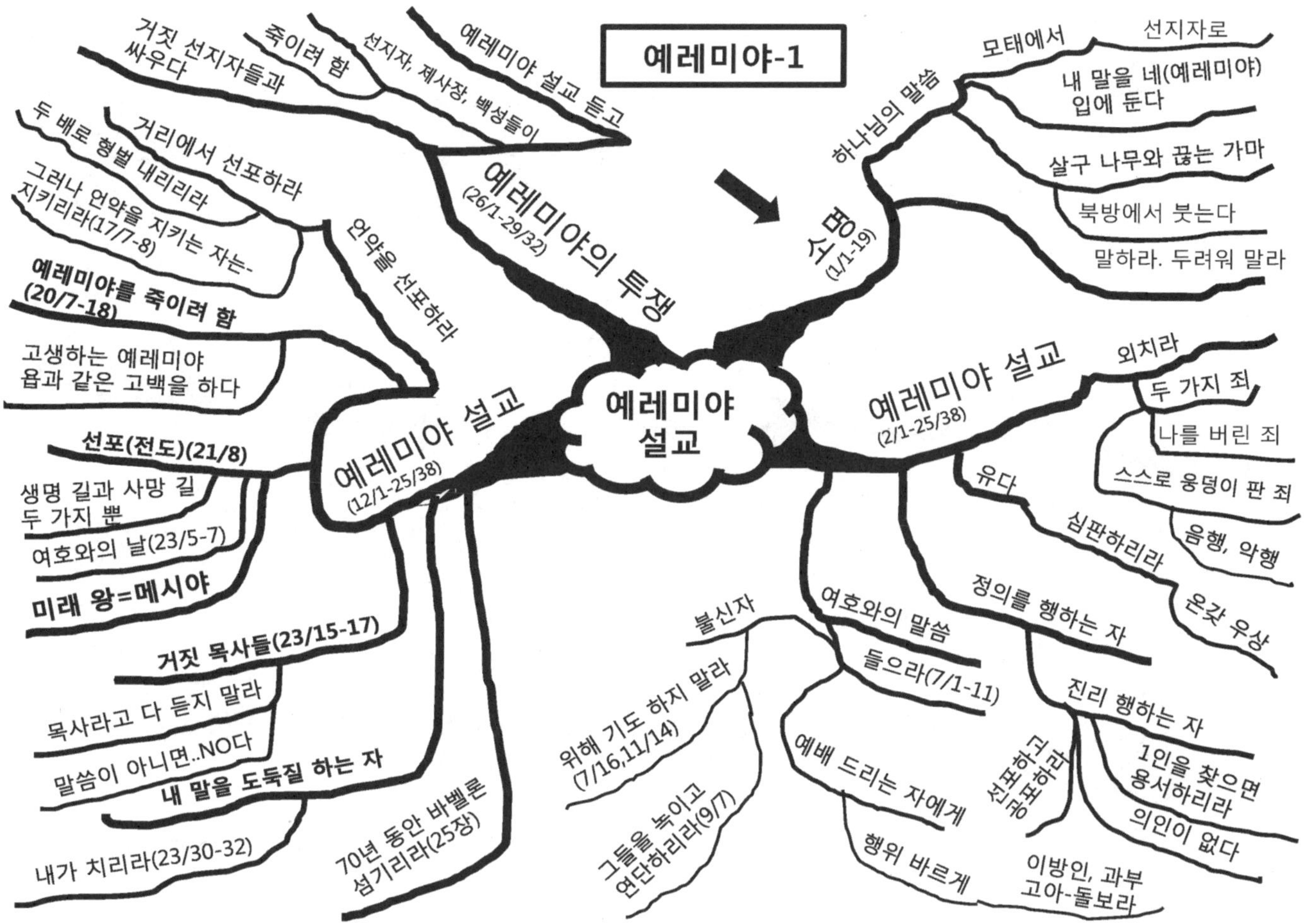
예레미야-1
예레미야
설교
소명
(1/1-19)
하나님의 말씀
모태에서
선지자로
내 말을 네(예레미야)
입에 둔다
살구 나무와 끓는 가마
북방에서 붓는다
말하라. 두려워 말라
예레미야 설교
(2/1-25/38)
외치라
두 가지 죄
나를 버린 죄
스스로 웅덩이 판 죄
유다
심판하리라
음행, 악행
온갖 우상
정의를 행하는 자
진리 행하는 자
1인을 찾으면
용서하리라
의인이 없다
선포하고
공포하라
이방인, 과부
고아-돌보라
여호와의 말씀
들으라(7/1-11)
예배 드리는 자에게
행위 바르게
불신자
위해 기도 하지 말라
(7/16,11/14)
그들을 녹이고
연단하리라(9/7)
예레미야 설교
(12/1-25/38)
선포(전도)(21/8)
생명 길과 사망 길
두 가지 뿐
여호와의 날(23/5-7)
미래 왕=메시야
거짓 목사들(23/15-17)
목사라고 다 듣지 말라
말씀이 아니면..NO다
내 말을 도둑질 하는 자
내가 치리라(23/30-32)
70년 동안 바벨론
섬기리라(25장)
예레미야의 투쟁
(26/1-29/32)
예레미야 설교 듣고
선지자, 제사장, 백성들이
죽이려 함
거짓 선지자들과
싸우다
언약을 선포하라
거리에서 선포하라
두 배로 형벌 내리리라
그러나 언약을 지키는 자는-
지키리라(17/7-8)
예레미야를 죽이려 함
(20/7-18)
고생하는 예레미야
욥과 같은 고백을 하다

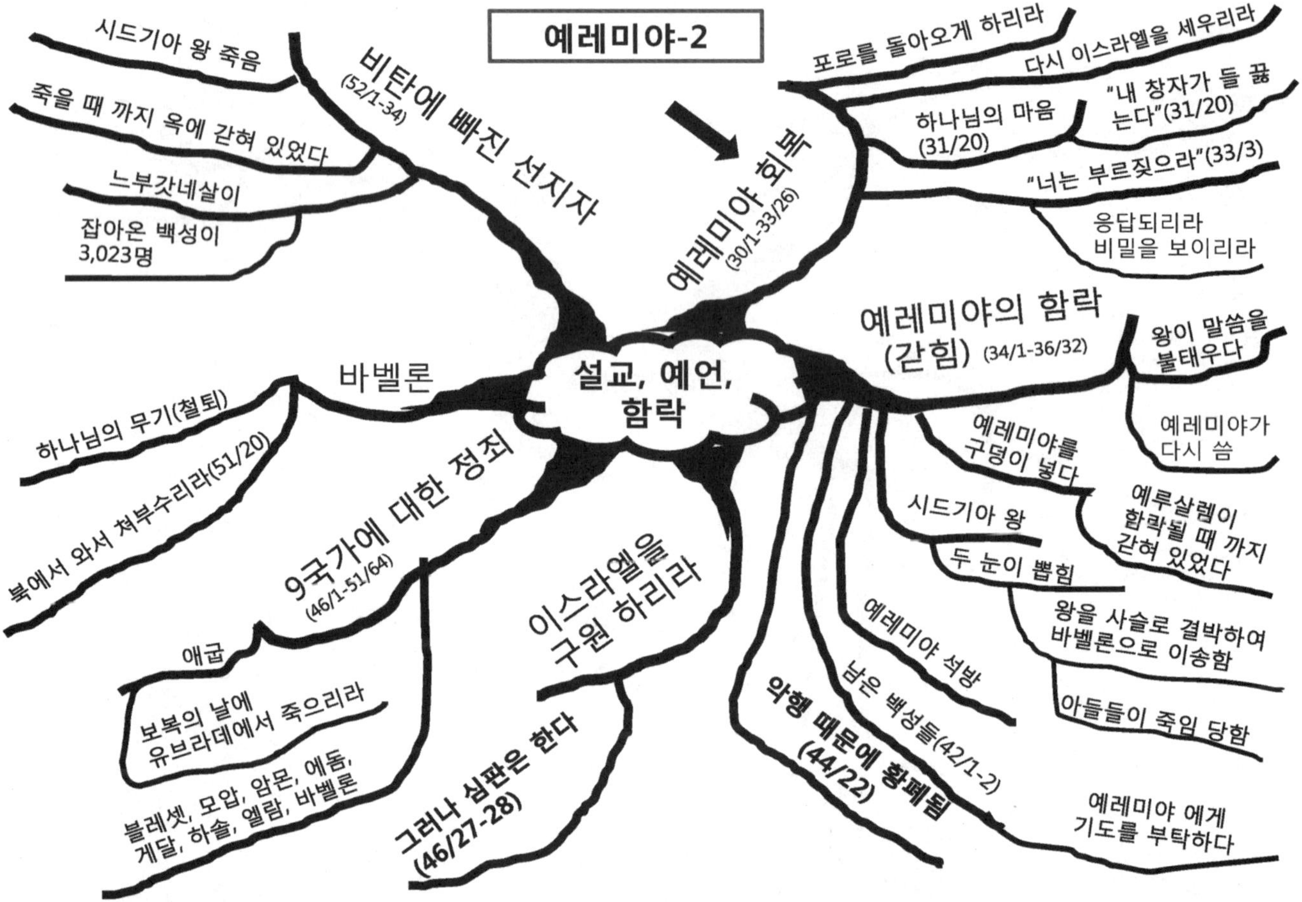
예레미야-2
설교, 예언, 함락
비탄에 빠진 선지자 (52/1-34)
시드기아 왕 죽음
죽을 때 까지 옥에 갇혀 있었다
느부갓네살이
잡아온 백성이 3,023명
예레미야 회복 (30/1-33/26)
포로를 돌아오게 하리라
다시 이스라엘을 세우리라
하나님의 마음 (31/20)
"내 창자가 들 끓는다"(31/20)
"너는 부르짖으라"(33/3)
응답되리라
비밀을 보이리라
예레미야의 함락 (갇힘) (34/1-36/32)
왕이 말씀을 불태우다
예레미야가 다시 씀
예레미야를 구덩이 넣다
예루살렘이 함락될 때 까지 갇혀 있었다
시드기아 왕
두 눈이 뽑힘
왕을 사슬로 결박하여 바벨론으로 이송함
아들들이 죽임 당함
예레미야 석방
남은 백성들(42/1-2)
예레미야 에게 기도를 부탁하다
악행 때문에 황폐됨 (44/22)
바벨론
하나님의 무기(철퇴)
북에서 와서 쳐부수리라(51/20)
9국가에 대한 정죄 (46/1-51/64)
애굽
보복의 날에 유브라데에서 죽으리라
블레셋, 모압, 암몬, 에돔, 게달, 하솔, 엘람, 바벨론
이스라엘을 구원 하리라
그러나 심판은 한다 (46/27-28)

성경 해설(예레미야)

저자 ; 예레미야. 주제 : 범죄는 심판 받는다. 새 언약-구원 기장 : 유대 땅.
기연 : BC627-586. 대상 : 유다 백성. 배경 : 유다와 바벨론BC627-580

예레미야가 받은 사명 : 북에서 끓는 가마로 심판 하겠다.
설교하라 : "외치라" 여호와의 말씀을 선포하라. 시국 상황을 말하고 하나님의 말씀을 설교하라.
하나님의 철퇴가 내려온다 .여호와의 말씀을 선포하라.

Message

1)두려워 말고 설교하라(경고 설교)(1/17) : 북의 끓는 가마가 내려 온다.
2)교인들이 생명의 근원을 버렸다(2/13)
3)대부분의 사람들이 이방 신을 섬긴다(2/20-25)
4)의인이 한 명도 없다(5/1)
5)설교는 거짓 말만 한다(5/30-31)
6)불신자 위하여 기도 하지 말라(7/16)
7)선지자를 욕 하면 내가 벌 하겠다(11/22-23)
8)거짓 평안의 거짓 설교가 많다(14/13-14)
9)여호와를 의뢰 하는 자는 복을 받는다(17/7-8)

10)바른 복음 전 하면 고통 당한다(20/1-10)
11)욥과 같은 고백(20/14-18)
12)전도하라(21/8)
13)만 왕의 왕 예수 그리스도(23/5-8)
14)설교 똑 바로 하라(전도 똑 바로 하라 23/15-17, 30-40)
15)바른 설교 하면 죽이려 한다(26/7-8)
16)하나님이 자식을 책망 할 때는 "창자가 뜰 끓는다"(31/20)
17)내가 할 수 없는 일이 있겠는가(32/27)
18)고난 때 기도 하라(33/3)
19)악한 정부 : 말씀을 불 태우고 예레미야를 웅덩이에 가둔다(36/20-23)
20)망하는 나라(39/1-10)
21)여호와의 말씀 없으면 나라는 망한다. 피비린내 난다(39/1-10, 52/11)
22)사랑의 하나님은 구원과 벌을 내리신다(46/27-28)
23)바벨론이 심판을 받는다(50/1-4, 51/16-17, 51/20)
24)여호와의 보복의 날에 바벨론은 심판을 받는다(51/33 58)

예레미야 시대는 기도 하는 왕이 없었다.
(바벨론 시대)
날이 갈 수록 더욱 퇴패해 갔다.

말씀으로 기도하기-1(예레미야)

1)내가 너를 모태에 짓기 전에 너를 알았고 네가 배에서 나오기 전에 너를 성별 하였고 너를 여러 나라의 선지자로 세웠노라(1/5)
2)예레미야야 네가 무엇을 보느냐~~살구 나무를 보나이다(1/11)
3)무엇을 보느냐~~끓는 가마를 보나이다 그 윗면이 북에서부터 기울어졌나이다(1/13)
4)내가 네게 명령한 바를 다 그들에게 말하라 그들 때문에 두려워하지 말라(1/17)
5)내 백성이 두 가지 악을 행하였나니 곧 그들이 생수의 근원이 되는 나를 버린 것과 스스로 웅덩이를 판 것인데 그것은 그 물을 가두지 못 할 터진 웅덩이들이니라(2/13)
5)네 눈을 들어 헐벗은 산을 보라 네가 행음하지 아니한 곳이 어디 있느냐 네가 길가에 앉아 사람들을 기다린 것이 광야에 있는 아라바사람 같아서 음란과 행악으로 이 땅을 더럽혔도다(3/2)
6)내 백성은 나를 알지 못하는 어리석은 자요 지각이 없는 미련한 자식이라 악을 행하기에는 지각이 있으나 선을 행하기에는 무지하도다(4/22)
7)예루살렘거리로 빨리 다니며 그 넓은 거리에서 찾아 보고 알라 너희가 만일 정의를 행하며 진리를 구하는 자를 한 사람이라도 찾으면 내가 이 성을 용서하리라(5/1)
8)선지자 들은 거짓을 예언 하며 제사장들은 자기 권력으로 다스리며 내 백성은 그것을 좋게 여기니 마지막에는 너희가 어찌하려느냐(5/31)
9)내 백성의 상처를 가볍게 여기면서 말하기를 평강하다 평강하다 하나 평강이 없도다(6/14)
10)너는 이 백성을 위하여 기도하지 말라 그 들를 위하여 부르짖어 구하지 말라 내게 간구하지 말라 내가 네게서 듣지 아니하리라(7/16)
11)보라 내가 내 딸들을 어떻게 처치 할꼬 그들을 녹이고 연단하리라(9/7)
12)여호와의 입의 말씀을 받아서 선포할 자가 누구인고 이 땅이 어찌하여 멸망하여 광야같이 불타서 지나가는 자가 없게 되었느냐(9/12)
13)너희는 이 언약의 말을 듣고 유다인과 예루살렘 주민에게 말하라(11/2)
14)여호와께서 내게 이르시되 너는 이 모든 말로 유다 성읍들과 예루살렘 거리에서 선포하여 이르기를 너희는 이 언약의 말을 듣고 지키라(11/6)
15)그들이 순종하지 아니하면 내가 반드시 그 나라를 뽑아 멸하리라(12/17)
16)너희는 들을 지어다 귀를 기울일 지어다 교만 하지 말지어다(13/15)
17)슬프도소이다 주 여호와여 보시옵소서 선지자들이 그들에게 이르기를 너희가 칼을 보지 아니하겠고 기근은 너희에게 이르지 아니할 것이라 내가 이곳에서 너희에게 확실한 평강을 주리라 하나이다(14/13)

말씀으로 기도하기-2(예레미야)

18)선지자 들이 내 이름으로 거짓 예언을 하도다 ~~ 그들이 거짓 계시와 점술과 헛된 것과 자기 마음의 거짓으로 너희에게 예언하는도다(14/14)

19)무릇 여호와를 의지 하며 여호와를 의뢰하는 그 사람은 복을 받을 것이라(17/7)

20)그는 물가에 심어진 나무가 그 뿌리를 강변에 뻗치고 더위가 올지라도 두려워 하지 아니하며 그 잎이 청청하며 가무는 해에도 걱정이 없고 결실이 그치지 아니함 같으리라(17/8)

21)여호와께서 말씀하시기를 보라 내가 너희 앞에 생명의 길과 사망의 길을 두었노라 너는 이 백성에게 전하라 하셨느니라(21/8)

22)보라 내가 그들에게 쑥을 먹이며 독한 물을 마시게 하리니 이는 사악이 예루살렘 선지자들로부터 나와서 온 땅에 퍼짐이라(23/15)

23)만군의 여호와께서 이와 같이 말씀하시되 너희에게 예언하는 선지자들의 말을 듣지 말라 그들은 너희에게 헛된 것을 가르치나니 그들이 말한 묵시는 자기마음으로 말미암은 것이요 여호와의 입에서 나온 것이 아니니라(23/16)

24)그들은 이르기를 평안하리라 ~~ 재앙이 너희에게 임하지 아니하리라 하였느니라(23/17)

25)내 말을 도둑질하는 선지자 들은 내가 치리라(23/30)

26)거짓 꿈을 예언 하는 자를 내가 치리라(23/32)

27)에브라임은 나의 사랑하는 아들 기뻐하는 자식이 아니냐 내가 그를 책망하여 말할 때마다 깊이 생각하노라 그러므로 그를 위하여 내 창자가 들끓으니 내가 반드시 그를 불쌍히 여기리라 여호와의 말씀이니라(31/20)

28)주께서 큰 능력과 펴신 팔로 천지를 지으셨사오니 주에게는 할 수 없는 일이 없으시니이다(32/17)

29)나는 여호와요 모든 육체의 하나님이라 내게 할 수 없는 일이 있겠느냐(32/27)

30)너는 내게 부르짖으라 내가 네게 응답하겠고 네가 알지 못하는 크고 은밀한 일을 네게 보이리라(33/3)

31)왕이 두루마리와 바룩이 예레미야의 입을 통해 기록한 말씀을 불사른 후에 여호와의 말씀이 예레미야에게 임 하니라(36/27)

32)내 종 야곱아 내가 너와 함께 있나니 두려워 하지 말라 내가 너를 흩었던 그 나라들은 다 멸할 지라도 너는 사라지지 아니하리라 내가 너를 법도대로 징계할 것이요 결코 무죄한 자로 여기지 아니하리라(46/28)

33)보라 날이 이르리니 내가 그 우상들을 벌할 것이라(51/52)

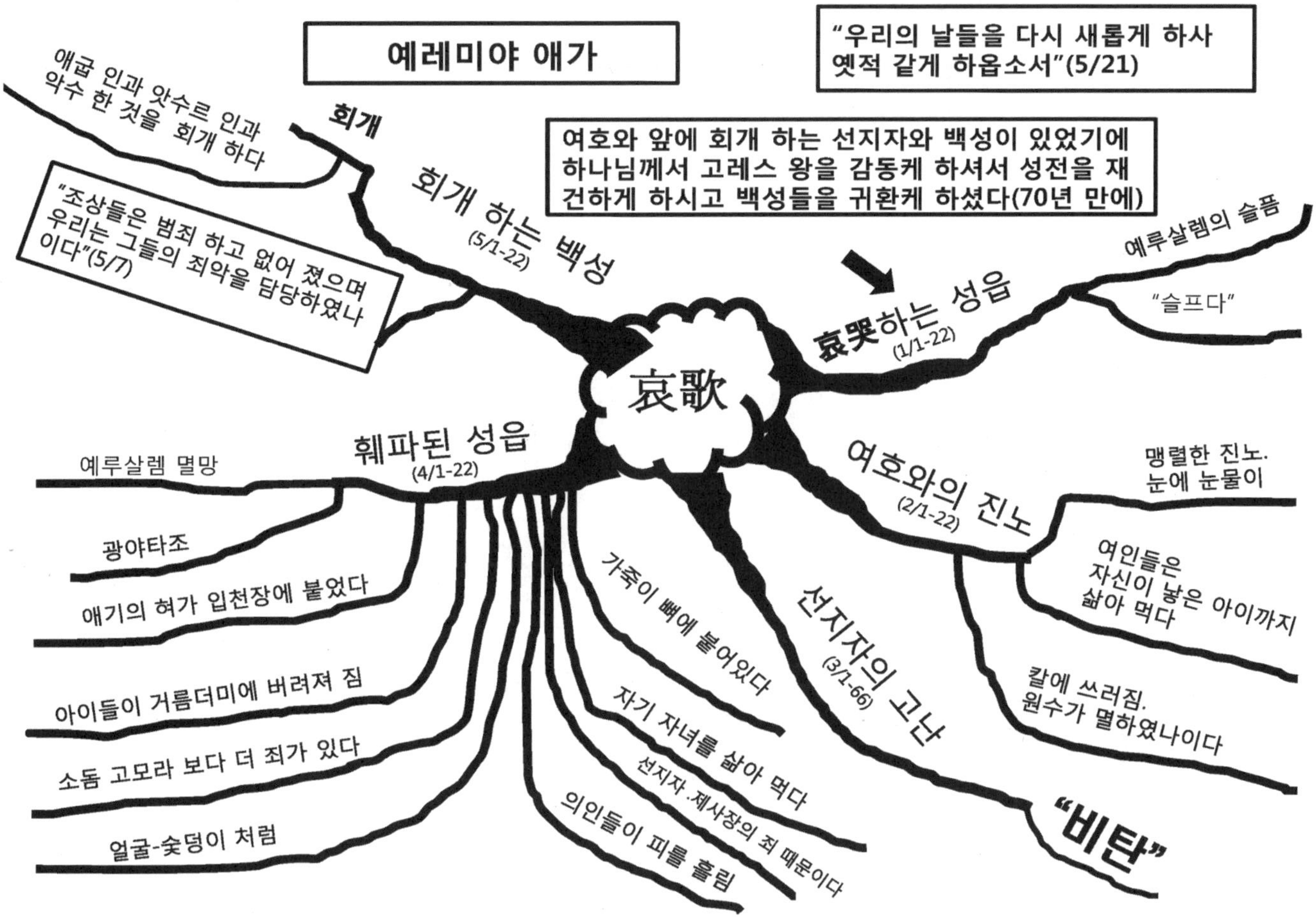
예레미야 애가
"우리의 날들을 다시 새롭게 하사 옛적 같게 하옵소서"(5/21)
여호와 앞에 회개 하는 선지자와 백성이 있었기에 하나님께서 고레스 왕을 감동케 하셔서 성전을 재건하게 하시고 백성들을 귀환케 하셨다(70년 만에)
哀歌
회개 하는 백성
(5/1-22)
회개
애굽 인과 앗수르 인과 악수 한 것을 회개 하다
"조상들은 범죄 하고 없어 졌으며 우리는 그들의 죄악을 담당하였나 이다"(5/7)
哀哭하는 성읍
(1/1-22)
예루살렘의 슬픔
"슬프다"
훼파된 성읍
(4/1-22)
예루살렘 멸망
광야타조
애기의 혀가 입천장에 붙었다
아이들이 거름더미에 버려져 짐
소돔 고모라 보다 더 죄가 있다
얼굴-숯덩이 처럼
가죽이 뼈에 붙어있다
자기 자녀를 삶아 먹다
선지자 .제사장의 죄 때문이다
의인들이 피를 흘림
여호와의 진노
(2/1-22)
맹렬한 진노.
눈에 눈물이
여인들은 자신이 낳은 아이까지 삶아 먹다
칼에 쓰러짐.
원수가 멸하였나이다
선지자의 고난
(3/1-66)
"비탄"

성경 해설(예레미야 애가)

저자 : 예레미야.   주제 : 우리를 다시 새롭게 하소서   기장 : 유대 땅. 기연 : BC586 함락 직후
대상 : 멸망(예루살렘)을 슬퍼 하는 유다백성.   배경 : 예루살렘BC586

고레스왕을 움직이게 하는 회개 운동(선지자,유다 백성)
기도는 언제라도 응답된다(70년 만에)

Message

1)너무 비참해서 "아! 슬프다"(1/1)
2)죄로 인해서 하나님의 진노(2/1-22)
3)회개 만이 살 길이다(3/55-56)
4)예루살렘의 상태(4/1-8, 15, 5/1-22)
5)죄는 애굽과 앗수르와 악수함이다.
하나님을 저버리고 인본적 정치를 했다.
6)조상들의 죄로 우리가 당하고 있다(5/7)

말씀으로 기도하기(예레미야애가)

1)우리가 애굽 사람과 앗수르 사람과 악수를 하고 양식을 얻어 배불리고자 하였나이다(5/6)
2)우리 조상들은 범죄하고 없어졌으며 우리는 그들의 죄악을 담당하였나이다(5/7)
3)우리의 마음에는 기쁨이 그쳤고 우리의 춤은 변하여 슬픔이 되었사오며(5/15)
4)우리의 머리에는 면류관이 떨어졌사오니 오호라 우리의 범죄 때문이니이다(5/16)
5)우리의 마음이 피곤하고 이러므로 우리 눈들이 어두우며(5/17)
6)시온 산이 황폐하여 여우가 그 안에서 노나이다(5/18)
7)여호와여 주는 영원히 계시오며 주의 보좌는 대대에 이르나이다(5/19)
8)여호와여 우리를 주께로 돌이키소서 그리하시면 우리가 주께로 돌아 가겠사오니 우리의 날들을 다시 새롭게 하사 옛적 같게 하옵소서(5/21)

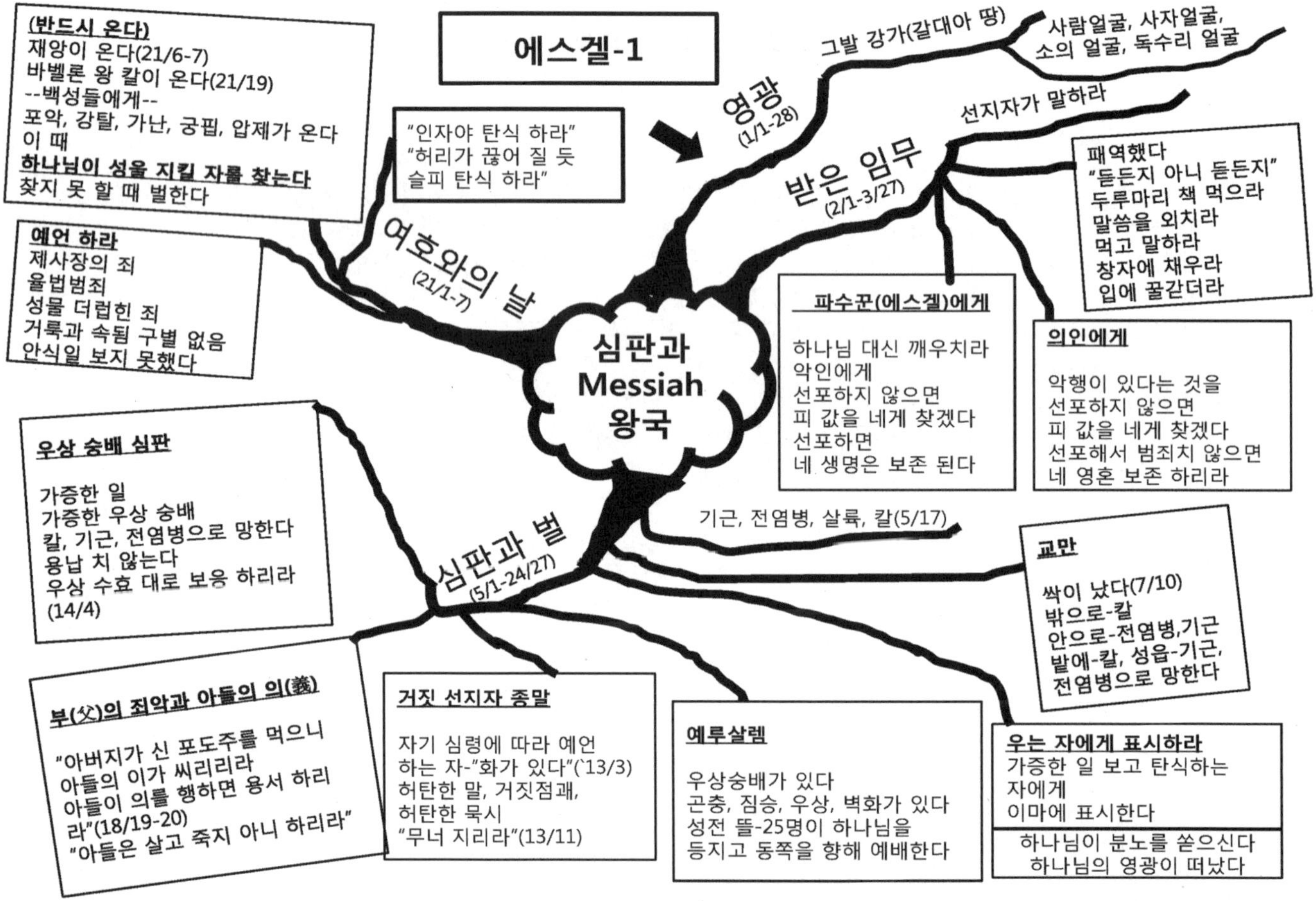
에스겔-1
심판과
Messiah
왕국
영광
(1/1-28)
그발 강가(갈대아 땅)
사람얼굴, 사자얼굴,
소의 얼굴, 독수리 얼굴
받은 임무
(2/1-3/27)
선지자가 말하라
패역했다
"듣든지 아니 듣든지"
두루마리 책 먹으라
말씀을 외치라
먹고 말하라
창자에 채우라
입에 꿀같더라
파수꾼(에스겔)에게
하나님 대신 깨우치라
악인에게
선포하지 않으면
피 값을 네게 찾겠다
선포하면
네 생명은 보존 된다
의인에게
악행이 있다는 것을
선포하지 않으면
피 값을 네게 찾겠다
선포해서 범죄치 않으면
네 영혼 보존 하리라
여호와의 날
(21/1-7)
"인자야 탄식 하라"
"허리가 끊어 질 듯
슬피 탄식 하라"
(반드시 온다)
재앙이 온다(21/6-7)
바벨론 왕 칼이 온다(21/19)
--백성들에게--
포악, 강탈, 가난, 궁핍, 압제가 온다
이 때
하나님이 성을 지킬 자를 찾는다
찾지 못 할 때 벌한다
예언 하라
제사장의 죄
율법범죄
성물 더럽힌 죄
거룩과 속됨 구별 없음
안식일 보지 못했다
심판과 벌
(5/1-24/27)
기근, 전염병, 살륙, 칼(5/17)
교만
싹이 났다(7/10)
밖으로-칼
안으로-전염병,기근
밭에-칼, 성읍-기근,
전염병으로 망한다
우상 숭배 심판
가증한 일
가증한 우상 숭배
칼, 기근, 전염병으로 망한다
용납 치 않는다
우상 수효 대로 보응 하리라
(14/4)
부(父)의 죄악과 아들의 의(義)
"아버지가 신 포도주를 먹으니
아들의 이가 씨리리라
아들이 의를 행하면 용서 하리
라"(18/19-20)
"아들은 살고 죽지 아니 하리라"
거짓 선지자 종말
자기 심령에 따라 예언
하는 자-"화가 있다"(`13/3)
허탄한 말, 거짓점괘,
허탄한 묵시
"무너 지리라"(13/11)
예루살렘
우상숭배가 있다
곤충, 짐승, 우상, 벽화가 있다
성전 뜰-25명이 하나님을
등지고 동쪽을 향해 예배한다
우는 자에게 표시하라
가증한 일 보고 탄식하는
자에게
이마에 표시한다
하나님이 분노를 쏟으신다
하나님의 영광이 떠났다

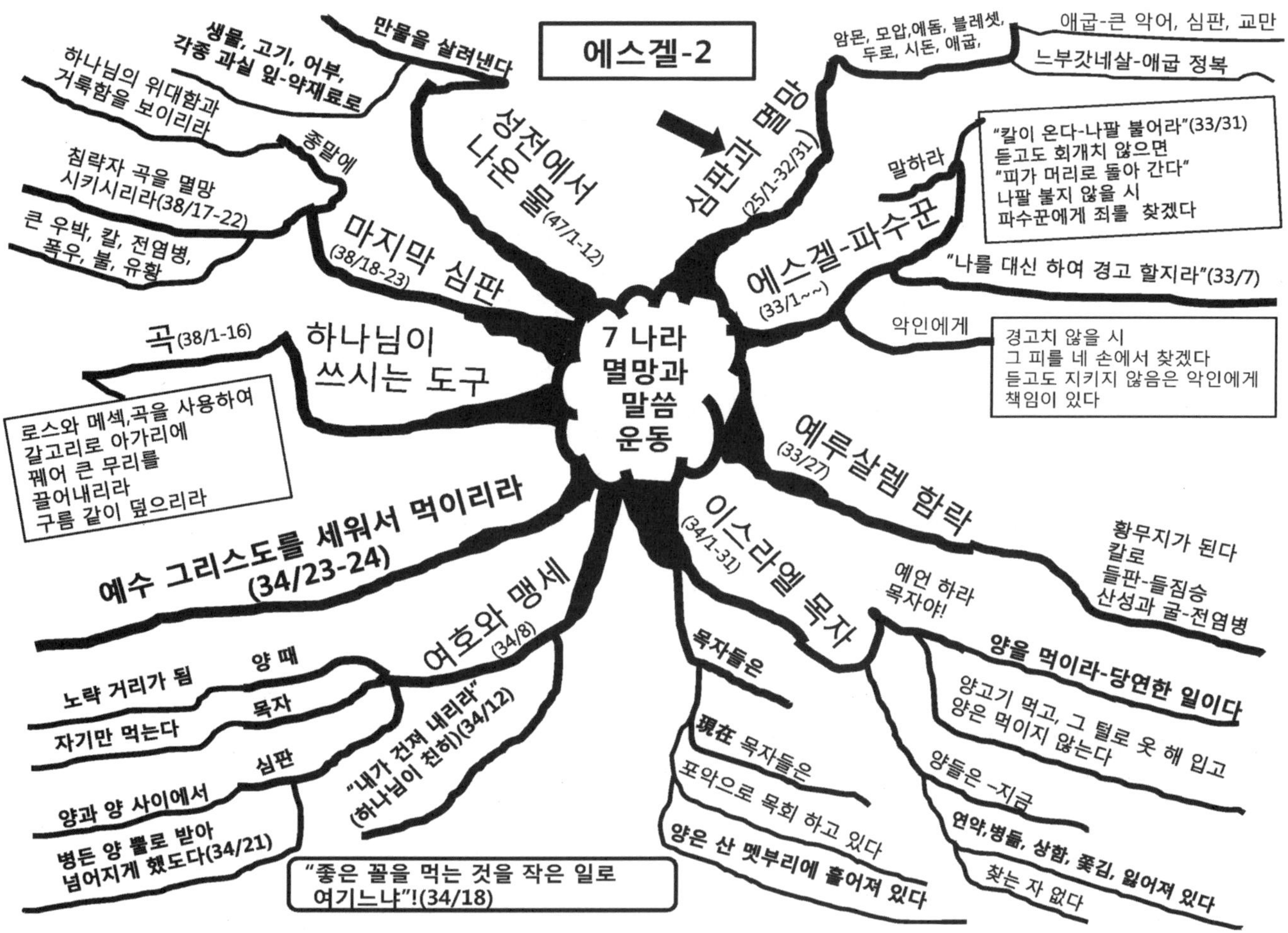
에스겔-2
7 나라
멸망과
말씀
운동
성전에서
나온 물
(47/1-12)
만물을 살려낸다
생물, 고기, 어부,
각종 과실 잎-약재료로
하나님의 위대함과
거룩함을 보이리라
종말에
마지막 심판
(38/18-23)
침략자 곡을 멸망
시키시리라(38/17-22)
큰 우박, 칼, 전염병,
폭우, 불, 유황
하나님이
쓰시는 도구
곡(38/1-16)
로스와 메섹,곡을 사용하여
갈고리로 아가리에
꿰어 큰 무리를
끌어내리라
구름 같이 덮으리라
예수 그리스도를 세워서 먹이리라
(34/23-24)
여호와 맹세
(34/8)
양 때
노략 거리가 됨
목자
자기만 먹는다
심판
양과 양 사이에서
병든 양 뿔로 받아
넘어지게 했도다(34/21)
"내가 건져 내리라"
(하나님이 친히)(34/12)
"좋은 꼴을 먹는 것을 작은 일로
여기느냐"!(34/18)
심판과 멸망
(25/1-32/31)
암몬, 모압,에돔, 블레셋,
두로, 시돈, 애굽,
애굽-큰 악어, 심판, 교만
느부갓네살-애굽 정복
에스겔-파수꾼
(33/1~~)
말하라
"칼이 온다-나팔 불어라"(33/31)
듣고도 회개치 않으면
"피가 머리로 돌아 간다"
나팔 불지 않을 시
파수꾼에게 죄를 찾겠다
"나를 대신 하여 경고 할지라"(33/7)
악인에게
경고치 않을 시
그 피를 네 손에서 찾겠다
듣고도 지키지 않음은 악인에게
책임이 있다
예루살렘 함락
(33/27)
황무지가 된다
칼로
들판-들짐승
산성과 굴-전염병
이스라엘 목자
(34/1-31)
예언 하라
목자야!
양을 먹이라-당연한 일이다
양고기 먹고, 그 털로 옷 해 입고
양은 먹이지 않는다
양들은 -지금
연약,병듦, 상함, 쫓김, 잃어져 있다
찾는 자 없다
목자들은
現在 목자들은
포악으로 목회 하고 있다
양은 산 멧부리에 흩어져 있다

성경 해설(에스겔) 하나님은 강하게 하신다

저자 : 에스겔.　주제 : 심판, 메시야 왕국.　기장 : 바벨론.　기연 : BC565
대상 : 포로된 이스라엘 백성.　배경 : 이전---586---이후

에스겔 : 제사장 부시의 아들, 대선지자, 문서전도자, 유다 왕 여호야긴과 함께 바벨론으로 이송됨. 이스라엘 멸망을 예고함. 이스라엘 백성은 성전에 대하여 헛된 소망과 기대를 걸었다. 회개와 심판 경고에서는 관심이 없다.
예배회복을 주장하다 : 성전에서 예배주장(44/1-46/24). 회개 선지자(지도자)

Message

1)두루마리 책을 먹어라(2/9-10) 목사는 하나님의 책을 많이 먹어야 한다.
2)파수꾼사명(3/16-21) 불신자와 신자를 가르쳐라(전도하라)
3)가증한 일로 기근, 전염병이 온다(6/11)
4)교만의 죄 : 가장 싫어 하신다(7/10)
5)우상 숭배 죄(8/1-8) : 우상을 보라 기도해도 응답이 없다.
6)우는 자에게 이마에 표시를 하라(9/4)
7)우상 숭배 심판(14/1-5) : 수효대로 심판 하신다.
8)아버지 죄를 아들이 담당 한다(18/19-20, 20/27)
9)재앙이 온다(21/1-7)
10)파숫꾼을 찾으신다(22/30-31)
11)성령으로 일으켜 세우신다(37/1-14)
12)하나님이 심판의 도구로 로스와 메섹, 곡을 쓰신다(38/1-23)
13)목사의 사명(34/1-31) : 말씀을 잘 가르쳐라.
14)유대인들을 모으신다(39/28)
15)전도하라(33/1-9)
16)성전의 물(생명) : 말씀운동-설교를 잘하라 –다 소성 시키신다.

말씀으로 기도하기-1(에스겔)

1)그 얼굴들의 모양은 넷의 앞은 사람의 얼굴이요 넷의 오른쪽은 사자의 얼굴이요 넷의 왼쪽은 소의 얼굴이요 넷의 뒤는 독수리의 얼굴이니(1/10)
2)그들은 심히 패역한 자라 그들이 듣든지 아니 듣든지 너는 내 말로 고할지어다(2/7)
3)인자야 ~~ 네 입을 벌리고 내가 네게 주는 것을 먹으라 하시기로 내가 보니 보라 한 손이 나를 향하여 펴지고 보라 그 안에 두루마리 책이 있더라(2/8-9)
4)인자야 너는 발견 한 것을 먹으라 너는 이 두루마리를 먹고 가서 이스라엘 족속에게 말하라(3/1)
5)내가 입을 벌리니 그가 두루마리를 내게 먹이시며(3/2)
6)내게 이르시되 인자야 내가 네게 주는 이 두루마리를 네 배에 넣으며 네 창자에 채우라 하시기에 내가 먹으니 그것이 내 입에서 달기가 꿀 같더라(3/3)
7)그러나 이스라엘 족속은 이마가 굳고 마음이 굳어 네 말을 듣고자 아니하리니 이는 내 말을 듣고자 아니함이라 (3/7)
8)(파수꾼 에스겔) 칠 일 후에 여호와의 말씀이 내게 임하여 이르시되
인자야 내가 너를 이스라엘 족속의 파수꾼으로 세웠으니 너는 내 입의 말을 듣고 나를 대신하여 그들을 깨우치라(3/16-17)
9)(파수꾼에게) 가령 내가 악인에게 말하기를 너는 꼭 죽으리라 할 때에 네가 깨우치지 아니하거나 말로 악인에게 일러서 그의 악한 길을 떠나 생명을 구원하게 하지 아니하면 그 악인은 그의 죄악 중에서 죽으려니와 내가 그의 피 값을 네 손에서 찾을 것이고(3/18)
10)네가 악인을 깨우치되 그가 그의 악한 마음과 악한 행위에서 돌이키지 아니하면 그는 그의 죄악 중에서 죽으려니와 너는 네 생명을 보존하리라(3/19)
11)또 의인이 그의 공의에서 돌이켜 악을 행할 때에는 이미 행한 그의 공의는 기억할 바 아니라 내가 그 앞에 거치는 것을 두면 그가 죽을지니 이는 네가 그를 깨우치지 않음이니라 그는 그의 죄 중에서 죽으려니와 그의 피 값은 내가 네 손에서 찾으리라(3/20)
12)너는 손뼉을 치고 발을 구르며 말할 지어다 오호라 이스라엘 족속이 모든 가증한 일을 행하므로 마침내 칼과 기근과 전염병에 망하되(6/11)
13)여호와 성전 문 곧 현관과 제단 사이에서 약 스물 다섯명이 여호와의 성전을 등지고 낯을 동쪽으로 향하여 동쪽 태양에게 예배하더라(8/16)

말씀으로 기도하기-2(에스겔)

14)여호와께서 이르시되 너는 예루살렘 성읍 중에 순행하여 그 가운데에서 행하는 모든 가증한 일로 말미암아 탄식하며 우는 자의 이마에 표를 그리라(9/4)
15)주 여호와의 말씀에 본 것이 없이 자기 심령을 따라 예언하는 어리석은 선지자에게 화가 있을 진 저(13/3)
16)인자야 이 사람들이 자기 우상을 마음에 들이며 죄악의 걸림돌을 자기 앞에 두었으니 그들이 내게 묻기를 내가 조금 인들 용납하랴(14/3)
17)우상을 마음에 들이며 죄악의 걸림돌을 자기 앞에 두고 선지자에게로 가는 모든 자에게 나 여호와가 그 우상의 수효대로 보응하리니(14/4)
18)너희가 이스라엘 땅에 관한 속담에 이르기를 아버지가 신 포도를 먹었으므로 그의 아들의 이가 시리다고 함을 어찌 됨이냐(18/2)
19)아들이 어찌 아버지의 죄를 담당하지 아니하겠느냐 하는 도다 아들이 정의와 공의를 행하며 내 모든 율례를 지켜 행하였으면 그는 반드시 살려니와 (18/19)
20)범죄하는 그 영혼은 죽을지라 아들은 아버지의 죄악을 담당하지 않을 것이요 아버지는 아들의 죄악을 담당 하지 아니하리니 의인의 공의도 자기에게로 돌아가고 악인의 악도 자기에게로 돌아 가리라(18/20)
21)인자야 탄식하되 너는 허리가 끊어지듯 탄식하라(21/6)
22)이 땅을 위하여 성을 쌓으며 성 무너진 데를 막아 서서 나로 하여금 멸하지 못하게 할 사람을 내가 그 가운데에서 찾다가 찾지 못하였으므로(22/30)
23)내가 내 분노를 그들 위에 쏟으며 내 진노의 불로 멸하여 그들 행위대로 그들 머리에 보응 하였느니라 주 여호와의 말씀이니라(22/31)
24)그날이 가깝도다 여호와의 날이 가깝도다 구름의 날일 것이요 여러 나라들의 때이리로다(30/3)
25)인자야 너는 네 민족에게 말하여 이르라 가령 내가 칼을 한 땅에 임하게 한다 하자 그 땅 백성이 자기들 가운데의 하나를 택하여 파수꾼을 삼은 그 사람이 그 땅에 칼이 임함을 보고 나팔을 불어 백성에게 경고하되 그 들이 나팔 소리를 듣고도 정신 차리지 아니하므로 그 임하는 칼에 제거함을 당하면 그 피가 자기의 머리로 돌아 갈 것이라(33/2-4)
26)그가 경고를 받았던들 자기 생명을 보전하였을 것이나 나팔 소리를 듣고도 경고를 받지 아니하였으니 그 피가 자기에게로 돌아가리라(33/5)

말씀으로 기도하기-3(에스겔)

27)그러나 칼이 임함을 파수꾼이 보고도 나팔을 불지 아니하여 백성에게 경고 하지 아니하므로 그 중의 한 사람이
그 임하는 칼에 제거당하면 그는 자기죄악으로 말미암아 제거 되려니와 그 죄는 내가 파수꾼의 손에서
찾으리라(33/6)
28)인자야 내가 너를 이스라엘 족속의 파수꾼으로 삼음이 이와 같으니라 그런즉 너는 내 입의 말을 듣고 나를 대신하여
그들에게 경고할지어다(33/7)
29)가령 내가 악인에게 이르기를 악인아 너는 반드시 죽으리라 하였다 하자 네가 그 악인에게 말로 경고하여 그의
길에서 떠나게 하지 아니하면 그 악인은 자기죄악으로 말미암아 죽으려니와 내가 그의 피를 네 손에서 찾으리라(33/8)
30)그러나 너는 악인에게 경고하여 돌이켜 그의 길에서 떠나라고 하되 그가 돌이켜 그의 길에서 떠나지 아니하면
그는 자기 죄악으로 말미암아 죽으려니와 너는 네 생명을 보존하리라(33/9)
31)인자야 너는 네 민족에게 이르기를 의인이 범죄 하는 날에는 그 공의가 구원하지 못할 것이요
악인이 돌이켜 그 악에서 떠나는 날에는 그 악이 그를 엎드러뜨리지 못할 것인즉 의인이 범죄하는 날에는 그 의로
말미암아 살지 못하리라(33/12)
32)가령 내가 의인에게 말하기를 너는 살리라 하였다 하자 그가 그 공의를 스스로 믿고 죄악을 행하면 그 모든 의로운
행위가 하나도 기억되지 아니하리니 그가 그 지은 죄악으로 말미암아 곧 그 안에서 죽으리라(33/13)
33)가령 내가 의인에게 말하기를 너는 죽으리라 하였다 하자 그가 돌이켜 자기의 죄악에서 떠나서 정의와 공의로 행하여
저당물을 도로 주며 강탈한 물건을 돌려 보내고 생명의 율례를 지켜 행하여 죄악을 범하지 아니하면 반드시 살고
죽지 아니할지라(33/14-15)
34)그가 본래 범한 모든 죄가 기억 되지 아니하리니 그가 반드시 살리라 이는 정의와 공의를 행하였음이라(33/16)
35)만일 의인이 돌이켜 그 공의에서 떠나 죄악을 범하면 그가 그 가운데에서 죽을 것이고(33/18)
36)만일 악인이 돌이켜 그 악에서 떠나 정의와 공의대로 행하면 그가 그로 말미암아 살리라(33/19)

말씀으로 기도하기-4(에스겔)

<목자들에게>

37)자기만 먹는 이스라엘 목자들은 화 있을 진저 목자들이 양 떼를 먹이는 것이 마땅하지 아니하냐(34/2)
38)너희가 살진 양을 잡아 그 기름을 먹으며 그 털을 입되 양 떼는 먹이지 아니하는 도다(34/3)
39)너희가 그 연약한 자를 강하게 아니하며 병든 자를 고치지 아니하며 상한 자를 싸매 주지 아니하며 쫓기는 자를 돌아오게 하지 아니하며 잃어버린 자를 찾지 아니하고 다만 포악으로 그것들을 다스렸도다(34/4)
40)목자가 없으므로 그것들이 흩어지고 흩어져서 모든 짐승의 밥이 되었도다(34/5)
41)내 양떼가 모든 산과 높은 멧부리에마다 유리되었고 내 양 떼가 온 지면에 흩어졌으되 찾고 찾는 자가 없었도다(34/6)

---그러므로 목자들아---

42)여호와의 말씀을 들을 지어다(34/7)
43)내 양 떼가 노략 거리가 되고 모든 들짐승의 밥이 된 것은 목자가 없기 때문이라 내 목자들이 내 양을 찾지 아니하고 자기만 먹이고 내 양떼를 먹이지 아니하였도다(34/8)
44)내가 목자들을 대적하여 내 양떼를 그들의 손에서 찾으리니 목자들이 양을 먹이지 못할 뿐 아니라 그들이 다시는 자기도 먹이지 못할지라 내가 내 양을 그들의 입에서 건져내어서 다시는 먹이가 되지 아니하게 하리라(34/10)
45)내가 내 양을 찾아서 흐리고 캄캄한 날에 그 흩어진 모든 곳에서 그것들을 건져낼지라(34/12)
46)좋은 꼴을 먹이고 그 우리를 이스라엘 높은 산에 두리니 그것들이 그곳에 있는 좋은 우리에 누워 있으며 이스라엘 산에서 살진 꼴을 먹으리라(34/14)
47)나의 양떼 너희여 내가 양과 양 사이와 숫양과 숫염소 사이에서 심판하노라(34/17)
48)너희가 좋은 꼴을 먹는 것을 작은 일로 여기느냐 어찌하여 남은 꼴을 발로 밟았느냐 너희가 맑은 물을 마시는 것을 작은 일로 여기느냐 어찌하여 남은 물을 발로 더럽혔느냐(34/18)
49)나의 양은 너희가 발로 밟은 것을 먹으며 너희 발로 더럽힌 것을 마시는도다(34/19)
50)내가 살진 양과 파리한 양 사이에서 심판 하리라(34/20)
51)너희가 옆구리로 어깨로 밀어뜨리고 모든 병든 자를 뿔로 받아 무리를 밖으로 흩어지게 하는 도다(34/21)
52)내가 한 목자를 그들 위에 세워 먹이게 하리니 ~~그는 내 종 다윗은 그들 중에 왕이 되리라 나 여호와의 말이니라 (34/23-24)

---

53)인자야 너는 생기를 향하여 대언 하라 생기에게 대언하여 이르기를 주 여호와께서 이같이 말씀하시기를 생기야 사방에서부터 와서 이 죽음을 당한 자에게 불어서 살아나게 하라 하셨다 하라(37/9)
54)이에 내가 그 명령대로 대언 하였더니 생기가 그들에게 들어가매 그들이 곧 살아서 일어나 서는데 극히 큰 군대더라(37/10)

말씀으로 기도하기-5(에스겔)

---하나님의 도구 곡---

55)여호와께서 말씀하시기를~~로스와 메섹과 두발 왕 곡아 내가 너를 대적하여 너를 돌이켜 갈고리로 네 아가리를 꿰고 너와 말과 기마병 곧 네 온 군대를 끌어내되 완전한 갑옷을 입고 큰 방패와 작은 방패를 가지며 칼을 잡은 큰 무리와 그들과 함께한 방패와 투구를 갖춘 바사와 구스와 붓과 고멜과 그 모든 떼 ~~ 곧 많은 백성의 무리를 너와 함께 끌어 내리라(38/3-6)

56)구름이 땅을 덮음 같이 내 백성 이스라엘을 치러 오리라 곡아 끝 날에 내가 너를 이끌어다가 내 땅을 치게 하리니 이는 내가 너로 말미암아 이방 사람들의 눈앞에서 내 거룩함을 나타내어 그들이 다 나를 알게 함이라(38/16)

57)그 날에 곡이 이스라엘 땅을 치러 오면 내 노여움이 내 얼굴에 나타나리라 (38/18)

58)그날에 큰 지진이 이스라엘 땅에 일어나서
바다의 고기, 공중의 새, 짐승들, 벌레들이 떨 것이며 산이 무너지리라
각 사람이 칼로 그 형제를 칠 것이며 전염병과 피로 심판하며 폭우로, 큰 우박, 불, 유황불—비 같이 내리리라
내 위대함과 내 거룩함을 나타내리라(38/19-23)

59)주 여호와의 말씀이니라 볼지어다 그날이 와서 이루어지리니 내가 말한 그날이 이날이라(39/8)

------성전에서 나오는 물-----(47/1-12)

성전에서 흘러 나오는 물은 물이 가는 곳마다 생명을 주어 살리는 말씀이었다
말씀만이 세상을 살릴 수 있다
교회는 말씀을 제일 위주로 삼아야 한다
말씀이 계속 흐르도록 하나님의 말씀을 펌프질을 하여 세상으로 흘러 내 보내야 한다
초대 교회의 전도는 말씀운동이었다
하나님의 섭리는 우리에게 주신 말씀이 잣대가 된다
살아있는 말씀이다

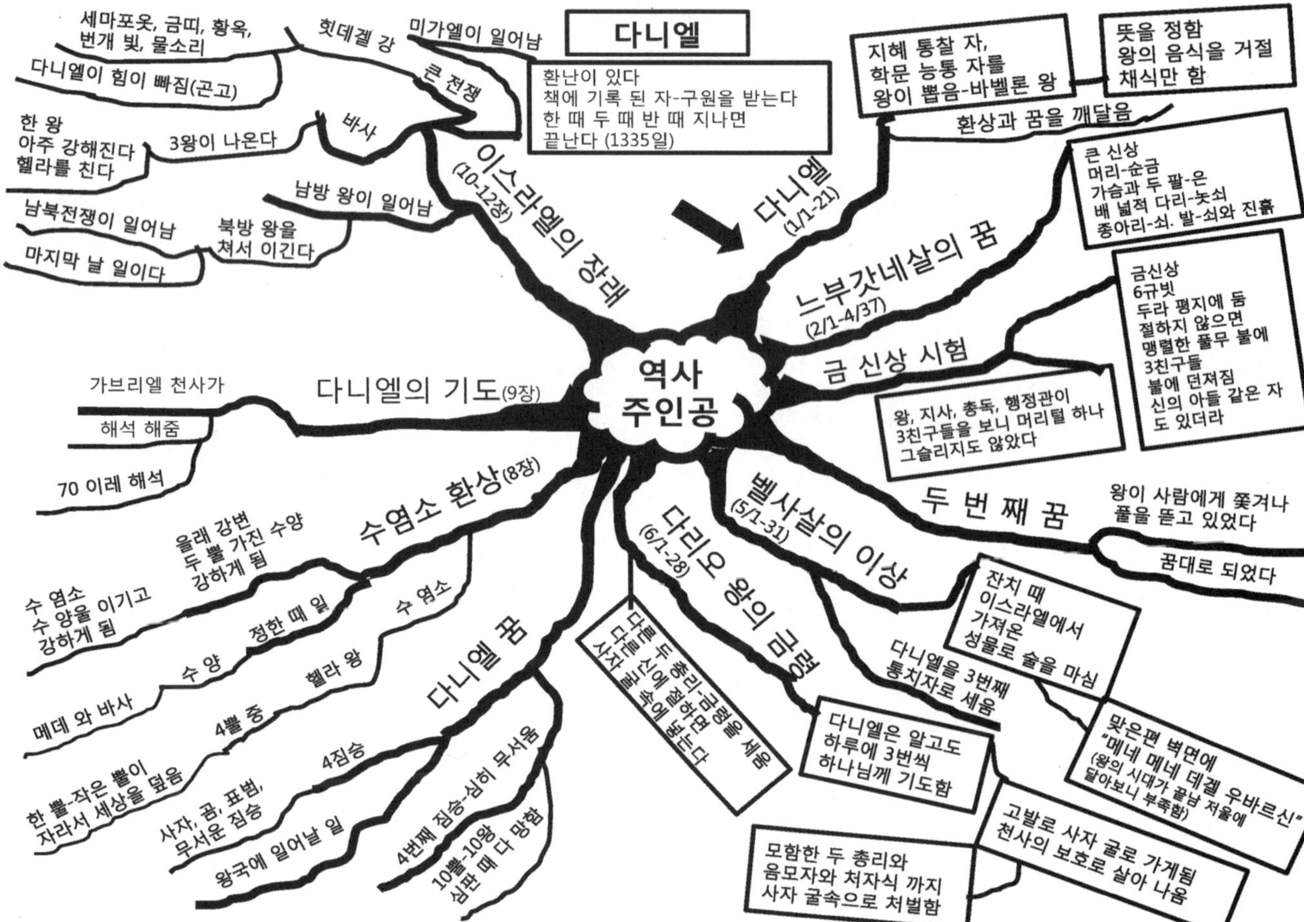
다니엘
역사 주인공
다니엘 (1/1-21)
지혜 통찰 자,
학문 능통 자를
왕이 뽑음-바벨론 왕
뜻을 정함
왕의 음식을 거절
채식만 함
환상과 꿈을 깨달음
느부갓네살의 꿈 (2/1-4/37)
큰 신상
머리-순금
가슴과 두 팔-은
배 넓적 다리-놋쇠
종아리-쇠. 발-쇠와 진흙
금 신상 시험
금신상
6규빗
두라 평지에 둠
절하지 않으면
맹렬한 풀무 불에
3친구들
불에 던져짐
신의 아들 같은 자
도 있더라
왕, 지사, 총독, 행정관이
3친구들을 보니 머리털 하나
그슬리지도 않았다
두 번 째 꿈
왕이 사람에게 쫓겨나
풀을 뜯고 있었다
꿈대로 되었다
벨사살의 이상 (5/1-31)
잔치 때
이스라엘에서
가져온
성물로 술을 마심
다니엘을 3번째
통치자로 세움
맞은편 벽면에
"메네 메네 데겔 우바르신"
(왕의 시대가 끝남 저울에
달아보니 부족함)
다리오 왕의 금령 (6/1-28)
다른 두 총리-금령을 세움
다른 신에 절하면
사자 굴속에 넣는다
다니엘은 알고도
하루에 3번씩
하나님께 기도함
고발로 사자 굴로 가게됨
천사의 보호로 살아 나옴
모함한 두 총리와
음모자와 처자식 까지
사자 굴속으로 처벌함
다니엘 꿈
4짐승
사자, 곰, 표범,
무서운 짐승
왕국에 일어날 일
4번째 짐승-심히 무서움
10뿔-10왕
심판 때 다 망함
4뿔 중
한 뿔-작은 뿔이
자라서 세상을 덮음
헬라 왕
수 염소
수 양
메데 와 바사
정한 때 일
수염소 환상(8장)
을래 강변
두 뿔 가진 수양
강하게 됨
수 염소
수 양을 이기고
강하게 됨
다니엘의 기도(9장)
가브리엘 천사가
해석 해줌
70 이레 해석
이스라엘의 장래 (10-12장)
힛데겔 강
세마포옷, 금띠, 황옥,
번개 빛, 물소리
다니엘이 힘이 빠짐(곤고)
미가엘이 일어남
큰 전쟁
환난이 있다
책에 기록 된 자-구원을 받는다
한 때 두 때 반 때 지나면
끝난다 (1335일)
바사
3왕이 나온다
한 왕
아주 강해진다
헬라를 친다
남방 왕이 일어남
북방 왕을
쳐서 이긴다
남북전쟁이 일어남
마지막 날 일이다

성경 해설(다니엘) : 하나님은 심판 하신다

저자 : 다니엘. 주제 : 역사를 지배 하시는 하나님. 기장 : 바벨론. 기연 : BC535. 대상 : 포로된 이스라엘 백성들.
배경 : 바벨론 바사BC605-536. 다니엘 : 에스라와 함께 바벨론에 잡혀감, 최후의 승리가 온다
목적 : 고난 당하는 유대인에게 격려하기 위해서 이방나라들은 하나님의 주권적이다. 최후의 승리가 온다

Message

1)오직 여호와 만 : 채식만 해도 건강은 하나님이 책임 지신다. 얼굴 빛이 더 좋아 졌다. 지혜도 좋아 졌다. 환상과 꿈도 깨닫게 되었다(1/16-17)
2)꿈 해석 지혜 : 느브갓네살의 꿈을 해석함-다니엘이 환상을 보게 됨(2/14-45)
3)우상 숭배는 철저히 반대함 : 풀무 불 심판을 받음-불탄 냄새도 없더라. "주의 천사"가 동행해서 불 속 에서도 완전 보호함
4)성물을 함부로 사용 하지 말라 : 바벨론 왕(벨사살 왕) "메네 메네 데겔 우바르신" 왕의 시대 끝남 왕은 부족하다(5/25-28)
5)만 왕의 왕 이신 만주의 주이신 하나님이 사자(동물)들을 이용 하셔서 다니엘을 사자굴 속에서 완전 보호하심(6/17-23)
6)환상 : 고난 중에 있을 때 하나님은 환상을 통해서 예수 그리스도(구세주)를 보여 주신다. 얼마나 용기와 힘이 되겠는가(7/13-14)
7)환상의 해석 : 주의 날(여호와의 심판의 날)과 환난 날에 도피처에 숨기시다(7/15-28)

말씀으로 기도하기-1(다니엘)

1)다니엘은 뜻을 정하여 왕의 음식과 그가 마시는 포도주로 자기를 더럽히지 아니하리라 하고(1/8)
2)하나님이 이 네 소년에게 학문을 주시고 모든 서적을 깨닫게 하시고 지혜를 주셨으니 다니엘은 또 모든 환상과 꿈을 깨달아 알더라(1/17)
3)(하나님의 보호)그들의 몸을 해하지 못하였고 머리털도 그을리지 아니하였고 겉옷 빛도 변하지 아니하였고 불탄 냄새도 없었더라)(3/27)
4)그들이 술을 마시고는 그 금, 은, 구리, 쇠, 나무, 돌로 만든 신들을 찬양 하니라(5/4)
5)기록된 글자는 이것이니 곧 메네 메네 데겔 우바르신이라(5/25)
6)다니엘이 이 조서에 왕의 도장이 찍힌 것을 알고도 자기 집에 돌아가서는 윗방에 올라가 예루살렘을 향하여 창문을 열고 전에 하던 대로 하루 세 번씩 무릎을 꿇고 기도하며 그의 하나님께 감사하였더라(6/10)
6)나의 하나님이 이미 그의 천사들을 보내어 사자들의 입을 봉하셨으므로 사자들이 나를 상해하지 못 하였사오니 이는 나의 무죄함이 그 앞에 명백함이오며 또 왕이여 나는 왕에게도 해를 끼치지 아니하였나이다(6/22)
7)그는 구원도 하시며 건져내기도 하시며 하늘에서든지 땅에서든지 이적과 기사를 행하시는 이로서 다니엘을 구원하여 사자의 입에서 벗어나게 하셨음이라(6/27)
8)이 다니엘은 다리오 왕의 시대와 바사 사람 고레스 왕의 시대에 형통하였더라(6/28)
9)그 네 큰 짐승은 세상에 일어날 네 왕이라(7/17)
10)지극히 높으신 이의 성도들이 나라를 얻으리니 그 누림이 영원하고 영원하고 영원하리라(7/18)
11)옛적부터 항상 계신 이가 와서 지극히 높으신 이의 성도들을 위하여 원한을 풀어 주셨고 때가 이르매 성도들이 나라를 얻었더라(7/22)
12)열 뿔은 그 나라에서 일어날 열 왕이요(7/24)
13)장차 지극히 높으신 성도들을 괴롭힐 것이며~~ 또 때와 법을 고치고자 할 것이며 성도들은 그의 손에 붙인바 되어 한 때와 두 때와 반 때를 지내리라(7/25)
13)그러나 심판이 시작되면 그는 권세를 빼앗기고 완전히 멸망할 것이요(7/26)
14)나라와 권세와 온 천하 나라들의 위세가 지극히 높으신 이의 거룩한 백성에게 붙인바 되리니 그의 나라는 영원한 나라이라 모든 권세 있는 자들이 다 그를 섬기며 복종하리라(7/27)
15)(다니엘의 기도)주여 들으소서 주여 용서 하소서 주여 귀를 기울이시고 행하소서 지체하지 마옵소서 나의 하나님이여 주 자신을 위하여 하시옵소서 이는 주의 성과 주의 백성이 주의 이름으로 일컫는 바 됨이니이다(9/19)
16)네가 기도를 시작 할 즈음에 명령이 내렸으므로 이제 네게 알리러 왔느니라 너는 크게 은총을 입은 자라 그런즉 너는 이 일을 생각하고 그 환상을 깨달을지니라(9/23)
17)나만 홀로 있어서 이 큰 환상을 볼 때에 내 몸에 힘이 빠졌고 나의 아름다운 빛이 변하여 썩은 듯하였고 나의 힘이 다 없어졌으나 ~~ 그의 음성을 들을 때 ~~ 깊이 잠들었나이다(10/8-9)

말씀으로 기도하기-2(다니엘)

18)은총을 받은 사람 다니엘아 내가 네게 이르는 말을 깨닫고 일어서라 내가 네게 보내심을 받았느니라
하더라 그가 내게 이 말을 한 후에 내가 떨며 일어서니
그가 내게 이르되 다니엘아 두려워하지 말라 네가 깨달으려 하여 네 하나님 앞에 스스로 겸비하게 하기로
결심하던 첫날부터 네 말이 응답 받았으므로 내가 네 말로 말미암아 왔느니라(10/11-12)
19)그런데 바사 왕국의 군주가 이십일 일 동안 나를 막았으므로 내가 거기 바사왕국의 왕들과 함께 머물러
있더니 가장 높은 군주 중 하나인 미가엘이 와서 나를 도와 주므로
이제 내가 마자막 날에 네 백성이 당할 일을 네게 깨닫게 하러 왔노라(10/13-14)
20)네 민족을 호위하는 큰 군주 미가엘이 일어 날 것이요 또 환난이 있으리니 이는 개국 이래로 그때까지
없던 환난일 것이며 그 때에 네 백성 중 책에 기록된 모든 자가 구원을 받을 것이라(12/1)
21)땅의 티끌 가운데에서 자는 자 중에서 많은 사람이 깨어나 영생을 받는 자도 있겠고 수치를 당하여서 영원히
부끄러움을 당할 자도 있을 것이며 지혜 있는 자는 궁창의 빛과 같이 빛날 것이요 많은 사람을 옳은 데로 돌아오게
한 자는 별과 같이 영원토록 빛나리라(12/2-3)
22)다니엘아 마지막 때까지 이 말을 간수하고 이 글을 봉함하라 많은 사람이 빨리 왕래하며 지식이 더하리라((12/4)
23)세마포 옷을 입은 자가~~ 하늘을 가리켜 맹세하여 이르되 반드시 한 때 두 때 반 때를 지나서 성도의 권세가 다 깨어
지기까지이니 그렇게 되면 이 모든 일이 다 끝나리라 하더라(12/7)
24)많은 사람이 연단을 받아 스스로 정결하게 하며 희게 할 것이나 악한 사람은 악을 행하리니 악한 자는
아무것도 깨닫지 못하되 오직 지혜 있는 자는 깨달으리라(12/10)
25)매일 드리는 제사를 폐하며 멸망하게 할 가증한 것을 세울 것을 세울 때 부터 천이백구십 일을 지낼 것이요
기다려서 천삼백삼십오 일까지 이르는 그 사람은 복이 있으리라
너는 가서 마지막을 기다리라 이는 네가 평안히 쉬다가 끝 날에는 네 몫을 누릴 것임 이라(12/11-13)

소선지서

호세아(호)
요엘(욜)
아모스(암)
오바댜(옵)
요나(욘)
미가(미)

나훔(나)
하박국(합)
스바냐(습)
학개(학)
스가랴(슥)
말라기(말)

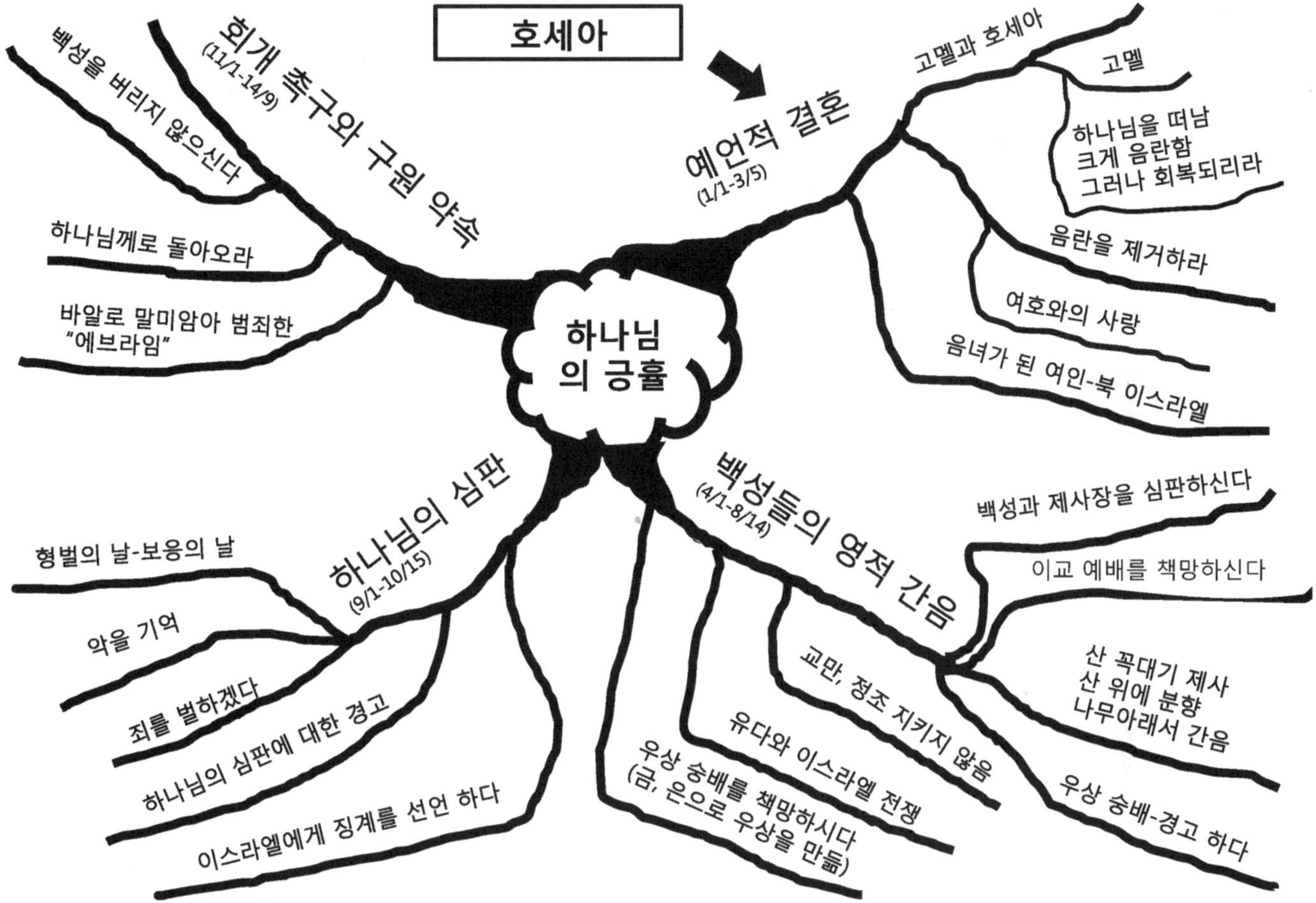
호세아
하나님
의 긍휼
예언적 결혼
(1/1-3/5)
고멜과 호세아
고멜
하나님을 떠남
크게 음란함
그러나 회복되리라
음란을 제거하라
여호와의 사랑
음녀가 된 여인-북 이스라엘
백성들의 영적 간음
(4/1-8/14)
백성과 제사장을 심판하신다
이교 예배를 책망하신다
산 꼭대기 제사
산 위에 분향
나무아래서 간음
우상 숭배-경고 하다
교만, 정조 지키지 않음
유다와 이스라엘 전쟁
우상 숭배를 책망하시다
(금, 은으로 우상을 만듦)
하나님의 심판
(9/1-10/15)
형벌의 날-보응의 날
악을 기억
죄를 벌하겠다
하나님의 심판에 대한 경고
이스라엘에게 징계를 선언 하다
회개 촉구와 구원 약속
(11/1-14/9)
백성을 버리지 않으신다
하나님께로 돌아오라
바알로 말미암아 범죄한
"에브라임"

성경 해설(호세아) "너희는 여호와께로 돌아 오라"

저자 : 호세아.　주제 : 타락한 죄인을 사랑하시는 하나님.　기장 : 북 왕국 이스라엘.
기연 : BC715　대상 : 북 이스라엘.　배경 : 북 이스라엘(BC755-710).

Message

호세아-여호와는 구원이시다.
호세아 아내
가출하여 창녀로 타락 부정한 아내가 됨.
호세아는 부정한 아내를 버리지 않고 끝까지 사랑한다(하나님의 사랑이다)
"너희는 하나님께로 돌아오라."
1)영적 간음 : 백성과 제사장을 심판 하신다.
이교 예배를 책망 하신다.
우상 숭배를 경고 하신다.
2)하나님의 보응의 날이 온다.
하나님은 악을 다 기억하신다(9/7-9)
3)돌아 오라 : 하나님의 메시지를 아는 자가 한 사람도 없도다(11/7)
지금 교회는 엉뚱한 길로 만 가고 있다.
4)간절히 호소 하시는 하나님(14/1-2)
5)입술의 열매를 드리라(14/2) 바른 신앙 고백을 하라(마16/16)
인본 주의는 다 버리고 하나님만 바라 보고 돌라 오라.
시대적 호소다.

말씀으로 기도하기(호세아)

1)그는 내 아내가 아니요 나는 그의 남편이 아니라 그가 그의 얼굴에서 음란을 제하게 하고 그 유방 사이에서 음행을 제하게 하라(2/2)
2)내 백성이 지식이 없으므로 망하는 도다 네가 지식을 버렸으니 나도 너를 버려 내 제사장이 되지 못하게 할 것이요 네가 네 하나님의 율법을 잊었으니 나도 네 자녀들을 잊어버리리라(4/6)
3)형벌의 날이 이르렀고 보응의 날이 온 것을 이스라엘이 알지라(9/7)
4)그들은 기브아의 시대와 같이 심히 부패한지라 여호와께서 그 악을 기억하시고 그 죄를 벌하시리라(9/9)
5)내 백성이 끝끝내 내게서 물러가나니 비록 그들을 불러 위에 계신 이에게로 돌아오라 할 지라도 일어나는 자가 하나도 없도다(11/7)
6)에브라임이여 내가 어찌 너를 놓겠느냐 이스라엘이여 내가 어찌 너를 버리겠느냐 내가 어찌 너를 아드마같이 놓겠느냐 어찌 너를 스보임 같이 두겠느냐 내 마음이 내속에서 돌이키어 나의 긍휼이 온전히 불붙듯 하도다(11/8)
7)이스라엘아 네 하나님 여호와께로 돌아오라 네가 불의 함으로 말미암아 엎드러졌느니라(14/1)
8)너는 말씀을 가지고 여호와께로 돌아와서 아뢰기를 모든 불의를 제거하시고 선한 바를 받으소서 우리가 수송아지를 대신하여 입술의 열매를 주께 드리리이다(14/2)

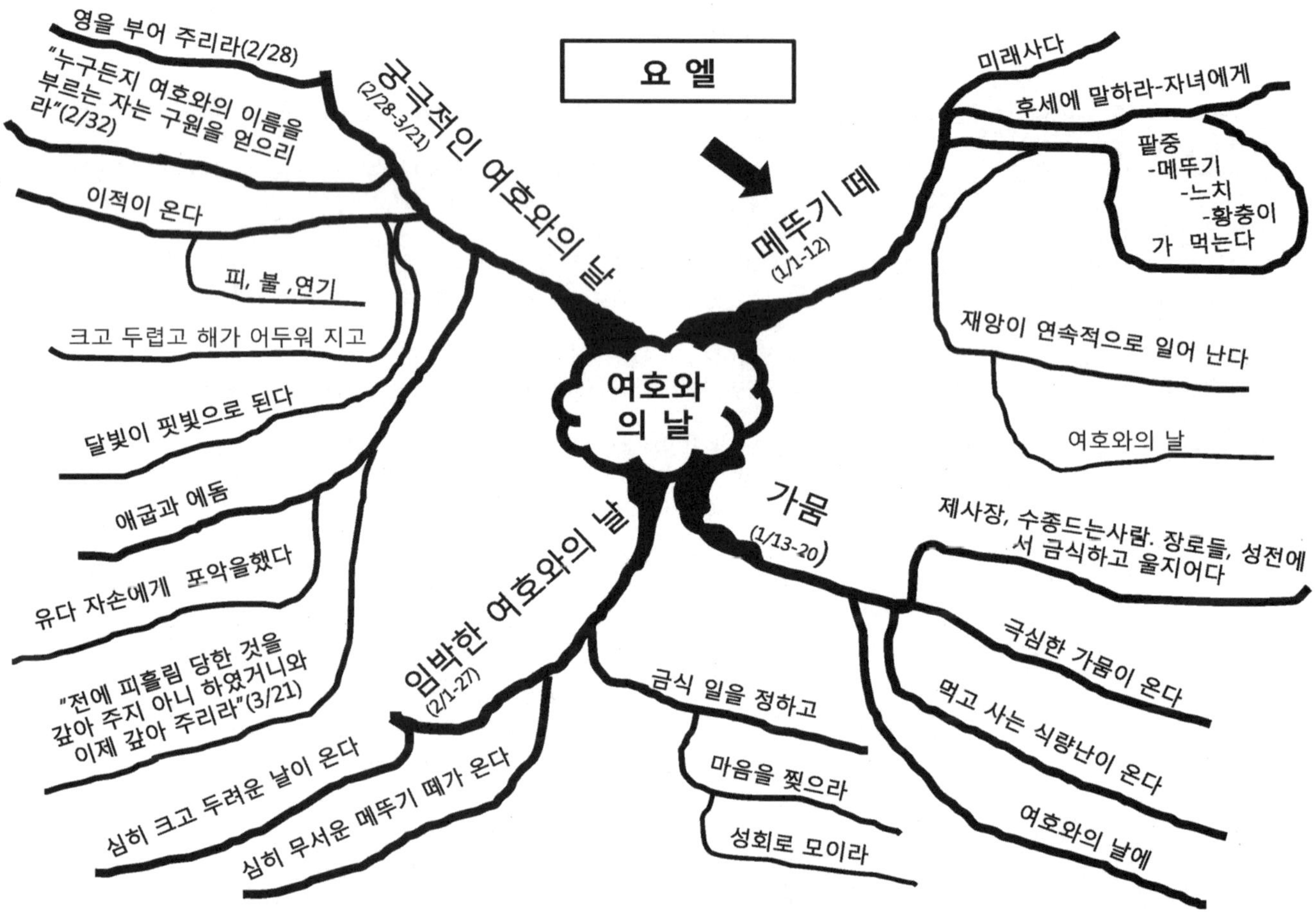
요 엘
여호와의 날
메뚜기 떼
(1/1-12)
미래사다
후세에 말하라-자녀에게
팔중
-메뚜기
-느치
-황충이
가 먹는다
재앙이 연속적으로 일어 난다
여호와의 날
가뭄
(1/13-20)
제사장, 수종드는사람. 장로들, 성전에서 금식하고 울지어다
극심한 가뭄이 온다
먹고 사는 식량난이 온다
여호와의 날에
금식 일을 정하고
마음을 찢으라
성회로 모이라
임박한 여호와의 날
(2/1-27)
심히 크고 두려운 날이 온다
심히 무서운 메뚜기 떼가 온다
궁극적인 여호와의 날
(2/28-3/21)
영을 부어 주리라(2/28)
"누구든지 여호와의 이름을 부르는 자는 구원을 얻으리라"(2/32)
이적이 온다
피, 불 ,연기
크고 두렵고 해가 어두워 지고
달빛이 핏빛으로 된다
애굽과 에돔
유다 자손에게 포악을했다
"전에 피흘림 당한 것을 갚아 주지 아니 하였거니와 이제 갚아 주리라"(3/21)

성경 해설(요엘)

저자 : 요엘. 주제 : 여호와의 날. 기장 : 남 유다. 기연 : BC835-796. 대상 : 유다 백성
핵심 : 주의 날에는 연속 적인 재앙이 온다

Message

1)주의 날에는 연속적인 재앙이 온다(1/3-4)
2)자녀에게 주의 날에는 연속적인 재앙이 온다고 메세지를 전하라(겔21/7)
3)제사장(교회 지도 자들)들은 슬피 울지어다.
"우는 자의 이마에 표시를 해 두어라"(겔9/4)
4)주의 날이 가까이 올 때는 성령을 부어 주리라 만민에게 부어 주리라(2/28)
젊은 자는 장래 일을 말한다. 이상을 본다..
늙은 자는 꿈을 꾼다.
5)누구든지 여호와의 이름을 부르는 자는 구원을 얻으리라(2/32, 롬8/13)
6)심판과 축복(3/14-21)
심판 : 원수 갚아 준다
축복 : 여호와 성전에 샘이 흐른다.
심판은 에돔과 애굽 인에게 행한다.
7)하나님은 악인과 그 나라에 반드시 심판하신다.
"하나님 이 그렇게 말씀 했기 때문이다."

말씀으로 기도하기-1(요엘)

1)너희는 이 일을 너희 자녀에게 말하고 너희 자녀는 자기 자녀에게 말하고 그 자녀는 후세에 말할 것이니라(1/3)
2)팥중이가 남긴 것을 메뚜기가 먹고 메뚜기가 남긴 것을 느치가 먹고 느치가 남긴 것을 황충이 먹었도다(1/4)
3)제사장들아 너희는 굵은 베로 동이고 슬피 울지어다 제단에 수종드는 자들아 너희는 울지어다
내 하나님께 수종 드는 자들아 너희는 와서 굵은 베옷을 입고 밤이 새도록 누울지어다 이는 소제와 전제를 너희
하나님의 성전에 드리지 못함이로다(1/13)
4)너희는 금식 일을 정하고 성회를 소집하여 장로들과 이 땅의 모든 주민들을 너희 하나님 여호와의 성전으로 모으고
여호와께 부르짖을지어다(1/14)
5)슬프다 그 날이여 여호와의 날이 가까웠나니 곧 멸망같이 전능 자에게로부터 이르리로다(1/15)
6)시온에서 나팔을 불며 나의 거룩한 산에서 경고의 소리를 질러 이 땅 주민들로 다 떨게 할지니 이는 여호와의 날이
이르게 됨이니라 이제 임박하였으니(2/1)
7)어둡고 캄캄한 날이요 짙은 구름이 덮인 날이라 새벽빛이 산곡대기에 덮인 것과 같으니 이는 많고 강한 백성이
이르렀음이라 이와 같은 것이 옛날에도 없었고 이후에도 대대에 없으리로다(2/2)
8)불이 그들의 앞을 사르며 불꽃이 그들의 뒤를 태우니 그들의 예전의 땅은 에덴 동산 같았으나 그들의 나중의 땅은
황폐한 들 같으니 그것을 피한 자가 없도다(2/3)
9)그 앞에서 땅이 진동하며 하늘이 떨며 해와 달이 캄캄하며 별들이 빛을 거두도다(2/10)
10)여호와께서 그의 군대 앞에서 소리를 지르시고 그의 진영은 심히 크고 그의 명령을 행하는 자는 강하니 여호와의 날이
크고 심히 두렵도다 당할 자가 누구이랴(2/11)
11)너희는 시온에서 나팔을 불어 거룩한 금식 일을 정하고 성회를 소집하라(2/15)
12)그 후에 내가 내 영을 만민에게 불어주리니 너희 자녀들이 장래 일을 말할 것이며 너희 늙은이는 꿈을 꾸며
너희 젊은이는 이상을 볼 것이며(2/28)
13)그 때에 내가 또 내영을 남종과 여종에게 부어 줄 것이며(2/29)
14)내가 이적을 하늘과 땅에 베풀리니 곧 피와 불과 연기 기둥이라(2/30)
15)여호와의 크고 두려운 날이 이르기 전에 해가 어두워지고 달이 핏빛같이 변하려니와(2/31)
16)누구든지 여호와의 이름을 부르는 자는 구원을 얻으리니 이는 나 여호와의 말대로 시온 산과 예루살렘에서
피할 자가 있을 것 임이요 남은 자 중에 나 여호와의 부름을 받은 자가 있을 것임니라(2/32)

말씀으로 기도하기-2(요엘)

17)그날에 산들이 단 포도주를 떨어뜨릴 것이며 작은 산들이 젖을 흘릴 것이며 유다 모든 시내가 물을 흘릴 것이며 여호와의 성전에서 샘이 흘러나와서 싯딤 골짜기에 대리라(3/18)
18)그러나 애굽은 황무지가 되겠고 에돔은 황무한 들이 되리니 이는 그들이 유다 자손에기 포악을 행하여 무죄한 피를 그 땅에서 흘렸음이라(3/19)
19)유다는 영원히 있겠고 예루살렘은 대대로 있으리라(3/20)
20)내가 전에는 그들의 피흘림당한 것을 갚아 주지 아니하였거니와 이제는 갚아주리니 이는 여호와께서 시온에 거하심이니라(3/21)

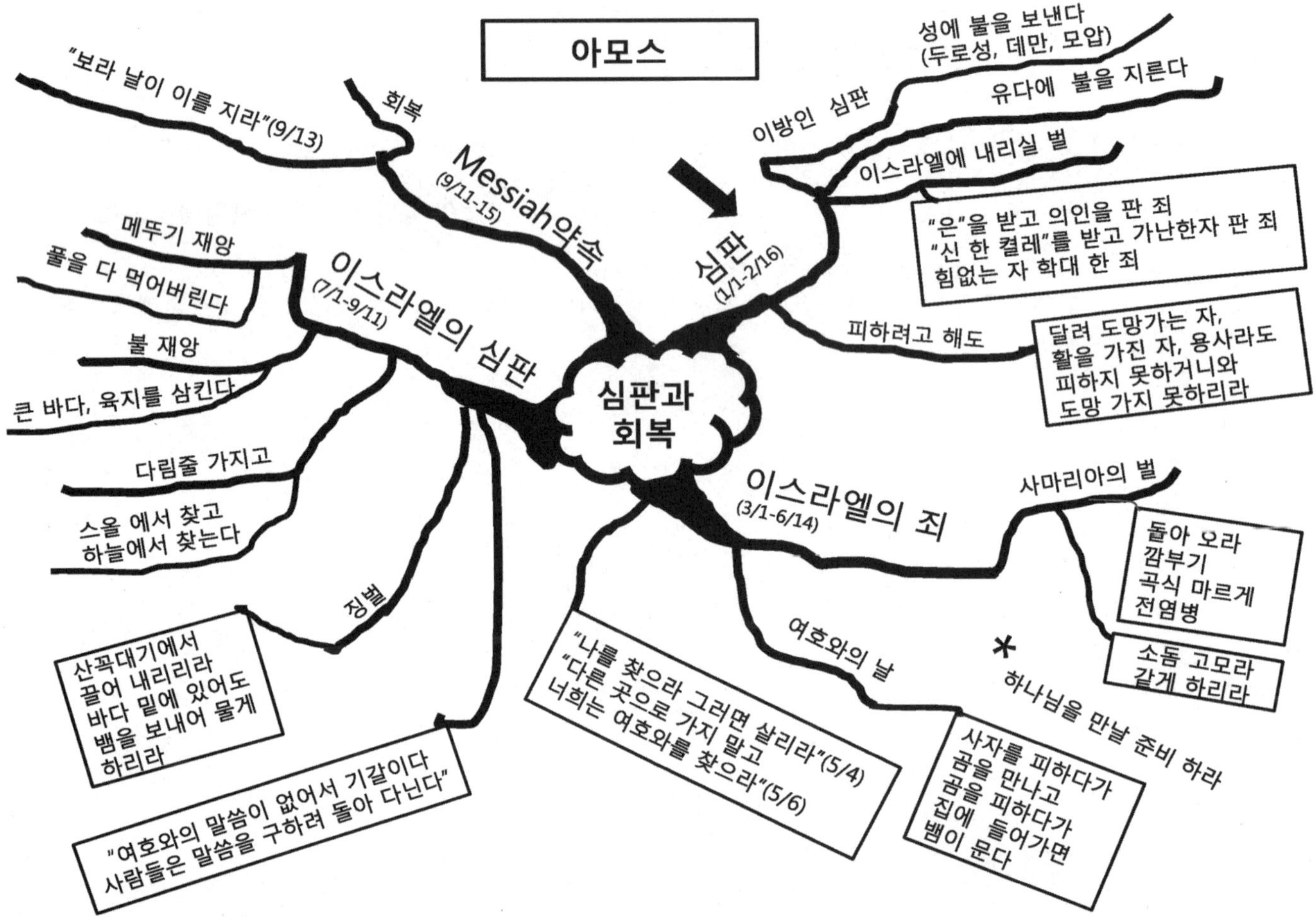

아모스
심판과 회복
심판 (1/1-2/16)
이방인 심판
성에 불을 보낸다 (두로성, 데만, 모압)
유다에 불을 지른다
이스라엘에 내리실 벌
"은"을 받고 의인을 판 죄
"신 한 켤레"를 받고 가난한자 판 죄
힘없는 자 학대 한 죄
피하려고 해도
달려 도망가는 자, 활을 가진 자, 용사라도 피하지 못하거니와 도망 가지 못하리라
이스라엘의 죄 (3/1-6/14)
사마리아의 벌
돌아 오라
깜부기
곡식 마르게
전염병
소돔 고모라 같게 하리라
* 하나님을 만날 준비 하라
여호와의 날
사자를 피하다가 곰을 만나고 곰을 피하다가 집에 들어가면 뱀이 문다
"나를 찾으라 그러면 살리라"(5/4)
"다른 곳으로 가지 말고 너희는 여호와를 찾으라"(5/6)
이스라엘의 심판 (7/1-9/11)
메뚜기 재앙
풀을 다 먹어버린다
불 재앙
큰 바다, 육지를 삼킨다
다림줄 가지고
스올 에서 찾고 하늘에서 찾는다
징벌
산곡대기에서 끌어 내리리라 바다 밑에 있어도 뱀을 보내어 물게 하리라
"여호와의 말씀이 없어서 기갈이다 사람들은 말씀을 구하려 돌아 다닌다"
Messiah약속 (9/11-15)
회복
"보라 날이 이를 지라"(9/13)

성경 해설(아모스)

저자 : 아모스.　주제 : 공의로운 심판과 자비로운 회복.　기장 : 유대 땅.　기연 : BC760-750.
대상 : 북 이스라엘.　배경 : 아모스(남 유다인)가 북 이스라엘에 대해서 예고 했다

Message

1)심판과 벌 : 이방은 불로 태운다(두로, 데만, 모압). 유다-불지른다. 이스라엘의 죄-의인을 팔고 ,가난하자 팔고, 약한 자 학대한 죄...피해도 피 할 수 없다.
2)소돔 고모라 같게 하리라 "여호와 날이 온다" –그래서 "나를 찾으라"(5/4)
3)심판 : 곡식 흉년(연속적으로) 따라다니면서 벌 하리라(5/18-20)
4)형식 적인 예배를 드리지 말라(5/21-23)
5)말씀 없는 시대가 온다(8/11-13) 하나님의 말씀이 없어서 쓰러진다.
6)범죄한 왕국은 멸하리라(9/1-3)
7)범죄한 왕국은 하나님이 주목 하신다(9/7-8) 철저히 멸하신다.
8)이스라엘은 회복 시키신다(9/11-15)

※ 사회 국가 :
솔로몬 시대에 번영이 지나고 그 결과로 사치, 약육 강식, 형식 적인 예배, 암흑시대, 반도덕적인 사회로 변했다.

아모스는 무거운 짐 진자

말씀으로 기도하기-1(아모스)

1)(여호와 께서)
예루살렘에서 부터 소리를 내시리니 목자의 초장이 마르고 갈멜산 꼭대기가 마르리로다(1/2)
2)내가 가사 성에 불을 보내리니 그 궁궐들을 사르리라(1/7)
3)내가 두로 성에 불을 보내리니 그 궁궐들을 사르리라(1/10)
4)내가 데만에 불을 보내리니 보스라의 궁궐들을 사르리라(1/12)
5)내가 모압에 불을 보내리니 그리고 궁궐들을 사르리라(2/2)
6)빨리 달음질 하는 자도 도망할 수 없으며 강한 자도 자기 힘을 낼 수 없으며 용사도 자기 목숨을 구 할 수 없으며(2/14)
7)활을 가진 자도 설 수 없으며 발이 빠른 자도 피할 수 없으며 말 타는 자도 자기 목숨을 구할 수 없고(2/15)
8)용사 가운데 그 마음이 굳센 자도 그날에는 벌거벗고 도망하리라 여호와의 말씀이니라(2/16)

9)여호와께서 너희에 대하여 이르시는 이 말씀을 들으라(3/1)
10)성읍에서 나팔이 울리는데 백성이 어찌 두려워하지 아니하겠으며 여호와의 행하심이 없는데 재앙이 어찌 성읍에 임하겠는냐(3/6)
11)여호와께서 이와 같이 말씀하시되 목자가 사자 입에서 양의 두 다리나 귀 조각을 건져냄과 같이 사마리아에서 침상 모서리에나 걸상의 방석에 앉은 이스라엘 자손도 건져냄을 입으리라(3/12)
12)내가 곡식을 바르게 하는 재앙과 깜부기 재앙으로 너희를 쳤으며 팥중이로 너희 많은 동산과 포도원과 무화과 나무와 감람나무를 다 먹게 하였으나 너희가 내게로 돌아오지 아니 하였느니라 여호와의 말씀이니라(4/9)
13)보라 산들을 지으며 바람을 창조하며 자기 뜻을 사람에게 보이며 아침을 어둡게 하며 땅의 높은 데를 밟는 이는 그의 이름이 만군의 하나님 여호와시니라(4/13)
14)너희는 나를 찾으라 그리하면 살리라(5/4)
15)화 있을진저 여호와의 날을 사모하는 자여 너희가 어찌하여 여호와의 날을 사모하느냐 그날은 어둠이요 빛이 아니라(5/18)
16)마치 사람이 사자를 피하다가 곰을 만나거나 혹은 집에 들어가서 손을 벽에 대었다가 뱀에게 물림 같도다(5/19)

말씀으로 기도하기-2(아모스)

17)주 여호와의 말씀이니라 보라 날이 이를지라 내가 기근을
땅에 보내리니 양식이 없어 주림이 아니며 물이 없어 갈 함이 아니요 여호와의 말씀을 듣지 못한 기갈이라(8/11)
18)사람이 이 바다에서 저 바다까지 북쪽에서 동쪽까지 비틀 거리며 여호와의 말씀을 구하려고 돌아 다녀도
얻지 못하리니(8/12)
19)(범죄한 나라들)
그들이 파고 스올로 들어 갈지라도 내 손이 거기에서 붙잡아 낼 것이요 하늘로 올라갈지라도 내가 거기에서
붙잡아 내릴 것이며 갈멜산 꼭대기에 숨을지라도 내가 거기에서 찾아낼 것이요 내 눈을 피하여
바다 밑에 숨을 지라도 내가 거기에서 뱀을 명령하여 물게 할 것이요(9/2-3)
20)보라 주 여호와의 눈이 범죄한 나라를 주목하노니 내가 그것을 지면에서 멸하리라 그러나 야곱의 집은 온전히
멸하지는 아니하리라 여호와의 말씀이니라(9/8)

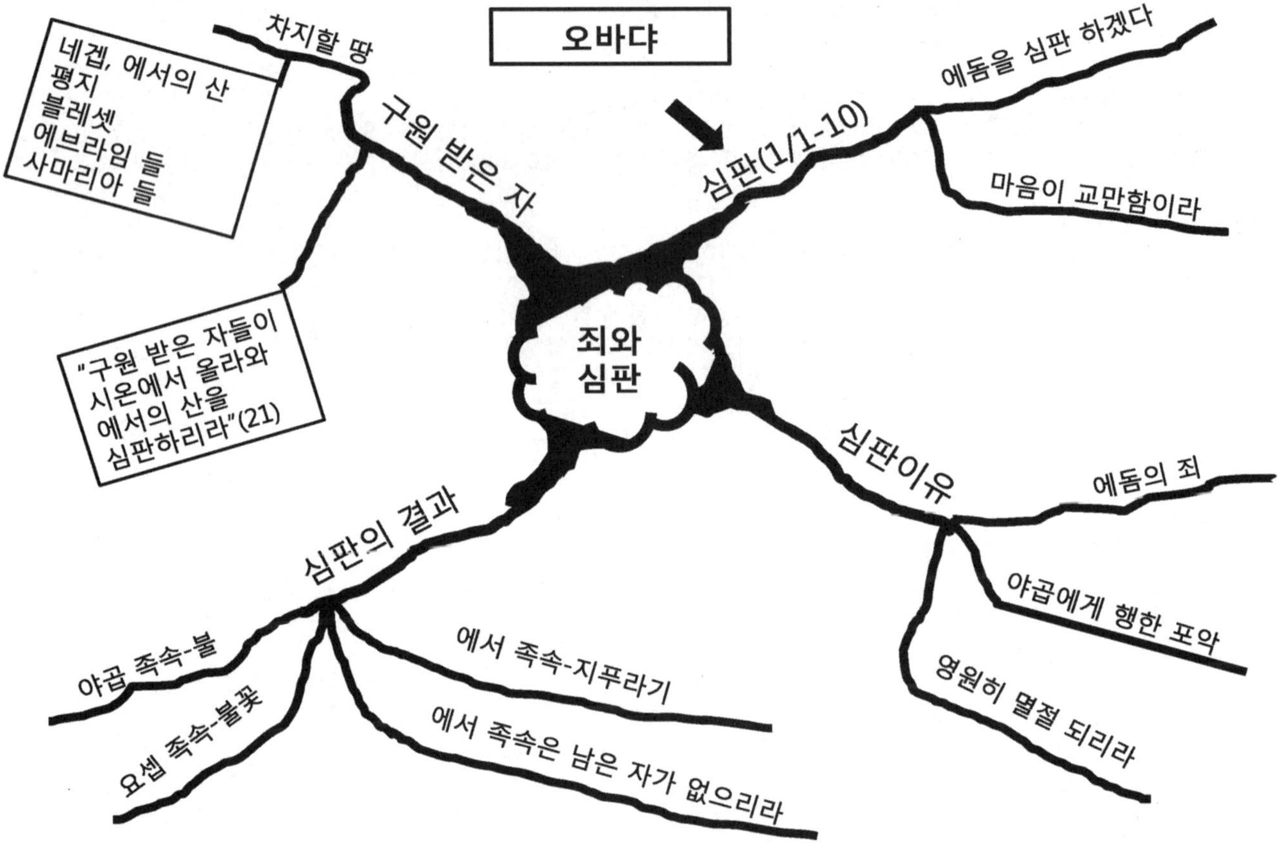
오바댜
죄와 심판
심판(1/1-10)
에돔을 심판 하겠다
마음이 교만함이라
구원 받은 자
차지할 땅
네겝, 에서의 산
평지
블레셋
에브라임 들
사마리아 들
"구원 받은 자들이 시온에서 올라와 에서의 산을 심판하리라"(21)
심판이유
에돔의 죄
야곱에게 행한 포악
영원히 멸절 되리라
심판의 결과
야곱 족속-불
요셉 족속-불꽃
에서 족속-지푸라기
에서 족속은 남은 자가 없으리라

성경 해설(오바댜)-여호와의 종,예배자

저자 : 오바댜.　주제 : 범죄의 결과.　기장 : 유대땅.
기연 : BC586.　대상 :에돔 족속과 남 유다 백성

Message

1)에돔의 범죄를 벌한다 : 야곱에게 포악한 죄로 멸절되리라(1/10)
2)만국을 벌하신다(15)　만국을 행위대로 벌한다.
3)하나님께 속한 나라.
　야곱 족속-불(**火**)
　요셉 족속-불꽃이다.
※에서 족속은 지푸라기 같다.

말씀으로 기도하기(오바댜)

1)에돔에 대하여 말씀하시니라(1/1)
2)너의 마음의 교만이 너를 속였도다(1/3)
3)네 형제 야곱에게 행한 포악으로 말미암아 부끄러움을 당하고 영원히 멸절되리라(1/10)
4)여호와께서 만국을 벌할 날이 가까웠나니 네가 행한 대로 너도 받을 것인즉 네가 행한 것이 네 머리로 돌아갈 것이라(1/15)
5)야곱 족속은 불이 될 것이며 요셉 족속은 불꽃이 될 것이요 에서 족속은 지푸라기가 될 것이라 그들이 그들 위에 붙어서 그들을 불사를 것인즉 에서 족속에 남은 자가 없으리니 여호와께서 말씀하셨음이라(1/18)
6)구원 받은 자들이 시온 산에 올라와서 에서의 산을 심판하리라(1/21)

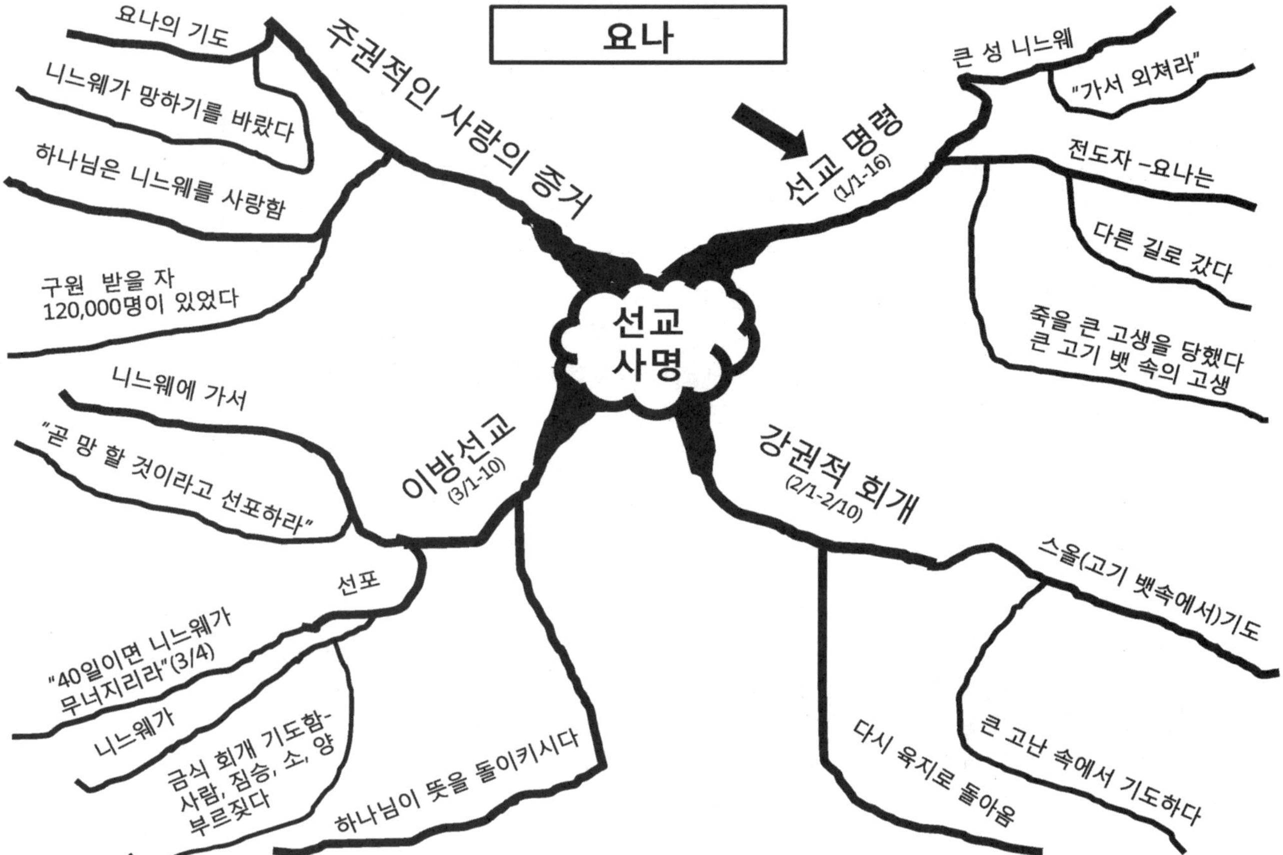
요나
선교 사명
선교 명령 (1/1-16)
큰 성 니느웨
"가서 외쳐라"
전도자 -요나는
다른 길로 갔다
죽을 큰 고생을 당했다
큰 고기 뱃 속의 고생
강권적 회개 (2/1-2/10)
스올(고기 뱃속에서)기도
큰 고난 속에서 기도하다
다시 육지로 돌아옴
이방선교 (3/1-10)
니느웨에 가서
"곧 망 할 것이라고 선포하라"
선포
"40일이면 니느웨가 무너지리라"(3/4)
니느웨가
금식 회개 기도함-
사람, 짐승, 소, 양
부르짖다
하나님이 뜻을 돌이키시다
주권적인 사랑의 증거
요나의 기도
니느웨가 망하기를 바랐다
하나님은 니느웨를 사랑함
구원 받을 자
120,000명이 있었다

성경 해설(요나)

저자 : 요나. 주제 : 전 인류에 대한 주권적 사랑. 기장 : 이스라엘
기연 : BC785-760. 대상 : 이스라엘 백성. 배경 : BC771-754-앗수르 니는웨

목적 : 국가의 강약 등 모든 면으로 하나님의 사랑과 권능이 미친다.
회개는 니느웨(앗수르의 수도)에 대한 노여움이 풀린다.
사명 : 하나님이 주시는 사명은 아무리 거부 하여도 그 사람을 하나님이 쓰신다(요나)

Message

1)복음 전하지 않으면 폭풍우 만난다(1/12)
2)사명자는 완전 죽게(완전 낮추시어) 해서 성전을 보게 한다(2/7)
3)하나님은 회개를 귀하게 보신다(3/10)
4)금식은 재앙을 막는다(3/5-10)
5)니느웨에도 하나님이 아끼는 사람들이 많이 있다(4/11)

말씀으로 기도하기(요나)

1)너는 일어나 저 큰 성읍 니느웨로 가서 그것을 향하여 외치라 그 악독이 내 앞에 상달 되었음이니라 하시니라(1/2)
2)너희가 이 큰 폭풍을 만난 것이 나 때문인 줄을 내가 아노라(1/12)
3)요나가 물고기 뱃속에서 그의 하나님 여호와께 기도하여(2/1)
4)스올의 뱃속에서 부르짖었더니 주께서 내 음성을 들으셨나이다(2/2)
5)내가 주의 목전에서 쫓겨났을지라도 다시 주의 성전을 바라보겠다(2/4)
6)여호와께서 그 물고기에게 말씀하시매 요나를 육지에 토하니라(2/10)
7)일어나서 저 큰 성읍 니느웨로 가서 내가 네게 명령한 바를 그들에게 선포하라(3/2)
8)요나가 그 성읍에 들어가서 하루 동안 다니며 외쳐 이르되 사십일이 지나면 니느웨가 무너지리라(3/4)
9)사람이든지 짐승이든지 다 굵은 베옷을 입을 것이요 힘써 하나님께 부르짖을 것이며 각기 악한 길과 손으로 행한 강포에서 떠날 것이라(3/8)
10)하나님이 뜻을 돌이키시고 그 진노를 그치사 우리가 멸망하지 않게 하시리라 그렇지 않을 줄을 누가 알겠느냐 한지라(3/9)
11)하나님이 그들이 행한 것 곧 그악한 길에서 돌이켜 떠난 것을 보시고 하나님이 뜻을 돌이키사 그들에게 내리리라고 말씀하신 재앙을 내리지 아니하시니라(3/10)
12)이 큰 성읍 니느웨에는 좌우를 분변하지 못하는 자가 십이만여 명이요 가축도 많이 있나니 내가 어찌 아끼지 아니하겠느냐 하시니라(4/11)

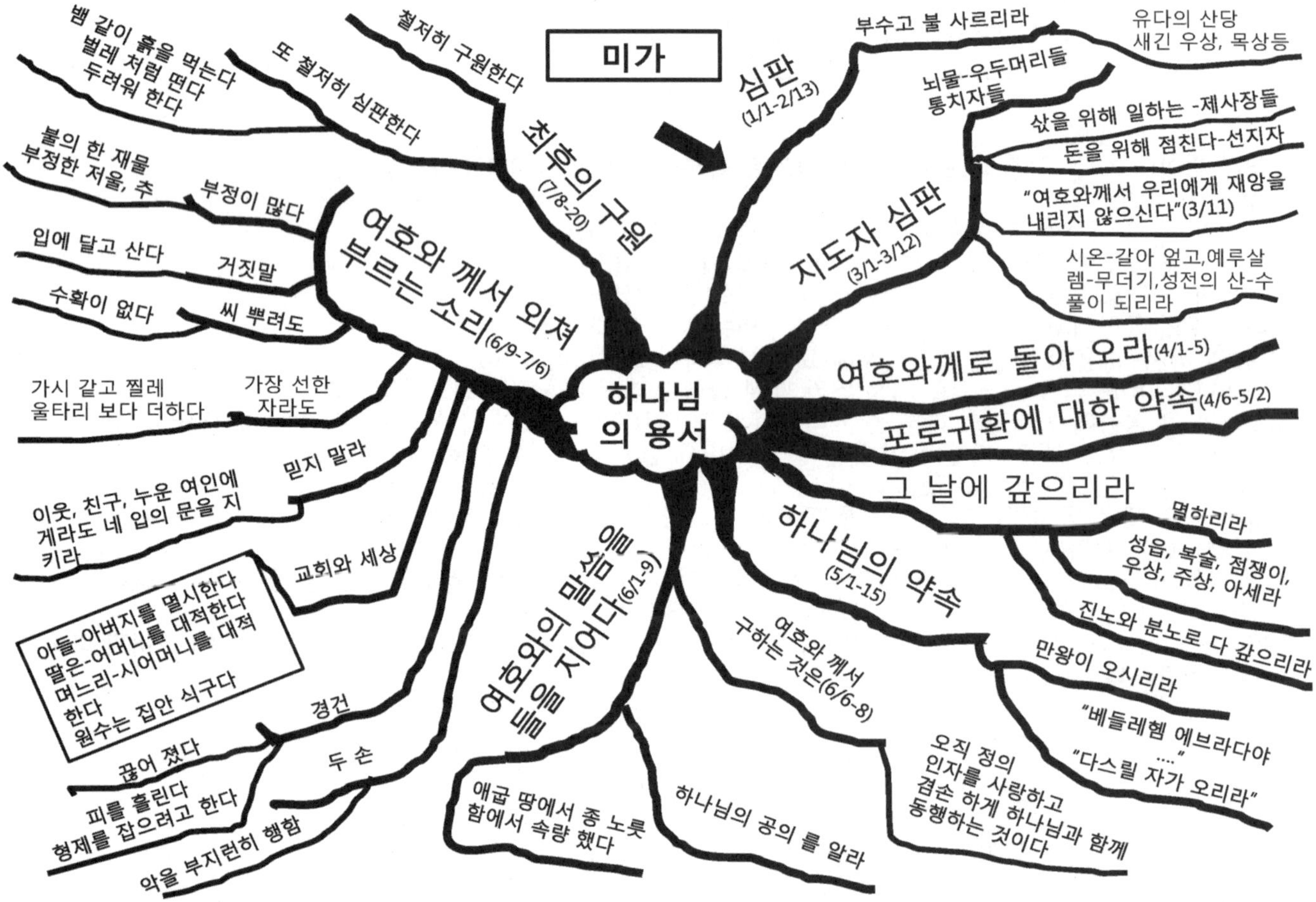
미가
하나님의 용서
심판 (1/1-2/13)
부수고 불 사르리라
유다의 산당
새긴 우상, 목상등
지도자 심판 (3/1-3/12)
뇌물-우두머리들
통치자들
삯을 위해 일하는 -제사장들
돈을 위해 점친다-선지자
"여호와께서 우리에게 재앙을 내리지 않으신다"(3/11)
시온-갈아 엎고,예루살렘-무더기,성전의 산-수풀이 되리라
여호와께로 돌아 오라(4/1-5)
포로귀환에 대한 약속(4/6-5/2)
그 날에 갚으리라
멸하리라
성읍, 복술, 점쟁이, 우상, 주상, 아세라
진노와 분노로 다 갚으리라
하나님의 약속 (5/1-15)
만왕이 오시리라
"베들레헴 에브라다야 ...."
"다스릴 자가 오리라"
여호와께서 구하는 것은(6/6-8)
오직 정의
인자를 사랑하고
겸손 하게 하나님과 함께 동행하는 것이다
여호와의 말씀을 들을 지어다(6/1-9)
하나님의 공의 를 알라
애굽 땅에서 종 노릇 함에서 속량 했다
여호와 께서 부르는 소리 외쳐(6/9-7/6)
부정이 많다
불의 한 재물
부정한 저울, 추
거짓말
입에 달고 산다
씨 뿌려도
수확이 없다
가장 선한 자라도
가시 같고 찔레 울타리 보다 더하다
믿지 말라
이웃, 친구, 누운 여인에게라도 네 입의 문을 지키라
교회와 세상
아들-아버지를 멸시한다
딸은-어머니를 대적한다
며느리-시어머니를 대적한다
원수는 집안 식구다
경건
끊어 졌다
두 손
피를 흘린다
형제를 잡으려고 한다
악을 부지런히 행함
최후의 구원 (7/8-20)
철저히 구원한다
또 철저히 심판한다
뱀 같이 흙을 먹는다
벌레 처럼 떤다
두려워 한다

성경 해설(미가 : 묵시=계시)

주제 : 용서 하시는 하나님.   저자 : 미가. 기장 : 유대 땅.   기연 : BC742-687.
대상 : 이스라엘과 유다.
배경 : 아하스, 요담, 히스기야 시대 BC730-690
사회상 : 정치적 종교적 윤리적 타락
폭력, 정의 무시, 종교 정치는 돈에 의 해서 움직인다.
이런 때에 미가는 산간에서 부르심을 받았다.
종교 : 이익을 탐하는 제사장 거짓 선지자 부정사회
(오늘의 한국의 교회와 사회와 정치다)

Message

1)예수 믿는 사람들의 죄 : 산 당, 우상, 목상(애곡 애통하라)
2)통치자들은 들으라 : 지도자 심판 하리라(3/1-12) –"밤이 오리라"(3/6)
"그 나라에 갚으리라"(5/15)
3)선지자들은 돈을 보고 점을 친다-심판 받는다.
4)내 백성들아 정의, 사랑, 겸손하라(6/3-5)
5)재앙이 온다 : 교회가 심히 부패 했다(7/1-6) 종말이 온다(오늘의 한국의 교회 상이다)
6)심판 : 심판을 철저히...
구원은 완전 구원을 하신다(7/14-20)
7)메시야를 보내 주겠다(5/2)

말씀으로 기도하기-1(미가)

(사마리아와 예루살렘에 관한 묵시)
1)백성들아 너희는 다 들을 지어다 땅과 거기에 있는 모든 것들아 자세히 들을 지어다(1/2)
2)야곱의 허물이 무엇이냐 사마리아가 아니냐 유다의 산당이 무엇이냐 예루살렘이 아니냐(1/5)
3)그 새긴 우상들은 다 부서지고 그 음행의 값은 다 불살라지며 내가 그 목상들을 다 깨뜨리리니 그가 기생의 값으로 모았은즉 그것이 기생의 값으로 돌아가리라(1/7)
4)내가 애통하며 애곡하고 벌거벗은 몸으로 행하며 들개 같이 애곡하고 타조같이 애통하리니(1/8)
5)야곱의 우두머리들과 이스라엘 족속의 통치자들아 들으라 정의를 아는 것이 너희의 본분이 아니냐(3/1)
6)너희가 선을 미워하고 악을 기뻐하여 내 백성의 가죽을 벗기고 그 뼈에서 살을 뜯어 그들의 살을 먹으며 그 가죽을 벗기며 그 뼈를 꺾어 다지기를 냄비와 솥 가운데에 담을 고기처럼 하는도다(3/2-3)
7)그 때에 그들이 여호와께 부르짖을 지라도 응답하지 아니하시고 그들의 행위가 악했던 만큼 그들 앞에 얼굴을 가리시리라(3/4)

(우두머리들과 통치자들에게)
8)시온을 피로 예루살렘을 죄악으로 건축하는 도다
그들의 우두머리들은 뇌물을 위하여 재판하며 그들의 제사장은 삯을 위하여 교훈하며 그들의 선지자는 돈을 위하여 점을 치면서도 여호와를 의뢰하여 이르기를 여호와께서 우리 중에 계시지 아니하냐 재앙이 우리에게 임하지 아니하리라 하는 도다(3/10-11)
9)이러므로 너희로 말미암아 시온은 갈아엎은 밭이 되고 예루살렘은 무더기가 되고 성전의 산은 수풀의 높은 곳이 되리라(3/12)
10)딸 시온이여 일어나서 칠지어다 내가 네 뿔을 무쇠 같게 하며 네 굽을 놋 같게 하리니 네가 여러 백성을 쳐서 깨뜨릴 것이라 네가 그들의 탈취 물을 구별하여 여호와께 드리며 그들의 재물을 온 땅의 주께 돌리리라(4/13)
11)베들레헴 에브라다야 너는 유다 족속 중에 작을 지라도 이스라엘을 다스릴 자가 네게서 내게로 나올 것이라 그의 근본은 상고에 영원에 있느니라(5/2)
12)내가 또 진노와 분노로 순종하지 아니한 나라에 갚으리라(5/15)
13)여호와께서 네게 구하시는 것은 오직 정의를 행하며 인자를 사랑하며 겸손하게 네 하나님과 함께 행하는 것이 아니냐(6/8)

말씀으로 기도하기-2(미가)

14)경건한 자가 세상에서 끊어졌고 정직한 자가 사람들 가운데 없도다 무리가 다 피를 흘리려고 매복하며
각기 그물로 형제를 잡으려 하고 두 손으로 악을 부지런히 행하는 도다 그 지도자와 재판관은 뇌물을 구하며 권세
자는 자기 마음의 욕심을 말하며 그들이 서로 결합하니 그들의 가장 선한 자라도 가시 같고 가장 정직한 자라도
찔레 울타리 보다 더하도다 그 들의 파수꾼들의 날
곧 그들 가운데에 형벌의 날이 임하였으니 이제는 그들이 요란하리로다(7/2-4)
15)너희는 이웃을 믿지 말며 친구를 의지하지 말며 네 품에 누운 여인에게라도 네 입의 문을 지킬 지어다(7/5)
16)아들이 아버지를 멸시하며 딸이 어머니를 대적하며 며느리가 시어머니를 대적하리니 사람의 원수가 곧 자기의 집안
사람이리로다(7/6)
17)나의 하나님이 나에게 귀를 기울이시리로다(7/7)
18)그들이 뱀처럼 티끌을 핥으며 땅에 기는 벌레처럼 떨며 그 좁은 구멍에서 나와서 두려워하며 우리 하나님 여호와께로
돌아와서 주로 말미암아 두려워 하리이다(7/17)

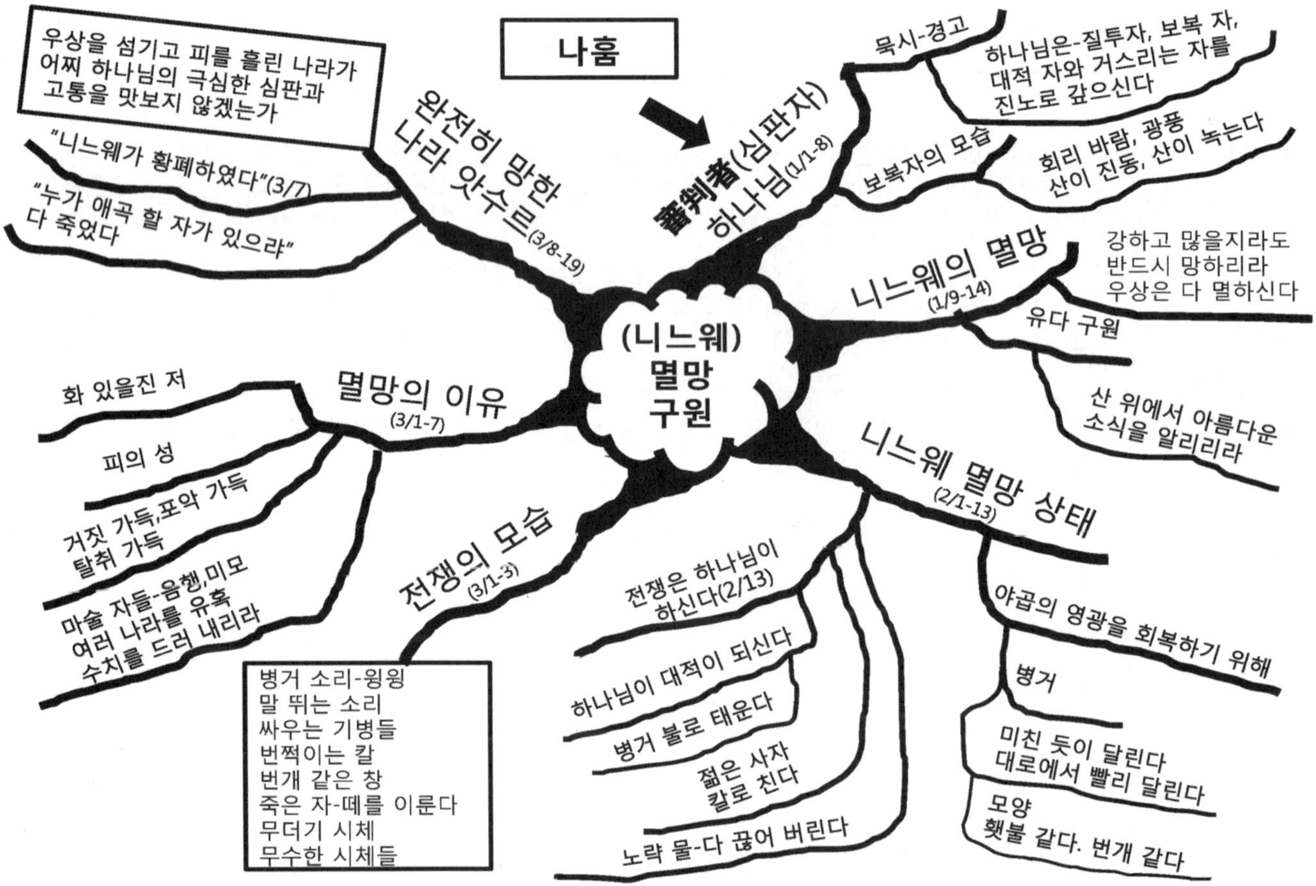
나훔
(니느웨)
멸망
구원
審判者(심판자) 하나님(1/1-8)
묵시-경고
하나님은-질투자, 보복 자, 대적 자와 거스리는 자를 진노로 갚으신다
보복자의 모습
회리 바람, 광풍 산이 진동, 산이 녹는다
니느웨의 멸망(1/9-14)
강하고 많을지라도 반드시 망하리라 우상은 다 멸하신다
유다 구원
산 위에서 아름다운 소식을 알리리라
니느웨 멸망 상태(2/1-13)
야곱의 영광을 회복하기 위해
병거
미친 듯이 달린다 대로에서 빨리 달린다
모양
횃불 같다. 번개 같다
전쟁은 하나님이 하신다(2/13)
하나님이 대적이 되신다
병거 불로 태운다
젊은 사자 칼로 친다
노략 물-다 끊어 버린다
전쟁의 모습(3/1-3)
병거 소리-윙윙
말 뛰는 소리
싸우는 기병들
번쩍이는 칼
번개 같은 창
죽은 자-떼를 이룬다
무더기 시체
무수한 시체들
멸망의 이유(3/1-7)
화 있을진 저
피의 성
거짓 가득,포악 가득 탈취 가득
마술 자들-음행,미모 여러 나라를 유혹 수치를 드러 내리라
완전히 망한 나라 앗수르(3/8-19)
우상을 섬기고 피를 흘린 나라가 어찌 하나님의 극심한 심판과 고통을 맛보지 않겠는가
"니느웨가 황폐하였다"(3/7)
"누가 애곡 할 자가 있으랴" 다 죽었다

성경 해설(나훔)-위로 동정

저자 : 나훔.   주제 : 니느웨 멸망과 유다 구원.   기장 : 유대 땅.   기연 : BC663-612.   대상 : 니느웨 사람들.
배경 : 신 바빌로니아(갈대아)제국에 의해 앗수르의 수도 니느웨가 함락 되기 전 612년 이전에 예언
핵심 : 니느웨의 멸망

Message

1)우상 섬기고 피를 흘린 나라가 어찌 하나님의 극심한 심판과 고통을 맛 보지 않겠는가 (3/8-19)
2)하나님의 진노(보복) : 완전히 멸절 하게하신다(1/1-13)
3)멸망의 날의 상태(2/4) : 무섭게 속도가 빠르게 난무한다. 번개 같다.
4)이런 중에도 기쁜 소식은 하나님의 구원소식 이다(1/15)
5)피를 흘린 왕국이여 비참하게 황폐되리라(3/1-7)
6)무서운 전쟁의 모습(3/2-3) : 여호와의 날에 이런 전쟁이 벌어진다.

말씀으로 기도하기(나훔)

(니느웨에 대한 경고)

1)여호와는 질투하시며 보복하시는 하나님이시니라 여호와는 보복하시며 진노하시되 자기를 거스르는 자에게 여호와는 보복하시며 자기를 대적하는 자에게 진노를 품으시며(1/2)

2)여호와는 노하기를 더디 하시며 권능이 크시며 벌받을 자를 결코 내버려 두지 아니 하시느니라 여호와의 길은 회오리바람과 광풍에 있고 구름은 그의 발의 티끌이로다(1/3)

3)그는 바다를 꾸짖어 그것을 말리시며 모든 강을 말리시나니 바산과 갈멜이 쇠하며 레바논의 꽃이 시드는도다(1/4)

4)그들이 비록 강하고 많을 지라도 반드시 멸절을 당하리니 그가 없어지리라 내가 전에는 너를 괴롭혔으나 다시는 너를 괴롭히지 아니할 것이라(1/12)

5)이제 네게 지운 그의 멍에를 내가 깨뜨리고 네 결박을 끊으리라(1/13)

6)내가 네 신들의 집에서 새긴 우상과 부은 우상을 멸절하며 네 무덤을 준비하리니 이는 네가 쓸모 없게 되었음이라(1/14)

7)볼 지어다 아름다운 소식을 알리고 화평을 전하는 자의 발이 산 위에 있도다 유다야 네 절기를 지키고 네 서원을 갚을지어다 악인이 진멸되었으니 그가 다시는 네 가운데로 통행하지 아니하리로다(1/15)

8)그 병거는 미친 듯이 거리를 달리며 대로에서 이리저리 빨리 달리니 그 모양이 횃불 같고 빠르기가 번개 같도다(2/4)

9)만군의 여호와의 말씀에 내가 네 대적이 되어 네 병거들을 불살라 연기가 되게 하고 네 젊은 사자들을 칼로 멸할 것이며 내가 또 네 노략한 것을 땅에서 끊으리니 네 파견자의 목소리가 다시는 들리지 아니하리라(2/13)

10)화 있을진저 피의 성이여 그 안에는 거짓이 가득하고 포악이 가득하며 탈취가 떠나지 아니 하는도다(3/1)

11)휙휙 하는 채찍 소리, 윙윙 하는 병거 바퀴 소리, 뛰는 말, 달리는 병거, 충돌하는 기병, 번쩍이는 칼, 번개 같은 창, 죽임 당 한자의 떼, 주검의 큰 무더기, 무수한 시체여 사람이 그 시체에 걸려 넘어지니(3/2-3)

12)이는 마술에 능숙한 미모의 음녀가 많은 음행을 함이라 그가 그의 음행으로 여러 나라를 미혹하고 그의 마술로 여러 족속을 미혹하느니라(3/4)

13)보라 내가 네게 말하노니 만군의 여호와의 말씀에 네 치마를 걷어 올려 네 얼굴에 이르게 하고 네 벌거벗은 것을 나라들에게 보이며 네 부끄러운 곳을 뭇 민족에게 보일 것이요(3/5)

14)내가 또 가증하고 더러운 것들을 네 위에 던져 능욕하여 너를 구경거리가 되게 하리니(3/6)

15)그때에 너를 보는 자가 다 네게서 도망하며 이르기를 니느웨가 황폐하였도다 누가 그것을 위하여 애곡 하며 내가 어디서 너를 위로 할 자를 구하리요 하리라(3/7)

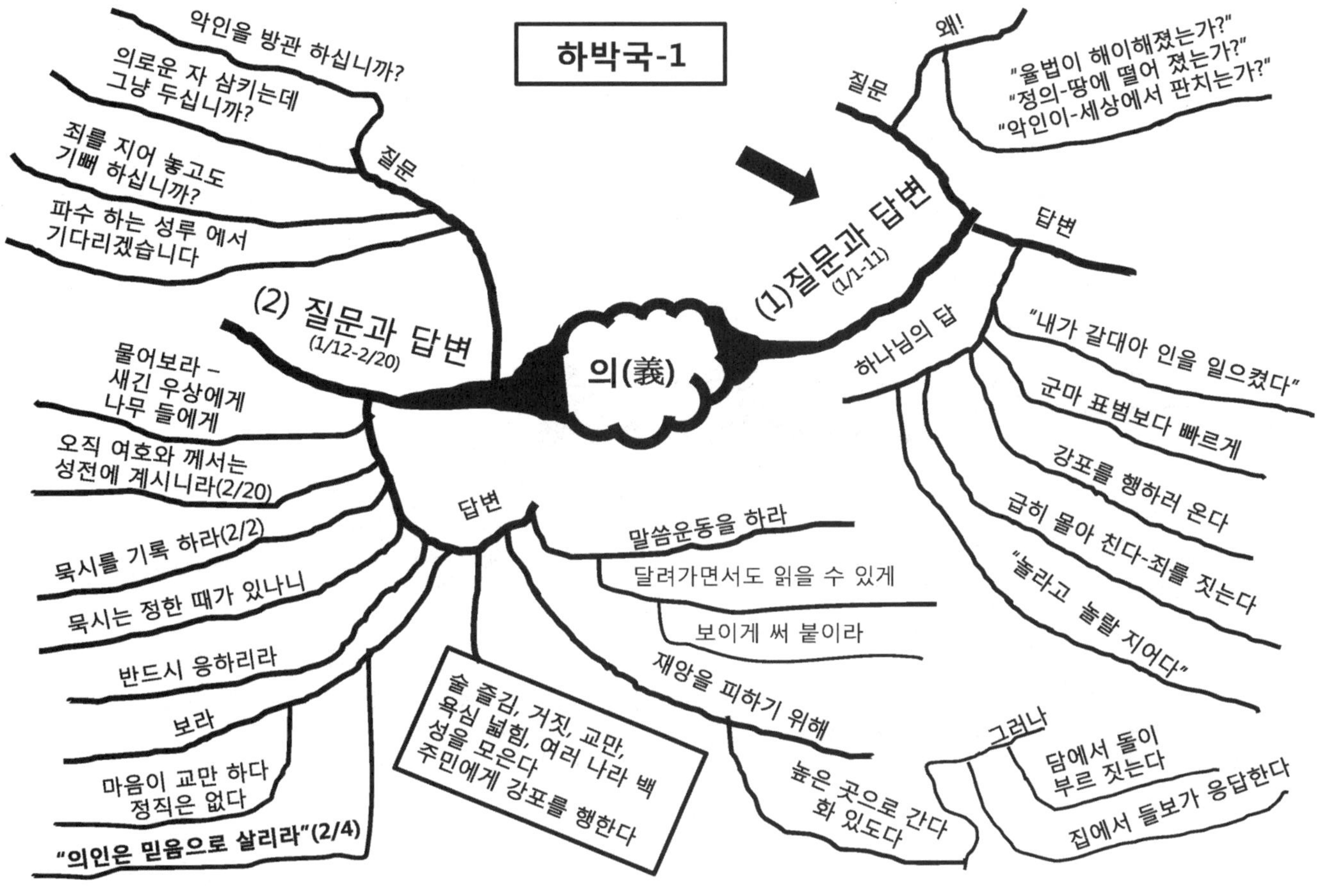

하박국-1
의(義)
(1)질문과 답변
(1/1-11)
질문
왜!
"율법이 해이해졌는가?"
"정의-땅에 떨어 졌는가?"
"악인이-세상에서 판치는가?"
답변
하나님의 답
"내가 갈대아 인을 일으켰다"
군마 표범보다 빠르게
강포를 행하러 온다
급히 몰아 친다-죄를 짓는다
"놀라고 놀랄 지어다"
(2) 질문과 답변
(1/12-2/20)
질문
악인을 방관 하십니까?
의로운 자 삼키는데
그냥 두십니까?
죄를 지어 놓고도
기뻐 하십니까?
파수 하는 성루 에서
기다리겠습니다
답변
물어보라 –
새긴 우상에게
나무 들에게
오직 여호와 께서는
성전에 계시니라(2/20)
묵시를 기록 하라(2/2)
묵시는 정한 때가 있나니
반드시 응하리라
보라
마음이 교만 하다
정직은 없다
"의인은 믿음으로 살리라"(2/4)
술 즐김, 거짓, 교만,
욕심 넓힘, 여러 나라 백
성을 모은다
주민에게 강포를 행한다
말씀운동을 하라
달려가면서도 읽을 수 있게
보이게 써 붙이라
재앙을 피하기 위해
높은 곳으로 간다
화 있도다
그러나
담에서 돌이
부르 짖는다
집에서 들보가 응답한다

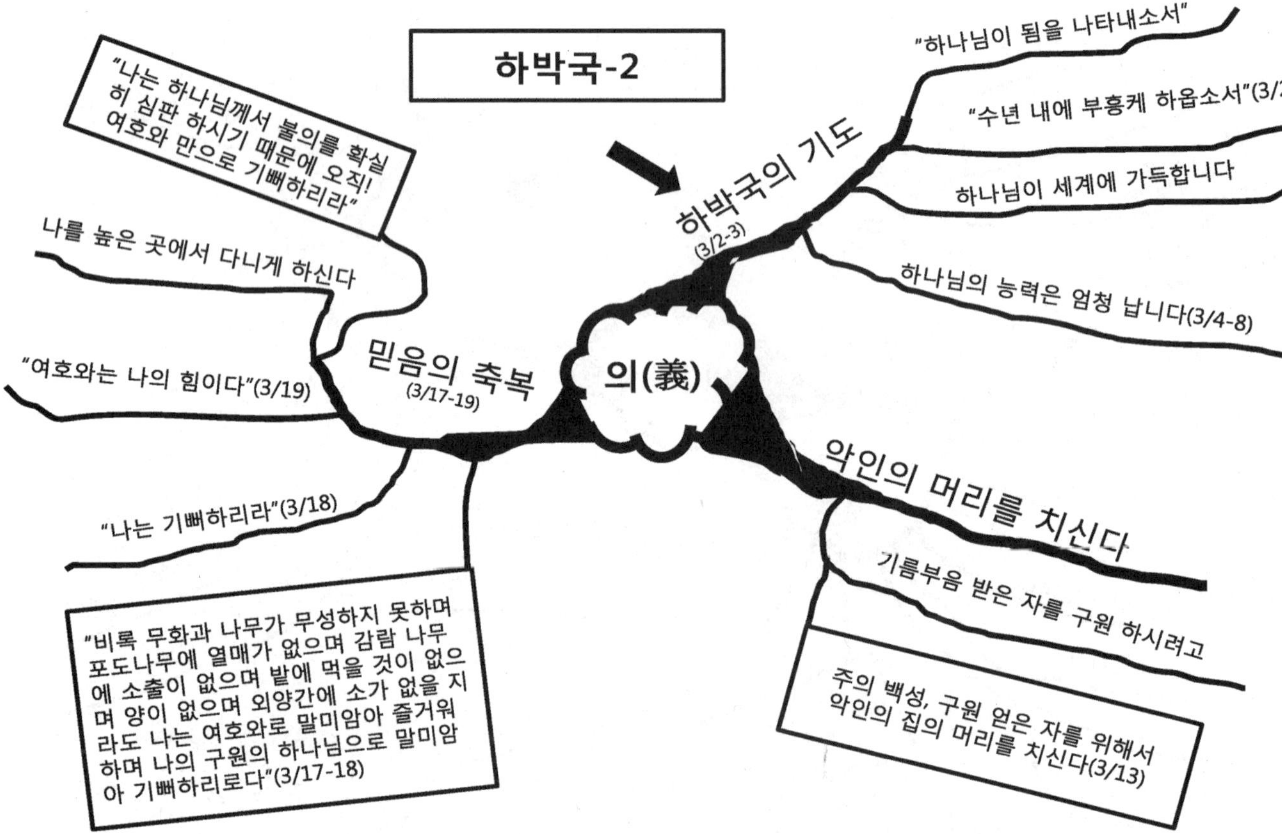
하박국-2
의(義)
하박국의 기도
(3/2-3)
"하나님이 됨을 나타내소서"
"수년 내에 부흥케 하옵소서"(3/2)
하나님이 세계에 가득합니다
하나님의 능력은 엄청 납니다(3/4-8)
악인의 머리를 치신다
기름부음 받은 자를 구원 하시려고
주의 백성, 구원 얻은 자를 위해서 악인의 집의 머리를 치신다(3/13)
믿음의 축복
(3/17-19)
"나는 하나님께서 불의를 확실히 심판 하시기 때문에 오직! 여호와 만으로 기뻐하리라"
나를 높은 곳에서 다니게 하신다
"여호와는 나의 힘이다"(3/19)
"나는 기뻐하리라"(3/18)
"비록 무화과 나무가 무성하지 못하며 포도나무에 열매가 없으며 감람 나무에 소출이 없으며 밭에 먹을 것이 없으며 외양간에 소가 없을 지며 양이 없으며 외양간에 소가 없을 지라도 나는 여호와로 말미암아 즐거워하며 나의 구원의 하나님으로 말미암아 기뻐하리로다"(3/17-18)

성경 해설(하박국)

저자 : 하박국. 주제 : 믿음으로 사는 의인. 기장 : 유대 땅. 기연 : BC612-605.
대상 : 남 유다. 핵심 : 의인은 그의 믿음으로 말미암아 살리라(2/4)

Message

1)시대적 설명 : 율법-해이해짐, 정의 –땅에 떨어 짐, 악인이 세상에서 판을 친다(1/4)
오늘날 우리국가 사회다. 교회도 마찬 가지다.
2)왜 세상에서 악인이 득세합니까?(1/12-2/20)
3)말씀이 없어서 지금 사회(국가, 교회)는 이 꼴이 되었다(2/4-8)
우상, 술 문화, 거짓, 교만, 부당한 이익...
4)말씀 운동 하라(2/2-3) : 반드시 말씀 대로 하나님이 행하신다.
"의인은 그의 믿음 때 문에 살리라"(2/4)
5)하나님은 하나님이 되심을 나타내소서(3/2)
"수년 내에 부흥케 하옵소서."
6)하나님의 역사 : 악인의 집-머리를 치신다(3/13)

주의 백성-구원

7)믿음의 축복 : "나는 기뻐 하리로다"(3/18)
"비록 무화과 나무가 무성하지 못하며 포도나무에 열매가 없으며 감람 나무에 소출이 없으며 밭에 먹을 것이 없으며 우리에 양이 없으며 외양간에 소가 없을 지라도 나는 여호와로 말미암아 즐거워 하며 나의 구원의 하나님으로 말미암아 기뻐하리로다"(3/17-18)
8)구원의 기쁨(3/19) ; "나를 높은 곳으로 다니게 하리로다."

말씀으로 기도하기(하박국)

(겁탈과 강포와 변론과 분쟁의 시대)

1)율법이 해이하고 정의가 전혀 시행되지 못하오니 이는 악인이 의인을 에워쌌으므로 정의가 굽게 행하여짐이니이다(1/4)

2)여호와께서 내게 대답하여 이르시되 너는 이 묵시를 기록하여 판에 명백히 새기되 달려가면서도 읽을 수 있게 하라(2/2)

3)이 묵시는 정한 때가 있나니 그 종말이 속히 이르겠고 결코 거짓이 되지 아니하리라 비록 더딜지라도 기다리라 지체되지 않고 반드시 응하리라(2/3)

4)보라 그의 마음은 교만하며 그 속에서 정직하지 못하나 의인은 그의 믿음으로 말미암아 살리라(2/4)

5)재앙을 피하기 위하여 높은 데 깃들이려 하며 자기 집을 위하여 부당한 이익을 취하는 자 에게 화 있을진저(2/9)

6)네가 많은 민족을 멸한 것이 네 집에 욕을 부르며 네 영혼에게 죄를 범하게 하는 것이 되었도다(2/10)

7)담에서 돌이 부르짖고 집에서 들보가 응답하리라(2/11)

8)새긴 우상은 그 새겨 만든 자에게 무엇이 유익하겠느냐 부어 만든 우상은 거짓 스승이라 만든 자가 이 말하지 못하는 우상을 의지하니 무엇이 유익하겠느냐(2/18)

9)나무에게 깨라 하며 말하지 못하는 돌에게 일어나라 하는 자에게 화 있을진저 그것이 교훈을 베풀겠느냐 보라 이는 금과 은으로 입힌 것인즉 그 속에는 생기가 도무지 없느니라(2/19)

10)오직 여호와는 그 성전에 계시니 온 땅은 그 앞에서 잠잠 할지니라(2/20)

11)주께서 주의 백성을 구원 하시려고 기름부음 받은 자를 구원하시려고 나오사 악인의 집의 머리를 치시며 그 기초를 바닥 까지 드러내셨나이다(셀라)(3/13)

12)비록 무화과나무가 무성하지 못하며 포도나무에 열매가 없으며 감람나무에 소출이 없으며 밭에 먹을 것이 없으며 우리에 양이 없으며 외양간에 소가 없을 지라도 나는 여호와로 말미암아 즐거워하며 나의 구원의 하나님으로 말미암아 기뻐하리로다(3/17-18)

13)주 여호와는 나의 힘이시라 나의 발을 사슴과 같게 하사 나를 나의 높은 곳으로 다니게 하시 리로다(3/19)

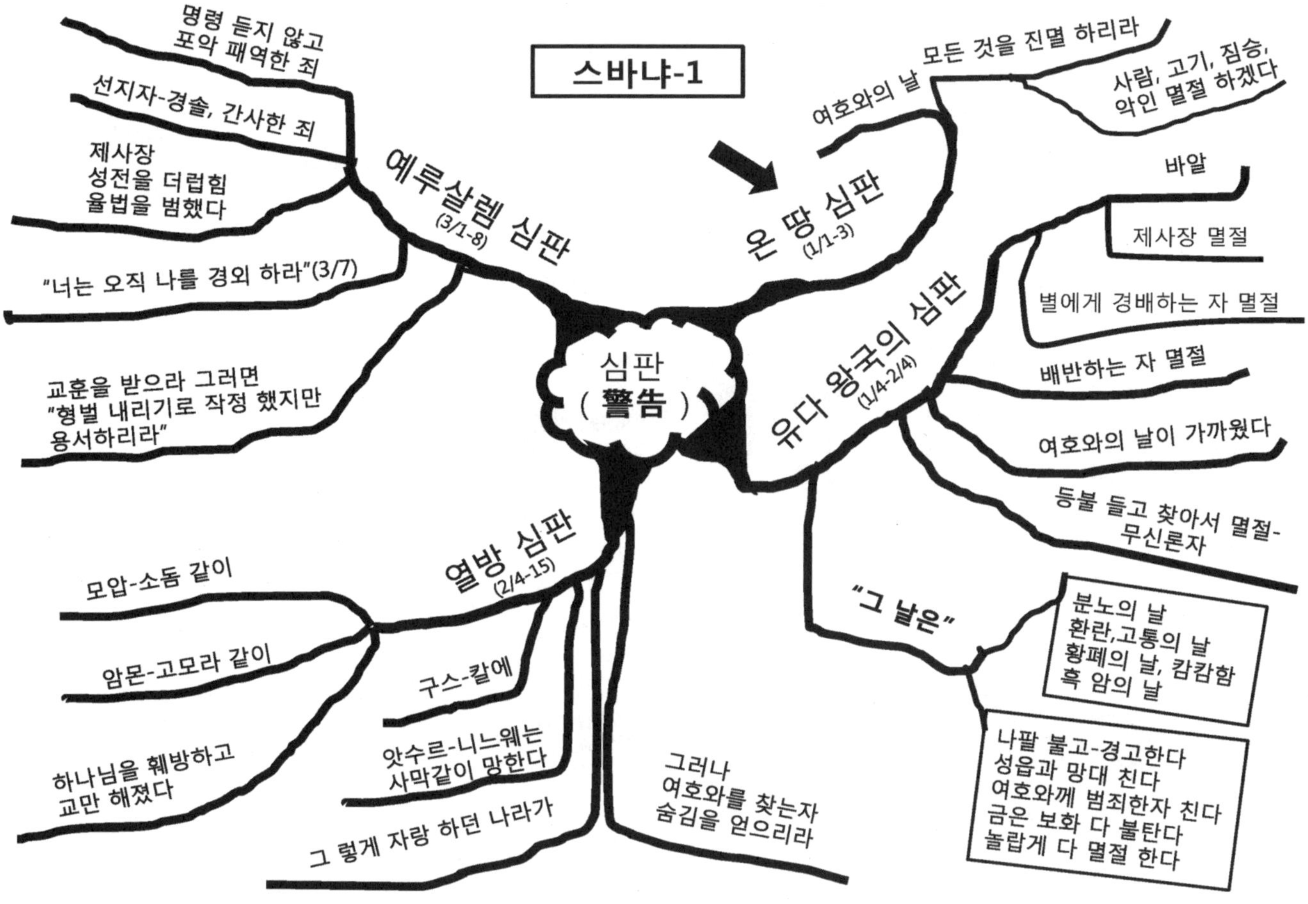
스바냐-1
심판
(警告)
온 땅 심판
(1/1-3)
여호와의 날
모든 것을 진멸 하리라
사람, 고기, 짐승,
악인 멸절 하겠다
유다 왕국의 심판
(1/4-2/4)
바알
제사장 멸절
별에게 경배하는 자 멸절
배반하는 자 멸절
여호와의 날이 가까웠다
등불 들고 찾아서 멸절-
무신론자
"그 날은"
분노의 날
환란,고통의 날
황폐의 날, 캄캄함
흑 암의 날
나팔 불고-경고한다
성읍과 망대 친다
여호와께 범죄한자 친다
금은 보화 다 불탄다
놀랍게 다 멸절 한다
예루살렘 심판
(3/1-8)
명령 듣지 않고
포악 패역한 죄
선지자-경솔, 간사한 죄
제사장
성전을 더럽힘
율법을 범했다
"너는 오직 나를 경외 하라"(3/7)
교훈을 받으라 그러면
"형벌 내리기로 작정 했지만
용서하리라"
열방 심판
(2/4-15)
모압-소돔 같이
암몬-고모라 같이
하나님을 훼방하고
교만 해졌다
구스-칼에
앗수르-니느웨는
사막같이 망한다
그 렇게 자랑 하던 나라가
그러나
여호와를 찾는자
숨김을 얻으리라

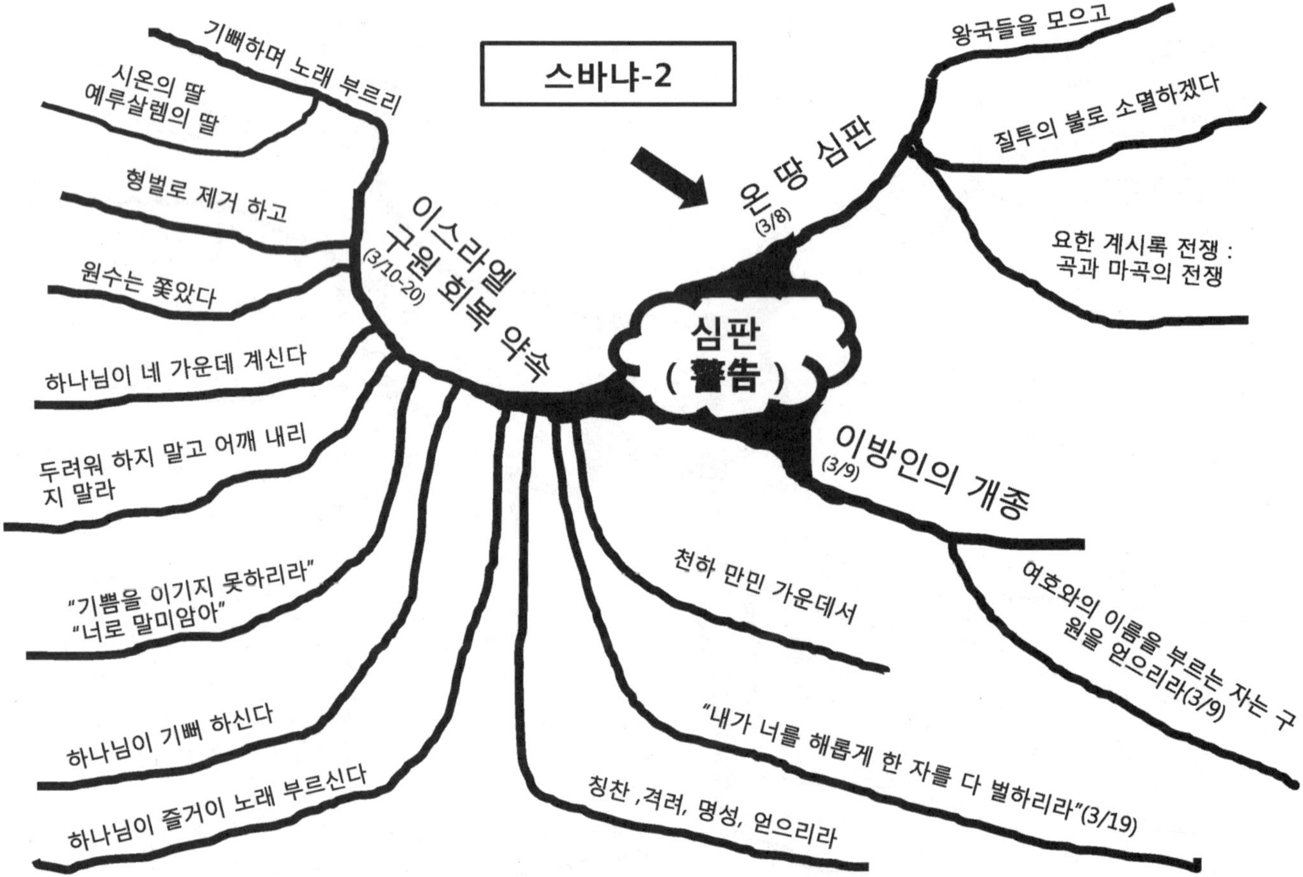
스바냐-2
심판
(警告)
온 땅 심판
(3/8)
왕국들을 모으고
질투의 불로 소멸하겠다
요한 계시록 전쟁 :
곡과 마곡의 전쟁
이방인의 개종
(3/9)
여호와의 이름을 부르는 자는 구
원을 얻으리라(3/9)
이스라엘
구원 회복 약속
(3/10-20)
기뻐하며 노래 부르리
시온의 딸
예루살렘의 딸
형벌로 제거 하고
원수는 쫓았다
하나님이 네 가운데 계신다
두려워 하지 말고 어깨 내리
지 말라
"기쁨을 이기지 못하리라"
"너로 말미암아"
하나님이 기뻐 하신다
하나님이 즐거이 노래 부르신다
칭찬 ,격려, 명성, 얻으리라
"내가 너를 해롭게 한 자를 다 벌하리라"(3/19)
천하 만민 가운데서

성경 해설(스바냐)

저자 : 스바냐. 주제 : 심판에 대한 경고. 기장 : 유대 땅. 기연 : BC640-630. 대상 : 유다와 열국 .
배경 : 유다와 열국 BC630. 스바냐 : 히스기야 왕 4대 세손(BC720-697)-히스기야 시대

Message

1)핵심 : 여호와의 날=심판의 날=구원의 날
2)모든 것을 다 진멸하리라(1/2)
3)등불을 들고 찾아 다니며 멸하리라(1/12)
4)불에 다 녹아 지리라(1/18)
5)그 날이 반드시 온다 : 분노의 날, 환란, 고통의 날, 황폐, 패망, 캄캄함, 흑 암의 날이 닥친다(1/15)
6)온 땅을 심판 하겠다(3/8) : 불로 태워 버리겠다.
7)기뻐하라. 노래하라(3/14-17)
이제는 두려워 하지 말라, 기뻐하라.
8)하나님이 찬송 하신다(3/17) : "하나님이 기쁨을 이기지 못 하시리로다."
9)괴롭힌 자를 벌 하겠다(3/19)
"너를 괴롭게 한 자를 다 벌하고"

말씀으로 기도하기(스바냐)

1)여호와께서 이르시되 내가 땅 위에서 모든 것을 진멸하리라(1/2)
2)내가 사람과 짐승을 진멸하고 공중의 새와 바다의 고기와 거치게 하는 것과 악인들을 아울러 진멸할 것이라 내가 사람을 땅 위에서 멸절하리라 나 여호와의 말이니라(1/3)
3)지붕에서 하늘의 뭇별에게 경배하는 자들과 경배하며 여호와께 맹세하면서 말감을 가리켜 맹세 하는 자들과 여호와를 배반하고 따르지 아니하는 자 들과 여호와를 찾지도 아니하며 구하지도 아니한 자들을 멸절하리라(1/5-6)
4)주 여호와 앞에서 잠잠 할 지어다 이는 여호와의 날이 가까웠으므로 여호와께서 희생을 준비하고 그가 청할 자들을 구별하셨음이니라(1/7)
5)여호와께서는 복도 내리지 아니하시며 화도 내리지 아니하시리라 하는 자를 등불로 두루 찾아 벌하리라(1/12)
6)여호와의 큰 날이 가깝도다 가깝고도 빠르도다 여호와의 날의 소리로다 용사가 거기서 심히 슬피 우는 도다(1/14)
7)그날은 분노의 날이요 환난과 고통의 날이요 황폐와 패망의 날이요 캄캄하고 어두운 날이요 구름과 흑 암의 날이요(1/15)
8)나팔을 불어 경고하며 견고한 성읍들을 치며 높은 망대를 치는 날이로다(1/16)
9)은과 금이 여호와의 분노의 날에 능히 그들을 건지지 못할 것이며 이 온 땅이 여호와의 질투의 불에 삼켜지리니 이는 여호와가 이 땅 모든 주민을 멸절하되 놀랍게 멸절할 것임이라(1/18)
10)나의 삶을 두고 맹세하노니 장차 모압은 소돔 같으며 암몬 자손은 고모라 같을 것이라 찔레가 나며 소금 구덩이가 되어 영원히 황폐하리니 내 백성의 남은 자들이 그들을 노략하며 나의 남은 백성이 그것을 기업으로 얻을 것이라(2/9)
11)시온의 딸아 노래할 지어다 이스라엘아 기쁘게 부를지어다 예루살렘 딸아 전심으로 기뻐하며 즐거워할 지어다(3/14)
12)여호와가 네 형벌을 제거하였고 네 원수를 쫓아냈으며 이스라엘 왕 여호와가 네 가운데 계시니 네가 다시는 화를 당할까 두려워하지 아니할 것이라(3/15)
13그날에 사람이 예루살렘에 이르기를 두려워하지 말라 시온아 네 손을 늘어뜨리지 말라(3/16)
14)너의 하나님 여호와가 너의 가운데에 계시니 그는 구원을 베푸실 전능 자이시라 그가 너로 말미암아 기쁨을 이기지 못하시며 너를 잠잠히 사랑하시며 너로 말미암아 즐거이 부르며 기뻐하시리라(3/17)
15)그 때에 내가 너를 괴롭게 하는 자를 다 벌하고 저는 자를 구원하며 쫓겨난 자를 모으며 온 세상에서 수욕 받는 자에게 칭찬과 명성을 얻게 하리라(3/19)
16)그 때에 너희에게 천하 만민 가운데서 명성과 칭찬을 얻게 하리라 여호와의 말이니라(3/20)

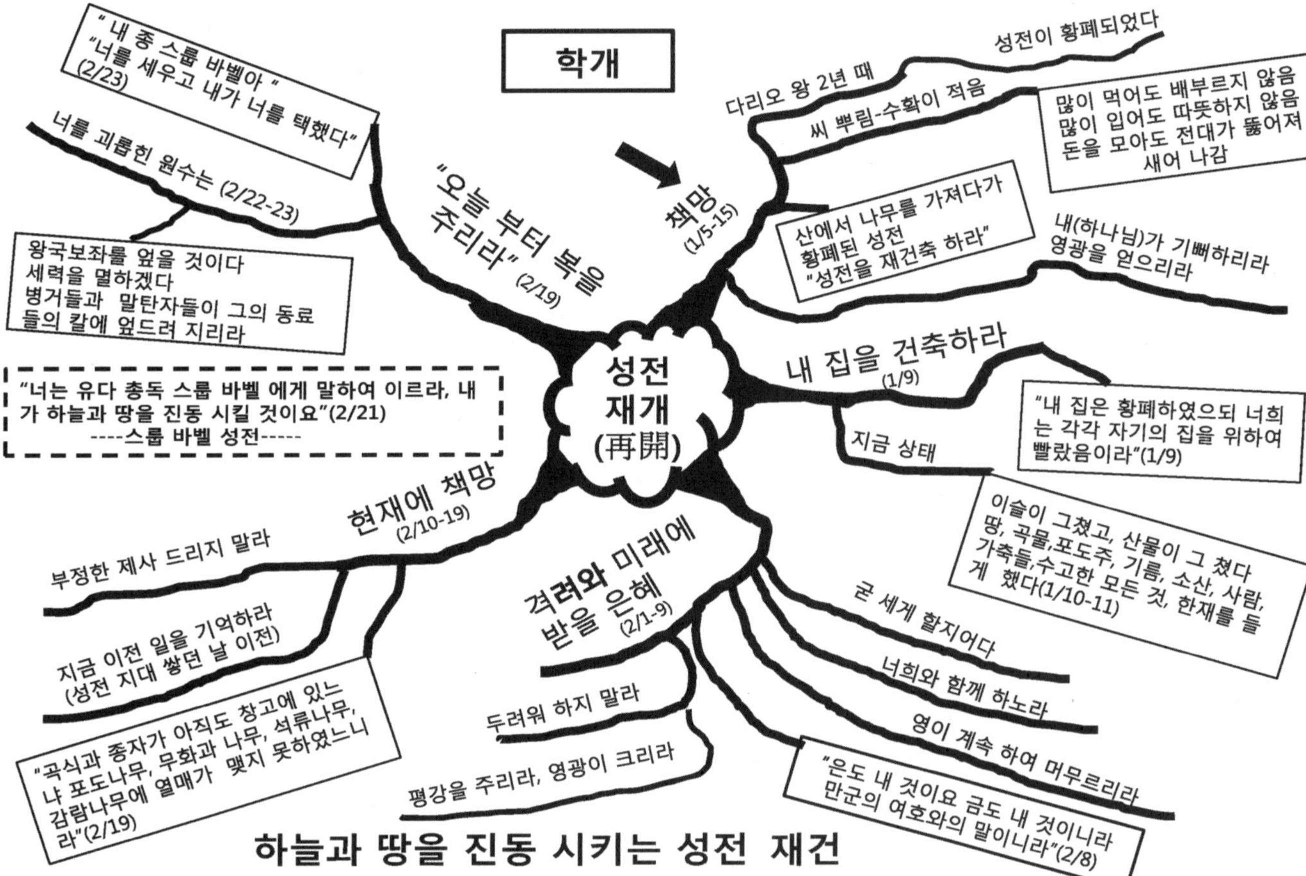

학개
성전 재개 (再開)
책망 (1/5-15)
다리오 왕 2년 때
성전이 황폐되었다
씨 뿌림-수확이 적음
많이 먹어도 배부르지 않음 많이 입어도 따뜻하지 않음 돈을 모아도 전대가 뚫어져 새어 나감
산에서 나무를 가져다가 황폐된 성전 "성전을 재건축 하라"
내(하나님)가 기뻐하리라 영광을 얻으리라
내 집을 건축하라 (1/9)
지금 상태
"내 집은 황폐하였으되 너희는 각각 자기의 집을 위하여 빨랐음이라"(1/9)
이슬이 그쳤고, 산물이 그 쳤다 땅, 곡물,포도주, 기름, 소산, 사람, 가축들,수고한 모든 것, 한재를 들게 했다(1/10-11)
격려와 미래에 받을 은혜 (2/1-9)
굳 세게 할지어다
너희와 함께 하노라
영이 계속 하여 머무르리라
"은도 내 것이요 금도 내 것이니라 만군의 여호와의 말이니라"(2/8)
두려워 하지 말라
평강을 주리라, 영광이 크리라
현재에 책망 (2/10-19)
부정한 제사 드리지 말라
지금 이전 일을 기억하라 (성전 지대 쌓던 날 이전)
"곡식과 종자가 아직도 창고에 있느냐 포도나무, 무화과 나무, 석류나무, 감람나무에 열매가 맺지 못하였느니라"(2/19)
"오늘 부터 복을 주리라" (2/19)
" 내 종 스룹 바벨아 " "너를 세우고 내가 너를 택했다" (2/23)
너를 괴롭힌 원수는 (2/22-23)
왕국보좌를 엎을 것이다 세력을 멸하겠다 병거들과 말탄자들이 그의 동료들의 칼에 엎드려 지리라
"너는 유다 총독 스룹 바벨 에게 말하여 이르라, 내가 하늘과 땅을 진동 시킬 것이요"(2/21)
----스룹 바벨 성전-----
하늘과 땅을 진동 시키는 성전 재건

성경 해설(학개-축제, 명절)

저자 ; 학개. 주제 : 성전을 재건 하라. 기장 : 예루살렘. 기연 : BC520. 대상 :예루살렘 사람들과 귀국한 포로 인들
배경 : 예루 살렘BC520 스룹바벨과 함께 귀국한 사람. 제2성전(스룹바벨 성전).
학개 : 나의 절일(축제), 여호와의 절기. 핵심 : 기쁨의 축제일

Message

1)내 집이 황폐 되었다(1/9)
"산에 올라 가서 나무를 가져다가 성전을 건축하라. 그리하면 내가 기뻐 하고 영광을 얻으리라"(1/8)
2)하늘과 땅을 진동 시키는 성전 건축(재건축)(2/21)
3)"은도 내 것이요 금도 내 것이니라 만군의 여호와의 말이니라"(2/8)
4)원수에게 보복(2/22)
너를 괴롭힌 자를 칼에 엎드리게 하리라.
5)학개-선지자
여호수아-제사장
스룹바벨-지도자
} 성전을 세우다.

※황폐된 성전을 세워라.

말씀으로 기도하기(학개)

(다리오 왕 때)

1)나 만군의 여호와가 말하노라 이것이 무슨 까닭이냐 내 집은 황폐하였으되 너희는 각각 자기의 집을 짓기 위하여 빨랐음이라(1/9)

2)은도 내 것이요 금도 내 것이니라 만군의 여호와의 말이니라(2/8)

3)너희는 오늘 이전을 기억하라 아홉째 달 이십사 일 곧 여호와의 성전 지대를 쌓던 날부터 기억하여 보라(2/18)

4)곡식 종자가 아직도 창고에 있느냐 포도나무, 무화과나무, 석류나무, 감람나무에 열매가 맺히지 못하였느니라 그러나 오늘 부터는 내가 너희에게 복을 주리라(2/19)

5)스알디엘의 아들 내 종 스룹바벨아 여호와가 말하노라 그날에 내가 너를 세우고 너를 인장으로 삼으리니 이는 내가 너를 택하였음이니라 만군의 여호와의 말이니라 하시니라(2/23)

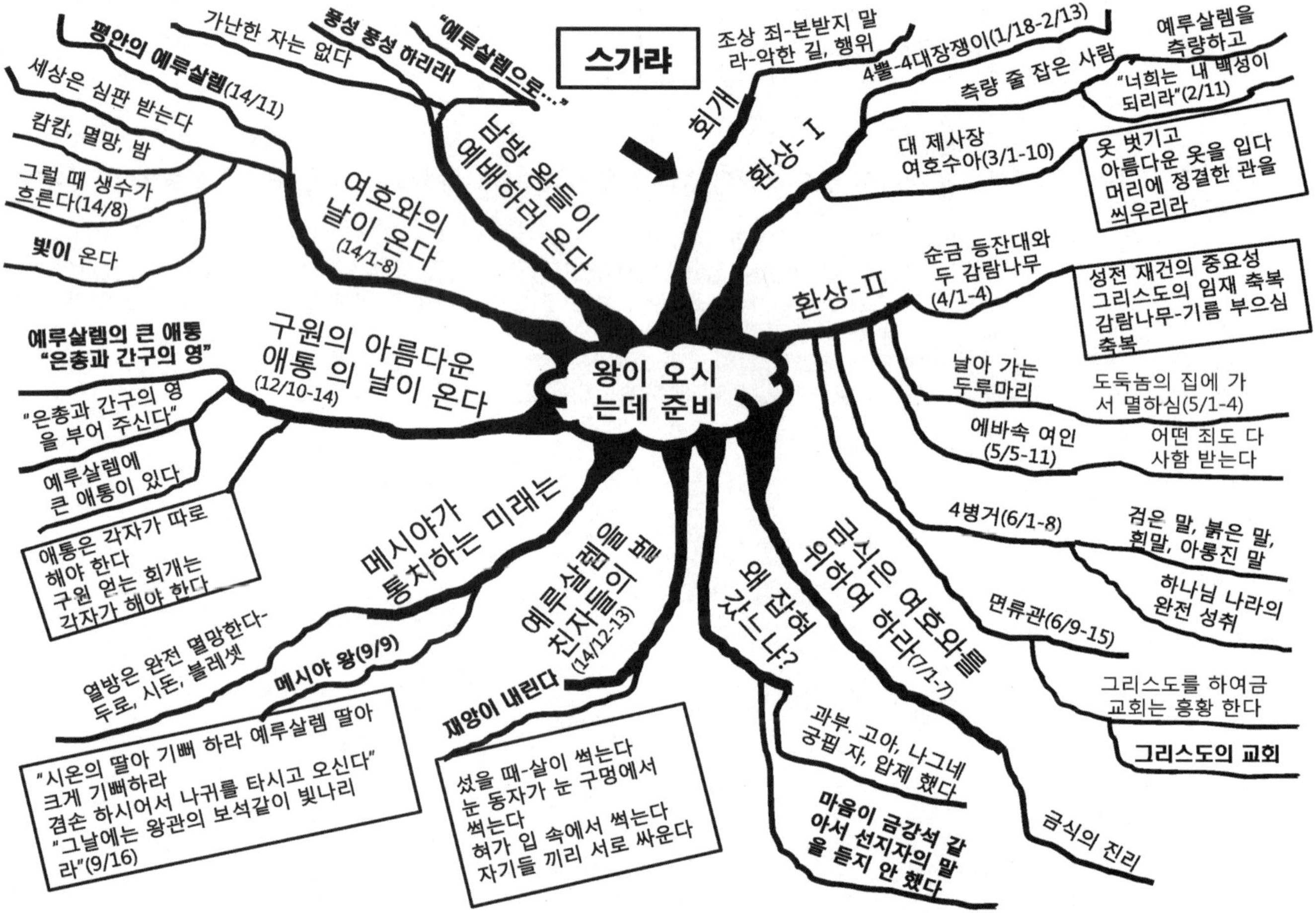
스가랴
왕이 오시는데 준비
회개
조상 죄-본받지 말라-악한 길, 행위
환상-I
4뿔-4대장쟁이(1/18-2/13)
측량 줄 잡은 사람
예루살렘을 측량하고
"너희는 내 백성이 되리라"(2/11)
대 제사장 여호수아(3/1-10)
옷 벗기고 아름다운 옷을 입다 머리에 정결한 관을 씌우리라
환상-II
순금 등잔대와 두 감람나무(4/1-4)
성전 재건의 중요성 그리스도의 임재 축복 감람나무-기름 부으심 축복
날아 가는 두루마리
도둑놈의 집에 가서 멸하심(5/1-4)
에바속 여인(5/5-11)
어떤 죄도 다 사함 받는다
4병거(6/1-8)
검은 말, 붉은 말, 흰말, 아롱진 말
하나님 나라의 완전 성취
면류관(6/9-15)
그리스도를 하여금 교회는 흥황 한다
그리스도의 교회
금식은 여호와를 위하여 하라(7/1-7)
금식의 진리
왜 잡혀 갔느냐?
과부, 고아, 나그네 궁핍 자, 압제 했다
마음이 금강석 같아서 선지자의 말을 듣지 안 했다
예루살렘을 치는 자들의 (14/12-13)
재앙이 내린다
섰을 때-살이 썩는다 눈 동자가 눈 구멍에서 썩는다 혀가 입 속에서 썩는다 자기들 끼리 서로 싸운다
메시야가 통치하는 미래는
메시야 왕(9/9)
열방은 완전 멸망한다-두로, 시돈, 블레셋
"시온의 딸아 기뻐 하라 예루살렘 딸아 크게 기뻐하라 겸손 하시어서 나귀를 타시고 오신다" "그날에는 왕관의 보석같이 빛나리라"(9/16)
구원의 아름다운 애통 의 날이 온다 (12/10-14)
예루살렘의 큰 애통 "은총과 간구의 영"
"은총과 간구의 영을 부어 주신다"
예루살렘에 큰 애통이 있다
애통은 각자가 따로 해야 한다 구원 얻는 회개는 각자가 해야 한다
여호와의 날이 온다 (14/1-8)
평안의 예루살렘(14/11)
세상은 심판 받는다
캄캄, 멸망, 밤
그럴 때 생수가 흐른다(14/8)
빛이 온다
가난한 자는 없다
남방 왕들이 예배하러 온다
풍성 풍성 하리라!
"예루살렘으로..."

성경 해설(스가랴)

저자 : 스가랴.　주제 : 온 땅의 통치자.　기연 : BC520-480.　기장 : 예루살렘.
배경 : 예루살렘 재건BC520-518. 재건 후BC480-470.
핵심 : 만왕의 왕 만주의 주 되신 하나님 께서 온 땅을 다스리신다

Message

1)주의 일을 한 여호수아가 받는 영광(3/1-5) : 새 옷을 입고 관을 쓴다.
2)말씀을 듣지 않는 자(이스라엘)는 금강석 같다.
그래서 포로로 잡혀갔다(7/8-14) : 말씀운동 하라.
3)이스라엘을 친자는 그만 두지 않겠다.
큰 재앙-산 사람의 눈알이 썩는다. 혀가 썩는다(14/12-13)
불신자의 상태다.
4)구원의 기쁨(9/9)
메시야 오신다, 기뻐하라.
5)"은총과 간구의 영". "아름다운 애통이 온다"(12/10-14)
애통은 각각(各各)이다(마5/2-4)
"애통 하는 자는 복이 있나니....위로를 받을 것이요."
6)세상 나라는 큰 심판을 받는다(14/1-13)
7)아름다운 나라(14/14-21) : 극치의 복
8)예배는 중요하다. 예배하지 않는 자는 벌을 받는다(14/18)
예배의 중요성이다.

말씀으로 기도하기(스가랴)

다리오 왕 2년 때
1)여호와가 너희 조상들에게 심히 진노하였느니라(1/2)
2)만군의 여호와께서 말씀하시되 이는 힘으로 되지 아니하며 능력으로 되지 아니하고 오직 나의 영으로 되느니라(4/6)
3)그 마음을 금강석 같게 하여 율법과 만군의 여호와가 그의 영으로 옛 선지자들을 통하여 전한 말을 듣지 아니하므로 큰 진노가 만군의 여호와께로부터 나왔도다(7/12)
4)시온의 딸아 크게 기뻐할 지어다 예루살렘의 딸아 즐거이 부를 지어다 보라 네 왕이 네게 임하시나니 그는 공의로우시며 구원을 베푸시며 겸손하여서 나귀를 타시나니 나귀의 작은 것 곧 나귀 새끼니라(9/9)
5)내가 다윗의 집과 예루살렘 주민에게 은총과 간구하는 심령을 부어 주리니 그들이 그 찌른 바 그를 바라보고 그를 위하여 애통하기를 독자를 위하여 애통하듯 하며 그를 위하여 통곡하기를 장자를 위하여 통곡하듯 하리로다(12/10)
6)그 날에 예루살렘에 큰 애통이 있으리니 므깃도 골짜기 하다드림몬에 있던 애통과 같을 것이라(12/11)
7)온 땅 각 족속들이 따로 애통하되 다윗의 족속이 따로 하고 그들의 아내들이 따로 하며 나단의 족속이 따로 하고 그들의 아내들이 따로 하며 레위의 족속이 따로 하고 그들의 아내들이 따로 하며 시므이의 족속이 따로 하고 그들의 아내들이 따로 하며 모든 남은 족속도 각기 따로 하고 그들의 아내들이 따로 하리라(12/12-14)
8)그날에 내가 우상의 이름을 이 땅에서 끊어서 기억도 되지 못하게 할 것이며 거짓 선지자와 더러운 귀신을 이 땅에서 떠나게 할 것이라(13/2)
9)내가 그 삼분의 일을 불 간운데에 던져 은같이 연단하며 금같이 시험 할 것이라 그들이 내 이름을 부르리니 내가 들을 것이며 나는 말하기를 이는 내 백성이라 할 것이요 그들은 말하기를 여호와는 내 하나님이시라 하리라(13/9)
10)그날에는 빛이 없겠고 광명한 것들이 떠날 것이라(14/6)
11)여호와께서 아시는 한 날이 있으리니 낮도 아니요 밤도 아니라 어두워 갈 때에 빛이 있으리로다(14/7)
12)그날에 생수가 예루살렘에서 솟아나서 절반은 동해로 절반은 서해로 흐를 것이라 여름에도 겨울에도 그러하리라(14/8)
13)사람이 그 가운데에 살며 다시는 저주가 있지 아니하리니 예루살렘이 평안히 서리로다(14/11)
14)예루살렘을 친 모든 백성에게 여호와께서 내리실 재앙은 이러하니 곧 섰을 때에 그들의 살이 썩으며 그들의 눈동자가 눈구멍 속에서 썩으며 그들의 혀가 입 속에서 썩을 것이요(14/12)
15)그날에 여호와께서 그들을 크게 요란하게 하시리니 피차 손으로 붙잡으며 피차 손을 들어 칠 것이며(14/13)
16)예루살렘을 치러 왔던 이방 나라들 중에 남은 자가 해마다 올라와서 그 왕 만군의 여호와께 경배하며 초막절을 지킬 것이라(14/16)
17)땅에 있는 족속들 중에 그 왕 만군의 여호와께 경배하러 예루살렘에 올라오지 아니하는 자들에게는 비를 내리지 아니하실 것이라(14/17)
18)그날에는 만군의 여호와의 전에 가나안 사람이 다시 있지 아니하리라(14/21)

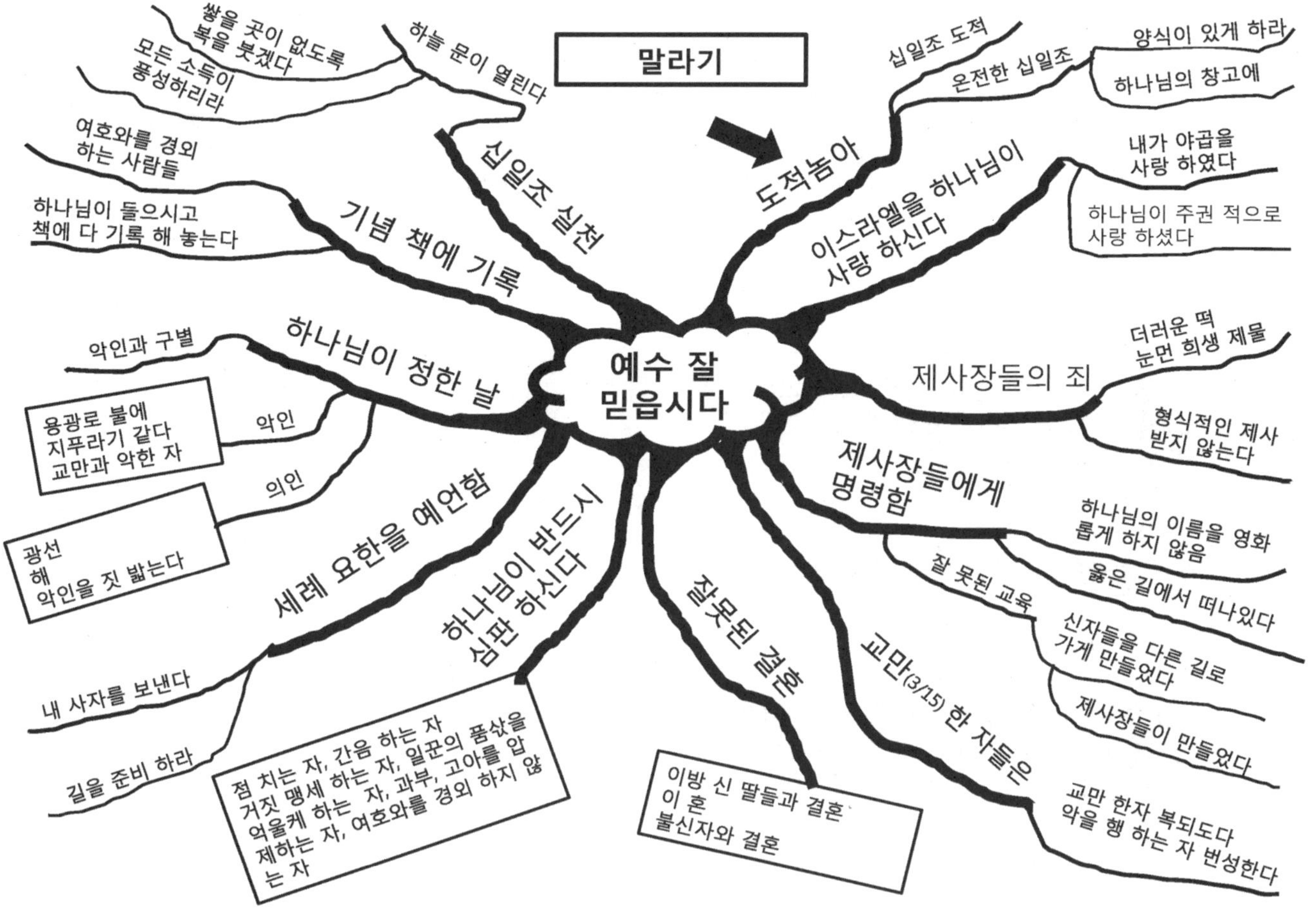
말라기
예수 잘 믿읍시다
십일조 실천
하늘 문이 열린다
쌓을 곳이 없도록 복을 붓겠다
모든 소득이 풍성하리라
기념 책에 기록
여호와를 경외 하는 사람들
하나님이 들으시고 책에 다 기록 해 놓는다
하나님이 정한 날
악인과 구별
악인
용광로 불에 지푸라기 같다 교만과 악한 자
의인
광선 해 악인을 짓 밟는다
세례 요한을 예언함
내 사자를 보낸다
길을 준비 하라
하나님이 반드시 심판 하신다
점 치는 자, 간음 하는 자 거짓 맹세 하는 자, 일꾼의 품삯을 억울케 하는 자, 과부, 고아를 압제하는 자, 여호와를 경외 하지 않는 자
잘못된 결혼
이방 신 딸들과 결혼 이 혼 불신자와 결혼
교만(3/15) 한 자들은
교만 한자 복되도다 악을 행 하는 자 번성한다
제사장들에게 명령함
하나님의 이름을 영화롭게 하지 않음
옳은 길에서 떠나있다
잘 못된 교육
신자들을 다른 길로 가게 만들었다
제사장들이 만들었다
제사장들의 죄
더러운 떡 눈먼 희생 제물
형식적인 제사 받지 않는다
이스라엘을 하나님이 사랑 하신다
내가 야곱을 사랑 하였다
하나님이 주권 적으로 사랑 하셨다
도적놈아
십일조 도적
온전한 십일조
양식이 있게 하라
하나님의 창고에

성경 해설(말라기)

저자 : 말라기.   주제 : 형식적인 신앙 각성과 여호와 경외.   기장 : 예루살렘.
배경 : 선지자-에스라(귀환 때-BC433-432).   핵심 : 그 큰 날(종말)

Message

1)도적 놈아(3/8-10)
2)하나님의 주권적 사랑(1/2-5)
3)목사 들아 정신 차려라(2/1-9)
4)잘 못된 결혼(2/11)
5)교만(3/15)
6)반드시 심판 하신다(3/5)
7)길을 준비 하는자 파송하겠다(4/5)
어둡기 전에 보내겠다.
8)하나님이 정한 날(3/2)
9)의인은 빛나리라(4/2)
10)하나님의 기념 책에 기록 되어 있다(3/16)
11)성도는 심판하는 자다(4/3)
"악인을 짓 밟는다." 할렐루야!

말씀으로 기도하기(말라기)

(이스라엘에게 경고함)

1)여호와께서 어떻게 나를 사랑하셨는가
에서는 야곱의 형이 아니냐 그러나 내가 야곱을 사랑하였고 에서는 미워하였다(1/2-3)

2)너희가 더러운 떡을 나의 제단에 드리고
너희가 눈 먼 희생 제물을 바쳤다(1/7-8)

3)제사장은 만군의 여호와의 사자가 됨이거늘 너희는 옳은 길에서 떠나 많은 사람을 율법에 거스르게 하는도다
너희가 내 길을 지키지 아니하고 율법을 행할 때에 사람에게 치우치게 하였으므로 나도 너희로 하여금 모든 백성 앞에서 멸시와 천대를 당하게 하였느니라(2/7-9)

4)만군의 여호와가 이르노라 보라 내가 내 사자를 보내리니 그가 내 앞에서 길을 준비할 것이요 또 너희가 구하는 바 주가 갑자기 그의 성전에 임하시리니 곧 너희가 사모하는 바 언약의 사자가 임하실 것이라(3/1)

5)그가 임하시는 날을 누가 능히 당하며 그가 나타나는 때에 누가 능히 서리요 그는 금을 연단하는 자의 불과 표백하는 자의 잿물과 같을 것이라(3/2)

6)그가 레위자손을 깨끗하게 하되 금, 은 같이 그들을 연단하리니 그들이 공의로운 제물을 나 여호와께 바칠 것이라(3/3)

7)내가 심판하러 너희에게 임할 것이라 점치는 자에게와 간음하는 자에게와 거짓 맹세하는 자에게와 품꾼의 삯에 대하여 억울하게 하며 과부와 고아를 압제하며 나그네를 억울하게 하며 나를 경외하지 아니하는 자들에게 속히 증언하리라 만군의 여호와가 말하였느니라(3/5)

8)하나님의 것을 도둑질하였다~~십일조와 봉헌 물이라(3/8)

9)만군의 여호와가 이르노라 너희 온전한 십일조를 창고에 들여 나의 집에 양식이 있게 하고~~내가 하늘 문을 열고 너희에게 복을 쌓을 곳이 없도록 붓지 아니하나 보라(3/10)

10)지금 우리는 교만한자가 복되도다 하며 악을 행하는 자가 번성하며 하나님을 시험하는 자가 화를 면한다 하노라(3/15)

11)그 때 여호와를 경외하는 자들이 피차에 말하매 여호와께서 그것을 분명히 들으시고 여호와를 경외하는 자와 그 이름을 존중히 여기는 자를 위하여 여호와 앞에 있는 기념 책에 기록하셨느니라(3/16)

12)만군의 여호와가 이르노라 보라 용광로 불 같은 날이 이르리니 교만한 자와 악을 행하는 자는 다 지푸라기 같을 것이라 그 이르는 날에 그들을 살라 그 뿌리와 가지를 남기지 아니할 것이로되 내 이름을 경외하는 너희에게는 공의로운 해가 떠올라서 치료하는 광선을 비추리니 너희가 나가서 외양간에서 나온 송아지 같이 뛰리라(4/1-2)

13)너희가 악인을 밟을 것이니 그들이 내가 정한 날에 너희 발바닥 밑에 재와 같으리라 만군의 여호와의 말이니라(4/3)

14)내가 호렙에서 온 이스라엘을 위하여 내 종 모세에게 명령한 법 곧 율례와 법도를 기억하라(4/4)

15)크고 두려운 날이 이르기 전에 내가 선지자 엘리야를 너희에게 보내리니(4/5)

신약전서

복음서와 역사서

마태 복음(마)

마가 복음(막)

누가 복음(눅)

요한 복음(요)

시도행전(행) (역사서)

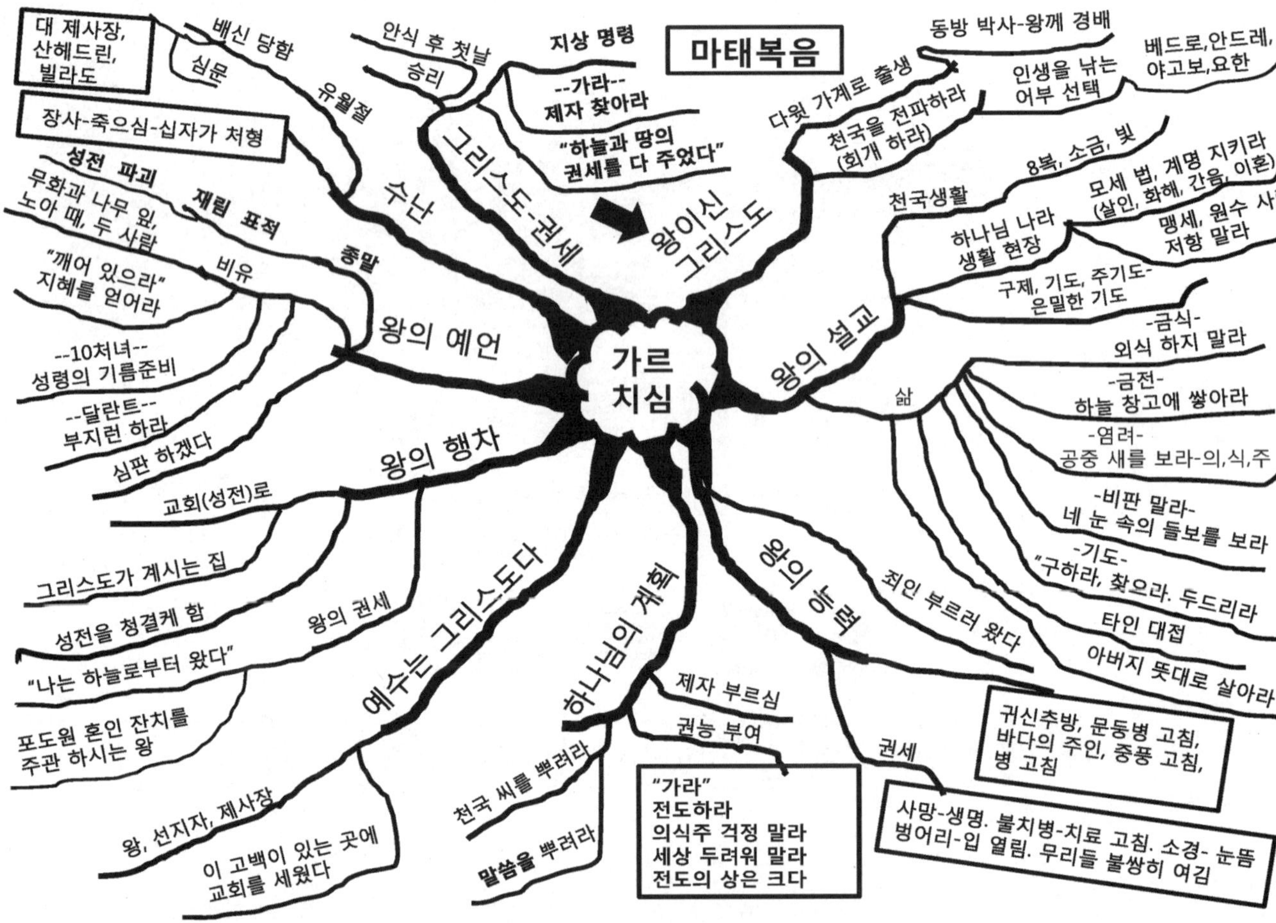
마태복음
가르 치심
수난
대 제사장, 산헤드린, 빌라도
배신 당함
심문
유월절
장사-죽으심-십자가 처형
그리스도-권세
안식 후 첫날
승리
지상 명령
--가라-- 제자 찾아라
"하늘과 땅의 권세를 다 주었다"
왕이신 그리스도
다윗 가계로 출생
동방 박사-왕께 경배
천국을 전파하라 (회개 하라)
인생을 낚는 어부 선택
베드로,안드레, 야고보,요한
왕의 설교
천국생활
8복, 소금, 빛
하나님 나라 생활 현장
모세 법, 계명 지키라 (살인, 화해, 간음, 이혼)
맹세, 원수 사랑, 저항 말라
구제, 기도, 주기도- 은밀한 기도
삶
-금식- 외식 하지 말라
-금전- 하늘 창고에 쌓아라
-염려- 공중 새를 보라-의,식,주
-비판 말라- 네 눈 속의 들보를 보라
-기도- "구하라, 찾으라. 두드리라
타인 대접
아버지 뜻대로 살아라
왕의 능력
죄인 부르러 왔다
권세
귀신추방, 문둥병 고침, 바다의 주인, 중풍 고침, 병 고침
사망-생명. 불치병-치료 고침. 소경- 눈뜸 벙어리-입 열림. 무리들 불쌍히 여김
하나님의 계획
제자 부르심
권능 부여
"가라" 전도하라 의식주 걱정 말라 세상 두려워 말라 전도의 상은 크다
천국 씨를 뿌려라
말씀을 뿌려라
예수는 그리스도다
왕, 선지자, 제사장
이 고백이 있는 곳에 교회를 세웠다
왕의 행차
교회(성전)로
그리스도가 계시는 집
성전을 청결케 함
왕의 권세
"나는 하늘로부터 왔다"
포도원 혼인 잔치를 주관 하시는 왕
왕의 예언
성전 파괴
무화과 나무 잎, 노아 때, 두 사람
재림 표적
종말
비유
"깨어 있으라" 지혜를 얻어라
--10처녀-- 성령의 기름준비
--달란트-- 부지런 하라
심판 하겠다

성경 해설(마태복음)

저자 : 마태.　주제 : 왕으로 오신 메시야.　기연 : AD60-65.　기장 : 팔레스틴
대상 : 유대인.　배경 : AD30.　핵심 : 王.　예수, 메시야

Message

1)임마누엘 : 하나님이 함께 하신다(1/23)
2)세례요한의 외침 : 회개하라(3/2-7)
3)사람은 하나님의 말씀으로 산다(4/4)
4)예수 그리스도 : 회개하라 천국이 가까이 왔다(4/17)
5)왕의 설교 ; 천국 생활-소금, 빛, 8복(5/1-16)
하나님나라의 헌장(5/17-32)
생활(5/33-7/29)
6)왕의 능력(8/1-9/38)
7)왕의 계획 : 제자 부르심-전도 하라(10/1-11/30)
8)말씀의 능력(13/1-50)
9)사람들은 입으로 그것을 토한다 : 사람 속에 들어 있는 것을 (15/17-20)
10)왕의 능력(14/13-21, 15/32-39)
11)왕의 현현(17/1-8)
12)왕의 뜻(16/16) : 그리스도
13)왕의 약속(20/1-16) : 구원이란 것은 하나님의 약속이다.
14)성전은 기도 하는 집이다(21/12-13) : 교회를 강도의 소굴로 만들었다.
15)왕의 명령(21/18-22)
16)왕의 청첩장(22/1-14) : 참석 치 않으면 다 불지른다.
17)큰 계명 ; "하나님을 사랑 하라" 네 이웃을 사랑하라 (22/36-40)
18)지도자를 책망하시다(23/1-39)
"독사의 새끼들아" 인기, 명예, 외식, 잘못된 설교, 이중 인격적인 자들은 화 있으리라.
19)왕의 예언(24/1-51)
징조, 환란 때 인자가 오리라-나팔 소리 때 영광과 통곡이 있다. 택한 자는 다 모으리라. 그 때를 아무도 모른다.
20)왕이 주는 메시지(25/1-46) : 달란트 비유는 열심히 살아라.
21)왕을 섬기는 자 : 복을 받는다(25/31-40)-영생의 복
22)성도가 성도를 괴롭힌다(26/10) : 향유 붓는 여자를 괴롭힘
23)성찬(26/17-30) : 잔은 구원의 증표다.
그 사람은 확실히 천국에 들어 간다.
24)예수 그리스도는 권능으로 구름을 타고 오신다. (26/64)
25)왕으로써 큰 권세로(28/1-10)
26)왕의 지상 명령(28/18-20)
전도하라. "너희와 항상 함께하리라."

말씀으로 기도하기-1(마태복음)

1)보라 처녀가 잉태하여 아들을 낳을 것이요 그의 이름은 임마누엘이라 하리라(1/23)
2)헤롯 왕과 온 예루살렘이 듣고 소동한지라(2/3)
3)회개하라 천국이 가까이 왔느니라(3/2)
4)사람이 떡으로만 살 것이 아니요 하나님의 입으로 부터 나오는 모든 말씀으로 살 것이라(4/4)
5)기록 되었으되 주 너의 하나님을 시험하지 말라 하였느니라(4/7)
6)사탄아 물러 가라 기록 되었으되 주 너의 하나님께 경배하고 다만 그를 섬기라(4/10)
7)예수께서 이르시되 회개하라 천국이 가까이 왔느니라(4/17)
8)나를 따라오라 내가 너희를 사람을 낚는 어부가 되게 하리라(4/19)
9)심령이 가난한 자는 복이 있나니 천국이 그들의 것 임이요(5/3)
10)애통하는 자는 복이 있나니 그들이 위로를 받을 것 임이요(5/4)
11)온유한 자는 복이 있나니 그들이 땅을 기업으로 받을 것 임이요(5/5)
12)의에 주리고 목마른 자는 복이 있나니 그들이 배부를 것 임이요(5/6)
13)긍휼히 여기는 자는 복이 있나니 그들이 긍휼히 여김을 받을 것 임이요(5/7)
14)마음이 청결한 자는 복이 있나니 그들이 하나님을 볼것임이요(5/8)
15)화평케 하는 자는 복이 있나니 그들이 하나님의 아들이라 일컬음을 받을 것 임이요(5/9)
16)의를 위하여 박해를 받은 자는 복이 있나니 천국이 그들의 것임이라5/10)
17)나로 말미암아 너희를 욕하고 박해하고 거짓으로 너희를 거슬러 모든 악한 말을 할 때에는 너희에게 복이 있나니(5/11)
18)기뻐하고 즐거워 하라 하늘에서 너희의 상이 큼이라 너희 전에 있던 선지자들도 이같이 박해하였느니라(5/12)
19)너희는 세상의 소금이니 소금이 만일 그 맛을 잃으면 무엇으로 짜게 하리요 후에는 아무 쓸데없어 다만 밖에 버려져 사람에게 밟힐 뿐이니라(5/13)
20)너희는 세상의 빛이라 산 위에 있는 동네가 숨겨지지 못할 것이요 사람들이 등불을 켜서 말 아래에 두지 아니하고 등경 위에 두나니 이러므로 집안 모든 사람에게 비치느니라(5/14-15)
21)너희 빛이 사람 앞에 비치게 하여 그들로 너희 착한 행실을 보고 하늘에 계신 너희 아버지께서 영광을 돌리게 하라(5/16)
22)천지가 없어지기 전에는 율법의 일점일획도 결코 없어지지 아니하고 다 이루리라(5/18)
23)누구든지 이 계명 중의 지극히 작은 것 하나라도 버리고 또 그같이 가르치는 자는 천국에서 지극히 작다 일컬음을 받을 것이요 누구든지 이를 행하며 가르치는 자는 천국에서 크다 일컬음을 받으리라(5/19)
24)형제에게 노하는 자마다 심판을 받게 되고 형제를 대하여 라가라 하는 자는 공회에 잡혀가게 되고 미련 한 놈이라 하는 자는 지옥 불에 들어 가리라(5/22)

말씀으로 기도하기-2(마태복음)

25)네 오른 눈이 너로 실족하게 하거든 빼어 버리라~~네 백체중 하나가 없어지고 온 몸이 지옥에 던져지지 않는 것이 유익하며(5/29)
26)네 오른 손이 너로 실족하게 하거든 찍어버리라~~네 백 체중 하나가 없어지고 온몸이 지옥에 던져지지 않는 것이 유익하니라(5/30)
27)누구든지 아내를 버리려거든 이혼 증서를 줄 것이라(5/31)
28)누구든지 음행 한 이유 없이 아내를 버리면 이는 그로 간음하게 함이요 또 누구든지 버림을 받은 여자에게 장가드는 자도 간음 함이니라(5/32)
29)헛 맹세 하지 말라(5/33)
30)맹세 하지 말라(5/34)
31)악한 자를 대적하지 말라 누구든지 네 오른 뺨을 치거든 왼 편도 돌려대라(5/39)
32)너를 고발하여 속옷을 가지고자 하는 자에게 겉옷까지도 가지게 하라(5/40)
33)누구든지 억지로 오리를 가게 하거든 그 사람과 십 리를 동행하라(5/41)
34)네게 구하는 자에게 주며 네게 꾸고자 하는 자에게 거절하지 말라(5/42)
35)너희 원수를 사랑하며 너희를 박해하는 자를 위하여 기도하라(5/44)
36)너희가 너희를 사랑하는 자를 사랑하면 무슨 상이 있으리요 (5/46)
37)하늘에 계신 너희 아버지의 온전하심과 같이 너희도 온전 하라(5/48)
38)사람에게 보이려고 그들 앞에서 너희 의를 행하지 않도록 주의 하라 그리하지 아니하면 하늘에 계신 너희 아버지께 상을 받지 못하느니라(6/1)
39)구제 할 때 에 외식 하는 자가 사람에게서 영광을 받으려고 회당과 거리에서 하는 것 같이 너희 앞에 나팔을 불지 말라~~ 그들은 자기 상을 이미 받았느니라(6/2)
40)구제할 때에 오른 손이 하는 것을 왼손이 모르게 하여 네 구제함을 은밀하게 하라 은밀한 중에 보시는 너의 아버지께서 갚으시리라(6/3-4)
41)너는 기도할 때에 네 골방에 들어가 문을 닫고 은밀한 중에 계신 네 아버지께 기도하라 은밀한 중에 보시는 네 아버지께서 갚으 시리리라(6/6)
42)구하기 전에 너희 에게 있어야 할 것을 하나님 너희 아버지께서 아시느니라(6/8)
43)이렇게 기도하라
하늘에 계신 우리 아버지여 이름이 거룩히 여김을 받으시오며 나라가 임하시오며 뜻이 하늘에서 이루어진 것 같이 땅에서도 이루어 지이다
오늘 우리에게 일용할 양식을 주시옵고 우리가 우리에게 죄 지은 자를 사하여 준 것같이 우리 죄를 사하여 주시옵고 우리를 시험에 들게 하지 마시옵고 다만 악에서 구하시옵소서(나라와 권세와 영광이 아버지께 영원히 있사옵나이다 아멘)(6/9-13)

말씀으로 기도하기-3(마태복음)

44)너희가 사람의 잘못을 용서하지 아니하면 너희 아버지께서도 너희 잘못을 용서하지 아니하시리라(6/15)
45)금식할 때에 머리에 기름을 바르고 얼굴을 씻으라(6/17)
46)네 보물 있는 그 곳에 네 마음도 있느니라(6/21)
47)목숨을 위하여 무엇을 먹을까 무엇을 마실까 몸을 위하여 무엇을 입을까 염려하지 말라 목숨이 음식 보다 중하지 아니하며 몸이 의복보다 중하지 아니하냐(6/25)
48)공중의 새를 보라 심지도 않고 거두지도 않고 창고에 모아 들이지도 아니하되 너희 하늘 아버지께서 기르시나니 너희는 이것들보다 귀하지 아니하냐(6/26)
49)너희 중에 누가 염려함으로 그 키를 한자라도 더할 수 있겠느냐(6/27)
50)너희가 어찌 의복을 위하여 염려하느냐 들의 백합화가 어떻게 자라는가 생각하여 보라 수고도 아니하고 길쌈도 아니하느니라(6/28)
51)솔로몬의 모든 영광으로도 입은 것이 이 꽃 하나만 같지 못하였느니라(6/29)
52)오늘 있다가 내일 아궁이에 던져 지는 들풀도 하나님이 이렇게 입히시거든 하물며 너희일까 보냐 믿음이 작은 자들아(6/30)
53)염려하여 이르기를 무엇을 먹을까 무엇을 마실까 무엇을 입을까 하지 말라(6/31)
54)이모든 것이 너희에게 있어야 할 줄을 아시느니라(6/32)
55)너희는 먼저 그의 나라와 그의 의를 구하라 그리하면 이 모든 것을 너희에게 더하시리라(6/33)
56)그러므로 내일 일을 위하여 염려하지 말라 내일 일은 내일이 염려 할 것이요 한 날의 괴로움은 그날로 족하니라(6/34)
57)거룩한 것을 개에게 주지 말며 너희 진주를 돼지 앞에 던지지 말라 그들이 그것을 발로 밟고 돌이켜 너희를 찢어 상하게 할까 염려하리(7/6)
58)구하라 그리하면 너희에게 주실 것이요 찾으라 그리하면 찾아 낼 것이요 문을 두드리라 그리하면 너희에게 열릴 것이니(7/7)
59)구하는 이마다 받을 것이요 찾는 이는 찾아 낼 것이요 두드리는 이에게는 열릴 것이니라(7/8)
60)무엇이 든지 남에게 대접을 받고자 하는 대로 너희도 남을 대접하라 이것이 율법이요 선지자니라(7/12)
61)좁은 문으로 들어가라 멸망으로 인도하는 문은 크고 그 길이 넓어 그리로 들어가는 자가 많고 생명으로 인도하는 문은 좁고 길이 협착하여 찾는 자가 적음이라(7/13-14)
62)거짓 선지자들을 삼가라~~그들의 열매로 그들을 알지니~~좋은 나무마다 아름다운 열매를 맺고 못된 나무가 나쁜 열매를 맺나니(7/15-17)
63)누구든지 너희를 영접하지도 아니하고 너희 말을 듣지도 아니하거든 그 집이나 성에서 나가 너희 발의 먼지를 떨어 버리라(10/14)
64)내가 진실로 너희에게 이르노니 심판 날에 소돔과 고모라 땅이 그 성보다 견디기 쉬우니라(10/15)

말씀으로 기도하기-4(마태복음)

65)장차 형제가 형제를 아버지가 자식을 죽는 데에 내주며 자식들이 부모를 대적하여 죽게 하리라(10/21)
66)너희가 내 이름으로 말미암아 모든 사람에게 미움을 받을 것이나 끝까지 견디는 자는 구원을 얻으리라(10/22)
67)이 동네에서 너희를 박해하거든 저 동네로 피하라 내가 진실로 너희에게 이르노니 이스라엘의 모든 동네를 다 다니지 못하여서 인자가 오리라(10/23)
68)몸은 죽여도 영혼은 능히 죽이지 못하는 자들을 두려워 하지 말고 오직 몸과 영혼을 능히 지옥에 멸하실 수 있는 이를 두려워하라(10/28)
69)너희에게는 머리털까지 다 세신바 되었나니(10/30)
70)두려워 하지 말라 너희는 많은 참새보다 귀하니라(10/31)
71)아버지나 어머니를 나보다 더 사랑하는 자는 내게 합당하지 아니하고 아들이나 딸을 나보다 더 사랑하는 자도 내게 합당하지 아니하니라(10/37)
72)자기 십자가를 지고 나를 따르지 않는 자도 내게 합당하지 아니하니라(10/38)
73)자기 목숨을 얻는 자는 잃을 것이요 나를 위하여 자기 목숨을 잃는 자는 얻으리라(10/39)
74)너희를 영접하는 자는 나를 영접하는 것이요 나를 영접하는 자는 나를 보내신 이를 영접하는 것이니라(10/40)
75)선지자의 이름으로 선지자를 영접하는 자는 선지자의 상을 받을 것이요 의인의 이름으로 의인을 영접하는 자는 의인의 상을 받을 것이요(10/41)
76)누구든지 제자의 이름으로 이 작은 자 중 하나에게 냉수 한 그릇이라도 주는 자는 내가 진실로 너희에게 이르노니 그 사람이 결단코 상을 잃지 아니하리라(10/42)
77)누구든지 나로 말미암아 실족하지 아니하는 자는 복이 있도다(11/6)
78)세례 요한의 때부터 지금 까지 천국은 침노를 당하나니 침노하는 자는 빼앗느니라(11/12)
79)수고하고 무거운 짐 진 자들아 다 내게로 오라 내가 너희를 쉬게 하리라(11/28)
80)나는 마음이 온유하고 겸손하니 나의 멍에를 매고 내게 배우라 그리하면 너희 마음이 쉼을 얻으리라(11/29)
81)이는 내 멍에는 쉽고 내 짐은 가벼움이라(11/30)
82)나는 안식일의 주인이니라(12/8)
83)상한 갈대를 꺾지 아니하며 꺼져가는 심지를 끄지 아니하기를 심판하여 이길 때 까지 하리니(12/20)
84)성령을 모독하는 하는 것은 사하심을 얻지 못하느니라(12/31)
85)누구든지 말로 성령을 거역하면 이 세상과 오는 세상에서도 사하심을 얻지 못하리라(12/32)
86)독사의 자식들아 너희는 악하니 어떻게 선한 말을 할 수 있느냐 이는 마음에 가득한 것을 입으로 말함이라(12/34)
87)선한 사람은 그 쌓은 선에서 선한 것을 내고 악한 사람은 그 쌓은 악에서 악한 것을 내느니라(12/35)
88)사람이 무슨 무익한 말을 하든지 심판 날에 이에 대하여 심문을 받으리라(12/36)
89)네 말로 의롭다 함을 받고 네 말로 정죄함을 받으리라(12/37)

말씀으로 기도하기-5(마태복음)

90)입으로 들어가는 것이 사람을 더럽게 하는 것이 아니라 입에서 나오는 그것이 사람을 더럽게 하는 것이니라(15/11)
91)입에서 나오는 것들은 마음에서 나오나니 이것이야말로 사람을 더럽게 하느니라(15/18)
92)마음에서 나오는 것은 악한 생각과 살인과 간음과 음란과 도둑질과 거짓 증언과 비방이라(15/19)
93)이런 것들이 사람을 더럽게 하는 것이요 씻지 않은 손으로 먹는 것은 사람을 더럽게 하지 못 하느니라(15/20)
94)주는 그리스도시요 살아계신 하나님의 아들이시니이다(16/16)
95)내가 천국 열쇠를 네게 주리니 네가 땅에서 무엇이 든지 매면 하늘 에서도 매일 것이요 네가 땅에서 무엇이든지 풀면 하늘 에서도 풀리리라(16/19)
96)인자가 아버지의 영광으로 그 천사들과 함께 오리니 그 때에 각 사람이 행한 대로 갚으리라(16/27)
97)너희에게 믿음이 겨자씨 한 알 만큼만 있어도 이 산을 명하여 여기서 저기로 옮겨지라 하면 옮겨질 것이요 또 너희가 못 할 것이 없으리라(17/20)
98)두세 사람이 내 이름으로 모인 곳에는 나도 그들 중에 있느니라(18/20)
99)사람이 그 부모를 떠나서 아내에게 합하여 그 둘이 한 몸이 될지니라 하신 것을 읽지 못 하였느냐(19/5)
100)이제 둘이 아니요 한 몸이니 그러므로 하나님이 짝지어주신 것을 사람이 나누지 못할지니라(19/6)
101)누구든지 음행 한 이유 외에 아내를 버리고 다른 데 장가 드는 자는 간음함이니라(19/9)
102)인자가 자기영광의 보좌에 앉을 때에 나를 따르는 너희도 열두 보좌에 앉아 이스라엘 열두 지파를 심판하리라 (19/28)
103)내 집은 기도하는 집이라 일컬음을 받으리라 하였거늘 너희는 강도의 소굴을 만드는도다(21/13)
104)너희가 기도할 때에 무엇이 든지 믿고 구하는 것은 다 받으리라(21/22)
105)청함을 받은 자는 많되 택함을 입은 자는 적으니라(22/14)
106)첫째 계명--네 마음을 다하고 목숨을 다하고 뜻을 다하여 주 너의 하나님을 사랑하라(22/37)
107)둘째 계명—네 이웃을 네 자신 같이 사랑하라(22/39)
108)큰 나팔 소리와 함께 천사들을 보내리니 그들이 그의 택하신 자들을 하늘 이 끝에서 저 끝까지 사방에서 모으리라(24/31)
109)천지는 없어질지언정 내 말은 없어지지 아니하리라(24/35)
110)그 날과 그 때는 아무도 모르나니 하늘의 천사들도, 아들도 모르고 오직 아버지만 아시느니라(24/36)
111)그런즉 깨어 있으라 너희는 그 날과 그 때를 알지 못하느니라(25/18)
112)무익한 종을 바깥 어두운 데로 내 쫓으라 거기서 슬피 울며 이를 갈리라(25/30)
113)인자가 자기 영광으로 모든 천사와 함께 올 때에 자기 영광의 보좌에 앉으리니(25/31)
114)모든 민족을 그 앞에 모으고 각각 구분하기를 목자가 양과 염소를 구분하는 것같이 하여 양은 오른편에 염소는 왼편에 두리라(25/32-33)

말씀으로 기도하기-6(마태복음)

115)그 때에 임금이 그 오른편에 있는 자들에게 이르시되 내 아버지께 복 받을 자들이여 나아와 창세로부터 너희를 위하여 예비된 나라를 상속 받으라(25/34)
116)너희가 지극히 작은 자 하나에게 한 것이 곧 내게 한 것이니라(25/40)
117)이후에 인자가 권능의 우편에 앉아 있는 것과 하늘 구름을 타고 오는 것을 너희가 보리라(26/64)
118)하늘과 땅의 모든 권세를 내게 주셨으니
그러므로 너희는 가서 모든 민족을 제자로 삼아 아버지와 아들과 성령의 이름으로 세례를 베풀고
내가 너희에게 분부한 모든 것을 가르쳐 지키게 하라 볼지어다 내가 세상 끝날 까지 너희와 항상 함께 있으리라 (28/18-20)

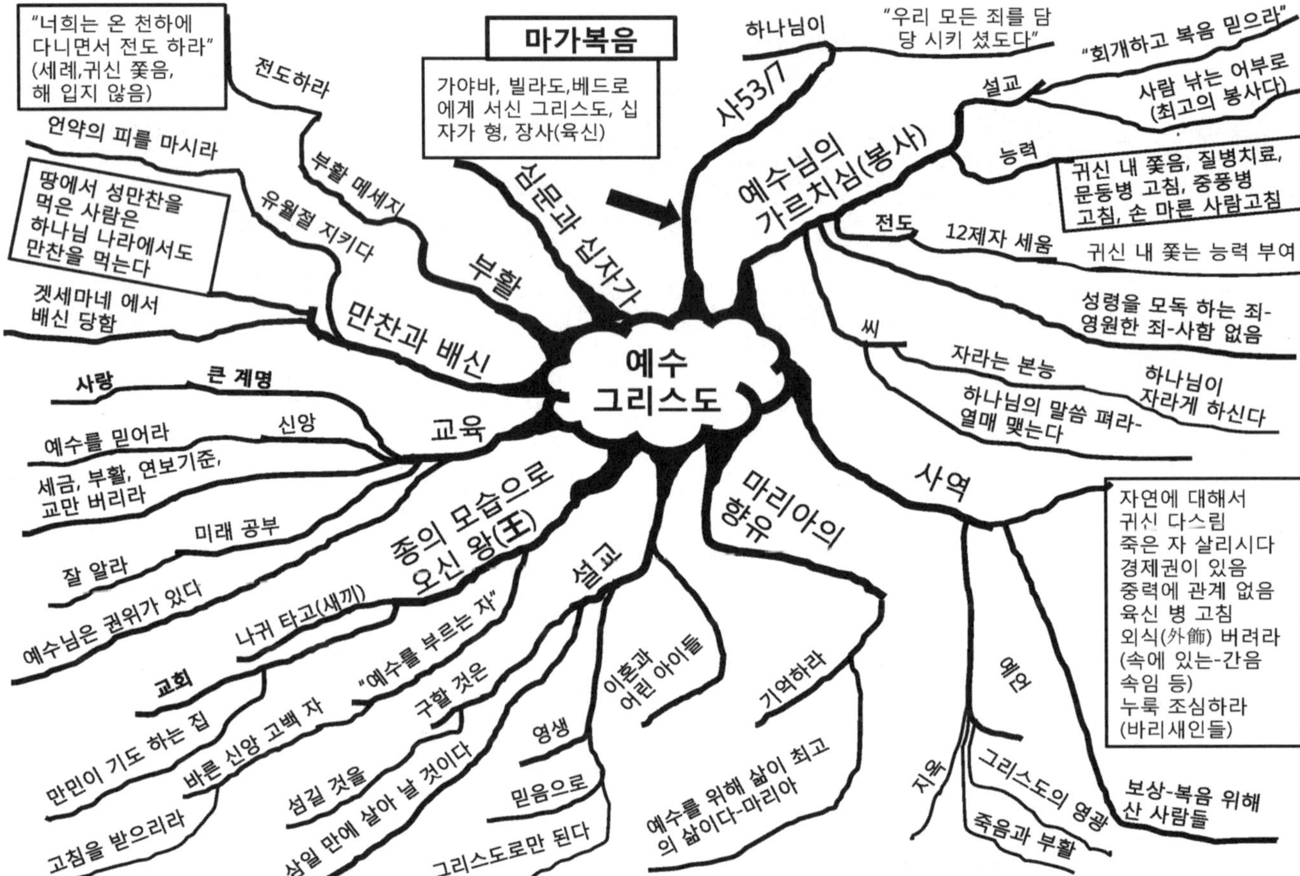

예수 그리스도
마가복음
가야바, 빌라도,베드로 에게 서신 그리스도, 십자가 형, 장사(육신)
심문과 십자가
사53/7
하나님이
"우리 모든 죄를 담당 시키 셨도다"
예수님의 가르치심(봉사)
설교
"회개하고 복음 믿으라"
사람 낚는 어부로 (최고의 봉사다)
능력
귀신 내 쫓음, 질병치료, 문둥병 고침, 중풍병 고침, 손 마른 사람고침
전도
12제자 세움
귀신 내 쫓는 능력 부여
성령을 모독 하는 죄-영원한 죄-사함 없음
씨
자라는 본능
하나님이 자라게 하신다
하나님의 말씀 펴라-열매 맺는다
사역
자연에 대해서 귀신 다스림 죽은 자 살리시다 경제권이 있음 중력에 관계 없음 육신 병 고침 외식(外飾) 버려라 (속에 있는-간음 속임 등) 누룩 조심하라 (바리새인들)
예언
지옥
그리스도의 영광
죽음과 부활
보상-복음 위해 산 사람들
마리아의 향유
기억하라
예수를 위해 삶이 최고의 삶이다-마리아
설교
이혼과 어린 아이들
영생
믿음으로
그리스도로만 된다
구할 것은
섬길 것을
삼일 만에 살아 날 것이다
종의 모습으로 오신 왕(王)
"예수를 부르는 자"
바른 신앙 고백 자
고침을 받으리라
나귀 타고(새끼)
교회
만민이 기도 하는 집
예수님은 권위가 있다
미래 공부
잘 알라
교육
큰 계명
사랑
신앙
예수를 믿어라
세금, 부활, 연보기준, 교만 버리라
만찬과 배신
겟세마네 에서 배신 당함
땅에서 성만찬을 먹은 사람은 하나님 나라에서도 만찬을 먹는다
유월절 지키다
언약의 피를 마시라
부활
부활 메세지
전도하라
"너희는 온 천하에 다니면서 전도 하라" (세례,귀신 쫓음, 해 입지 않음)

성경 해설(마가복음)

저자 : 요한 마가. 주제 : 수난 받는 종으로 오신 예수. 기장 : 로마. 기연 : AD67-70. 대상 : 그리스도인(로마)
배경 :갈릴리와 베뢰아(유다와 예루살렘) AD27-30. 내용 : 예수의 생애(10/45).
핵심 : 종이신 예수 그리스도. 기적 : 복음전파

Message

1)가까운 마을 부터 전도하라(1/38)
2)전도하기 위해 12제자 세움(3/13-15)
3)말씀운동 많이 하라(4/10-32) : 말씀운동 자꾸 하다 보면 자란다.
4)전도 방법(6/7-13)
5)늘 기도하신 하나님의 종 예수 그리스도(6/46)
6)사람들의 속 더럽다(7/15-23)
7)표적 구하는 예배는 악하다 했다. (8/11-13, 마16/1-4)
8)사명자 : 예수 그리스도의 종(목사들)은 십자가 지고 가라(8/34-38)
9)사람은 별 수 없으니 기도하라(9/29)
10)결혼 : 이혼은 결코 없다(10/8-9)
11)믿음 : "기도하고 구하는 것"에 대한 믿음을 가지라 (11/22-25)
12)외식하는 자와 상관 하지 말라(12/38-44)
13)이 세상 성전(잘못된 성전)은
다 무너진다(13/1-2)
그 때 인자가 오리라.
징조는 무화과 나무를 보라.
14)예수 그리스도의 기도와 응답 :
하나님의 뜻대로 행해졌다(14/36,15/21-25)
15)하나님의 능력으로 살리시다(16/1-8)
16)만민에게 복음을 전파하라(16/14-15)
일어나는 일들(16/16-18)
17)전도 할 때 : 하나님이 함께 하신다(16/20)

말씀으로 기도하기-1(마가복음)

1)하나님의 아들 예수 그리스도의 복음의 시작이라(1/1)
2)때가 찼고 하나님의 나라가 가까이 왔으니 회개하고 복음을 믿으라(1/15)
3)내가 너희로 사람을 낚는 어부가 되게 하리라(1/17)
4)우리가 다른 가까운 마을들로 가자 거기서도 전도하리니 내가 이를 위하여 왔노라(1/38)
5)그들의 여러 회당에서 전도하시고 또 귀신들을 내 쫓으시더라(1/39)
6)인자가 땅에서 죄를 사하는 권세가 있는 줄을 너희로 알게 하려 하노라(2/10)
7)안식일이 사람을 위하여 있는 것이요 사람이 안식일을 위하여 있는 것이 아니니(2/27)
8)열둘을 세우셨으니 이는 자기와 함께 있게 하시고 또 보내사 전도도 하며(3/14)
9)귀신을 내쫓는 권능도 가지게 하려 하심이러라(3/15)
10)누구든지 성령을 모독하는 자는 영원히 사하심을 얻지 못하고 영원한 죄가 되느니라(3/29)
11)하나님의 나라는 사람이 씨를 땅에 뿌림과 같으니 그가 밤낮 자고 깨고 하는 중에 씨가 나서 자라되 어떻게 그리 되는지를 알지 못하느니라(4/26-27)
12)열두 제자를 부르사 둘씩 둘씩 보내시며 더러운 귀신을 제어하는 권능을 주시고(6/7)
13)여행을 위하여 지팡이 이외에는 양식이나 배낭이나 전대의 돈이나 아무것도 가지지 말며 신만 신고 두벌 옷도 입지 말라(6/8-9)
14)어느 곳에서든지 너희를 영접하지 아니하고 너희 말을 듣지도 아니하거든 거기서 나갈 때에 발아래 먼지를 떨어버려 그들에게 증거를 삼으라(6/11)
15)무리를 작별 하신 후에 기도하러 산으로 가시니라(6/46)
16)무엇이든지 밖에서 사람에게로 들어가는 것은 능히 사람을 더럽게 하지 못하되 사람 안에서 나오는 것이 사람을 더럽게 하는 것이니라(7/15-16)
17)자녀의 떡을 취하여 개들에게 던짐이 마땅치 아니하니라(7/27)
18)누구든지 나를 따라오려거든 자기를 부인 하고 자기 십자가를 지고 나를 따를 것이니라(8/34)
19)누구든지 이 음란하고 죄 많은 세대에서 나와 내 말을 부끄러워하면 인자도 아버지의 영광으로 거룩한 천사들과 함께 올 때에 그 사람을 부끄러워 하리라(8/38)
20)믿음이 없는 세대여 내가 얼마나 너희와 함께 있으며 얼마나 너희에게 참으리요 그를 내게로 데려오라(9/19)
21)할 수 있거든이 무슨 말이냐 믿는 자에게는 능히 하지 못할 일이 없느니라(9/23)
22)내가 네게 명하노니 그 아이에게서 나오고 다시 들어가지 말라(9/25)
23)기도 외에 다른 것으로는 이런 종류가 나갈 수 없느니라(9/29)
24)누구든지 너희가 그리스도에게 속한 자라 하여 물 한 그릇이라도 주면 내가 진실로 너희에게 이르노니 그가 결코 상을 잃지 않으리라(9/41)
25)거기에는 구더기도 죽지 않고 불도 꺼지지 아니하느니라(9/48)

말씀으로 기도하기-2(마가복음)

26)사람마다 불로써 소금 치듯 함을 받으리라(9/49)
27)내가 진실로 너희에게 이르노니 나와 복음을 위하여 집이나 형제나 자매나 어머니나 아버지나 자식이나 전토를 버린 자는 현세에 있어 집과 형제와 자매와 어머니와 자식과 전토를 백 배나 받되 박해를 겸하여 받고 내세에 영생을 받지 못할 자가 없느니라(10/29-30)
28)하나님을 믿으라 내가 진실로 너희에게 이르노니 누구든지 이 산더러 들리어 바다에 던져지라 하며 그 말하는 것이 이루어 질 줄 믿고 마음에 의심하지 아니하면 그대로 되리라(11/22-23)
29)그러므로 내가 너희에게 말 하노니 무엇이든지 기도 하고 구하는 것은 받은 줄로 믿으라 그리하면 너희에게 그대로 되리라(11/24)
30)사람이 죽은 자 가운데서 살아날 때에는 장가도 아니 가고 시집도 아니 가고 하늘에 있는 천사들과 같으니라(12/25)
31)그들은 다 그 풍족한 중에 넣었거니와 이 과부는 그 가난한 중에서 자기의 모든 소유 곧 생활비 전부를 넣었느니라 (12/44)
32)네가 이 큰 건물들을 보느냐 돌 하나도 돌 위에 남지 않고 다 무너뜨려지리라(13/1-2)
33)너희가 사람의 미혹을 받지 않도록 주의 하라(13/5)
34)민족이 민족을 나라가 나라를 대적하여 일어나겠고 곳곳에 지진이 있으며 기근이 있으리니 이는 재난의 시작이니라(13/8)
35)복음이 먼저 만국에 전파되어야 할 것이니라(13/10)
36)형제가 형제를, 아버지가 자식을 죽는 데에 내주며 자식들이 부모를 대적하여 죽게 하리라(13/12)
37)이 일이 겨울에 일어 나지 않도록 기도하라(13/18)
38)어떤 사람이~~ 보라 그리스도가 여기 있다 보라 저기 있다 하여도 믿지 말라(13/21)
39)거짓 그리스도들과 거짓 선지자들이 일어나서 이적과 기사를 행하여 할 수만 있으면 택하신 자들을 미혹하려 하리라(13/22)
40)너희는 삼가라 내가 모든 일을 너희에게 미리 말하였노라(13/23)
41)그 때에 그 환난 후에 해가 어두워 지며 달이 빛을 내지 아니하며
별들이 하늘에서 떨어지며 하늘에 있는 권능들이 흔들리리라
그 때에 인자가 구름을 타고 큰 권능과 영광으로 오는 것을 사람들이 보리라
또 그 때에 그가 천사들을 보내어 자기가 택하신 자들을 땅끝으로 부터 하늘 끝까지 사방에서 모으리라(13/24-27)
42)무화과나무의 비유를 배우라 그 가지가 연하여지고 잎사귀를 내면 여름이 가까운 줄 아나니(13/28)
43)내가 진실로 너희에게 말 하노니 이 세대가 지나가기 전에 이 일이 다 일어나리라(13/30)
44)천지는 없어지겠으나 내 말은 없어지지 아니하리라(13/31)
45)그 날과 그 때는 아무도 모르나니 하늘에 있는 천사들도, 아들도 모르고 아버지만 아시느니라(13/32)
46)주의하라 깨어 있으라 그 때가 언제인지 알지 못함이라(13/33)
47)그 가 홀연히 와서 너희가 자는 것을 보지 않도록 하라(13/36)

말씀으로 기도하기-3(마가복음)

38)내가 그니라 인자가 권능자의 우편에 앉은 것과 하늘 구름을 타고 오는 것을 너희가 보리라(14/62)
39)엘리 엘리 라마 사박다니 하시니(나의 하나님 나의 하나님 어찌하여 나를 버리셨나이까)(15/34)
40)너희는 온 천하에 다니며 만민에게 복음을 전파하라 (16/15)
41)믿고 세례를 받는 사람은 구원을 얻을 것이요 믿지 않는 사람은 정죄를 받으리라(16/16)
42)믿는 자들에게는 이런 표적이 따르리니 곧 그들이 내 이름으로 귀신을 쫓아 내며 새 방언을 말하며(16/17)
43)뱀을 집어올리며 무슨 독을 마실 지라도 해를 받지 아니하며 병든 사람에게 손을 얹은즉 나으리라(16/18)
44)제자들이 나가 두루 전파할새 주께서 함께 역사하사 그 따르는 표적으로 말씀을 확실히 증언 하시니라(16/20)

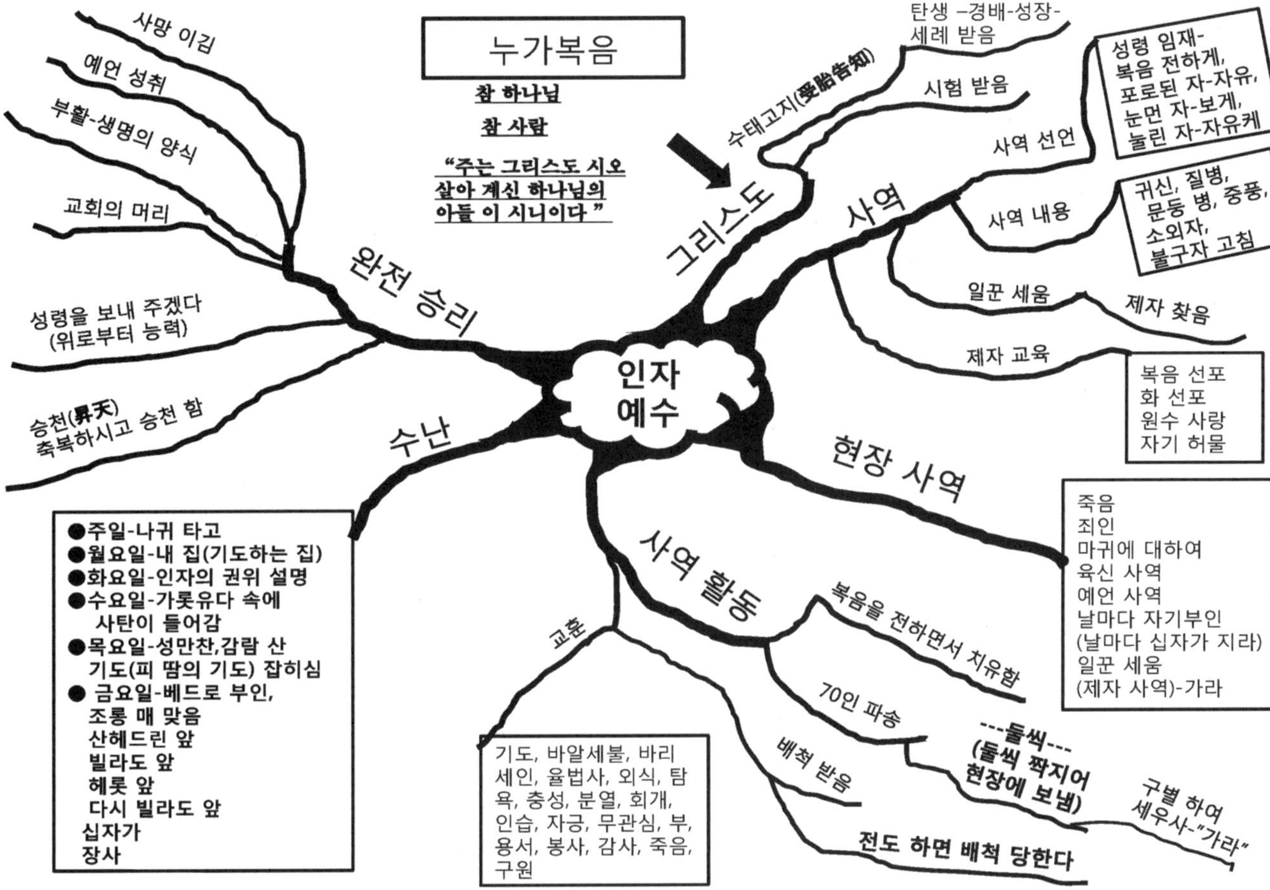
누가복음
참 하나님
참 사람
"주는 그리스도 시오 살아 계신 하나님의 아들 이 시니이다 "
인자 예수
그리스도
수태고지(受胎告知)
탄생 –경배-성장-세례 받음
시험 받음
사역
사역 선언
성령 임재-복음 전하게, 포로된 자-자유, 눈먼 자-보게, 눌린 자-자유케
사역 내용
귀신, 질병, 문둥 병, 중풍, 소외자, 불구자 고침
일꾼 세움
제자 찾음
제자 교육
복음 선포
화 선포
원수 사랑
자기 허물
현장 사역
죽음
죄인
마귀에 대하여
육신 사역
예언 사역
날마다 자기부인
(날마다 십자가 지라)
일꾼 세움
(제자 사역)-가라
사역 활동
복음을 전하면서 치유함
70인 파송
---둘씩---
(둘씩 짝지어 현장에 보냄)
구별 하여 세우사-"가라"
배척 받음
전도 하면 배척 당한다
교훈
기도, 바알세불, 바리세인, 율법사, 외식, 탐욕, 충성, 분열, 회개, 인습, 자긍, 무관심, 부, 용서, 봉사, 감사, 죽음, 구원
수난
●주일-나귀 타고
●월요일-내 집(기도하는 집)
●화요일-인자의 권위 설명
●수요일-가룟유다 속에 사탄이 들어감
●목요일-성만찬,감람 산 기도(피 땀의 기도) 잡히심
● 금요일-베드로 부인, 조롱 매 맞음 산헤드린 앞 빌라도 앞 헤롯 앞 다시 빌라도 앞 십자가 장사
완전 승리
사망 이김
예언 성취
부활-생명의 양식
교회의 머리
성령을 보내 주겠다 (위로부터 능력)
승천(昇天) 축복하시고 승천 함

성경 해설(누가복음)

저자 : 누가.　주제 : 인자로서의 예수님.　기장 : 가이사랴.　기연 : AD58-63.　대상 : 데오빌로.
배경 : 갈릴리, 유대, 베뢰아 예루살렘 AD30.　핵심 : 죄인을 찾고 구원 하심, 하나님의 아들(참 사람, 참 하나님)

Message

1)마리아의 신앙 고백(1/26-28, 38)
2)만나면 평안해진다(2/28-30)
3)예수 그리스도는 사람을 사용 하시어서 오셨다.
(3/23-38) : 재림 때는 갑자기 구름 타고 오신다.
4)예수는 전도 하러 오셨다(4/42-44)
5)인자는 죄 사하는 권세가 있다(5/24)
6)예수 그리스도가 옆에 있는데 왜 율법을 논하느냐?(6/1-5)
주인이시다.
7)12제자 전도하려고 파송하다(9/1-6) : 병을 고치시더라.
8)예수를 따르려면 날 마다 십자가를 지고 따르라(9/23)
9)전도하러 가는 곳(10/1)에 예수 그리스도께서 친히
가시려는 곳이다.
10)70인을 2인씩 짝을 지어 보내시다(10/1-16)
11)전도하면 사탄이 비상에 걸린다(10/17-20)
12)모든 사람에게 가르치신 기도(주기도)(11/2-13)
13)표적 구하는 신앙은 악한 새대다(11/29-36)
14)외식 주의 하라(바리새인)(12/1-12)
15)신앙의 길은 좁은 문이다(13/24)
16)하나님의 큰 잔치 초청(14/15-24)에 사람들이 핑계를 댄다.
17)소금이 맛을 잃으면 대신 할 것이 없다(14/34-35)
18)제자의 도(14/25-27) : 예수 그리스도의 십자가 지고 따르라
19)말씀은 하나도 없어지지 않는다(16/17)
20)천국은 내 속에 있다(17/21)
21)기도 응답 보다 믿음이 더 중요하다(18/1-8)
22)예배당을 강도의 굴혈로 만들었다(19/46)
23)칭찬 받기를 좋아하는 서기관들(20/45-47)
24)성전이 무너지리라(21/5-9)
25)주의 날에(21/10-19) : 모든 것을 다 지키시리라.
26)항상 깨어 있으라(21/34-38)
27)습관을 따라 기도하시는 예수님(22/39)
●28)선지자들의 예언을 확실히 믿어라(24/25-27)
모세와 모든 선지자의 글로부터 모든 성경을 다 믿어라

말씀으로 기도하기-1(누가복음)

1)지극히 높은 곳에서는 하나님께 영광이요 땅에서는 하나님이 기뻐하신 사람들 중에 평화로다(2/14)
2)성령과 불로 너희에게 세례를 베푸실 것이요(3/16)
3)기록된바 사람이 떡으로만 살 것이 아니라(4/4)
4)주 너의 하나님을 시험하지 말라(4/12)
5)주의 성령이 내게 임하셨으니 이는 가난한 자에게 복음을 전하게 하시려고 내게 기름을 부으시고 나를 보내사 포로 된 자에게 자유를, 눈 먼 자에게 다시 보게 함을 전파하며 눌린 자를 자유롭게 하고 주의 은혜의 해를 전파하게 하려 하심이라(4/18-19)
6)내가 의인을 부르러 온 것이 아니요 죄인을 불러 회개시키러 왔노라(5/32)
7)비판하지 말라 그리하면 너희가 비판을 받지 않을 것이요 정죄하지 말라 그리하면 너희가 정죄를 받지 않을 것이요 용서하라 그리하면 너희가 용서를 받을 것이요(6/37)
8)주라 그리하면 너희에게 줄 것이니 곧 후히 되어 누르고 흔들어 넘치도록 하여 너희에게 안겨 주리라 너희가 헤아리는 그 헤아림으로 너희도 헤아림을 도로 받을 것이니라(6/38)
9)어찌하여 형제의 눈 속에 있는 티는 보고 네 눈 속에 있는 들보는 깨닫지 못 하느냐(6/41)
10)못된 열매 맺는 좋은 나무가 없고 또 좋은 열매 맺는 못된 나무가 없느니라(6/43)
11)선한 사람은 마음에 쌓은 선에서 선을 내고 악한 자는 그 쌓은 악에서 악을 내나니 이는 마음에 가득한 것을 입으로 말함이니라(6/45)
12)너희는 나를 불러 주여 주여 하면서도 어찌하여 내가 말하는 것을 행하지 아니하느냐(6/46)
13)주께서 친히 가시려는 각 동네와 각 지역으로 둘씩 앞서 보내니라(10/1)
14)추수할 것은 많되 일꾼이 적으니 그러므로 추수하는 주인에게 청하여 추수할 일꾼들을 보내 주소서 하라(10/2)
15)갈지어다 내가 너희를 보냄이 어린양을 이리 가운데로 보냄과 같도다(10/3)
16)전대나 배낭이나 신발을 가지지 말며 길에서 아무에게 문안하지 말며 어느 집에 들어가든지 먼저 말하되 이 집이 평안할지어다 하라(10/4-5)
17)만일 평안을 받을 사람이 거기 있으면 너희의 평안이 그에게 머물 것이요 그렇지 않으면 너희에게로 돌아오리라(10/6)
18)그 집에 유하며 주는 것을 먹고 마시라 일꾼이 그 삯을 받는 것이 마땅하니라 이 집에서 저 집으로 옮기지 말라(10/7)
19)어느 동네에 들어가든지 너희를 영접하거든 너희 앞에 차려 놓는 것을 먹고 거기 있는 병자들을 고치고 또 말하기를 하나님의 나라가 너희에게 가까이 왔다 하라(6/8-9)
20)어느 동네에 들어가든지 너희를 영접하지 아니하거든 그 거리로 나와서 말하되 너희 동네에서 우리 발에 묻은 먼지도 너희에게 떨어버리노라 그러나 하나님의 나라가 가까이 온 줄을 알라 하라(10/10-11)
21)내가 너희에게 말 하노니 그날에 소돔이 그 동네보다 견디기 쉬우리라(10/12)

말씀으로 기도하기-2(누가복음)

22)사탄이 하늘로부터 번개같이 떨어지는 것을 내가 보았노라(10/18)
23)내가 너희에게 뱀과 전갈을 밟으며 원수의 모든 능력을 제어할 권능을 주었으니 너희를 해칠 자가 결코 없으리라 (10/19)
24)그러나 귀신들이 너희에게 항복하는 것으로 기뻐하지 말고 너희 이름이 하늘에 기록된 것으로 기뻐하라(10/20)
25)너희 중에 아버지 된 자로서 누가 아들이 생선을 달라 하는데 생선 대신 뱀을 주며
알을 달라 하는데 전갈을 주겠느냐
너희가 악할지라도 좋은 것을 자식에게 줄 줄 알거든 하물며 너희 하늘 아버지께서 구하는 자에게 성령을 주시지 않겠느냐(11/11-13)
26)하나님의 손을 힘입어 귀신을 쫓아 낸다면 하나님의 나라가 이미 너희에게 임하였느니라(11/20)
27)누구든지 등불을 켜서 움 속에나 말 아래에 두지 아니하고 등경 위에 두나니 이는 들어가는 자로 그 빛을 보게 하려 함이라(11/33)
28)네 몸의 등불은 눈이라 네 눈이 성하면 온 몸이 밝을 것이요 만일 나쁘면 네 몸도 어두우리라
그러므로 네 속에 있는 빛이 어둡지 아니한가 보라(11/34-35)
29)네 온 몸이 밝아 조금도 어두운 데가 없으면 등불의 빛이 너를 비출 때와 같이 온전히 밝으리라(11/36)
30)화 있을 진저 너희 율법교사여 너희가 지식의 열쇠를 가져가서 너희도 들어가지 않고 또 들어가고자 하는 자도 막았느니라(11/52)
31)바리세인들의 누룩 곧 외식을 주의하라(12/1)
32)감추인 것이 드러나지 않을 것이 없고 숨긴 것이 알려지지 않을 것이 없나니(12/2)
33)이러므로 너희가 어두운 데서 말한 모든 것이 광명한 데서 들리고 너희가 골방에서 귀에 대고 말한 것이 지붕 위에서 전파되리라(12/3)
34)너희에게 말 하노니 몸을 죽이고 그 후에는 능히 더 못하는 자들을 두려워 하지 말라(12/4)
35)죽인 후에 또한 지옥에 던져 넣는 권세 있는 그를 두려워하라 내가 참으로 너희에게 이르노니 그를 두려워하라(12/5)
36)참새 다섯 마리가 두 앗사리온에 팔리는 것이 아니냐 그러나 하나님 앞에는 그 하나도 잊어버리시는 바 되지 아니하는도다(12/6)
37)너희에게는 심지어 머리털 까지도 다 세신바 되었나니 두려워하지 말라 너희는 많은 참새보다 더 귀하니라(12/7)
38)누구든지 사람 앞에서 나를 시인하면 인자도 하나님의 사자들 앞에서 그를 시인 할 것이요(12/8)
39)까마귀를 생각하라 심지도 아니하고 거두지도 아니하며 골방도 없고 창고도 없으되 하나님이 기르시나니 너희는 새보다 얼마나 더 귀하냐(12/24)
40)누가 염려하므로 그 키를 한 자라도 더할 수 있느냐(12/25)

말씀으로 기도하기-3(누가복음)

41)백합화를 생각하여보라 실도 만들지 않고 짜지도 아니하느니라 그러나 내가 너희에게 말하노니 솔로몬의 모든 영광으로도 입은 것이 이 꽃 하나만큼 훌륭하지 못하였느니라(12/27)
42)오늘 있다가 내일 아궁이에 던져지는 들풀도 하나님이 이렇게 입히시거든 하물며 너희일까 보냐 믿음이 작은 자들아(12/28)
43)너희는 무엇을 먹을까 무엇을 마실까 하여 구하지 말며 근심하지도 말라(12/29)
44)이 모든 것은 세상 백성들이 구하는 것이라 너희 아버지께서는 이런 것이 너희에게 있어야 할 것을 아시 느니라(12/30)
45)너희는 그의 나라를 구하라 그리하면 이런 것들을 너희에게 더하시리라(12/31)
46)적은 무리여 무서워 말라 너희 아버지께서 그 나라를 너희에게 주시기를 기뻐 하시느니라(12/32)
47)너희 소유를 팔아 구제하여 낡아지지 아니하는 배낭을 만들라 곧 하늘에 둔 바 다함이 없는 보물이니 거기는 도둑도 가까이 하는 일이 없고 좀도 먹는 일이 없느니라(12/33)
48)너희 보물 있는 곳에는 너희 마음도 있으리라(12/34)
49)너희도 준비하고 있으라 생각하지 않은 때에 인자가 오리라(12/40)
50)외식하는 자여 너희가 천지의 기상은 분간 할 줄 알면서 어찌 이 시대는 분간하지 못하느냐(12/56)
51)무릇 자기를 높이는 자는 낮아지고 자기를 낮추는 자는 높아 지리라(14/11)
52)너희 중의 누구든지 자기의 모든 소유를 버리지 아니하면 능히 내 제자가 되지 못하리라(14/33)
53)죄인 한 사람이 회개 하면 하나님의 사자들 앞에 기쁨이 되느니라(15/10)
54)율법의 한 획이 떨어짐보다 천지가 없어짐이 쉬우니라(16/17)
55)하나님 나라는 볼 수 있게 임하는 것이 아니요 또 여기 있다 저기 있다고도 못하리니 하나님의 나라는 너희 안에 있느니라(17/20-21)
56)자기 목숨을 보전하고자 하는 자는 잃을 것이요 잃는 자는 살리리라(17/33)
57)내가 너희에게 이르노니 그 밤에 둘이 한 자리에 누워 있으매 하나는 데려감을 얻고 하나는 버려둠을 당할 것이니라(17/34)
58)내가 너희에게 이르노니 속히 그 원한을 풀어 주시리라 그러나 인자가 올 때에 세상에서 믿음을 보겠느냐(18/8)
59)너희는 스스로 조심하라 그렇지 않으면 방탕과 술취함과 생활의 염려로 마음이 둔하여지고 뜻밖에 그날이 덫과 같이 너희에게 임하리라(21/34)
60)이 날은 온 지구상에 거하는 모든 사람에게 임하리라(21/35)
61)너희는 장차 올 이 모든 일을 능히 피하고 인자 앞에 서도록 항상 기도하며 깨어 있으라(21/36)

말씀으로 기도하기-4(누가복음)

62)내가 너희를 전대와 배낭과 신발도 없이 보내었을 때에 부족한 것이 있더냐(22/35)
63)어찌하여 자느냐 시험에 들지 않게 일어나 기도하라(22/46)
64)예루살렘의 딸들아 나를 위하여 울지 말고 너희와 너희 자녀를 위하여 울라(23/28)
65)내가 진실로 네게 이르노니 오늘 네가 나와 함께 낙원에 있으리라(23/43)
66)미련 하고 선지자들이 말한 모든 것을 마음에 더디 믿는 자들이여 그리스도가 이런 고난을 받고 자기의 영광에 들어가야 할 것이 아니냐(24/25-26)
67)너희는 위로부터 능력으로 입혀 질 때까지 이성에 머물라(24/49)

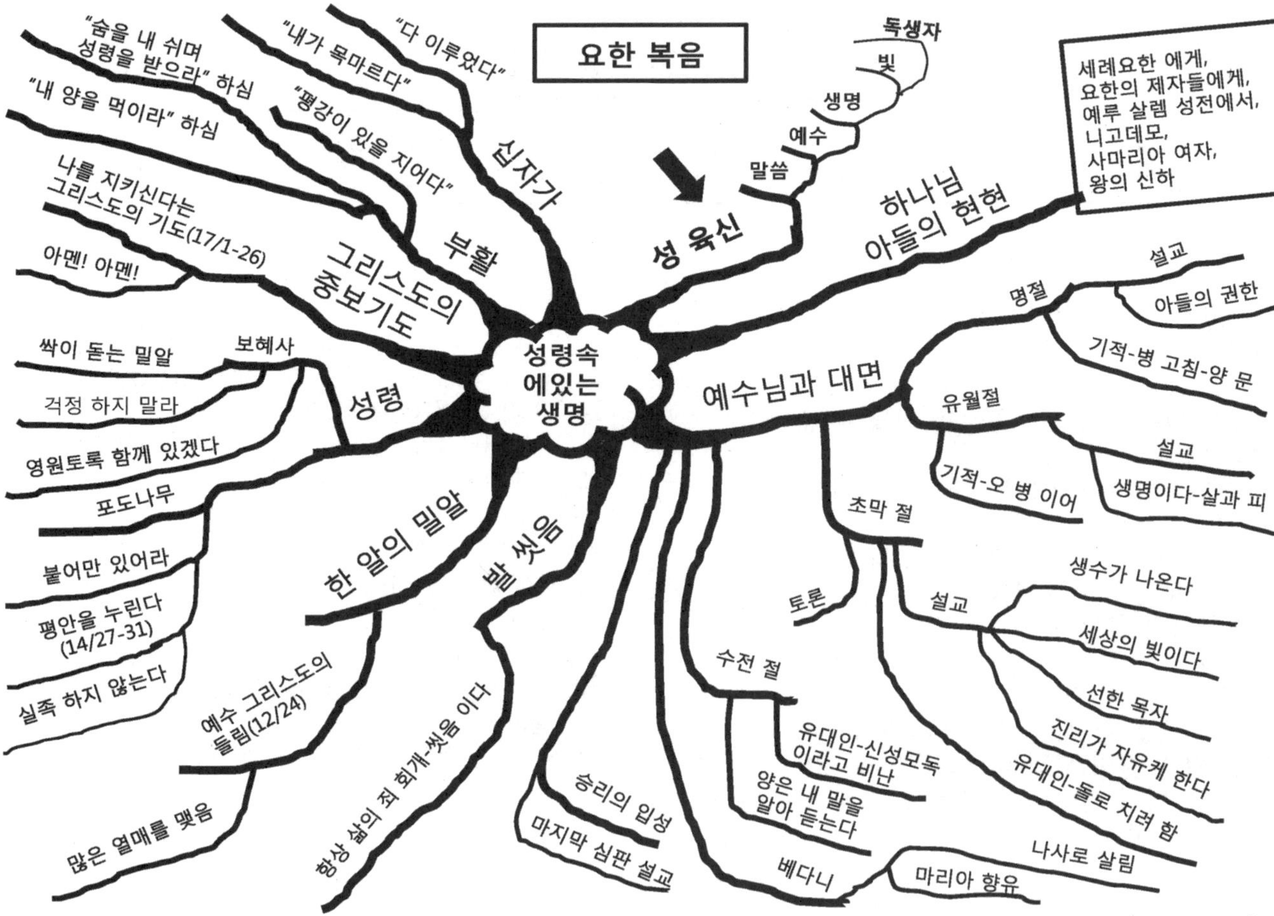
요한 복음
성령속 에있는 생명
성육신
말씀
예수
생명
빛
독생자
하나님 아들의 현현
세례요한 에게,
요한의 제자들에게,
예루 살렘 성전에서,
니고데모,
사마리아 여자,
왕의 신하
예수님과 대면
명절
설교
아들의 권한
기적-병 고침-양 문
유월절
설교
생명이다-살과 피
기적-오 병 이어
초막 절
토론
설교
생수가 나온다
세상의 빛이다
선한 목자
진리가 자유케 한다
유대인-돌로 치려 함
수전 절
유대인-신성모독 이라고 비난
양은 내 말을 알아 듣는다
베다니
나사로 살림
마리아 향유
승리의 입성
마지막 심판 설교
발 씻음
항상 삶의 죄 회개-씻음 이다
한 알의 밀알
예수 그리스도의 들림(12/24)
많은 열매를 맺음
성령
보혜사
싹이 돋는 밀알
걱정 하지 말라
영원토록 함께 있겠다
포도나무
붙어만 있어라
평안을 누린다 (14/27-31)
실족 하지 않는다
그리스도의 중보기도
나를 지키신다는 그리스도의 기도(17/1-26)
아멘! 아멘!
부활
"숨을 내 쉬며 성령을 받으라" 하심
"내 양을 먹이라" 하심
"평강이 있을 지어다"
십자가
"내가 목마르다"
"다 이루었다"

성경 해설(요한복음)

저자 : 사도 요한. 주제 : 하나님의 아들 예수. 기장 : 에베소. 기연 : AD85-90.
배경 : 이스라엘 AD27-30. 핵심 : 영생을 믿어라. 성령

Message

1)로고스 : 모든 것이다-빛이다-생명이다.
2)예수님이 있는 곳이 어디든지 천국이다.
먹고 마시라 가나혼인 잔치다(2/1-11)
3)세상 학문으로서는 영생을 얻을 수 없다
(3/1-15)
4)예배는 하나님과 함께 하는 것이다(4/21-24)
5)전도는 기쁨이다(3/29)
6)예수님은 심판하는 권한이 있다(5/29-30)
7)지금 교인들은 표적을 보고 교회로 온다(6/26-29)
8)예정되지 않는 자는 교회로 올 수 없다(6/44)
9)구원 받은 자는 성찬을 먹고서 구원을 확신
가져라(6/48-58)
참 진리를 말 하면 다 떠난다(6/66-67)
10)성령의 강이 흘러 나오리라(7/37-38, 사12/3)
11)밀알 되신 예수님=성령으로 역사 하시는 예수님
(12/23-24)
12)씻음을 받아라(13/1-11) : 삶의 죄를 씻음 받음
13)새 계명 : "서로 사랑 하라"(13/31-35)
14)"내가 곧 길이요 생명이다"
(14/1-3) 길에 다 있다 기도 응답 생명이 있다.
15)보혜사가 오셨다(14/25-27)
16)나무에 붙어 있어라(15/1-10)
17)성령이 책망하신다(16/8-11)
18)성령을 받으라(20/22)
19)디베랴의 조반(21/9-13)
주님이 준비 하신 아침 식사
20)"내 양을 먹이라" "양을 치라."
(겔34/1-31)
21)자기 신앙 잘 지키라(21/22-23)

말씀으로 기도하기-1(요한복음)

1)태초에 말씀이 계시니라 이 말씀이 하나님과 함께 계셨으니 이 말씀은 곧 하나님이시니라(1/1)
2)그가 태초에 하나님과 함께 계셨고 만물이 그로 말미암아 지은 바 되었으니 지은 것이 하나도 그가 없이는 된 것이 없느니라(1/2-3)
3)그 안에 생명이 있었으니 이 생명은 사람들의 빛이라(1/4)
4)빛이 어둠에 비치되 어둠이 깨닫지 못하더라(1/5)
5)영접하는 자 곧 그 이름을 믿는 자들에게는 하나님의 자녀가 되는 권세를 주셨으니(1/12)
6)말씀이 육신이 되어 우리가운데 거하시매 우리가 그의 영광을 보니 아버지의 독생자의 영광이요 은혜와 진리가 충만 하더라(1/14)
7)보라 세상 죄를 지고 가는 하나님의 어린양이로다(1/29)
8)이것을 여기서 가져가라 내 아버지의 집으로 장사하는 집으로 만들지 말라(2/16)
9)너희가 이 성전을 헐라 내가 사흘 동안에 일으키리라(2/19)
10)진실로 진실로~~ 사람이 거듭나지 아니하면 하나님의 나라를 볼 수 없느니라(3/3)
11)사람이 물과 성령으로 나지 아니하면 하나님의 나라에 들어갈 수 없느니라(3/5)
12)하나님이 세상을 이처럼 하사 독생자을 주셨으니 이는 그를 믿는자 마다 멸망하지 않고 영생을 얻게 하려 함이라(3/16)
13)신부를 취하는 자는 신랑이나 서서 신랑의 음성을 듣는 친구가 크게 기뻐하나니 나는 이러한 기쁨으로 충만하였노라(3/29)
14)너희는 알지 못하는 것을 예배하고 우리는 아는 것을 예배하노니 이는 구원이 유대인에게서 남이라(4/22)
15)아버지께 참되게 예배하는 자들은 영과 진리로 예배할 때가 오나니 곧 이 때라 아버지께서는 자기에게 이렇게 예배하는 자 들을 찾으시느니라(4/23)
16)하나님은 영이시니 예배하는 자가 영과 진리로 예배할 지니라(4/24)
17)내 말을 듣고 또 나 보내신 이를 믿는 자는 영생을 얻었고 심판에 이르지 아니하나니 사망에서 생명으로 옮겼느니라(5/24)
18)선한 일을 행한 자는 생명의 부활로, 악한 일을 행한 자는 심판의 부활로 나오리라(5/29)
19)썩을 양식을 위하여 일하지 말고 영생하도록 있는 양식을 위하여 하라 이 양식은 인자가 너희에게 주리니 인자는 아버지 하나님께서 인치신 자니라(6/27)
20)하나님께서 보내신 이를 믿는 것이 하나님의 일이니라(6/29)
21)나는 생명의 떡이니 내게 오는 자는 결코 주리지 아니할 터이요 나를 믿는 자는 영원히 목마르지 아니하리라(6/35)
22)인자의 살을 먹지 아니하고 인자의 피를 마시지 아니하면 너희 속에 생명이 없느니라(6/53)
23)내 살을 먹고 내 피를 마시는 자는 내 안에 거하고 나도 그의 안에 거하나니(6/56)

말씀으로 기도하기-2(요한복음)

24)시몬 베드로가 대답하되 주여 영생의 말씀이 주께 있사오니 우리가 누구에게로 가오리까(6/68)
25)누구든지 목마르거든 내게로 와서 마시라 나를 믿는 자는 성경에 이름과 같이 그 배에서 생수의 강이 흘러나오리라(7/37-38)
26)나는 세상의 빛이니 나를 따르는 자는 어둠에 다니지 아니하고 생명의 빛을 얻으리라(8/12)
27)너희는 너희 아비 마귀에게서 났으니 너희 아비의 욕심대로 너희도 행하고자 하느니라 그는 처음 부터 살인 자요 진리가 그 속에 없으므로 진리에 서지 못하고 거짓을 말할 때 마다 제 것으로 말하나니 이는 거짓말쟁이요 거짓의 아비가 되었음이라(8/44)
28)문을 통하여 양의 우리에 들어가지 아니하고 다른 데로 넘어가는 자는 절도며 강도요(10/1)
29)문으로 들어 가는 이는 양의 목자라(10/2)
30)나는 양의 문이라(10/7)
31)내가 문이니 누구든지 나로 말미암아 들어가면 구원을 받고 또는 들어가며 나오며 꼴을 얻으리라(10/9)
32)나와 아버지는 하나이니라(10/30)
33)나는 부활이요 생명이니 나를 믿는 자는 죽어도 살겠고
무릇 살아서 나를 믿는 자는 영원히 죽지 아니하리니 이것을 네가 믿는냐(11/25-26)
34)인자가 영광을 얻을 때가 왔도다
내가 진실로 진실로 너희에게 이르노니 한 알의 밀이 땅에 떨어져 죽지 아니하면 한 알 그대로 있고 죽으면 많은 열매를 맺느니라(12/23-24)
35)내가 너를 씻이주지 아니하면 네가 나와 상관이 없느니라(13/8)
36)조각을 받은 후 곧 사탄이 그 속에 들어 간지라(13/27)
36)새 계명을 너희에게 주노니 서로 사랑하라 내가 너희를 사랑한 것 같이 너희도 서로 사랑하라(13/34)
37) 너희는 마음에 근심하지 말라 하나님을 믿으니 또 나를 믿으라
내 아버지 집에 거할 곳이 많도다 그렇지 않으면 너희에게 일렀으리라 내가 너희를 위하여 거처를 예비하러 가노니 가서 너희를 위하여 거처를 예비하면 내가 다시 와서 너희를 내게로 영접하여 나 있는 곳에 너희도 있게 하리라(14/1-3)
38)내가 곧 길이요 진리요 생명이니 나로 말미암지 않고는 아버지께로 올 자가 없느니라(14/6)
39)나를 믿는 자는 내가 하는 일을 그도 할 것이요 또한 그보다 큰 일도 하리니 이는 내가 아버지께로 감이라(14/12)
40)너희가 내 이름으로 무엇을 구하든지 내가 행하리니 이는 아버지로 하여금 아들로 말미암아 영광을 받으시게 하려 함이라(14/13)
41)내 이름으로 무엇이든지 내게 구하면 내가 행하리라(14/14)

말씀으로 기도하기-3(요한복음)

42)그는 진리의 영이라~~너희와 함께 거하심이요 또 너희 속에 계시겠음이라(14/17)
43)다른 보혜사를 너희에게 주사 영원토록 너희와 함께 있게 하리니(14/16)
44)그날에는 내가 아버지 안에 너희가 내 안에 내가 너희 안에 있는 것을 너희가 알리라(14/20)
45)보혜사 곧 아버지께서 내 이름으로 보내실 성령 그가 너희에게 모든 것을 가르치고 내가 너희에게 말한 모든 것을 생각나게 하리라(14/26)
46)평안을 너희에게 끼치노니 곧 나의 평안을 너희에게 주노라 내가 너희에게 주는 것은 세상이 주는 것과 같지 아니하니라 너희는 마음에 근심도하지도 말고 두려워하지도 말라(14/27)
47)가지가 포도나무에 붙어있지 아니하면 스스로 열매를 맺을 수 없음 같이 너희도 내 안에 있지 아니하면 그러하리라(15/4)
48)너희가 내 안에 거하고 내 말이 너희 안에 거하면 무엇이든지 원하는 대로 구하라 그리하면 이루리라(15/7)
49)내 이름으로 아버지께 무엇을 구하든지 다 받게 하려 함이라(15/16)
50)그가 와서 죄에 대하여, 의에 대하여, 심판에 대하여 세상을 책망 하시리라(16/8)
51)죄에 대하여라 함은 그들이 나를 믿지 아니함이요
의에 대하여라 함은 내가 아버지께로 가니 너희가 다시 나를 보지 못함이요
심판에 대하여라 함은 이 세상 임금이 심판을 받았음이라(16/9-11)
52)지금 까지 너희가 내 이름으로 아무것도 구하지 아니하였으나 구하라 그리하면 받으리니 너희 기쁨이 충만하리라(16/24)
53)세상에서는 너희가 환난을 당하나 담대하라 내가 세상을 이기었노라(16/33)
54)내가 그들을 위하여 비옵나니 내가 비옵는 것은 세상을 위함이 아니요 내게 주신 자들을 위함이니이다 그들은 아버지의 것이로소이다(17/9)
55)내가 비옵는 것은 그들이 세상에서 데려가시기를 위함이 아니요 다만 악에 빠지지 않게 보전하시기를 위함이니이다(17/15)
56)위에서 주지 아니하셨더라면 나를 해할 권한이 없었으리니 그러므로 나를 네게 넘겨준 자의 죄는 더 크다(19/11)
57)다 이루었다(19/30)
58)너희에게 평강이 있을 지어다(20/19)
59)이 말씀을 하시고 그들을 향하사 숨을 내쉬며 이르시되 성령을 받으라(20/22)
60)요한의 아들 시몬아 네가 이 사람들 보다 나를 더 사랑 하는냐~~내 어린 양을 먹이라(21/15)
61)~~내 양을 치라(21/16)
62)~~내 양을 먹이라(21/17)
63)늙어서는 네 팔을 벌리리니 남이 네게 띠 띠우고 원하지 아니하는 곳으로 데려가리라(21/18)
64)예수께서 행하신 일이 ~~낱낱이 기록된다면 이 세상이라도 이 기록된 책을 두기에 부족 할 줄 아노라(21/25)

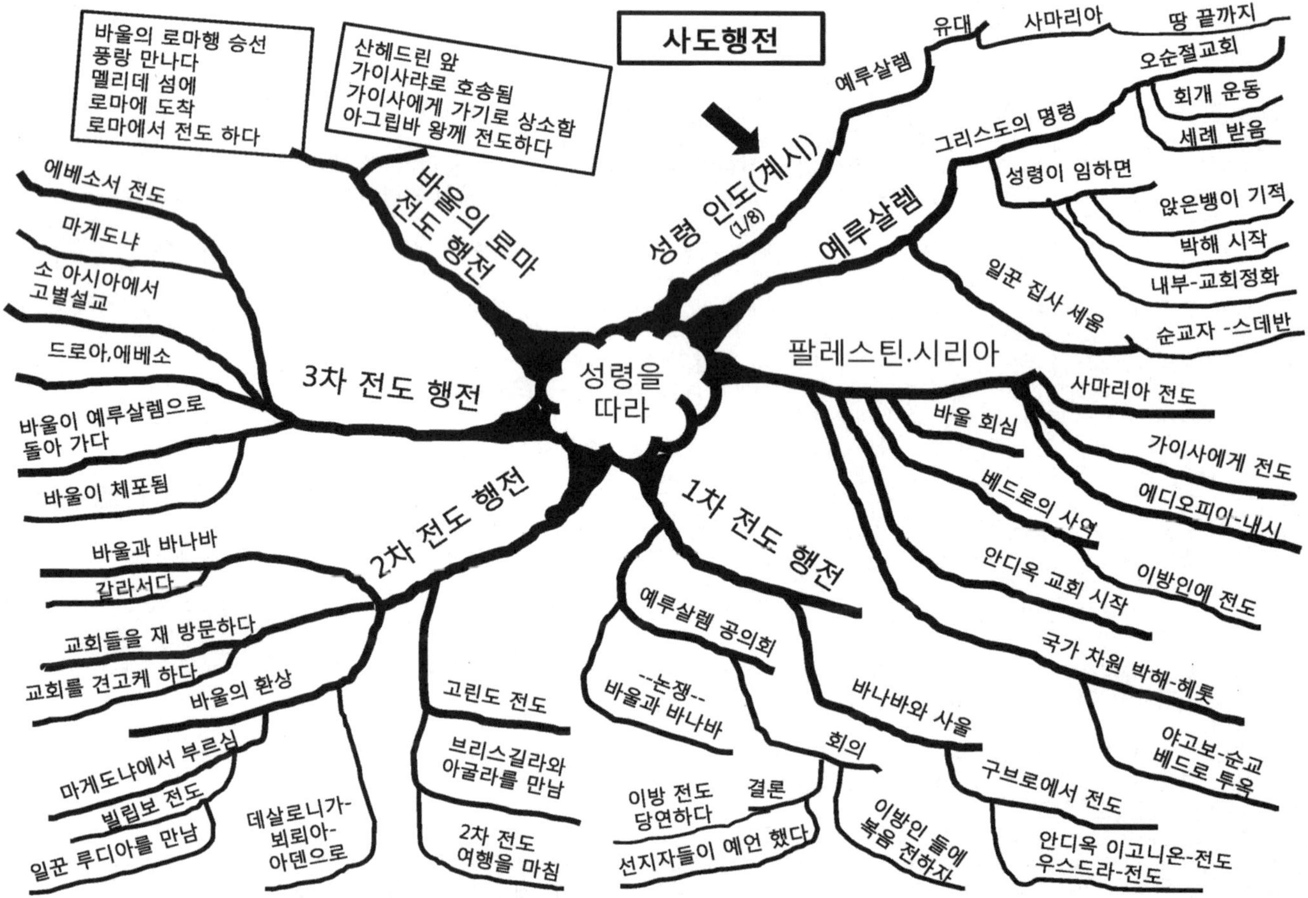
사도행전
성령을 따라
성령 인도(계시) (1/8)
예루살렘
유대
사마리아
땅 끝까지
예루살렘
오순절교회
회개 운동
세례 받음
그리스도의 명령
성령이 임하면
앉은뱅이 기적
박해 시작
내부-교회정화
일꾼 집사 세움
순교자 -스데반
팔레스틴.시리아
사마리아 전도
바울 회심
가이사에게 전도
베드로의 사역
에디오피아-내시
안디옥 교회 시작
이방인에 전도
국가 차원 박해-헤롯
야고보-순교
베드로 투옥
1차 전도 행전
예루살렘 공의회
--논쟁--
바울과 바나바
회의
이방 전도
당연하다
결론
선지자들이 예언 했다
이방인 들에
복음 전하자
바나바와 사울
구브로에서 전도
안디옥 이고니온-전도
우스드라-전도
2차 전도 행전
바울과 바나바
갈라서다
교회들을 재 방문하다
교회를 견고케 하다
바울의 환상
마게도냐에서 부르심
빌립보 전도
일꾼 루디아를 만남
데살로니가-
뵈뢰아-
아덴으로
고린도 전도
브리스길라와
아굴라를 만남
2차 전도
여행을 마침
3차 전도 행전
에베소서 전도
마게도냐
소 아시아에서
고별설교
드로아,에베소
바울이 예루살렘으로
돌아 가다
바울이 체포됨
바울의 로마
전도 행전
바울의 로마행 승선
풍랑 만나다
멜리데 섬에
로마에 도착
로마에서 전도 하다
산헤드린 앞
가이사랴로 호송됨
가이사에게 가기로 상소함
아그립바 왕께 전도하다

성경 해설(사도행전)

저자 : 누가. 주제 : 성령의 인도로 전도, 교회 성장. 기연 : AD61-63. 기장 : 미상. 대상 : 데오빌로.
배경 : 예루살렘-유대-사마리아-땅끝까지 핵심 : 교회 태동.-성령으로, 전도-성령으로, 방법-예루살렘-유대-사마리아-땅끝까지

Message

1)성령의 인도(1/4-5,8)
2)"그대로 오시리라"(1/11) : 재림
3)가시고 곧 성령이 오셨다(2/1-4)
4)말세는 욜2/8 대로 이루어 진다(2/17-18)
5)성령의 세례를 받은 베드로(3/1-7) : 능력 행함
6)성령의 능력을 받은 사도들이 다 표적을 행했다(5/12-19)
7)전도는 "예수는 그리스도다"(5/42)로 한다.
8)일꾼을 세우다(6/6-7)
9)말씀이 왕성 하면 복음이 전파된다(6/7-9)
10)말씀운동이 왕성하니 완강했던 사울이 꺼꾸러졌다
(9/1-9)
11)전도는 가정 중심으로 부터 시작된다(10/23-24)
12)교만 했던 헤롯이 영광을 본인이 받았다(12/21-23)
교회에서 박수 갈채를 받는 것은 좋지 않다.
13)1차 전도 : 바울과 바나바는 안디옥-이고니온-루스드라 까지 전도하다 이방인 에게 전도 함
14)2차 전도 : 교회를 중심으로 재 방문하다.
바울과 바나바가 갈라서다.
바울-디모데를 대리고
기도 하러 가다가 "루디아"란 일꾼을 만남-그 집이 다 세례를 받음
빌립보 감옥에서 찬송과 기도 중에 옥문이 열림(16/25,33) 온 가족이 다 세례를 받음
브리스길라와 아굴라를 만남.
고린도에서 전도를 함(18/9-10)
15)3차 전도
에베소 전도-마게도냐, 소아시아., 드로아.
에베소, 예루살렘 으로 귀국함-체포됨
16)로마 행(승선)
17)로마에서도 전도하다(23/11)
18)로마에서 셋 집에서 전도하다.
예수를 영접 시키었다.
하나님 나라가 전파되다.

말씀으로 기도하기-1(사도행전)

1)오직 성령이 너희에게 임하시면 너희가 권능을 받고 예루살렘과 온 유대와 사마리아와 땅끝까지 이르러 내 증인이 되리라(1/8)
2)갈릴리 사람들아 ~~ 너희 가운데서 하늘로 올려지신 이 예수는 하늘로 가심을 본 그대로 오시리라(1/11)
3)(베드로 설교) 하나님이 말씀하시기를 말세에 내가 내 영을 모든 육체에 부어 주리니 너희의 자녀들은 예언 할 것이요 너희의 젊은이 들은 환상을 보고 너희의 늙은이들은 꿈을 꾸리라 그때에 내가 내영을 내 남종과 여종들에게 부어 주리니 그들이 예언할 것이요(2/17-18)
4)이 말을 듣고 마음에 찔려 베드로와 다른 사도들에게 물어 이르되 형제들아 우리가 어찌할꼬 하거늘 베드로가 이르되 너희가 회개하여 각각 예수 그리스도의 이름으로 세례를 받고 죄 사함을 받으라 그리하면 성령의 선물을 받으리니(2/37-38)
5)베드로가 이르되 은과 금은 내게 없거니와 내게 있는 이것을 네게 주노니 나사렛 예수 그리스도의 이름으로 일어나 걸으라 하고 오른 손으로 잡아 일으키니 발과 발목이 곧 힘을 얻고 뛰어 서서 걸으며 그들과 함께 성전으로 들어가면서 걷기도 하고 뛰기도 하며 하나님을 찬송하니(3/6-8)
6)그 이름을 믿음으로 그 이름이 너희가 보고 아는 이 사람을 성하게 하였나니 예수로 말미암아 난 믿음이 너희 모든 사람 앞에서 이같이 완전히 낫게 하였느니라(3/16)
7)선자자의 말을 듣지 아니하는 자는 백성 중에서 멸망 받으리라(3/23)
8)손을 내밀어 병을 낫게 하시옵고 표적과 기사가 거룩한 종 예수의 이름으로 이루어지게 하옵소서(4/30)
9)그들이 날마다 성전에 있든지 집에 있든지 예수는 그리스도라고 가르치기와 전도하기를 그치지 아니하니라(5/42)
10)우리는 오로지 기도하는 일과 말씀 사역에 힘쓰리라(6/4)
11)하나님의 말씀이 점점 왕성하여 예루살렘에 있는 제자의 수가 더 심히 많아지고 허다한 제사장의 무리도 이 도에 복종 하니라(6/7)
12)흩어진 사람들이 두루 다니며 복음의 말씀을 전할세(8/4)
13)(에디오피아 내시에게 성경 공부하다) 읽은 성경 구절은 이것이니 일렀으되 그가 도살자에게로 가는 양과 같이 끌려갔고 털 깍는 자 앞에 있는 어린 양이 조용함과 같이 그의 입을 열지 아니하였도다(8/32)
14)사울아 사울아 네가 어찌하여 나를 박해하느냐(9/4)
15)가라 이 사람은 내 이름을 이방인과 임금들과 이스라엘 자손들에게 전하기 위하여 택한 나의 그릇이라(9/15)
16)그가 내 이름을 위하여 얼마나 고난을 받아야 할 것을 내가 그에게 보이리라(9/16)
17)이튿날 가이사랴에 들어가니 고넬료가 그의 친척과 가까운 친구들을 모아 기다리더라(10/24)
18)요한은 물로 세례를 베풀었으나 너희는 성령으로 세례를 받으리라(11/16)
18)헤롯이 영광을 하나님께로 돌리지 아니하므로 주의 사자가 곧 치니 벌레에게 먹혀 죽으니라(12/23)

말씀으로 기도하기-2(사도행전)

19)우리가 기도할 곳이 있을까 하여 문밖 강가에 나가 거기 앉아서 모인 여자들에게 말하는 데 두아디라 시에 있는 자색 옷감 장사로서 하나님을 섬기는 루디아라 하는 한 여자가 말을 듣고 있을 때 주께서 그 마음을 열어 바울의 말을 따르게 하신지라(16/13-14)

20)그와 그 집이 다 세례를 받고 우리에게 청하여 이르되 만일 나를 주 믿는 자로 알거든 내 집에 들어와 유하라 하고 강권하여 머물게 하니라(16/15)

21)한밤중에 바울과 실라가 기도하고 하나님을 찬송하매 죄수들이 듣더라~~큰 지진이 나서 옥 터가 움직이고 문이 곧 다 열리며(16/25-26)

22)주 예수를 믿으라 그리하면 너와 네 집이 구원을 받으리라(16/31)

23)밤에 주께서 환상 가운데 바울에게 말씀하시되 두려워하지 말며 침묵하지 말고 말하라 내가 너와 함께 있으매 어떤 사람도 너를 대적하여 해롭게 할 자가 없을 것이니 이는 이 성중에 내 백성이 많음이라(18/9-10)

24)지금 내가 여러분을 주와 및 그 은혜의 말씀에 부탁하노니 그 말씀이 여러분을 능히 든든히 세우사 거룩하게 하심을 입은 모든 자 가운데 기업이 있게 하시리라(20/32)

25)여러분이 어찌하여 울어~~주 예수의 이름을 위하여 결박 당할 뿐 아니라 예루살렘에서 죽을 것도 각오하였노라(21/13)

26)그날 밤에 주께서 바울 곁에 서서 이르시되 담대 하라 네가 예루살렘에서 나의 일을 증언한 것 같이 로마에서도 증언하여야 하리라(23/11)

27)바울아 두려워하지 말라 네가 가이사 앞에 서야 하겠고 또 하나님께서 너와 함께 항해하는 자를 다 네게 주셨다(27/24)

28)바울이 아침부터 저녁까지 강론하여 하나님의 나라를 증언하고 모세의 율법과 선지자의 말을 가지고 예수에 대하여 권하더라(28/23)

29)바울이 온 이태를 자기 셋집에 머물면서 자기에게 오는 사람을 다 영접하고 하나님의 나라를 전파하며 주 예수 그리스도에 관한 모든 것을 담대하게 거침없이 가르치더라(28/30-31)

바울 서신

로마서(롬)
고린도 전서(고전)
고린도 후서(고후)
갈라디아서(갈)
에베소서(엡)
빌립보서(빌)
골로새서(골)

데살로니가 전서(살전)
데살로니가 후서(살후)
디모데 전서(딤전)
디모데 후서(딤후)
디도서(딛)
빌레몬서(몬)

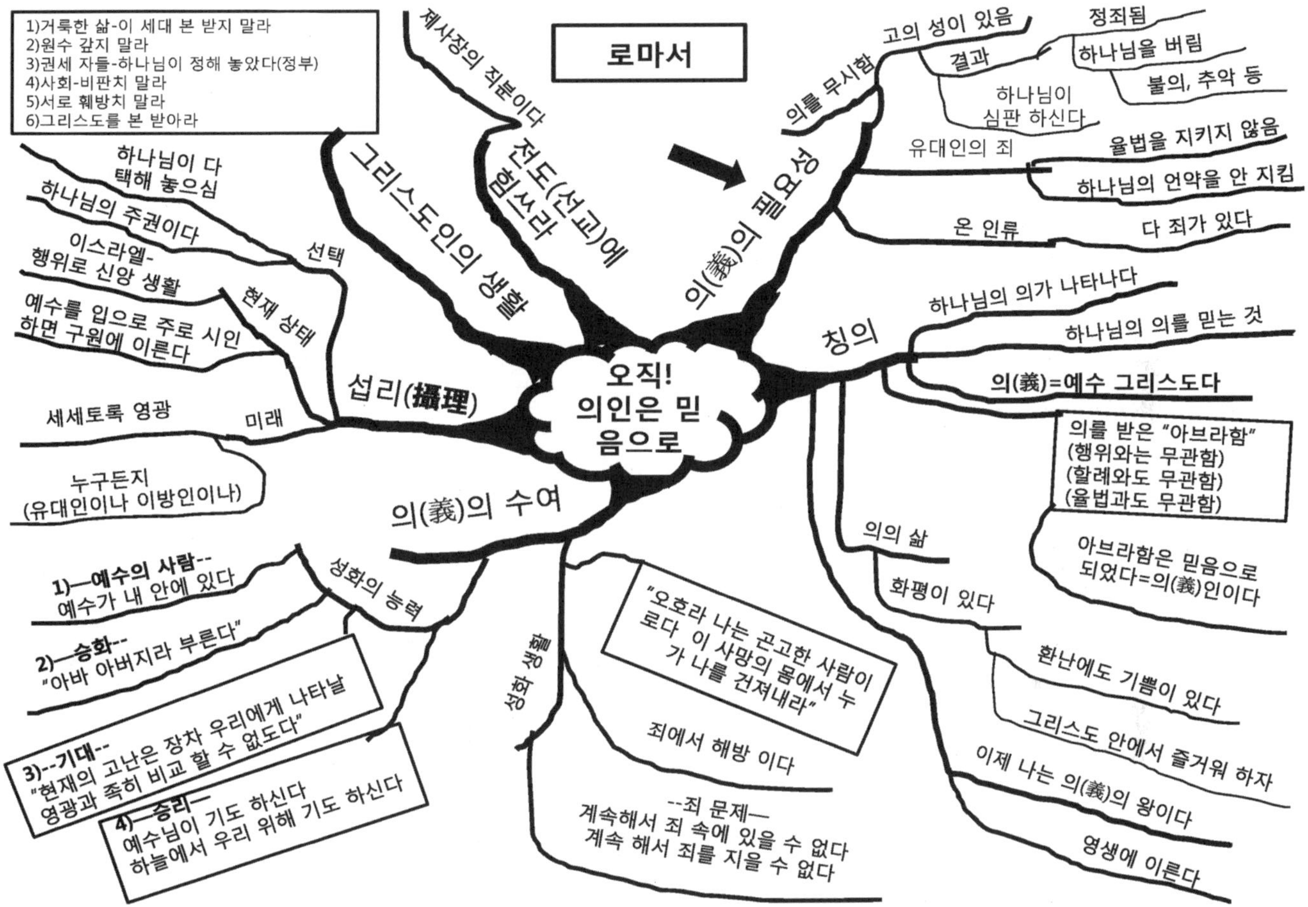
로마서
오직! 의인은 믿음으로
1)거룩한 삶-이 세대 본 받지 말라
2)원수 갚지 말라
3)권세 자들-하나님이 정해 놓았다(정부)
4)사회-비판치 말라
5)서로 훼방치 말라
6)그리스도를 본 받아라
제사장의 직분이다
전도(선교)에 힘쓰라
그리스도인의 생활
의(義)의 필요성
의를 무시함
고의 성이 있음
결과
정죄됨
하나님을 버림
불의, 추악 등
하나님이 심판 하신다
유대인의 죄
율법을 지키지 않음
하나님의 언약을 안 지킴
온 인류
다 죄가 있다
칭의
하나님의 의가 나타나다
하나님의 의를 믿는 것
의(義)=예수 그리스도다
의를 받은 "아브라함"
(행위와는 무관함)
(할례와도 무관함)
(율법과도 무관함)
아브라함은 믿음으로 되었다=의(義)인이다
의의 삶
화평이 있다
환난에도 기쁨이 있다
그리스도 안에서 즐거워 하자
이제 나는 의(義)의 왕이다
영생에 이른다
섭리(攝理)
하나님이 다 택해 놓으심
하나님의 주권이다
선택
이스라엘-행위로 신앙 생활
현재 상태
예수를 입으로 주로 시인하면 구원에 이른다
세세토록 영광
미래
누구든지 (유대인이나 이방인이나)
의(義)의 수여
성화의 능력
1)—예수의 사람--
예수가 내 안에 있다
2)—승화--
"아바 아버지라 부른다"
3)--기대--
"현재의 고난은 장차 우리에게 나타날 영광과 족히 비교 할 수 없도다"
4)—승리—
예수님이 기도 하신다
하늘에서 우리 위해 기도 하신다
성화 생활
"오호라 나는 곤고한 사람이로다 이 사망의 몸에서 누가 나를 건져내랴"
죄에서 해방 이다
--죄 문제—
계속해서 죄 속에 있을 수 없다
계속 해서 죄를 지을 수 없다

성경 해설(로마서)

저자 : 바울. 주제 : 구원의 과정과 교리. 기장 : 고린도. 기연 : AD57. 배경 : 고린도 AD57
대상 : 로마교회의 그리스도인. 핵심 : 복음이 무엇인가?. 로마전도 계획

Message

1)복음은 구원을 주시는 능력이다(1/15-16)
"의인은 믿음으로 말미암아 살리라"(1/17, 합2/4)
2)의의 필요성 , 온 인류가 다 죄가 있다.
3)모든 사람은 마음에 하나님 두기를 싫어 한다(1/28)
4)모든 사람은 –불의, 추악, 탐욕, 악의 가득, 시기,
분쟁, 사기, 악독, 수군 수군, 비방.
하나님이 미워 하는 자-교만, 자랑, 악을 도모
부모 거역, 우매자, 배약, 무정한자, 무자비한자(1/29-31)-사형에 해당 한자다.
5)하나님 께서는 각 사람에게 행한 대로 보응 하신다.
(2/6)-하나님이 심판 하신다(2/16)
6)의인은 하나도 없도다(3/10-15) 하나님을 찾지도 않음
선도 없다. 목구멍은 열린 무덤이다. 혀로 속임수로 사용 한다 입술은 독사의 독이 있다.
입-저주와 악독이 있다. 발은 피를 흘리는데 바쁘다.
7)믿음으로 의롭게 된다-하나님의 법이다(3/25-31)
대표 원리-예수 그리스도께서 피를 흘리므로 내가
의롭게 되었다(5/9)
8)함께 죄에 대해서 죽고 함께 의에 대해서 부활
한다(6/5-6)
9)성화의 생활(7/23-25)-"오호라 나는 곤고한 사람이로다.
이 사망의 몸에서 누가 나를 건져 내랴 우리 주 예수 그리스도께 감사하리로다."
그런즉 내 자신이 마음으로는 하나님의 법을 육신으로는
죄의 법을 섬기노라"(7/24-25)
10)생명의 성령의 법(8/1-2)
그는 허물과 죄로 죽었던 너희를 살리셨도다(엡2/1)
11)하나님의 상속자(8/15-17)
12)영광과 함께 고난도 있다(8/17)
13)승리의 확신(8/18)
14)나를 위해서 기도 하시는 성령님(8/26)
15)선택 됨을 감사 드립니다(8/29-30, 9/11)
16)영접의 축복(10/9-14)
17)전도의 축복(10/15)
18)원수 갚는 것은 하나님의 진노하심에 맡기라(12/19)
19)하나님 나라는 –의와 평강, 희락이다(14/17)

말씀으로 기도하기-1(로마서)

1)나는 할 수 있는 대로 로마에 있는 너희에게도 복음 전하기를 원하노라(1/15)
2)내가 복음을 부끄러워하지 아니 하노니 이 복음은 모든 믿는 자에게 구원을 주시는 하나님의 능력이
됨이라 먼저는 유대인에게요 그리고 헬라인에게로다(1/16)
3)복음에는 하나님의 의가 나타나서 믿음으로 믿음에 이르게 하나니 기록된 바 오직 의인은 믿음으로
말미암아 살리라(1/17)
4)그들이 마음에 하나님 두기를 싫어하매 하나님께서 그들을 그 상실한 마음대로 내버려 두사 합당하지 못한
일을 하게 하셨으니
곧 모든 불의, 추악, 탐욕, 악의가 가득한 자요, 시기, 살인, 분쟁, 사기, 악독이 가득 한자요, 수군 수군 한 자요,
비방하는 자요, 하나님께서 미워하시는 자요, 능욕 하는 자요, 교만 하는 자요, 자랑하는 자요, 악을 도모하는 자요,
부모를 거역하는 자요, 우매한 자요, 배약하는 자요, 무정한 자요, 무자비한 자라
그들이 이 같이 일을 행하는 자는 사형에 해당 한다고 하나님께서 정하심을 알고도 자기들만 행할 뿐 아니라
또한 이런 일을 행하는 자들을 옳다 하느니라(1/28-32)
5)하나님께서 각 사람에게 그 행한 대로 보응 하시니라(2/6)
6)하나님이 예수 그리스도로 말미암아 사람들의 은밀한 것을 심판 하시는 그날이라(2/16)
7)(모든 사람들) 의인은 없나니 하나도 없으며
깨닫는 자도 없고 하나님을 찾는 자도 없고
다 치우쳐 함께 무익하게 되고 선을 행하는 자는 없나니 하나도 없도다
그들의 목구멍은 열린 무덤이요 그 혀로는 속임을 일삼으며 그 입술에는 독사의 독이 있고
그 입에는 저주와 악독이 가득 하고
그 발은 피 흘리는 데 빠른지라(3/10-15)
8)불법이 사함을 받고 죄가 가리어짐을 받는 사람은 복이 있고
주께서 그 죄를 인정하지 아니하실 사람은 복이 있도다(4/7-8)
9)아브라함에게는 그 믿음이 의로 여겨졌다(4/9)
10)(의롭다 함을 얻은 사람은) 은혜에 들러감을 얻었으며 하나님의 영광을 바라보고 즐거워 하느니라
~~우리가 화난 중에도 즐거워 하나니 이는 환난은 인내를,
인내는 연단을, 연단은 소망을 이루는 줄 앎이로다(5/2-4)
10)그의 피로 말미암아 의롭다 하심을 받았으니 더욱 그로 말미암아 진노하심에서 구원을 받을 것이니(5/9)
11)한 분 예수그리스도를 통하여 생명 안에서 왕 노릇 하리라(5/17)

말씀으로 기도하기-2(로마서)

12)한 사람이 순종 하심으로 많은 사람이 의인이 되리라(5/19)
13)우리의 옛사람이 예수와 함께 십자가에 못박힌 것은 죄의 몸이 죽어 다시는 우리가 죄에게 종 노릇 하지 아니하려 함이라 (6/6)
14)너희 자신을 죄에 대하여는 죽은 자요 그리스도 예수 안에서 하나님께 대하여는 살아 있는 자로 여길지어다(6/11)
15)우리가 법 아래 있지 아니하고 은혜 아래 있으니 죄를 지으리요 그럴 수 없느니라(6/15)
16)율법으로 말미암지 않고는 내가 죄를 알지 못하였으니(7/7)
17)그러므로 내가 한 법을 깨달았노니 곧 선을 행하기 원하는 나에게 악이 함께 있는 것이로다(7/21)
18)내 지체 속에서 한 다른 법이 네 마음의 법과 싸워 내 지체 속에 있는 죄의 법으로 나를 사로잡는 것을 보는도다(7/23)
19)오호라 나는 곤고한 사람이로다 이 사망의 몸에서 누가 나를 건져내랴(7/24)
20)우리 주 예수 그리스도로 말미암아 하나님께 감사하리로다 그런즉 내 자신이 마음으로는 하나님의 법을 육신으로는 죄의 법을 섬기노라(7/25)
21)그러므로 이제 그리스도 예수 안에 있는 자에게는 결코 정죄함이 없나니
이는 그리스도 예수 안에 있는 생명의 성령의 법이 죄와 사망의 법에서 너를 해방하였음이라(8/1-2)
22)너희는 다시 무서워하는 종의 영을 받지 아니하고 양자의 영을 받았으므로 우리가 아빠 아버지라고 부르짖느니라(8/15)
23)성령이 친히 우리의 영과 더불어 우리가 하나님의 자녀인 것을 증언 하시나니(8/16)
24)자녀이면 또한 상속자 곧 하나님의 상속자요 그리스도와 함께한 상속자니 우리가 그와 함께 영광을 받기 위하여 고난도 함께 받아야 할 것이니라(8/17)
25)생각하건대 현재의 고난은 장차 우리에게 나타날 영광과 비교 할 수 없도다(8/18)
26)이와 같이 성령도 우리의 연약함을 도우시나니 우리는 마땅히 기도할 바를 알지 못하나 오직 성령이 말 할 수 없는 탄식으로 우리를 위하여 친히 간구 하시느니라(8/26)
27)누가 정죄하리요 죽으실 뿐 아니라 다시 살아나신 이는 그리스도 예수시니 그는 하나님 우편에 계신 자요 우리를 위하여 간구하시는 자시니라(8/34)
28)그리스도는 모든 믿는 자에게 의를 이루기 위하여 율법의 마침이 되시니라(10/4)
29)네 입으로 예수를 주로 시인하며 또 하나님께서 그를 죽은 자 가운데서 살리신 것을 네 마음에 믿으면 구원을 받으리라 (10/9)
30)사람이 마음으로 믿어 의에 이르고 입으로 시인하여 구원에 이르느니라(10/10)
31)누구든지 그를 믿는 자는 부끄러움을 당하지 아니하리라(10/11)
32)그를 부르는 모든 사람에게 부요하시도다(10/12)
31)누구든지 주의 이름을 부르는 자는 구원을 받으리라(10/13)

말씀으로 기도하기-3(로마서)

33)보내심을 받지 아니하였으면 어찌 전하리요 기록된바 아름답도다 좋은 소식을 전하는 자들의 발이여 함과 같으니라(10/15)
34)그러므로 믿음은 들음에서 나며 들음은 그리스도의 말씀으로 말미암았느니라(10/17)
35)너희 몸을 하나님이 기뻐하시는 거룩한 산 제물로 드리라 이는 너희가 드릴 영적 예배니라(12/1)
36)이 세대를 본받지 말고 오직 마음을 새롭게 함으로 변화를 받아 하나님의 선하시고 기뻐하시고 온전하신 뜻이 무엇인지 분별하도록 하라(12/2)
37)원수를 갚지 말고 하나님의 진노 하심에 맡기라 기록 되었으되 원수 갚는 것이 내게 있으니 내가 갚으리라 주께서 말씀 하시니라(12/19)
38)악에게 지지 말고 선으로 악을 이기라(12/21)
39)남을 사랑하는 자는 율법을 다 이루었느니라(13/8)
40)밤이 깊고 낮이 가까웠으니 그러므로 우리가 어둠의 일을 벗고 빛의 갑옷을 입자(13/12)
41)단정히 행하고 방탕하거나 술 취하지 말며 음란하거나 호색하지 말며 다투거나 시기하지 말고 오직 주 예수 그리스도로 옷 입고 정욕을 위하여 육신의 일을 도모하지 말라(13/13-14)
42)하나님의 나라는 먹는 것과 마시는 것이 아니요 오직 성령 안에 있는 의와 평강과 희락이라(14/17)
43)이방인들이 그들의 영적인 것을 나눠 가졌으면 육 적인 것으로 그들을 섬기는 것이 마땅하니라(15/27)
44)내가 너희에게 나아갈 때에 그리스도의 충만한 복을 가지고 갈 줄을 아노라(15/29)
45)예수그리스도로 말미암아 영광이 세세 무궁토록 있을 지어다 아 멘(16/27)

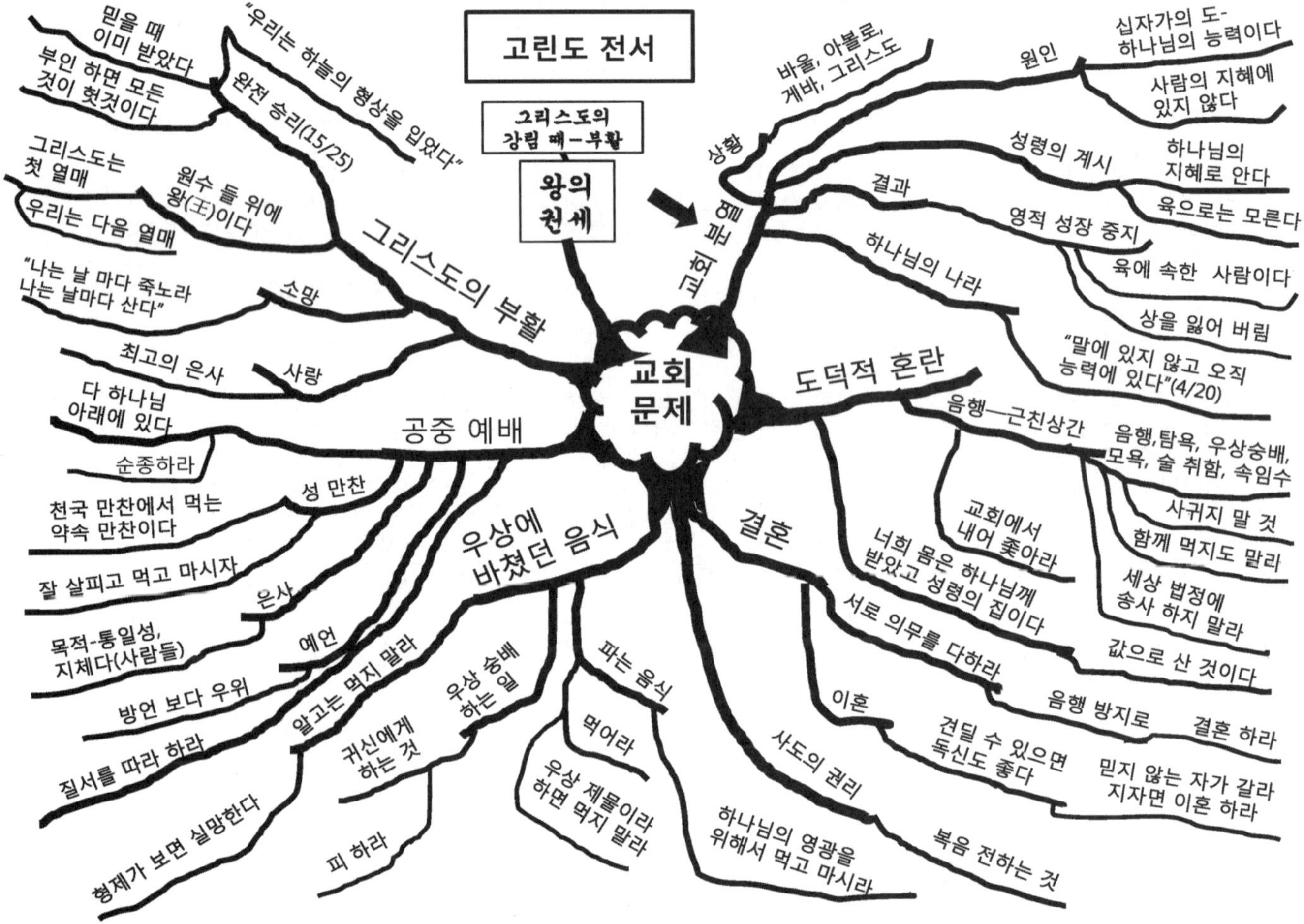
고린도 전서
그리스도의 강림 때–부활
왕의 권세
교회 문제
교회 분쟁
상황
바울, 아볼로, 게바, 그리스도
원인
십자가의 도-하나님의 능력이다
사람의 지혜에 있지 않다
성령의 계시
하나님의 지혜로 안다
육으로는 모른다
결과
영적 성장 중지
육에 속한 사람이다
상을 잃어 버림
하나님의 나라
"말에 있지 않고 오직 능력에 있다"(4/20)
도덕적 혼란
음행—근친상간
음행,탐욕, 우상숭배, 모욕, 술 취함, 속임수
사귀지 말 것
함께 먹지도 말라
세상 법정에 송사 하지 말라
교회에서 내어 쫓아라
너희 몸은 하나님께 받았고 성령의 집이다
값으로 산 것이다
결혼
서로 의무를 다하라
음행 방지로 결혼 하라
이혼
견딜 수 있으면 독신도 좋다
믿지 않는 자가 갈라 지자면 이혼 하라
사도의 권리
복음 전하는 것
우상에 바쳤던 음식
파는 음식
먹어라
하나님의 영광을 위해서 먹고 마시라
우상 제물이라 하면 먹지 말라
우상 숭배 하는 일
귀신에게 하는 것
피 하라
알고는 먹지 말라
형제가 보면 실망한다
공중 예배
다 하나님 아래에 있다
순종하라
성 만찬
천국 만찬에서 먹는 약속 만찬이다
잘 살피고 먹고 마시자
은사
목적-통일성, 지체다(사람들)
예언
방언 보다 우위
질서를 따라 하라
그리스도의 부활
사랑
최고의 은사
소망
"나는 날 마다 죽노라 나는 날마다 산다"
원수 들 위에 왕(王)이다
그리스도는 첫 열매
우리는 다음 열매
완전 승리(15/25)
"우리는 하늘의 형상을 입었다"
믿을 때 이미 받았다
부인 하면 모든 것이 헛것이다

성경 해설(고린도 전서)

저자 : 바울.   주제 : 고린도 교회의 문제.   기장 : 에배소.   기연 : AD55
대상 : 고린도 교회

Message

1)전도는 미련한 것이다(1/21) 그러나 하라(의무다).
2)전도는 말이나 지혜가 아니다 성령으로 되는 것이다.
3)심는 자와 물 주는 자에게 다 상이 있다(3/6-8)
말씀을 뿌리고 말씀으로 양육하는 것이다.
4)하나님의 성전을 귀하게 여겨라(3/16)
5)우상 숭배자들과 사귀지도 말라(5/10-11)
6)너희는 값으로 산 구원 자다(6/19-7/23)
사람의 종이 되지 말라.
7)복음 전하지 않으면 화가 있다(9/16)
8)전도는 부득불 하는 것이다(9/16)
9)그리스도의 피에 그리스도의 몸에 참여 하는 자는
복이 있도다(10/16)
10)성찬 식사-구원의 확증이다(11/23-25)
다가 오는 천국 잔치의 예표다. 성찬 식사가 없으면
버린 자식이다. 미래의 영광된 기념식사다.
-성찬의 의미-

11)사랑(13/1-13)-사랑이 제일이다.
12)방언 하나님의 선물이다(14/1-25)
질서 있게 하라.
13)그리스도의 부활과 우리의 부활(15/23-25)
부활 된 사람은 반드시 왕 노릇 하게 된다(천년 왕국)
14)바울의 자랑-"날마다 죽노라"(15/31)
15)부활의 비밀(15/50-57)
16)주의 일에 힘씀은 헛되지 않는다(15/58)
17)예수를 사랑 하지 않으면 저주가 있다(16/22)
18)축도(16/23-24)

말씀으로 기도하기-1(고린도전서)

1)십자가의 도가 멸망하는 자들에게는 미련한 것이요 구원을 받는 우리에게는 하나님의 능력이라(1/18)
2)하나님의 지혜에 있어서는 이 세상이 자기 지혜로 하나님을 알지 못하므로 하나님께서 전도의 미련한 것으로 믿는 자들을 구원하시기를 기뻐하셨도다(1/21)
3)우리는 십자가에 못박힌 그리스도를 전하니 유대인에게는 거리끼는 것이요 이방인에게는 미련한 것이로다(1/23)
4)내가 너희에게 나아가 하나님의 증거를 전 할 때에 말과 지혜의 아름다운 것으로 아니하였나니(2/1)
5)내가 너희 중에서 예수 그리스도와 그가 십자가에 못 박히신 것 외에는 아무것도 알지 아니하기로 작정하였음이라(2/2)
6)내 말과 내 전도함이 설득력 있는 지혜의 말로 하지 아니하고 다만 성령의 나타나심과 능력으로 하여 너희의 믿음이 사람의 지혜에 있지 아니하고 다만 하나님의 능력에 있게 하려 하였노라(2/4-5)
7)성령은 모든 것 곧 하나님의 깊은 것 까지도 통달 하시느니라(2/10)
8)나는 심었고 아볼로는 물을 주었으되 오직 하나님께서 자라나게 하셨나니(3/6)
9)그런즉 심는 이나 물 주는 이는 아무것도 아니로되 오직 지라게 하시는 이는 하나님뿐이니라(3/7)
10)심는 이와 물 주는 이는 한가지이나 각각 자기가 일한 대로 자기의 상을 받으리라(3/8)
11)우리는 하나님의 동역자들이요 너희는 하나님의 밭이요 하나님의 집이라(3/9)
12)너희는 너희가 하나님의 성전인 것과 하나님의 성령이 너희 안에 계시는 것을 알지 못하느냐(3/16)
13)하나님의 나라는 말에 있지 아니하고 오직 능력에 있음이라(4/20)
14)이제 내가 너희에게 쓴 것은 만일 어떤 형제라 일컫는 자가 음행 하거나 탐욕을 부리거나 우상 숭배를 하거나 모욕하거나 술 취하거나 속여 빼앗거든 사귀지도 말고 그런 자와는 함께 먹지도 말라 함이라(5/11)
15)너희 몸은 너희가 하나님께로 부터 받은 바 너희 가운데 계신 성령의 전인 줄을 알지 못하느냐 너희는 너희 자신의 것이 아니라 값으로 산 것이 되었으니 그런즉 너희 몸으로 하나님께 영광을 돌리라(6/19-20)
16)너희는 값으로 사신 것이니 사람들의 종이 되지 말라(7/23)
17)형제들아 너희는 각각 부르심을 받은 그대로 하나님과 함께 거하라(7/24)
18)이와 같이 주께서도 복음 전하는 자들이 복음으로 말미암아 살리라 명하셨느니라(9/14)
19)내가 복음을 전할 지라도 자랑할 것이 없음은 내가 부득불 할 일임이라 만일 복음을 전하지 아니하면 내게 화가 있을 것이로다(9/16)
20)그들에게 일어난 이런 일은 본보기가 되고 또한 말세를 만난 우리를 깨우치기 위하여 기록되었느니라(10/11)
21)우리가 축복하는 바 축복의 잔은 그리스도의 피에 참여함이 아니며 우리가 떼는 떡은 그리스도의 몸에 참여함이 아니냐(10/16)
22)내가 너희에게 전한 것은 주께 받은 것이니 곧 주 예수께서 잡히시던 밤에 떡을 가지사(11/23)

말씀으로 기도하기-2(고린도 전서)

23)축사하시고 떼어 이르시되 이 것은 너희를 위하는 내 몸이니 이것을 행하여 나를 기념하라(11/24)
24)식후에 또한 그와 같이 잔을 가지시고 이르시되 이 잔은 내 피로 세운 새 언약이니 이것을 행하여 마실 때마다 나를 기념하라(11/25)
25)하나님이 교회 중에 몇을 세우셨으니 첫 째는 사도요 둘 째는 선지자요 셋 째는 교사요 그 다음은 능력 행하는 자요 그 다 음은 병 고치는 은사와 서로 돕는 것과 다스리는 것과 각종 방언 을 말하는 것이라(12/28)
26)그러나 각각 자기 차례대로 되리니 먼저는 첫 열매인 그리스도요 다음에는 그가 강림하실 때에 그리스도에게 속한 자요(15/23)
27)그 후에는 마지막이니 그가 모든 통치자와 모든 권세와 능력을 멸하시고 나라를 아버지 하나님께 바칠 때라(15/24)
28)그가 모든 원수를 그 발 아래에 둘 때까지 반드시 왕 노릇 하시리라(15/25)
29)형제들아~~ 혈과 육은 하나님 나라를 이어 받을 수 없고 또한 썩는 것은 썩지 아니하는 것을 유업으로 받지 못하느니라 (15/50)
30)보라 내가 너희에게 비밀을 말하노니 우리가 다 잠 잘 것이 아니요 마지막 나팔에 순식간에 홀연히 다 변화되리니(15/51)
31)나팔 소리가 나매 죽은 자들이 썩지 아니할 것으로 다시 살아나고 우리도 변화 되리라(15/52)
32)이 썩을 것이 반드시 썩지 아니할 것을 입겠고 이 죽을 것이 죽지 아니함을 입으리로다(15/53)
33)이 썩을 것이 썩지 아니함을 입고 이 죽을 것이 죽지 아니함을 입을 때에는 사망을 삼키고 이기리라((15/54)
34)사망아 너의 승리가 어디 있느냐 사망아 네가 쏘는 것이 어디 있느냐(15/55)
35)사망이 쏘는 것은 죄요 죄의 권능은 율법이라(15/56)
36)우리 주 예수 그리스도로 말미암아 우리에게 승리를 주시는 하나님께 감사하노니(15/57)
37)만일 누구든지 주를 사랑하지 아니하면 저주를 받을 지어다
우리 주여 오시옵소서
주 예수 그리스도의 은혜가 너희와 함께 하고
나의 사랑이 그리스도 예수 안에서 너희 무리와 함께 할지어다(16/22-24)

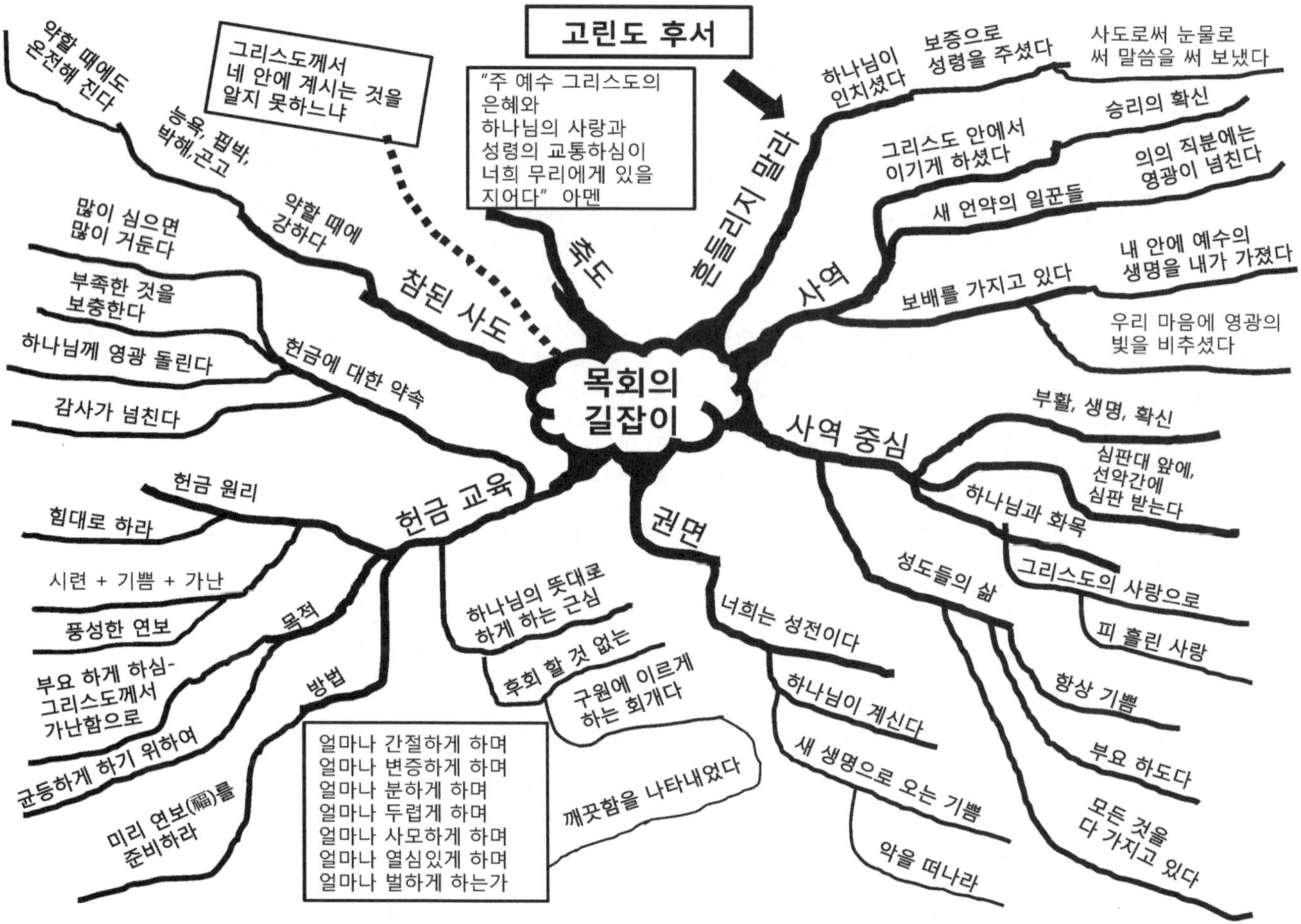
고린도 후서
목회의 길잡이
참된 사도
축도
흔들리지 말라
사역
사역 중심
권면
헌금 교육
약할 때에도 온전해 진다
능욕, 핍박, 박해,곤고
약할 때에 강하다
그리스도께서 네 안에 계시는 것을 알지 못하느냐
"주 예수 그리스도의 은혜와 하나님의 사랑과 성령의 교통하심이 너희 무리에게 있을 지어다" 아멘
하나님이 인치셨다
보증으로 성령을 주셨다
사도로써 눈물로 써 말씀을 써 보냈다
승리의 확신
그리스도 안에서 이기게 하셨다
의의 직분에는 영광이 넘친다
새 언약의 일꾼들
내 안에 예수의 생명을 내가 가졌다
보배를 가지고 있다
우리 마음에 영광의 빛을 비추셨다
부활, 생명, 확신
심판대 앞에, 선악간에 심판 받는다
하나님과 화목
그리스도의 사랑으로
피 흘린 사랑
성도들의 삶
항상 기쁨
부요 하도다
모든 것을 다 가지고 있다
너희는 성전이다
하나님이 계신다
새 생명으로 오는 기쁨
악을 떠나라
하나님의 뜻대로 하게 하는 근심
후회 할 것 없는
구원에 이르게 하는 회개다
깨끗함을 나타내었다
얼마나 간절하게 하며
얼마나 변증하게 하며
얼마나 분하게 하며
얼마나 두렵게 하며
얼마나 사모하게 하며
얼마나 열심있게 하며
얼마나 벌하게 하는가
많이 심으면 많이 거둔다
부족한 것을 보충한다
하나님께 영광 돌린다
헌금에 대한 약속
감사가 넘친다
헌금 원리
힘대로 하라
시련 + 기쁨 + 가난
목적
풍성한 연보
부요 하게 하심-그리스도께서 가난함으로
방법
균등하게 하기 위하여
미리 연보(福)를 준비하라

성경 해설(고린도 후서)

저자 ; 바울. 주제 : 바울 사역과 하나님의 은사. 기장 : 빌립보. 기연 : AD55-57
대상 ; 고린도 교인과 그리스도인. 시련과 구제

Message

1)흔들리지 말라 하나님이 인을 쳤다.
보증으로 성령을 주셨다.
2)눈물의 편지다(2/4)
3)그리스도의 승리가 있다(2/14-16)
4)우리에게 담겨져 있는 예수 그리스도
(생명이 항상 내 안에 있다)(4/10)
5)날로 새로워 지는 사람(4/16)
6)죽는 그 날에 하늘에 내 집이 있다.
(5/1)-어떻게 믿나-성령이 보증이다.
(성령을 주셨다.)
7)그리스도 심판대 앞에서 선 악 간에 행한 대로
받게 된다(5/10)
8)그리스도 안에 있는 자는 새로운 피조물이다(5/17)
9)회개의 기쁨(새 생명을 얻는 기쁨, 구원과 회개의 기쁨)
(7/9-11)
10)예수 그리스도는 부요하신 자다(8/9)
"부요 하신 이로서 너희를 위 하여 가난 하게
되심은 그의 가난함으로 말미암아 너희를
부요하게 하려 하심이라."
11)연보(9/6)-심는 대로 거둔다.
12)바울의 간증(12/1-6)-낙원을 보고 왔다.
13)내가 약 할 때 강함이라(12/10)
14)예수 믿고서 있게 되는 가시는 하나님이
강하게 역사 하심이라(12/7-9)
15)예수 그리스도가 있는지 확신 하라(13/5)
16)축복(13/13)

말씀으로 기도하기-1(고린도 후서)

1)그리스도의 고난이 우리에게 넘친 것 같이 우리의 받는 위로도 그리스도로 말미암아 넘치는 도다(1/5)
2)내가 마음에 큰 눌림과 걱정이 있어 많은 눈물로 너희에게 썼노니 이는 너희로 근심하게 하려 한 것이 아니요 오직 내가 너희를 향하여 넘치는 사랑이 있음을 너희로 알게 하려 함이라(2/4)
3)항상 우리를 그리스도 안에서 이기게 하시고 우리로 말미암아 각처에서 그리스도를 아는 냄새를 나타내시는 하나님께 감사하노라(2/14)
4)이 사람에게는 사망으로부터 사망에 이르는 냄새요 저 사람에게는 생명으로 부터 생명에 이르는 냄새라 누가 이 일을 감당하리요(2/16)
5)주는 영이시니 주의 영이 계신 곳에는 자유가 있느니라(3/17)
6)우리가 항상 예수의 죽음을 몸에 짊어짐은 예수의 생명이 또한 우리 몸에 나타나게 하려 함이라(4/10)
7)그러므로 우리가 낙심치 아니하노니 우리의 겉 사람은 낡아지나 우리의 속 사람은 날로 새로워지도다(4/16)
8)만일 땅에 있는 우리 장막 집이 무너지면 하나님께서 지으신 집 곧 손으로 지은 것이 아니요 하늘에 있는 영원한 집이 우리에게 있는 줄 아느니라(5/1)
9)곧 이것을 우리에게 이루게 하시고 보증으로 성령을 우리에게 주신 이는 하나님이시니라(5/5)
10)이는 우리가 다 반드시 그리스도의 심판대 앞에 나타나게 되어 각각 선악 간에 그 몸으로 행한 것을 따라 받으려 함이라(5/10)
11)누구든지 그리스도 안에 있으면 새로운 피조물이라(5/17)
12)보라 지금은 은혜 받을 마한 때요 보라 지금은 구원의 날이로다(6/2)
13)근심하는 자 같으나 항상 기뻐하고 가난한 같으나 많은 사람을 부요하게 하고 아무것도 없는 자 같으나 모든 것을 가진 자로다(6/10)
14)너희는 믿지 않는 자와 멍에를 함께 메지 말라 의와 불법이 어찌 함께하며 빛과 어둠이 어찌 사귀며(6/14)
15)우리는 살아 계신 하나님의 성전이라(6/16)
16)내가 지금 기뻐함은 너희로 근심하게 한 까닭이 아니요 도리어 너희가 근심함으로 회개함에 이른 까닭이라
너희가 하나님의 뜻대로 근심하게 된 것은 우리에게서 아무 해도 받지 않게 하려 함이라
하나님의 뜻대로 하는 근심은 후회할 것이 없는 구원에 이르게 하는 회개를 이루는 것이요 세상 근심은 사망을 이루는 것이니라
보라 하나님의 뜻대로 하게 된 이 근심이 너희로 얼마나 간절하게 하며 얼마나 변증하게 하며 얼마나 분하게 하며 얼마나 두렵게 하며 얼마나 사모하게 하며 얼마나 열심 있게 하며 얼마나 벌하게 하였는가 너희가 그 일에 대하여 일체 너희 자신의 깨끗함을 나타내었느니라(7/9-11)

말씀으로 기도하기-2(고린도 후서)

17)환난의 많은 시련 가운데서 그들의 넘치는 기쁨과 극심한 가난이 그들의 풍성한 연보를 넘치도록 하게 하였느니라(8/2)
18)우리 주 예수 그리스도의 은혜를 너희가 알거니와 부요하신 이로서 너희를 위하여 가난하게 되심은 그의 가난함으로 말미암아 너희를 부요하게 하려 하심이라(8/9)
19)이것이 곧 적게 심는 자는 적게 가두고 많이 심는 자는 많이 거둔다 하는 말이로다(9/6)
20)각각 그 마음에 정한 대로 할 것이요 인색함으로나 억지로 하지 말지니 하나님은 즐겨 내는 자를 사랑하시느니라(9/7)
21)그가 낙원으로 이끌려 가서 말로 표현할 수 없는 말을 들었으니 사람이 가히 이르지 못할 말이로다 내가 이런 사람을 위하여 자랑하겠으나 나를 위하여는 약한 것들 외에 자랑하지 아니하리라(12/4-5)
22)내가 만일 자랑 하고자 하여도~~내게 듣는 바에 지나치게 생각할까 두려워 그만 두노라(12/6)
23)여러 계시를 받은 것이 지극히 크므로 너무 자만하지 않게 하시려고 내 육체에 가시 곧 사탄의 사자를 주셨으니 이는 나를 쳐서 너무 자만하지 않게 하려 하심이라(12/7)
24)이것이 내게서 떠나가게 하기 위하여 내가 세 번 주께 간구하였더니 나에게 이르시기를 내 은혜가 네게 족하도다 이는 내 능력이 약한 데서 온전하여 짐이라(12/8-9)
25)그러므로 도리어 크게 기뻐함으로 나의 여러 약한 것들에 대하여 자랑 하리니 이는 그리스도의 능력이 내게 머물게 하려 함이라 그러므로 내가 그리스도를 위하여 약한 것들과 능욕과 궁핍과 박해와 곤고를 기뻐하노니 이는 내가 약한 그때에 강함이라(12/9-10)
26)너희는 믿음 안에 있는가 너희 자신을 시험하고 너희 자신을 확증하라 예수 그리스도께서 너희 안에 계신 줄을 너희가 스스로 알지 못하느냐 그렇지 않으면 너희는 버림받은 자니라(13/5)
27)주 예수 그리스도의 은혜와 하나님의 사랑과 성령의 교통하심이 너희 무리와 함께 있을 지어다(13/13)

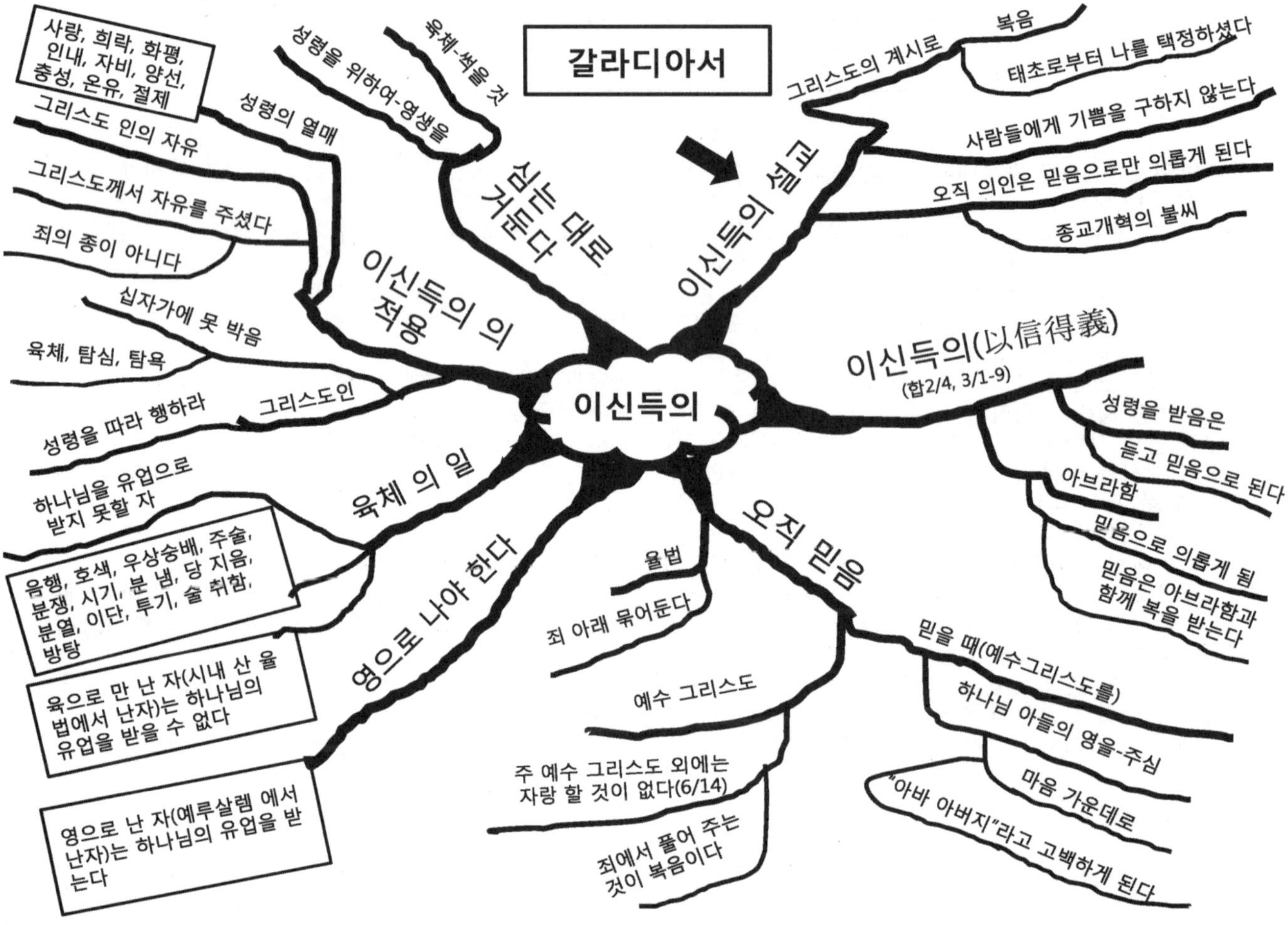

갈라디아서
이신득의
이신득의 설교
그리스도의 계시로
복음
태초로부터 나를 택정하셨다
사람들에게 기쁨을 구하지 않는다
오직 의인은 믿음으로만 의롭게 된다
종교개혁의 불씨
이신득의(以信得義)
(합2/4, 3/1-9)
성령을 받음은
듣고 믿음으로 된다
아브라함
믿음으로 의롭게 됨
믿음은 아브라함과 함께 복을 받는다
오직 믿음
율법
죄 아래 묶어둔다
믿을 때(예수그리스도를)
하나님 아들의 영을-주심
마음 가운데로
"아바 아버지"라고 고백하게 된다
예수 그리스도
주 예수 그리스도 외에는 자랑 할 것이 없다(6/14)
죄에서 풀어 주는 것이 복음이다
영으로 나아야 한다
육으로 만 난 자(시내 산 율법에서 난자)는 하나님의 유업을 받을 수 없다
영으로 난 자(예루살렘 에서 난자)는 하나님의 유업을 받는다
육체 의 일
하나님을 유업으로 받지 못할 자
음행, 호색, 우상숭배, 주술, 분쟁, 시기, 분 냄, 당 지음, 분열, 이단, 투기, 술 취함, 방탕
이신득의 의 적용
십자가에 못 박음
육체, 탐심, 탐욕
그리스도인
성령을 따라 행하라
그리스도 인의 자유
그리스도께서 자유를 주셨다
죄의 종이 아니다
성령의 열매
사랑, 희락, 화평, 인내, 자비, 양선, 충성, 온유, 절제
심는 대로 거둔다
성령을 위하여-영생을
육체-썩을 것

성경 해설(갈라디아서)

저자 ; 바울. 주제 : 믿음으로 의롭게 된다는 참된 복음(以信得義)
기장 : 마게도냐. 기연 : AD56. 대상 :갈라디아 교회

Message

1)목사의 설교-하나님의 계시로 하라(1/11-12)
2)심는 대로 거둔다 : 육체-썩는 것.
영을 위하여는 –영생을 거둔다(6/8)
3)오직 믿음 만으로만 의롭게 된다(2/20)
4)율법에 속한 자-지옥 간다(3/10)
5)아빠 아버지라 부르라(4/6)
6)육체의 일-음행, 호색, 우상숭배, 원수 맺음, 주술, 분 냄, 분쟁, 시기, 당, 분열, 이단, 투기, 술 취함, 방탕-하나님나라를 유업으로 받지 못한다(5/19-21)
7)성령의 열매-사랑, 희락, 화평, 인자, 자비, 양선, 충성, 온유, 절제(5/22-23)
8)하나님 나라는 오직 그리스도의 십자가 뿐이다(6/14)
9)내 몸에 예수의 흔적이 있다(6/17)

말씀으로 기도하기(갈라디아서)

1)내가 그리스도와 함께 십자가에 못 박혔나니 그런즉 이제는 내가 사는 것이 아니요 오직 내 안에 그리스도께서 사시는 것이라 이제 내가 육체 가운데 사는 것은 나를 사랑하사 나를 위하여 자기 자신을 버리신 하나님의 아들을 믿는 믿음 안에서 사는 것이라(2/20)
2)무릇 율법 행위에 속한 자들은 저주 아래 있나니 기록된바 누구든지 율법 책에 기록된 대로 모든 일을 항상 행하지 아니하는 자는 저주아래 있는 자라 하였음이라(3/10)
3)하나님 앞에서 아무도 율법으로 말미암아 의롭게 되지 못할 것이 분명하니 이는 의인은 믿음으로 살리라 하였음이라(3/11)
4)율법은 믿음에서 난 것이 아니니 율법을 행하는 자는 그 가운데서 살리라(3/12)
5)그리스도께서 우리를 위하여 저주를 받은 바 되사 율법의 저주에서 우리를 속량하셨으니 기록된바 나무에 달린 자마다 저주 아래에 있는 자라 하였음이라(3/13)
6)너희가 아들이므로 하나님이 그 아들의 영을 우리 마음 가운데 보내사 아빠 아버지라 부르게 하셨느니라(4/6)
7)성령의 인도하시는 바가 되면 율법 아래 있지 아니하리라(5/18)
8)성령의 열매는 사랑과 희락과 화평과 오래 참음과 자비와 양선과 충성과 온유와 절제니 이 같은 것을 금지 할 법이 없느니라(5/22-23)
9)그리스도 예수의 사람들은 육체와 함께 그 정욕과 탐심을 십자가에 못박았느니라(5/24)
10)자기 육체를 위하여 심는 자는 육체로부터 썩어질 것을 거두고 성령을 위하여 심는 자는 성령으로부터 영생을 거두리라(6/8)
11)선을 행하되 낙심하지 말지니 포기하지 아니하면 때가 이르매 거두리라(6/9)
12)내게는 우리 주 예수 그리스도의 십자가 외에 결코 자랑 할 것이 없으니 그리스도로 말미암아 세상이 나를 대하여 십자가에 못 박히고 내가 또한 세상을 대하여 그러하니라(6/14)
13)이후로 누구든지 나를 괴롭게 하지 말라 내가 내 몸에 예수의 흔적을 지니고 있노라(6/17)

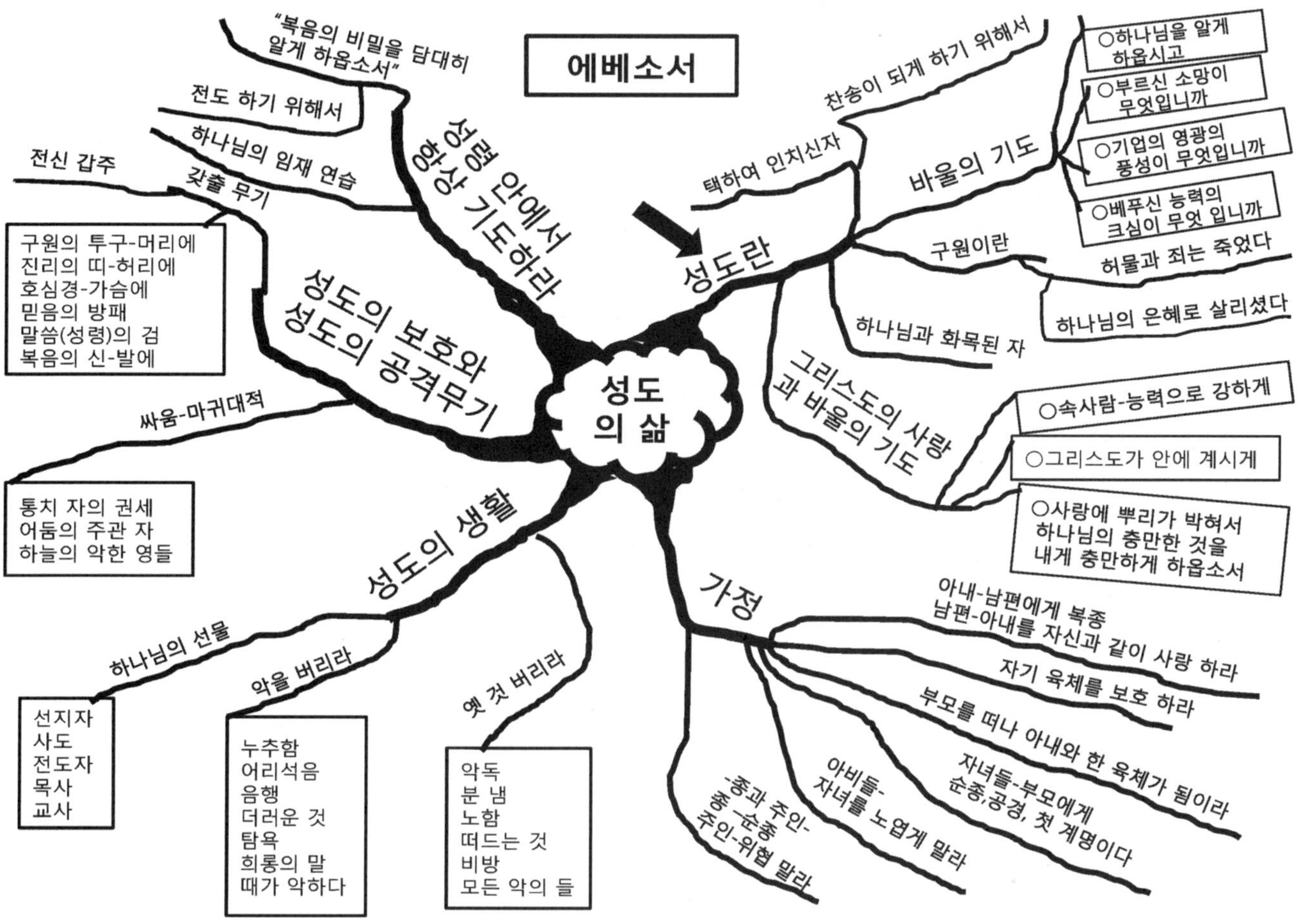
에베소서
성도의 삶
성도란
택하여 인치신자
찬송이 되게 하기 위해서
바울의 기도
○하나님을 알게 하옵시고
○부르신 소망이 무엇입니까
○기업의 영광의 풍성이 무엇입니까
○베푸신 능력의 크심이 무엇 입니까
구원이란
허물과 죄는 죽었다
하나님의 은혜로 살리셨다
하나님과 화목된 자
그리스도의 사랑과 바울의 기도
○속사람-능력으로 강하게
○그리스도가 안에 계시게
○사랑에 뿌리가 박혀서 하나님의 충만한 것을 내게 충만하게 하옵소서
가정
아내-남편에게 복종
남편-아내를 자신과 같이 사랑 하라
자기 육체를 보호 하라
부모를 떠나 아내와 한 육체가 됨이라
자녀들-부모에게 순종,공경, 첫 계명이다
아비들-자녀를 노엽게 말라
종과 주인-종-순종 주인-위협 말라
성도의 생활
하나님의 선물
선지자
사도
전도자
목사
교사
악을 버리라
누추함
어리석음
음행
더러운 것
탐욕
희롱의 말
때가 악하다
옛 것 버리라
악독
분 냄
노함
떠드는 것
비방
모든 악의 들
성도의 보호와 성도의 공격무기
전신 갑주
갖출 무기
구원의 투구-머리에
진리의 띠-허리에
호심경-가슴에
믿음의 방패
말씀(성령)의 검
복음의 신-발에
싸움-마귀대적
통치 자의 권세
어둠의 주관 자
하늘의 악한 영들
성령 안에서 항상 기도하라
"복음의 비밀을 담대히 알게 하옵소서"
전도 하기 위해서
하나님의 임재 연습

성경 해설(에베소서)

저자 : 바울. 주제 : 그리스도 안에서 만유의 통일. 기장 : 로마. 기연 : AD62.
대상 : 에베소 교인과 세계교인. 핵심 : 그리스도인의 의지, 그리스도인의 실천

Message

1)영광의 찬송이 되게 하시려고 택했다(1/5-6)-예정 하셨다.
2)바울의 기도(1/17-19)
하나님을 알게 하시고, 부르신 소망이 무엇이며, 기업의 영광의 풍성이 무엇이며, 베푸신 능력의 크심을 알게 하옵소서.
3)구원은 선물이다(2/5-8)
4)구원은 행위가 아니다(2/9-10)
5)나는 하나님이 계시는 집이다(2/22)
6)바울의 기도
그리스도의 사랑을 알게 하시기를 구합니다(3/14-19)
7)그리스도를 위해 봉사하기 위해서 주신 것 :
사도, 선지자, 전도자, 목사, 교사(4/11)
8)새 사람이다(4/31) : 버리라-악독, 분냄, 노함, 떠드는 것, 비방, 모든 악의
9)말은 "감사하는"말을 하라(5/2-4)
10)세월을 아끼라(5/15-17) : 때가 악하다.
11)부부는 서로 사랑 하라(5/22-33)
"아내 사랑하기를 자신 같이 하라."
12)가정의 질서(6/1-4) : 부모에 순종, 부모를 공경 이 첫 계명이다.
자녀를 노엽게 말라.
13)마귀와 싸워라(6/10-18) : 구원의 확신
말씀, 성령의 무장 : 전신 갑주를 하라.
14)"입을 열어 복음의 비밀을 담대히 알리게 하옵소서"-전도다(6/19)

말씀으로 기도하기-1(에베소서)

1)그 기쁘신 뜻대로 우리를 예정 하사 예수 그리스도로 말미암아 자기의 아들들이 되게 하셨으니(1/5)
2)그리스도 안에서 너희도 진리의 말씀 곧 너희의 구원의 복음을 듣고 그 안에서 또한 믿어 약속의 성령으로 인치심을 받았느니라(1/13)
3)우리 주 예수 그리스도의 하나님 영광의 아버지께서 지혜와 계시의 영을 너희에게 주사 하나님을 알게 하시고 너희 마음의 눈을 밝히사 그의 부르심의 소망이 무엇이며 성도 안에서 그 기업의 영광의 풍성함이 무엇이며 그의 힘의 위력으로 역사하심을 따라 믿는 우리에게 베푸신 능력의 지극히 크심이 어떠한 것을 너희로 알게 하시기를 구하노라(1/17-19)
4)그는 허물과 죄로 죽었던 너희를 살리 셨도다(2/1)
5)허물로 죽은 우리를 그리스도와 함께 살리셨고(너희는 은혜로 구원을 받은 것이라)
또 함께 일으키사 그리스도 예수 안에서 함께 하늘에 앉히시니(2/5-6)
6)너희는 그 은혜에 의하여 믿음으로 말미암아 구원을 받았으니 이것은 너희에게서 난 것이 아니요 하나님의 선물이라(2/8)
7)이것은 행위에서 난 것이 아니니 이는 누구든지 자랑하지 못하게 함이라(2/9)
8)너희도 성령 안에서 하나님이 거처하실 처소가 되기 위하여 그리스도 예수 안에서 함께 지어져 가느니라(2/22)
9)이로므로 내가 하늘과 땅에 있는 각 족속에게
이름을 주신 아버지 앞에 무릎을 꿇고 비노니
그의 영광의 풍성함을 따라 그의 성령으로 말미암아 너희 속 사람을 능력으로 강건하게 하시오며 믿음으로 말미암아 그리스도께서 너희 마음에 계시게 하시옵고 너희가 사랑 가운데서 뿌리가 박히고 터가 굳어져서 능히 모든 성도와 함께 지식에 넘치는 그리스도의 사랑을 알고
그 너비와 길이와 높이와 깊이가 어떠함을 깨달아 하나님의 모든 충만하신 것으로 너희에게 충만하게 하시기를 구하노라(3/14-19)
10)그가 어떤 사람은 사도로, 어떤 사람은 선지자로, 어떤 사람은 복음 전하는 자로, 어떤 사람은 목사와 교사로 삼으셨으니(4/11)
11)그런즉 너희가 어떻게 행할지를 자세히 주의하여 지혜 없는 자 같이 하지 말고 오직 지혜 있는 자 같이 하여 세월을 아끼라 때가 악하니라
그러므로 어리석은 자가 되지 말고 오직 주의 뜻이 무엇인가 이해하라(5/15-17)

말씀으로 기도하기-2(에베소서)

12)아내 들이여 자기 남편에게 복종 하기를 주께 하듯 하라(5/22)
13)남편이 아내의 머리 됨이 그리스도께서 교회의 머리 됨과 같음이니 그가 바로 몸의 구주시니(5/23)
14)남편들아 아내 사랑하기를 그리스도께서 교회를 사랑하시고 그 교회를 위하여 자신을 주심같이 하라(5/25)
15)남편들도 자기 아내 사랑 하기를 자기 자신과 같이 할지니 자기 아내를 사랑하는 자는 자기를 사랑하는 것이라(5/28)
16)사람이 부모를 떠나 그의 아내와 합하여 그 둘이 한 육체가 될지니(5/31)
17)이 비밀이 크도다 나는 그리스도와 교회에 대하여 말하노라(5/32)
18)너희도 각각 자기 아내 사랑하기를 자신 같이 하고 아내도 자기 남편을 존경하라(5/33)
19)자녀들아 주 안에서 너희 부모에게 순종하라 이것이 옳으니라(6/1)
20)네 아버지와 어머니를 공경하라 이것은 약속이 있는 첫 계명이니
이로써 네가 잘 되고 땅에서 장수 하리라(6/2-3)
21)아비들아 너희 자녀들을 노엽게 하지 말고 오직 주의 교훈과 훈계로 양육하라(6/4)
22)마귀의 간계를 능히 대적 하기 위해서 하나님의 전신 갑주를 입으라(6/11)
23)우리의 씨름은 혈과 육을 상대하는 것이 아니요 통치자들과 권세 자들과 이 어둠의 세상 주관 자들과
하늘에 있는 악의 영들을 상대함이라(6/12)
24)그러므로 하나님의 전신 갑주를 취하라 이는 악한 날에 너희가 능히 대적하고 모든 일을 행한 후에 서기
위함이라(6/13)
25)그런즉 서서 진리로 너희 허리 띠를 띠고 의의 호심경을 붙이라(6/14)
26)평안의 복음이 준비한 것으로 신을 신고
모든 것 위에 믿음의 방패를 가지고 이로써 능히 악한 자의 모든 불화살을 소멸하고
구원의 투구와 성령의 검 곧 하나님의 말씀을 가지라(6/15-17)
27)모든 기도와 간구를 하되 항상 성령 안에서 기도하고 이를 위하여 깨어 구하기를 항상 힘쓰며 여러 성도를
위하여 구하라(6/18)
28)또 나를 위하여 구할 것은 내게 말씀을 주사 나로 입을 열어 복음의 비밀을 담대히 알리게 하옵소서 할 것이니(6/19)

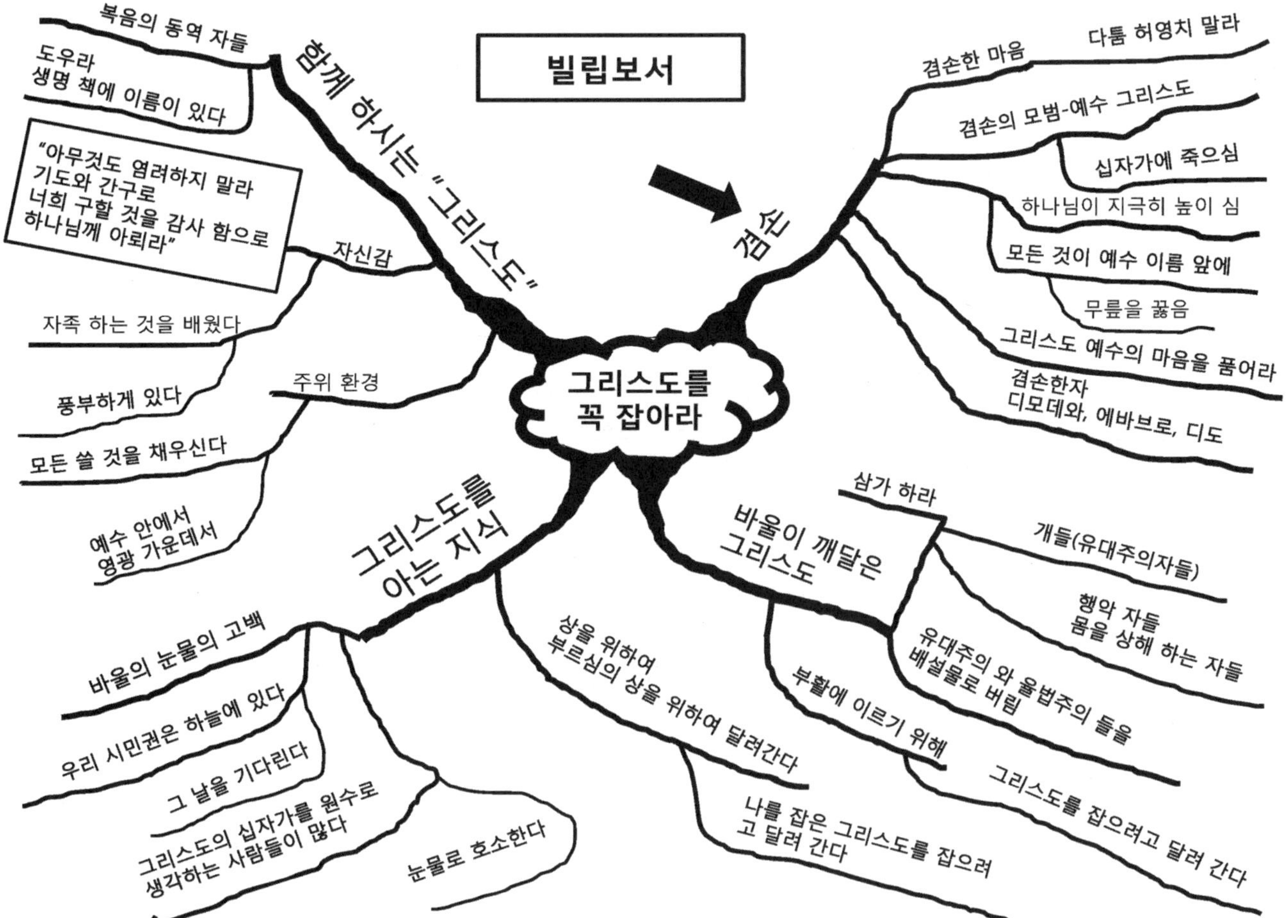
빌립보서
그리스도를 꼭 잡아라
함께 하시는 "그리스도"
복음의 동역 자들
도우라
생명 책에 이름이 있다
"아무것도 염려하지 말라 기도와 간구로 너희 구할 것을 감사 함으로 하나님께 아뢰라"
자신감
자족 하는 것을 배웠다
풍부하게 있다
주위 환경
모든 쓸 것을 채우신다
예수 안에서 영광 가운데서
겸손
겸손한 마음
다툼 허영치 말라
겸손의 모범-예수 그리스도
십자가에 죽으심
하나님이 지극히 높이 심
모든 것이 예수 이름 앞에
무릎을 꿇음
그리스도 예수의 마음을 품어라
겸손한자
디모데와, 에바브로, 디도
그리스도를 아는 지식
바울의 눈물의 고백
우리 시민권은 하늘에 있다
그 날을 기다린다
그리스도의 십자가를 원수로 생각하는 사람들이 많다
눈물로 호소한다
상을 위하여
부르심의 상을 위하여 달려간다
나를 잡은 그리스도를 잡으려고 달려 간다
바울이 깨달은 그리스도
삼가 하라
개들(유대주의자들)
행악 자들
몸을 상해 하는 자들
유대주의 와 율법주의 들을 배설물로 버림
부활에 이르기 위해
그리스도를 잡으려고 달려 간다

성경해설(빌립보서)

저자 : 바울. 주제 : 그리스도를 본 받아 기쁨을 누려라. 기장 : 로마. 기연 : AD62-63.
대상 : 빌립보 교인. 모든 그리스도인. 핵심 : "예수 믿으면 다 있고 예수 없으면 다 없다"

Message

1)그리스도의 겸손 : 십자가에 죽으심이다(2/8)
2)예수 이름 앞에 무릎을 꿇자(2/10) : 그리스도의 영광 앞에 무릎을 꿇자
3)예수의 마음을 품으라(2/5) :기쁨이 온다.
4)그리스도를 아는 지식이 최고의 지식이다(3/8)
모든 것을 배설물로 버린다 : 그러면 그리스도를 얻게 된다(3/8)
5)다 이룬 것이 아니다-이루려고 달려 간다(3/12)
그리스도를 잡으려고 달려간다.
6)위에서 부르신 상을 위하여 달려간다(3/14)
7)우리는 하늘에 있는 시민권을 가지고 있다(3/20)
그래서 눈물을 흘리면서 말한다.
8)주 안에서 기뻐하라(4/4-7)
주 안에서 기도하라.
9)예수 그리스도를 통해서 너희 마음을 지키시리라(4/7)
10)삶의 일체의 비결(4/12-14)
모든 것을 배웠다. "내게 능력 주시는 자 안에서 모든 것을 할 수 있다."
11)예수 안에 있으면 다 있다(4/19)
풍성히 채우시리라.

말씀으로 기도하기(빌립보서)

1)너희 안에 이 마음을 품으라 곧 그리스도 예수의 마음이니(2/5)
2)하늘에 있는 자들과 땅에 있는 자들과 땅 아래 있는 자들로 모든 무릎을 예수의 이름 앞에 꿇게 하시고(2/10)
3)또한 모든 것을 해로 여김은 내주 그리스도 예수 아는 지식이 가장 고상하기 때문이라 내가 그를 위하여 모든 것을 잃어버리고 배설물로 여김은 그리스도를 얻고 (3/8)
4)그 안에서 발견되려 함이니 내가 가진 의는 율법에서 난 것이 아니요 오직 그리스도를 믿음으로 말미암은 것이니 곧 믿음으로 하나님께로부터 난 의라(3/9)
5)내가 이미 얻었다 함도 아니요 온전히 이루었다 함도 아니라 오직 내가 그리스도 예수께 잡힌바 된 그것을 잡으려고 달려가노라(3/12)
6)형제들아 나는 아직 내가 잡은 줄로 여기지 아니하고 오직 한 일 즉 뒤에 있는 것을 잊어버리고 앞에 있는 것을 잡으려고 푯대를 향하여 그리스도 예수 안에서 하나님이 부르신 부름의 상을 위하여 달려가노라(3/13-14)
7)이제도 눈물을 흘리며 말하노니 여러 사람들이 그리스도의 십자가의 원수로 행하느니라(3/18)
8)우리의 시민권은 하늘에 있는지라 거기로 부터 구원하는 자 곧 예수그리스도를 기다리노니(3/20)
9)아무것도 염려하지 말고 다만 모든 일에 기도와 간구로, 너희 구할 것을 감사함으로 하나님께 아뢰라(4/6)
10)그리하면 모든 지각에 뛰어난 하나님의 평강이 그리스도 예수 안에서 너희 마음과 생각을 지키시리라(4/7)
11)내가 궁핍하므로 말하는 것이 아니라 어떤 형편에든지 나는 자족하기를 배웠노니(4/11)
12)나는 비천에 처할 줄도 알고 풍부에 처할 줄도 알아 모든 일 곧 배부름과 배고픔과 풍부와 궁핍에도 처할 줄 아는 일체의 비결을 배웠노라(4/12)
13)내게 능력 주시는 자 안에서 내가 모든 것을 할 수 있느니라(4/13)
14)나의 하나님이 그리스도 예수 안에서 영광 가운데 그 풍성한 대로 너희 모든 쓸 것을 채우시리라(4/19)

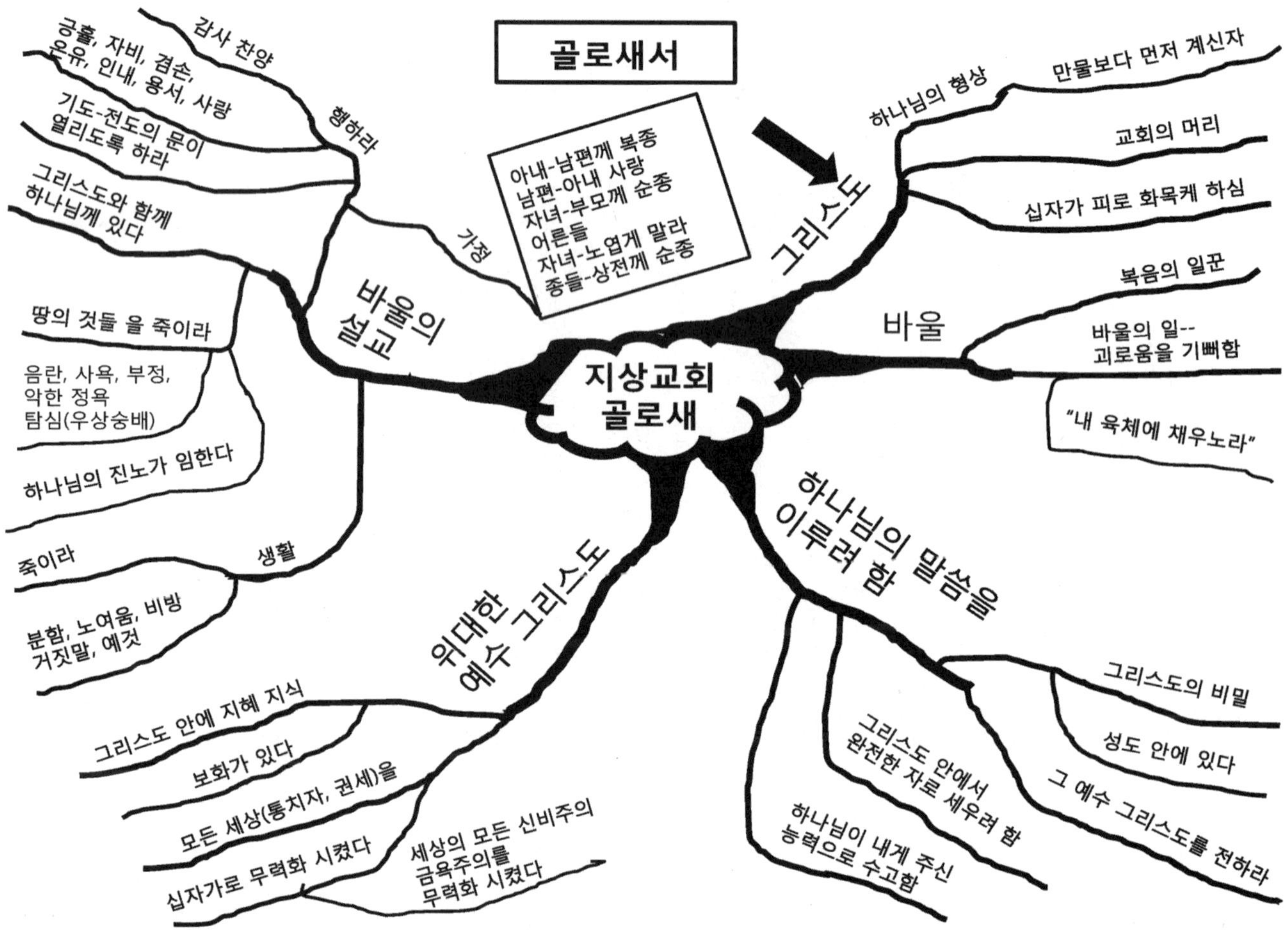
골로새서
지상교회
골로새
그리스도
하나님의 형상
만물보다 먼저 계신자
교회의 머리
십자가 피로 화목케 하심
바울
복음의 일꾼
바울의 일--
괴로움을 기뻐함
"내 육체에 채우노라"
하나님의 말씀을
이루려 함
그리스도의 비밀
성도 안에 있다
그 예수 그리스도를 전하라
그리스도 안에서
완전한 자로 세우려 함
하나님이 내게 주신
능력으로 수고함
위대한
예수 그리스도
그리스도 안에 지혜 지식
보화가 있다
모든 세상(통치자, 권세)을
십자가로 무력화 시켰다
세상의 모든 신비주의
금욕주의를
무력화 시켰다
바울의
설교
생활
죽이라
분함, 노여움, 비방
거짓말, 예것
하나님의 진노가 임한다
음란, 사욕, 부정,
악한 정욕
탐심(우상숭배)
땅의 것들 을 죽이라
그리스도와 함께
하나님께 있다
행하라
감사 찬양
긍휼, 자비, 겸손,
온유, 인내, 용서, 사랑
기도-전도의 문이
열리도록 하라
가정
아내-남편께 복종
남편-아내 사랑
자녀-부모께 순종
어른들
자녀-노엽게 말라
종들-상전께 순종

성경 해설(골로새서)

저자 ; 바울. 주제 : 예수 그리스도의 완전한 충족. 기장 : 로마. 기연 : AD62-63. 대상 : 소아시아 골로새 교인, 그리스도인. 핵심 : "오직 그리스도는 만유 시요 만유 위에 계시니라"(3/11). * 예수 그리스도면 다 된다

Message

1)복음(그리스도)이 전부 다다 : 그리스도는 하나님의 형상이다. 교회의 머리다.
2)나의 고난은 기쁨이다. 고난은 계속 내게 온다. 내 육체에 채운다(1/24). 고난을 기뻐한다.
3)그리스도 내에 모든 지혜, 지식, 보화가 다 감추어져 있다(2/3)
4)그리스도와 같이 살아라(3/1-4)
①위에 것을 구하라. ②위에 것에 애착하라. ③땅의 것을 생각하지 말라. ④나는 종이다. ⑤나의 생명은 그리스도와 함께 하나님 안에 감추어져 있다. ⑥그리스도께서 나타나실 때에 나도 그리스도와 같이 영광 가운데 나타나게 된다.
5)내가 할일(3/5-9)
①지체를 죽여라-음란, 부정, 사욕, 악한 감정, 탐심, 우상 숭배 이 것에 하나님의 진노가 임한다.
②벗어 버리라-분노, 노여움, 악의, 비방, 옛사람 행위
6)새 옷을 입으라 : 긍휼, 자비, 겸손, 온유, 인내, 용서하라.
7)그리스도의 평강이 주장 하게 하라(3/15)
8)그리스도의 말씀이 풍성히 거하게 하라(말씀을 많이 먹어라)(3/16-17)
9)부부관계(3/18-19) : 남편에게 복종하고, 아내를 사랑하고 괴롭히지 말라 용서를 빌라 사과 하라.
10)자녀 에게 노엽게 말라(3/21)
11)계속 기도 하라 감사하라 깨어 있으라(4/2)
12)전도의 문을 열어 주소서(4/3) 그리스도의 비밀을 알게 하옵소서.
하나님의 비밀을 보여 주옵소서(4/4)

말씀으로 기도하기(골로새서)

1)나는 이제 너희를 위하여 받는 괴로움을 기뻐하고 그리스도의 남은 고난을 그의 몸 된 교회를 위하여 내 육체에 채우노라(1/24)
2)그 안에는 지혜와 지식의 모든 보화가 감추어져 있느니라(2/3)
3)너희가 죽었고 너희 생명이 그리스도와 함께 하나님 안에 감추어 졌음이라(3/3)
4)우리 생명이신 그리스도께서 나타나실 그때에 너희도 그와 함께 영광 중에 나타나리라 (3/4)
5)그러므로 땅에 있는 지체를 죽이라 곧 음란과 부정과 사욕과 악한 정욕과 탐심이니 탐심은 우상숭배니라(3/5)
6)이것으로 말미암아 하나님의 진노가 임하느니라(3/6)
7)이제는 너희가 이 모든 것을 벗어 버리라 곧 분함과 노여움과 악의와 비방과 너희 입의 부끄러운 말이라(3/8)
8)그리스도의 말씀이 너희 속에 풍성히 거하여 모든 지혜로 피차 가르치며 권면하고 시와 찬송과 신령한 노래를 부르며 감사하는 마음으로 하나님을 찬양하고 또 무엇을 하든지 말에나 일에나 다 주 예수의 이름으로 하고 그를 힘입어 하나님 아버지께 감사하라(3/16-17)
9)기도를 계속하고 기도에 감사함으로 깨어 있으라(4/2)
10)또한 우리를 위하여 기도하되 하나님이 전도할 문을 우리에게 열어 주사 그리스도의 비밀을 말하게 하시기를 구하라(4/3)

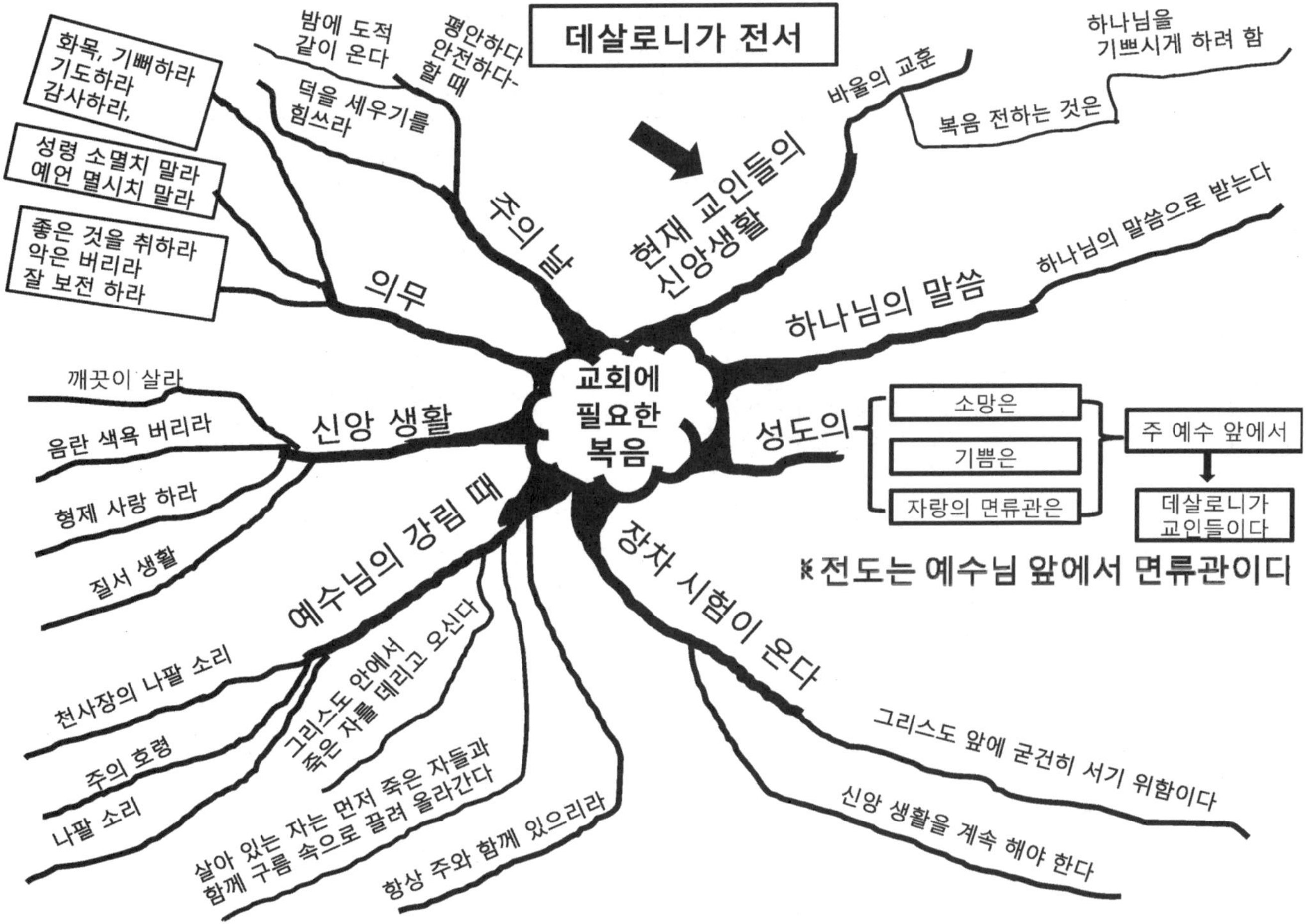

데살로니가 전서
교회에 필요한 복음
현재 교인들의 신앙생활
바울의 교훈
복음 전하는 것은
하나님을 기쁘시게 하려 함
하나님의 말씀
하나님의 말씀으로 받는다
성도의
소망은
기쁨은
자랑의 면류관은
주 예수 앞에서
데살로니가 교인들이다
※전도는 예수님 앞에서 면류관이다
장차 시험이 온다
그리스도 앞에 굳건히 서기 위함이다
신앙 생활을 계속 해야 한다
예수님의 강림 때
천사장의 나팔 소리
주의 호령
나팔 소리
그리스도 안에서 죽은 자를 데리고 오신다
살아 있는 자는 먼저 죽은 자들과 함께 구름 속으로 끌려 올라간다
항상 주와 함께 있으리라
신앙 생활
깨끗이 살라
음란 색욕 버리라
형제 사랑 하라
질서 생활
의무
화목, 기뻐하라 기도하라 감사하라,
성령 소멸치 말라 예언 멸시치 말라
좋은 것을 취하라 악은 버리라 잘 보전 하라
주의 날
밤에 도적 같이 온다
평안하다 안전하다- 할 때
덕을 세우기를 힘쓰라

성경 해설(데살로니가 전서)

저자 : 바울. 주제 : 예수 그리스도를 대망하며 성결 하라. 대상 : 데살로니가 교인,그리스도인.
기장 : 고린도. 기연 : AD51. 핵심 : "너희 온몸과 영혼이 흠 없이 보존 되기를 원하노라"(5/23)

Message

1)복음은 말로만 아니다 능력과 성령과 확신 이다(1/5)
2)전도의 기쁨 : 자랑의 면류관이다(2/19)
그리스도의 강림 때 받을 기쁨 소망이다.
3)주 예수 께서 모든 성도와 함께 강림하신다.
그래서 흠이 없이 그 앞에 서라(3/13)
4)죽은 자의 부활(4/13-17)
①예수 안에서 잠자던 자도 대리고 같이 오신다(4/14)
②천사장의 소리와 나팔 소리와 강림 하신다 (4/16)
③공중에서 구름 속으로 휴거 한다(4/17)
④항상 주와 같이 있게 된다(4/17)
⑤평안하다 평안 하다 할 때 재림이 온다 (5/3)
⑥도둑 같이 온다.
5)성도들의 생활(5/15-22)
항상 기뻐하라.
쉬지 말고 기도 하라.
범사에 감사하라.
성령을 소멸치 말라.
예언(말씀)을 멸시치 말라.
좋은 것을 취하라(범사에)
긍정적으로 살라.
악은 어떤 모양으로도 버리라.

말씀으로 기도하기(데살로니가 전서)

1)우리 복음이 너희에게 말로만 이른 것이 아니라 또한 능력과 성령과 큰 확신으로 된 것임이라(1/5)
2)우리의 소망이나 기쁨이나 자랑의 면류관이 무엇이냐 그가 강림하실 때 우리 주 예수 앞에 너희가 아니냐(2/19)
3)너희 마음을 굳건하게 하시고 우리 주 예수께서 그의 모든 성도와 함께 강림하실 때에 하나님 우리 아버지 앞에서 거룩함에 흠이 없게 하시기를 원하노라(3/13)
4)주께서 호령과 천사장의 소리와 하나님의 나팔 소리로 친히 하늘로부터 강림 하시리니 그리스도 안에서 죽은 자들이 먼저 일어나고(4/16)
5)그 후에 우리 살아 남은 자들도 그들과 함께 구름 속으로 끌어 올려 공중에서 주를 영접하게 하시리니 그리하여 우리가 항상 주와 함께 있으리라(4/17)
6)형제들아 때와 시기에 관하여는 너희에게 쓸 것이 없음은 주의 날이 밤에 도둑같이 이를 줄을 너희 자신이 자세히 알기 때문이라(5/1-2)
7)그들이 평안하다, 안전하다 할 그때에 임신한 여자에게 해산의 고통이 이름과 같이 멸망이 갑자기 그들에게 이르리니 결코 피하지 못하리라(5/3)
8)항상 기뻐하라
쉬지 말고 기도 하라
범사에 감사하라 이것이 그리스도 예수 안에서 너희를 향하신 하나님의 뜻이니라
성령을 소멸하지 말며
예언을 멸시치 말고
범사에 헤아려 좋은 것을 취하고
악은 어떤 모양이라도 버리라(5/16-22)

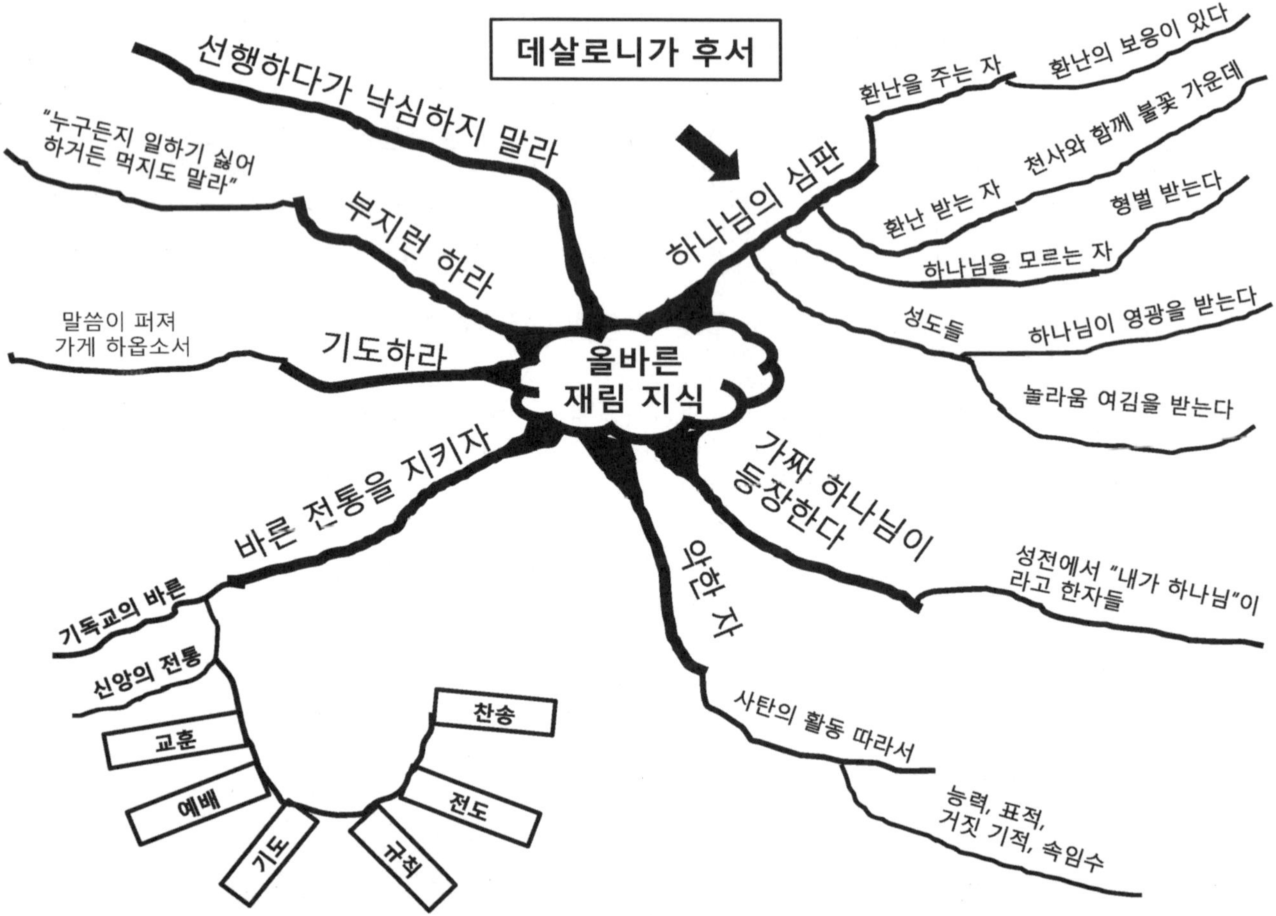
데살로니가 후서
올바른 재림 지식
선행하다가 낙심하지 말라
"누구든지 일하기 싫어 하거든 먹지도 말라"
부지런 하라
말씀이 퍼져 가게 하옵소서
기도하라
바른 전통을 지키자
기독교의 바른
신앙의 전통
교훈
예배
기도
규칙
전도
찬송
하나님의 심판
환난을 주는 자
환난의 보응이 있다
환난 받는 자
천사와 함께 불꽃 가운데
하나님을 모르는 자
형벌 받는다
성도들
하나님이 영광을 받는다
놀라움 여김을 받는다
가짜 하나님이 등장한다
성전에서 "내가 하나님"이라고 한자들
악한 자
사탄의 활동 따라서
능력, 표적, 거짓 기적, 속임수

성경 해설(데살로니가 후서)

저자: 바울. 주제 : 그리스도의 재림을 대망하며 인내하라. 기장 : 고린도. 기연 : AD51.
대상 : 데살로니가 교인. 그리스도인. 핵심 : "형제들아 굳게 서서 ~가르침을 받은 전통을 지키라"(2/15)

Message

1)하나님의 공식(1/5-12)
①공 의로우신 심판.
②고난이 있다(합당한 자가 되기 위해서)
③환난 받게 하는 자들에게 환난으로 갚겠다.
④환난 받는 자에게는 안식을 주겠다(하나님의 공식이다.)
그리스도께서 강력한 천사와 같이 불꽃 가운데 오신다.
⑤형벌을 내리신다(불신자께) : 영원한 형벌을 받게 한다.
⑥강림 때 모든 성도는 영광을 받는다.
성도는 놀란다.
2)흔들리지 말라(2/2)
①이단이 등장한다(성전에서 자기가 하나님이라 한다.)
②불법한 자에게 하나님이 입의 기운으로 폐하시리라(죽인다.)
악한 자는 사탄이다(표적, 거짓, 기적이 나타난다.)
3)전통을 지키라(2/15)
지금 까지 성경에서 배운 것.
4)열심히 일하라(3/8-11)
선을 행하다가 낙심치 말라(3/13)

말씀으로 기도하기(데살로니가 후서)

1)(공 의로우신 심판)너희로 환난을 받게 하는 자들에게는 환난으로 갚으시고
환난을 받는 너희에게는 우리와 함께 안식으로 갚으시는 것이 하나님의 공의시니 주 예수께서 자기의 능력의
천사들과 함께 하늘로부터 불꽃 가운데에 나타나실 때에
하나님을 모르는 자들과 우리 주 예수의 복음에 복종하지 않는 자들에게 형벌을 내리 시리니(1/6-8)
2)이런 자들은 주의 얼굴과 그의 힘의 영광을 떠나 영원한 멸망의 형벌을 받으리로다(1/9)
3)그날에 그가 강림하사 그의 성도들에게서 영광을 받으시고 모든 믿는 자들에게서 놀랍게 여김을 얻으시리니(1/10)
4)그때에 불법한자가 나타나리니 주 예수께서 그 입의 기운으로 그를 죽이시고 강림하여 나타나심으로
폐하시리라(2/8)
5)악한 자의 나타남은 사탄의 활동을 따라 모든 능력과 표적과 거짓기적과 불의의 모든 속임으로 멸망하는
자들에게 있으리니(2/9-10)
6)누구든지 일 하기 싫어하거든 먹지도 말게 하라(3/10)
7)평강의 주께서 친히 때마다 일마다 너희에게 평강을 주시고 주 께서 너희 모든 사람과 함께하시기를 원하노라(3/16)

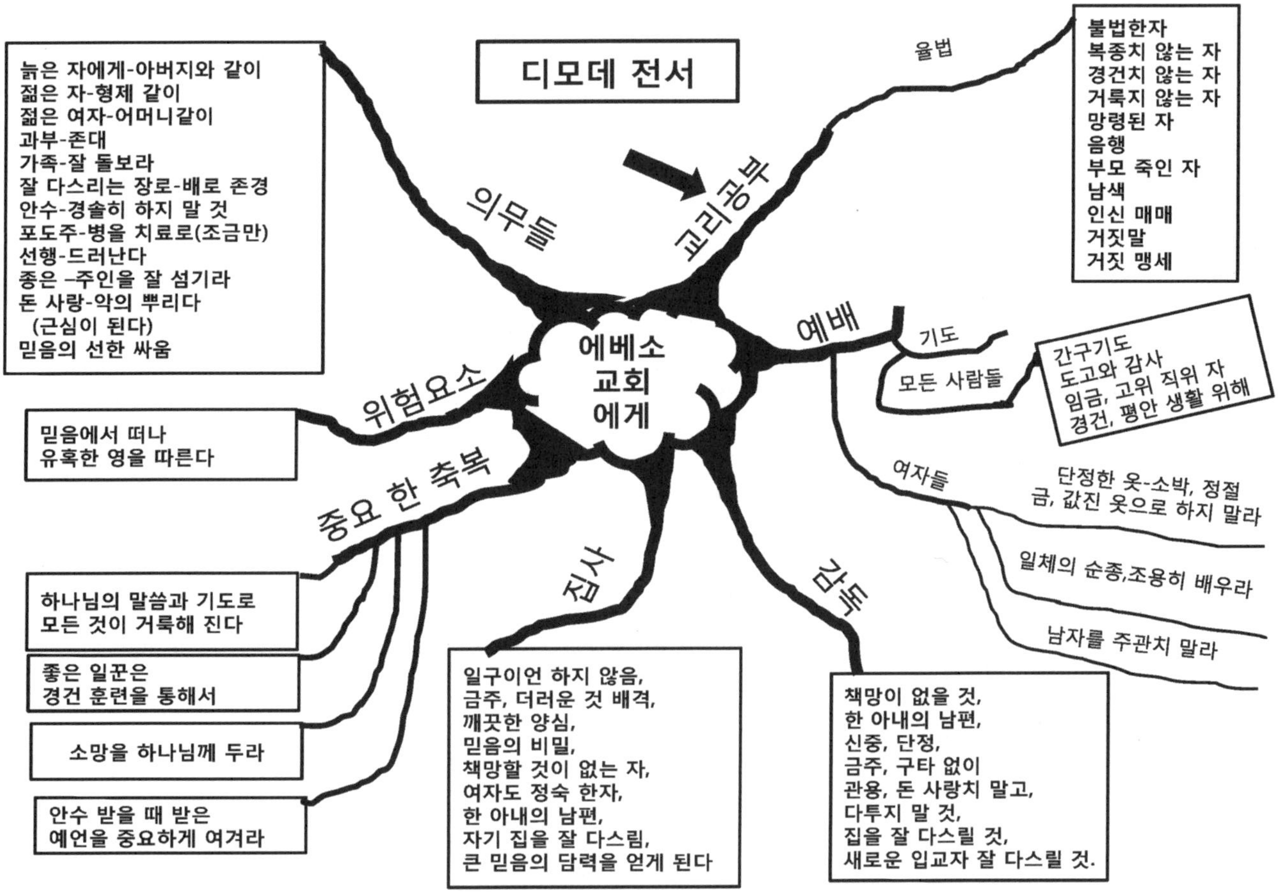
디모데 전서
에베소 교회 에게
의무들
늙은 자에게-아버지와 같이
젊은 자-형제 같이
젊은 여자-어머니같이
과부-존대
가족-잘 돌보라
잘 다스리는 장로-배로 존경
안수-경솔히 하지 말 것
포도주-병을 치료로(조금만)
선행-드러난다
종은 –주인을 잘 섬기라
돈 사랑-악의 뿌리다
(근심이 된다)
믿음의 선한 싸움
교리공부
율법
불법한자
복종치 않는 자
경건치 않는 자
거룩지 않는 자
망령된 자
음행
부모 죽인 자
남색
인신 매매
거짓말
거짓 맹세
예배
기도
모든 사람들
간구기도
도고와 감사
임금, 고위 직위 자
경건, 평안 생활 위해
여자들
단정한 옷-소박, 정절
금, 값진 옷으로 하지 말라
일체의 순종,조용히 배우라
남자를 주관치 말라
위험요소
믿음에서 떠나
유혹한 영을 따른다
중요 한 축복
하나님의 말씀과 기도로
모든 것이 거룩해 진다
좋은 일꾼은
경건 훈련을 통해서
소망을 하나님께 두라
안수 받을 때 받은
예언을 중요하게 여겨라
집사
일구이언 하지 않음,
금주, 더러운 것 배격,
깨끗한 양심,
믿음의 비밀,
책망할 것이 없는 자,
여자도 정숙 한자,
한 아내의 남편,
자기 집을 잘 다스림,
큰 믿음의 담력을 얻게 된다
감독
책망이 없을 것,
한 아내의 남편,
신중, 단정,
금주, 구타 없이
관용, 돈 사랑치 말고,
다투지 말 것,
집을 잘 다스릴 것,
새로운 입교자 잘 다스릴 것.

성경 해설(디모데 전서)

저자 : 바울.   주제 : 목회자의 경건 생활.   기장 : 마게도냐.   기연 : AD63-65.
대상 : 디모데. 핵심 : 바른 교회, 교회 지도자의 자격, 경건

Message

1)교회에서 다른 것 많이 가르치지 말라(1/3-6) : 신화 족보 변론.
내용 : 청결한 마음과 선한 양심, 거짓 없는 믿음에서 사랑이 나온다.
2)율법의 목적 : 이런 것을 하지 말라.
불 법한 자, 불 복종한 자, 거룩하지 않은 자, 망령된 자, 부(父)를 죽이는 자, 모(母)를 죽이는 자, 바른 교훈을 거스리는 자, 음행, 남색, 인신 매매, 거짓말, 거짓 맹세 자...를 하지 말라.
3)기도는
모든 사람, 만국, 도고와 감사, 임금, 고위 공직 자에게 (우리가 평안 하기 위해서)
4)여자의 자세
단정한 옷, 소박, 정절, 귀금속 치장하지 말라, 일체의 순종, 조용 하라, 남자를 주관하지 말라.
5)감독자(집사, 지도자)
책망 할 것이 없는 자,한 아내의 남편, 신중, 단정, 술을 즐기지 말 것, 구타 하지 말 것, 관용, 돈 사랑치 말 것, 다투지 말 것, 집을 잘 다스릴 것, 새 신자는 세우지 말라.
6)행실
노인에게 부모와 같이 하라, 젊은 여자는 자매와 같이 하라, 과부를 존대 하라.
잘 다스리는 장로를 배로 존경 하라, 안수를 경솔히 하지 말라, 포도주는 조금 만 써라(치료로)
7)돈 사랑은 일만 악의 뿌리다, 근심이 된다.
8) 믿음의 선한 싸움을 하라.

말씀으로 기도하기(디모데 전서)

1)청결한 마음과 선한 양심과 거짓 없는 믿음에서 나오는 사랑이거늘(1/5)
2)(율법의 필요성)불법한자와 복종하지 아니하는 자와 경건하지 아니하는 자와 죄인과 거룩하지 아니하는 자와 망령된 자와 아버지를 죽이는 자와 어머니를 죽이는 자와 살인하는 자며 음행 하는 자와 남색 하는 자와 인신 매매를 하는 자와 거짓말하는 자와 거짓 맹세하는 자와 기타 바른 교훈을 거스리는 자를 위함이다(1/9-10)
2)모든 사람을 위하여 간구와 기도와 도고와 감사를 하라(2/1)
3)여자는 일체 순종함으로 조용히 배우라 (2/11)
4)여자가 가르치는 것과 남자를 주장하는 것을 허락하지 아니하노니 오직 조용할지니라(2/12)
5)이는 아담이 먼저 지음을 받고 하와가 그 후며(2/13)
6)아담이 속은 것이 아니고 여자가 속아 죄에 빠졌음이라(2/14)
7)사람이 자기 집을 다스릴 줄 알지 못하면 어찌 하나님의 교회를 돌보리요(3/5)
8)하나님의 말씀과 기도로 거룩하여 짐이라(4/5)
9)내가 이를 때까지 읽는 것과 권하는 것과 가르치는 것에 전념하라
네 속에 있는 은사 곧 장로의 회에서 안수 받을 때에 예언을 통하여 받은 것을 가볍게 여기지 말라(4/13-14)
10)향락을 좋아하는 자는 살았으나 죽었느니라(5/6)
11)잘 다스리는 장로들은 배나 존경할 자로 알되 말씀과 가르침에 수고하는 이들에게는 더욱 그리 할 것이니라(5/17)
12)아무에게나 경솔히 안수하지 말고 다른 사람의 죄에 간섭하지 말며 네 자신을 지켜 정결하게 하라(5/22)
13)이제 부터는 물만 마시지 말고 네 위장과 자주 나는 병을 위하여는 포도주를 조금씩 쓰라(5/23)
14)돈을 사랑함이 일만 악의 뿌리가 되나니 이것을 탐내는 자들은 미혹을 받아 믿음에서 떠나 많은 근심으로써 자기를 찔렀도다(6/10)

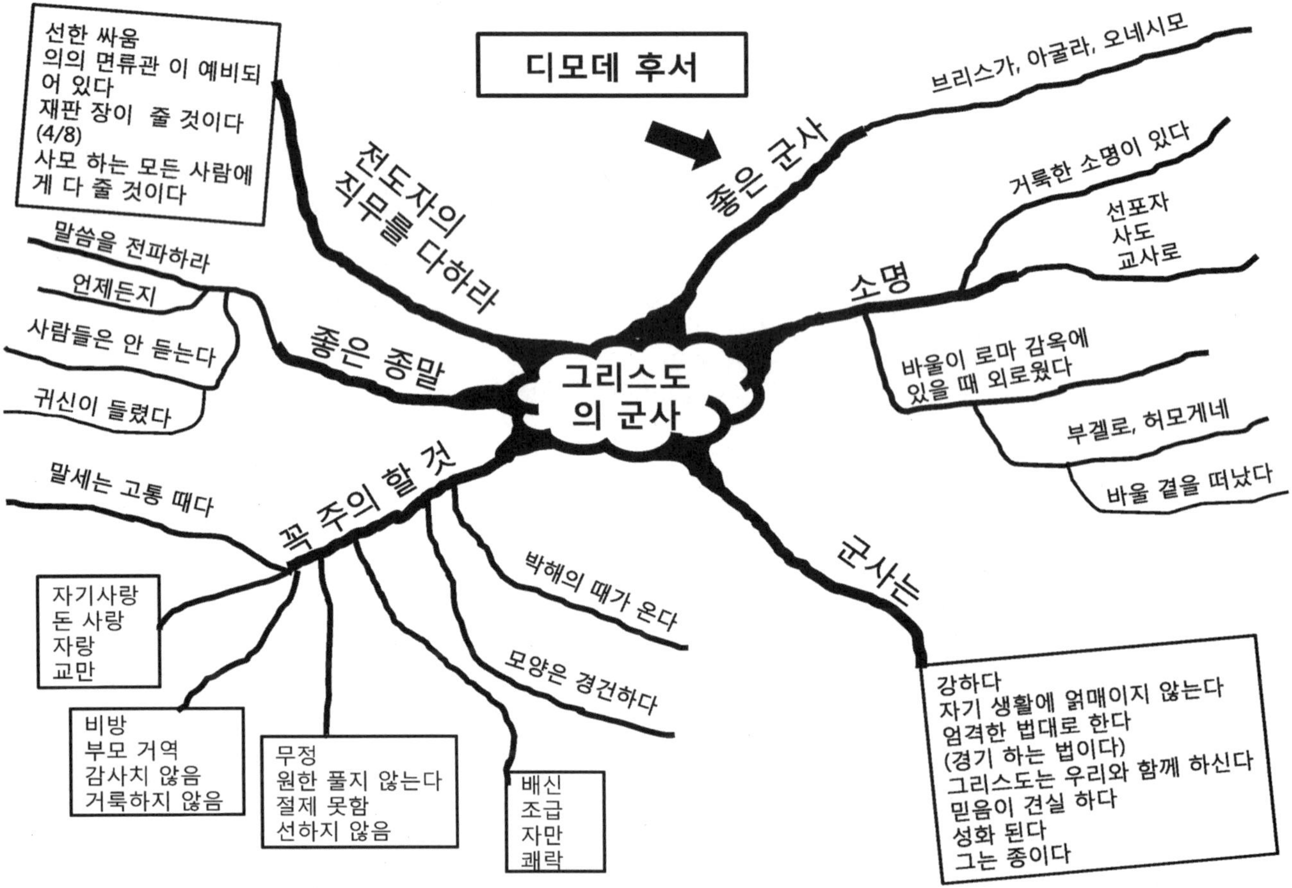
디모데 후서
그리스도
의 군사
좋은 군사
브리스가, 아굴라, 오네시모
소명
거룩한 소명이 있다
선포자
사도
교사로
바울이 로마 감옥에
있을 때 외로웠다
부겔로, 허모게네
바울 곁을 떠났다
군사는
강하다
자기 생활에 얽매이지 않는다
엄격한 법대로 한다
(경기 하는 법이다)
그리스도는 우리와 함께 하신다
믿음이 견실 하다
성화 된다
그는 종이다
전도자의
직무를 다하라
선한 싸움
의의 면류관 이 예비되
어 있다
재판 장이 줄 것이다
(4/8)
사모 하는 모든 사람에
게 다 줄 것이다
좋은 종말
말씀을 전파하라
언제든지
사람들은 안 듣는다
귀신이 들렸다
꼭 주의 할 것
말세는 고통 때다
박해의 때가 온다
모양은 경건하다
자기사랑
돈 사랑
자랑
교만
비방
부모 거역
감사치 않음
거룩하지 않음
무정
원한 풀지 않는다
절제 못함
선하지 않음
배신
조급
자만
쾌락

성경 해설(디모데 후서)

저자 : 바울. 주제 : 목회자의 고난과 인내. 기장 : 로마. 기연 : AD66-67.
대상 : 디모데. 핵심 : 현재의 시련을 이겨야 미래의 시련도 이긴다

Message

1)잘 믿는 자 이지만 고난이 있다(복음도 같이 있다)(1/3-9)
2)고난 때문에 눈물을 흘린 디모데 목사(1/4) : 눈물을 흘리는 목사가 귀하다.
3)예수 잘 믿는 것이 부끄러운 일인가(목회 잘 하는 것이 부끄러운가)(1/11-16)
4)배척 하는 자는 항상 있다(부겔로, 허모게네)(1/15)
5)좋은 일꾼(군사다)
은혜 가운데 강한 자다(2/1)(좋은 목사는 좋은 병사) : 고난도 받는다. 법대로 목회하라.
보수는 준다(2/1-6)
6)목회자는 왕 노릇 한다. 다시 살아 날 때는 왕으로 태어난다-할렐루야!(2/11)
7)바른 일꾼(하나님이 인정 하는 일꾼)(2/14-26)
①말씀을 잘 분별 할 줄 아는 목사. ②헛된 말 하지 않는 목사. ③말-악성 종양이다.
④청년의 정욕을 피하는 목사. ⑤믿음 사랑 화평. ⑥무식한 변론을 피하라.
8)종말은 반드시 온다(종말의 고통의 때)(3/1-5)
자기 사랑, 돈 사랑, 자랑, 교만, 비방, 부모 거역, 감사 없음, 거룩이 없음, 무정, 원통함을 풀지 않는다.
절제가 없다, 선을 좋아하지 않는다, 배신, 조급, 쾌락을 사랑한다(하나님 보다 더 사랑한다.)
경건의 모양은 있으나 경건의 능력은 없다.
9)예수 안에 살고자 하는 자는 박해를 받는다(3/12)
10)엄히 명한다(4/1-8)
①말씀을 전파하라.
②전도하면 고난도 온다 : 직무다(4/5)
11)영광스러운 면류관이 있다(4/8) : 의의 면류관
예수 그리스도(재판장)께서 주신다.
12)해(비판)를 많이 입힌 자에게는 그 행한 대로 갚아 준다(4/14)

말씀으로 기도하기-1(디모데 후서)

1)이는 네 속에 거짓이 없는 믿음이 있음을 생각함이라 이 믿음은 먼저 네 외조모 로이스와 네 어머니 유니게 속에 있더니 네 속에도 있는 줄을 확신하노라(1/5)
2)내가 나의 안수함으로 네 속에 있는 하나님의 은사를 다시 불일듯 하게 하기 위하여 너로 생각하게 하노니(1/6)
3)갇인 자 된 나를 부끄러워하지 말고 오직 하나님의 능력을 따라 복음과 함께 고난을 받으라(1/8)
4)내가 이 복음을 위하여 선포 자와 사도와 교사로 세우심을 입었노라(1/11)
5)이로 말미암아 내가 또 이 고난을 받되 부끄러워하지 아니함은 내가 믿는 자를 알고 또한 내가 의탁한 것을 그날까지 그가 능히 지키실 줄을 확신함이라(1/12)
6)내 아들아 그러므로 너는 그리스도 예수 안에 있는 은혜가운데서 강하고(2/1)
7)너는 그리스도 예수의 좋은 병사로 나와 함께 고난을 받으라(2/3)
7)병사로 복무하는 자는 자기 생활에 얽매이는 자가 하나도 없나니 이는 병사로 모집한 자를 기쁘게 하려 함이라(2/4)
8)경기 하는 자가 법대로 경기하지 아니하면 승리자의 관을 얻지 못 할 것이며(2/5)
9)수고하는 농부가 곡식을 먼저 받는 것이 마땅하니라(2/6)
10)미쁘다 이 말이여 우리가 주와 함께 죽었으면 또한 함께 살 것이요 (2/11)
11)참으면 또한 함께 왕 노릇 할 것이요(2/12)
12)너는 진리의 말씀을 옳게 분별하며 부끄러울 것이 없는 일꾼으로 인정된 자로 자신을 하나님 앞에 드리기를 힘쓰라(2/15)
13)망령된 헛된 말을 버리라(2/16)
14)너는 청년의 정욕을 피하고 주를 깨끗한 마음으로 부르는 자들과 함께 의와 믿음과 사랑과 화평을 따르라(2/22)
15)너는 이것을 알라 말세에 고통 하는 때가 이르리라(3/1)
16)사람들이 자기를 사랑하며, 돈을 사랑하며, 자랑하며, 교만하며, 비방하며, 부모를 거역하며, 감사하지 아니하며, 거룩하지 아니하며, 무정하며, 원통함을 풀지 아니하며, 모함하며, 절제하지 못하며, 사나우며, 선한 것을 좋아하지 아니하며, 배신하며, 조급하며, 자만하며, 쾌락을 사랑하기를 하나님 사랑하는 것보다 더하며, 경건의 모양은 있으나 경건의 능력은 부인하니 이 같은 자들에게서 네가 돌아서라(3/2-5)
17)무릇 그리스도 안에서 경건 하게 살고자 하는 자는 박해를 받으리라(3/12)
18)너는 배우고 확신한 일에 거하라 너는 네가 누구에게서 배운 것을 알며 또 어려서 부터 성경을 알았나니 성경은 능히 너로 하여금 그리스도 예수 안에 있는 믿음으로 말미암아 구원에 이르는 지혜가 있게 하느니라(3/14-15)
19)모든 성경은 하나님의 감동으로 된 것으로 교훈과 책망과 바르게 함과 의로 교육하기에 유익하니 (3/16)
20)이는 하나님의 사람으로 온전하게 하며 모든 선한 일을 행할 능력을 갖추게 하려 함이라(4/17)

말씀으로 기도하기-2(디모데 후서)

21)하나님 앞과 살아 있는 자와 죽은 자를 심판하실 그리스도 예수 앞에서 그가 나타나실 것과 그의 나라를 두고 엄히 명하노니
너는 말씀을 전파하라 때를 얻든지 못 얻든지 항상 힘쓰라 범사에 오래 참음과 가르침으로 경책하며 경계하며 권하라(4/1-2)
22)때가 이르리니 사람이 바른 교훈을 받지 아니하며 귀가 가려워서 자기의 사욕을 따를 스승을 많이 두고 또 그 귀를 진리에서 돌이켜 허탄한 이야기를 따르리라(4/3-4)
23)그러나 너는 모든 일에 신중하여 고난을 받으며 전도자의 일을 하며 네 직무를 다하라(4/5)
24)전제와 같이 내가 벌써 부어지고 나의 떠날 시각이 가까웠도다
나는 선한 싸움을 싸우고 나의 달려갈 길을 마치고 믿음을 지켰으니
이제 후로는 나를 위하여 의의 면류관이 예비되었으므로 주 곧 의로우신 재판장이 그날에 내게 주실 것이며 내게만 아니라 주의 나타나심을 사모하는 모든 자에게도니라(4/6-8)
24)구리세공업자 알렉산더가 내게 해를 많이 입혔으매 주께서 그 행한 대로 그에게 갚으시리니(4/14)

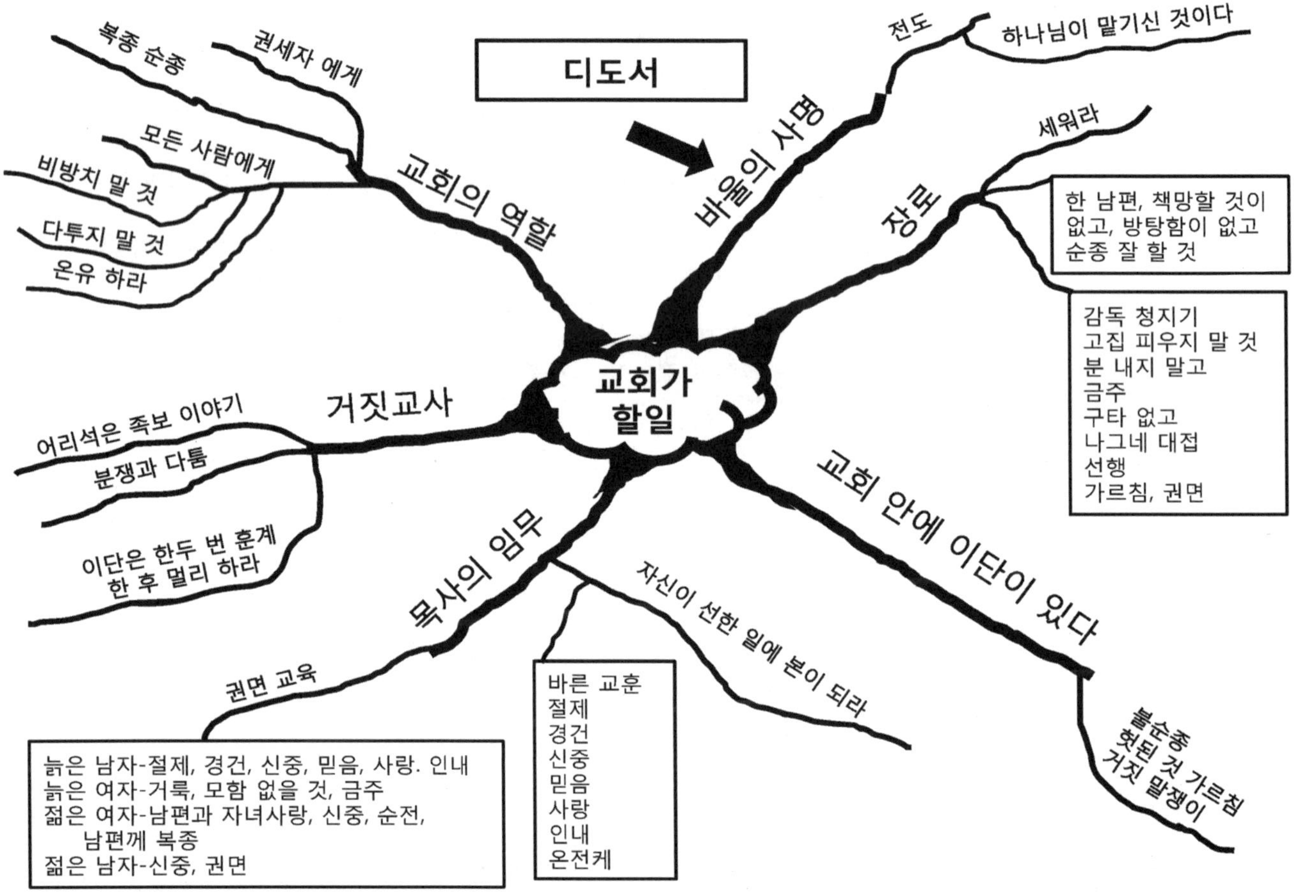
디도서
교회가 할일
교회의 역할
복종 순종
권세자 에게
모든 사람에게
비방치 말 것
다투지 말 것
온유 하라
바울의 사명
전도
하나님이 맡기신 것이다
장로
세워라
한 남편, 책망할 것이 없고, 방탕함이 없고 순종 잘 할 것
감독 청지기
고집 피우지 말 것
분 내지 말고
금주
구타 없고
나그네 대접
선행
가르침, 권면
거짓교사
어리석은 족보 이야기
분쟁과 다툼
이단은 한두 번 훈계 한 후 멀리 하라
교회 안에 이단이 있다
불순종
헛된 것 가르침
거짓 말쟁이
목사의 임무
권면 교육
늙은 남자-절제, 경건, 신중, 믿음, 사랑. 인내
늙은 여자-거룩, 모함 없을 것, 금주
젊은 여자-남편과 자녀사랑, 신중, 순전, 남편께 복종
젊은 남자-신중, 권면
자신이 선한 일에 본이 되라
바른 교훈
절제
경건
신중
믿음
사랑
인내
온전케

성경 해설(디도서)

저자 : 바울. 주제 : 바른 교훈을 전파하라. 기장 : 마게도냐. 기연 : AD66
대상 : 헬라인 개종 "디도". 배경 : 고린도

Message

1)나(바울)는 전도하기 위해서 하나님이 부르셨다(1/3)

2)디도의 할 일(1/5-9)

장로 세우는 일.

3)목사의 임무(2/1-14)

바른 교훈, 절제, 경건, 신중, 믿음, 사랑, 인내, 선한 일에 본을 보이라.

사람에 대해서 교육하라.

①늙은 남자 : 절제, 경건, 신중, 믿음, 사랑, 인내, 온전

②늙은 여자 : 거룩, 모함 하지 말라, 금주

③젊은 남자 : 신중, 범사에 본이 되라.

④젊은 여자 : 남편과 자녀 사랑하라.

4)거짓 교사가 있다.

어리석은 족보 이야기, 분쟁, 율법, 다툼

이단은 훈계하고 멀리 하라.

5)성령은 예수 그리스도께서 부어 주신다(3/6)

말씀으로 기도하기(디도서)

1)(영생은)자기 때에 자기의 말씀을 전도로 나타내셨으니 이 전도는 우리 구주 하나님이 명하신 대로
내게 맡기신 것이라(1/3)
2)오직 너는 바른 교훈에 합당한 것을 말하며
늙은 남자로는 절제하며 경건하며 신중하며 믿음과 사랑과 인내함에 온전하게 하고
늙은 여자로는 이와 같이 행실이 거룩하며 모함하지 말며 많은 술의 종이 되지 아니하며 선한 것을 가르치는 자들이 되고
그들로 젊은 여자들을 교훈하되 그 남편과 자녀를 사랑하며
신중하며 순전하며 집안 일을 하며 선하며 자기 남편에게 복종하게 하라 이는 하나님의 말씀이 비방을 받지 않게 하려 함이라
너는 이와 같이 젊은 남자들을 신중하도록 권면하되
범사에 네 자신이 선한 일의 본을 보이며 교훈에 부패하지 아니함과 단정함과
책망할 것이 없는 바른 말을 하게하라(2/1-8)

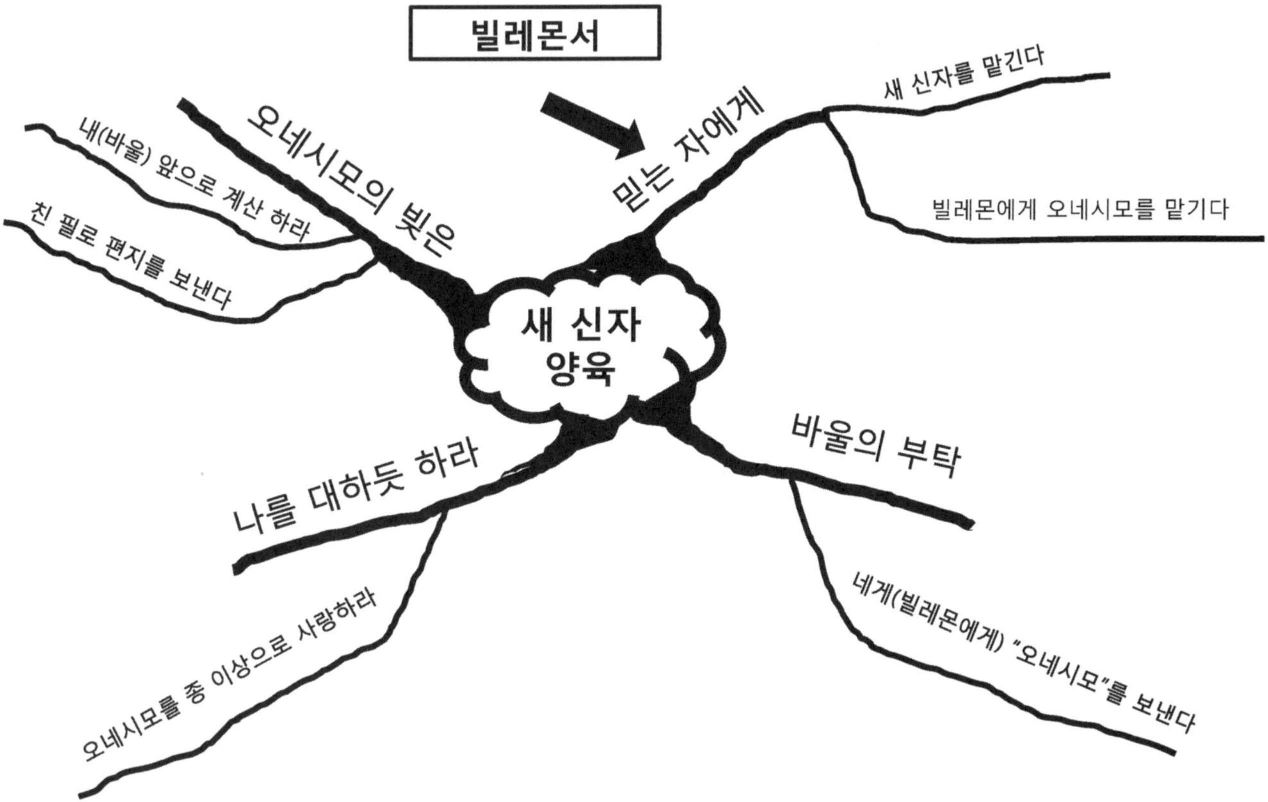
빌레몬서
새 신자 양육
믿는 자에게
새 신자를 맡긴다
빌레몬에게 오네시모를 맡기다
오네시모의 빚은
내(바울) 앞으로 계산 하라
친 필로 편지를 보낸다
나를 대하듯 하라
오네시모를 종 이상으로 사랑하라
바울의 부탁
네게(빌레몬에게) "오네시모"를 보낸다

성경 해설(빌레몬서)

저자 : 바울. 주제 : 용서. 기장 : 로마. 기연 : AD62. 대상 : 빌레몬

Message

1)믿음이 있는 자에게 새 신자를 맡겨라.
빌레몬 에게 "오네시모"를 맡기다.
2)전에 어떤 잘 못이 있더라도
지금 오네시모를 잘 돌보라(10-13)
3)오네시모를 종 이상으로 사랑하라.
4)오네시모의 빚은 내(바울)가 갚겠다(18)

말씀으로 기도하기(빌레몬서)

1)나 바울은 지금 또 예수 그리스도를 위하여 갇힌 자 되어 갇힌 중에서 낳은 아들 오네시모를 위하여 네게 간구하노라 그가 전에는 네게 무익하였으나 이제는 나와 네게 유익하므로 네게 그를 돌려 보내노니 그는 내 심복이라(1/9-12)

공동서신

히브리서(히)
야고보서(약)
베드로 전서(벧전)
베드로 후서(벧후)

요한 1서(요일)
요환 2서(요이)
요한 3서(요삼)
유다서(유)

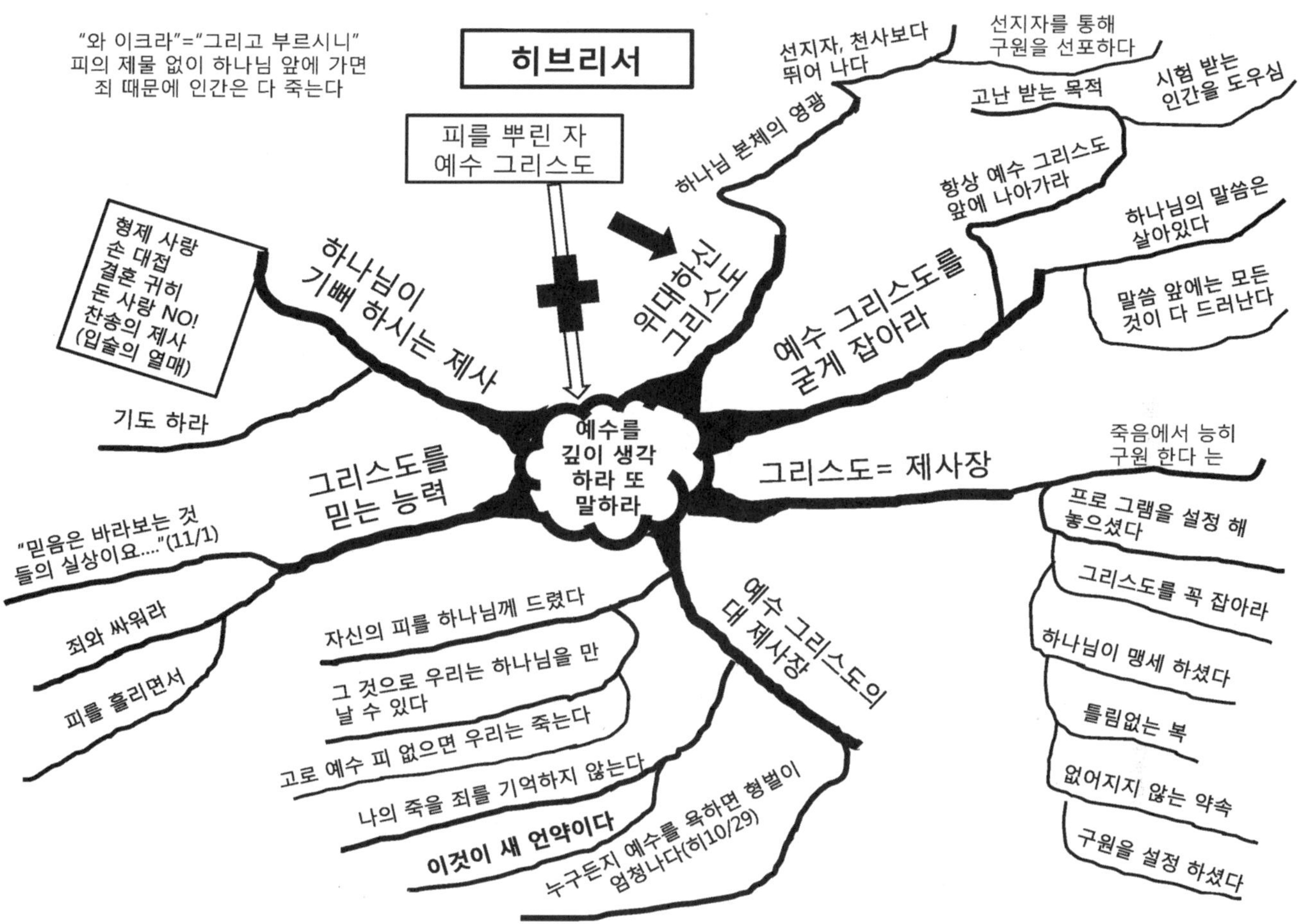
"와 이크라"="그리고 부르시니"
피의 제물 없이 하나님 앞에 가면
죄 때문에 인간은 다 죽는다
히브리서
피를 뿌린 자
예수 그리스도
예수를 깊이 생각 하라 또 말하라
위대하신 그리스도
하나님 본체의 영광
선지자, 천사보다 뛰어 나다
선지자를 통해 구원을 선포하다
예수 그리스도를 굳게 잡아라
고난 받는 목적
시험 받는 인간을 도우심
항상 예수 그리스도 앞에 나아가라
하나님의 말씀은 살아있다
말씀 앞에는 모든 것이 다 드러난다
그리스도= 제사장
죽음에서 능히 구원 한다 는
프로 그램을 설정 해 놓으셨다
그리스도를 꼭 잡아라
하나님이 맹세 하셨다
틀림없는 복
없어지지 않는 약속
구원을 설정 하셨다
예수 그리스도의 대 제사장
자신의 피를 하나님께 드렸다
그 것으로 우리는 하나님을 만 날 수 있다
고로 예수 피 없으면 우리는 죽는다
나의 죽을 죄를 기억하지 않는다
이것이 새 언약이다
누구든지 예수를 욕하면 형벌이 엄청나다(히10/29)
그리스도를 믿는 능력
"믿음은 바라보는 것 들의 실상이요...."(11/1)
죄와 싸워라
피를 흘리면서
하나님이 기뻐 하시는 제사
형제 사랑
손 대접
결혼 귀히
돈 사랑 NO!
찬송의 제사
(입술의 열매)
기도 하라

성경해설(히브리서)

저자 : 미상. 주제 : 큰 대 제사장. 기장 : 미상. 기연 : AD60. 대상 : 유대인들

Message

1)예배는 피의 제물을 하나님께 드려야 한다.
2)천사의 역사 : 바람으로 불꽃으로 구원 받은 자들을 섬기는 자로(1/7,14)
3)하나님의 말씀 : 활력, 칼-영혼 골수 찔러 쪼갠다. 마음과 생각을 판단(4/12)
4)예수 그리스도는 대 제사장 이시다(3/1)
5)하나님의 약속을 기업으로 받아라(6/13-17) : 하나님이 맹세로 보증 하셨다.
6)예수 그리스도는 영원한 제사장이다(7/15-17)
7)대제사장 :
ㄱ)짐승의 피를 드리고 사람의 죄를 용서 받았다.
ㄴ)예수 그리스도는 자신의 피를 드림으로써 인간의 죄를 용서 하셨다(8/1-3)
8)피 흘림이 없으면 사함이 없느니라(9/11-22)
예수 그리스도의 피를 모든 곳에 뿌린다(두루마리와 온 백성, 섬기는 일에 ,모든 물건에)
9)십자가에 죽으신 큰 목적은 : 죄를 위해서 제사를 드렸다(10/9-12)
10)예수(언약의 피)의 피를 부정 하고 예수를 짓밟고 은혜의 성령을 욕되게 하는 자는 –
당연히 형벌을 받는다(10/29)
11)믿음의 축복(11/21) : 말씀이 믿어 지면 꼭꼭꼭 자녀에게 축복하라.
12)하나님은 소멸 하시는 불이다(12/29)
13)하나님이 기뻐 하시는 제사(13/1-5). : 형제사랑, 겸손, 손 대접, 침소를 깨끗이, 돈 사랑하지
말라. 찬송의 제사를 드리라. 입술의 열매다. 선을 행하고 나누어 주어라.

말씀으로 기도하기-1(히브리서)

1)(천사들은)그는 그의 천사들을 바람으로, 그의 사역 자들을 불꽃으로 삼으시느니라(1/7)
2)모든 천사들은 섬기는 영으로서 구원받을 상속자들을 위하여 섬기라고 보내심이 아니냐(1/14)
3)그가 시험을 받아 고난을 당하셨은즉 시험 받는 자들을 능히 도우실 수 있느니라(2/18)
4)우리가 믿는 도리의 사도이시며 대 제사장이신 예수를 깊이 생각하라(3/1)
5)하나님의 말씀은 살아 있고 활력이 있어 좌우에 날 선 어떤 검보다도 예리하여 혼과 영과 및 관절과 골수를 찔러 쪼개기까지 하며 또 마음의 생각과 뜻을 판단하나니(4/12)
5)지으신 것이 하나도 그 앞에 나타나지 않음이 없고 우리의 결산을 받으실 이의 눈앞에 만물이 벌거벗은 것같이 드러나느니라(4/13)
6)그는 육체에 계실 때에 자기를 죽음에서 능히 구원하실 이에게 심한 통곡과 눈물로 간구와 소원을 올렸고 그의 경건하심으로 말미암아 들으심을 얻었느니라(5/7)
7)내가 반드시 너에게 복 주고 복을 주며 너를 번성하게 하고 번성하게 하리라 하셨더니 그가 이같이 오래 참아 약속을 받았느니라(6/14-15)
8)하나님은 약속을 기업으로 받는 자들에게 그 뜻이 변하지 아니함을 충분히 나타내시려고 그 일을 맹세로 보증 하셨나니(6/17)
9)이 멜기세덱은 살렘왕이요 지극히 높으신 하나님의 제사장이라 여러 왕을 쳐서 죽이고 돌아 오는 아브라함을 만나 복을 빈자라(7/1)
10)논란의 여지없이 낮은 자가 높은 자에게 축복을 받느니라(7/7)
11)멜기세덱과 같은 별다른 한 제사장이 일어난 것을 보니 더욱 분명하도다
그는 육신에 속한 한 계명의 법을 따르지 아니하고 오직 불멸의 생명의 능력을 따라 되었으니(7/15-16)
12)증언하기를 네가 영원히 멜기세덱의 반차를 따르는 제사장이라(7/17)
13)그러므로 자기를 힘입어 하나님께 나아가는 자들을 온전히 구원하실 수 있으니 이는 그가 항상 살아 계셔서 그들을 위하여 간구하심이라(7/25)
14)지금 우리가 하는 말의 요점은 이러한 대제사장이 우리에게 있다는 것이라 그는 하늘에서 지극히 크신이의 보좌 우편에 앉으셨으니(8/1)
15)성소와 참 장막에서 섬기는 이시라 이 장막은 주께서 세우신 것이요 사람이 세운 것이 아니니라
대제사장마다 예물과 제사드림을 위하여 세운 자니 그러므로 그도 무엇인가 드릴 것이 있어야 할 지니라(8/2-3)
16)율법을 따라 거의 모든 물건이 피로써 정결하게 되나니 피 흘림이 없은즉 사함이 없느니라(9/22)

말씀으로 기도하기-2(히브리서)

17)그러므로 형제들아 우리가 예수의 피를 힘입어 성소에 들어갈 담력을 얻었나니(10/19)
18)우리가 마음에 뿌림을 받아 악한 양심으로부터 벗어나고 몸은 맑은 물로 씻음을 받았으니 참 마음과 온전한 믿음으로 하나님께 나아가자(10/22)
19)하물며 하나님의 아들을 짓밟고 자기를 거룩하게 한 언약의 피를 부정한 것으로 여기고 은혜의 성령을 욕되게 하는 자가 당연히 받을 형벌은 얼마나 더 무겁겠느냐 너희는 생각하라(10/29)
20)믿음은 바라는 것들의 실상이요 보이지 않는 것들의 증거니(11/1)
21)믿음으로 야곱은 죽을 때에 요셉의 각 아들들에게 축복하고(11/21)
22)우리가 흔들리지 않는 나라를 받았은즉 은혜를 받자 이로 말미암아 경건함과 두려움으로 하나님을 기쁘시게 섬길지니 우리 하나님은 소멸하는 불이심이라(12/28-29)
23)예수그리스도는 어제나 오늘이나 영원토록 동일하시니라(13/8)
24)우리는 예수로 말미암아 항상 찬송의 제사를 하나님께 드리자 이는 그 이름을 증언하는 입술의 열매니라(13/15)
25)오직 선을 행함과 서로 나누어 주기를 잊지 말라 하나님은 이 같은 제사를 기뻐 하시느니라(13/16)

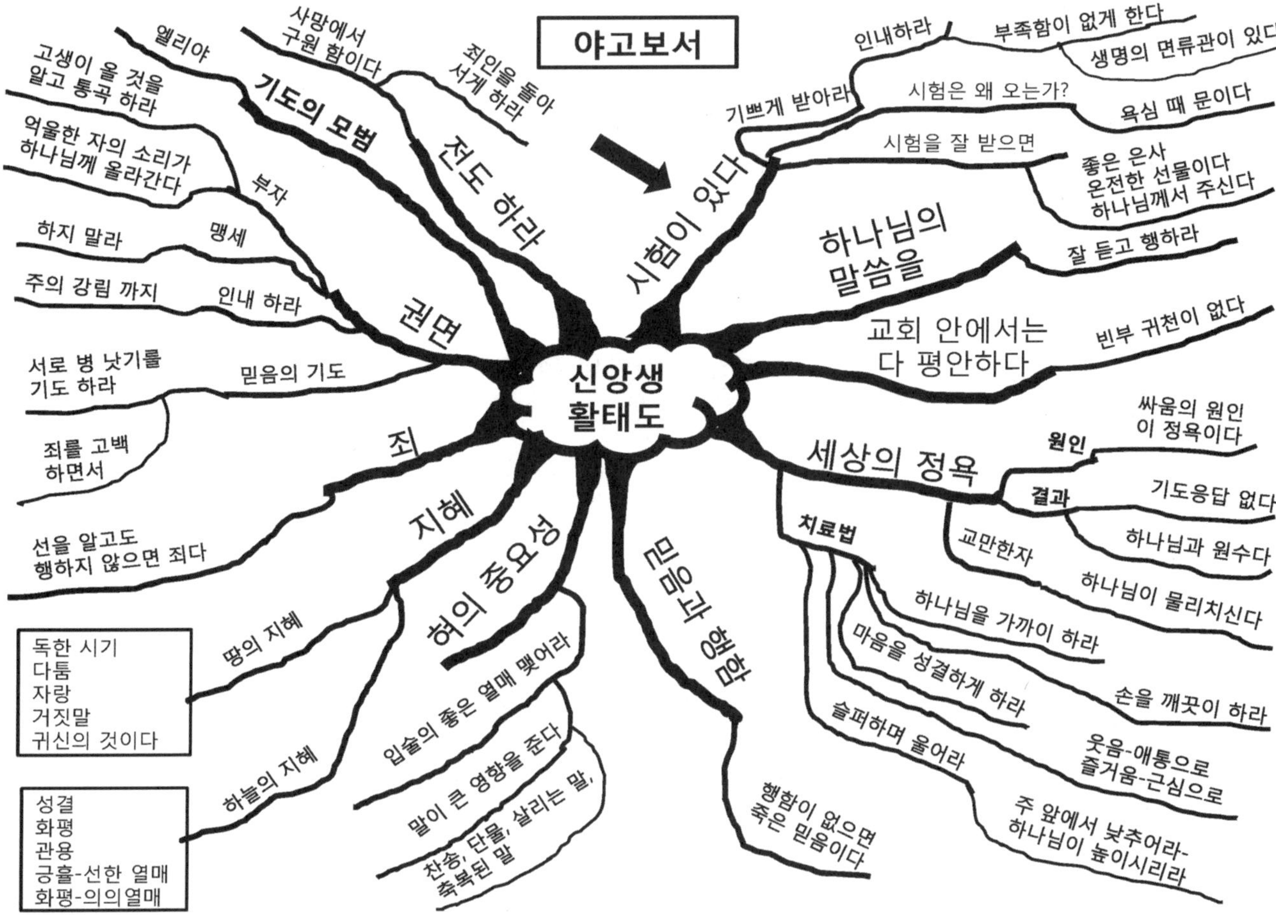

야고보서
신앙생활태도
시험이 있다
인내하라
부족함이 없게 한다
생명의 면류관이 있다
기쁘게 받아라
시험은 왜 오는가?
욕심 때 문이다
시험을 잘 받으면
좋은 은사
온전한 선물이다
하나님께서 주신다
하나님의 말씀을
잘 듣고 행하라
교회 안에서는 다 평안하다
빈부 귀천이 없다
세상의 정욕
원인
싸움의 원인이 정욕이다
결과
기도응답 없다
하나님과 원수다
교만한자
하나님이 물리치신다
치료법
하나님을 가까이 하라
마음을 성결하게 하라
손을 깨끗이 하라
슬퍼하며 울어라
웃음-애통으로
즐거움-근심으로
주 앞에서 낮추어라-
하나님이 높이시리라
믿음과 행함
행함이 없으면
죽은 믿음이다
혀의 중요성
입술의 좋은 열매 맺어라
말이 큰 영향을 준다
찬송, 단물, 살리는 말,
축복된 말
지혜
땅의 지혜
독한 시기
다툼
자랑
거짓말
귀신의 것이다
하늘의 지혜
성결
화평
관용
긍휼-선한 열매
화평-의의열매
죄
죄를 고백
하면서
선을 알고도
행하지 않으면 죄다
권면
믿음의 기도
서로 병 낫기를
기도 하라
인내 하라
주의 강림 까지
맹세
하지 말라
부자
억울한 자의 소리가
하나님께 올라간다
고생이 올 것을
알고 통곡 하라
기도의 모범
엘리야
전도 하라
사망에서
구원 함이다
죄인을 돌아
서게 하라

성경 해설(야고보서)

저자 : 야고보.　주제 : 행함이 없는 믿음.　기장 : 예루살렘.
기년 : AD62.　대상 : 그리스도인.　핵심 : 시련과 믿음의 승리

Message

1)시험의 목적 : 좋은 은사와 온전한 선물을 하나님 께서 주신다(1/12-17)
시험을 참는 자-하나님께서 생명의 면류관을 주신다.
시험을 치러야 자격증을 주신다(생명의 면류관)
2)믿음(1/19-27)-말씀을 많이 읽으면 믿음이 생기고 행함도 따른다.
또 말씀을 그려 본다(써본다)
3)말의 중요성(3/1-12)
4)마귀는 대적하라(4/7)
5)땅의 지혜(3/13-16) : 시기, 다툼, 자랑, 거짓말, 정욕
6)죄 : 선을 알고도 행하지 않는 것이다(4/17)
7)부자는 삼가 조심해서 살라(5/1-6)
ㄱ)고생이 꼭 온다.
ㄴ)재물, 옷 다 썩었다.
ㄷ)금, 은-녹 슬었다. 지금 재물을 쌓아 놓았다.
ㄹ)품 삯을 주지 않았다-소리 지르고 있다-하나님의 귀에 들린다.
8)참아라(5/6-11) : 재림 시 까지-선지자 들은 고난과 오래 참았다.
인내 하는 자는 복되도다.
9)전도하라(5/19-20) : 많은 죄를 덮을 것이다.

말씀으로 기도하기(야고보서)

1)내 형제들아 너희가 여러 가지 시험을 당하거든 온 전히 기쁘게 여기라(1/2)
2)이는 너희 믿음의 시련이 인내를 만들어 내는 줄을 너희가 앎이라(1/3)
3)너희 중에 누구든지 지혜가 부족하거든 모든 사람에게 후히 주시고 꾸짖지 아니하시는 하나님께 구하라 그리하면 주시리라(1/5)
4)오직 믿음으로 구하고 조금도 의심하지 말라 의심하는 자는 마치 바람에 밀려 요동하는 바다 물결 같으니 이런 사람은 무엇이든지 주께 얻기를 생각하지 말라(1/6-7)
5)온갖 좋은 은사와 온전한 선물이 다 위로 부터 빛들의 아버지께로 부터 내려오나니 그는 변함도 없으시고 회전하는 그림자도 없으시니라(1/17)
6)행함이 없는 믿음은 그 자체가 죽은 것이라(2/17)
7)너희는 하나님께 복종 할지어다 마귀를 대적하라 그리하면 너희를 피하리라(4/7)
8)선을 행할 줄 알고도 행하지 않으면 죄니라(4/17)
9)너희 중에 고난 당하는 자가 있느냐 그는 기도할 것이요 즐거워 하는 자가 있느냐 그는 찬송할지니라(5/13)
10)너희 중에 병든 자가 있느냐 그는 교회의 장로들을 청할 것이요 그들은 주의 이름으로 기름을 바르며 그를 위하여 기도할지니라(5/14)
11)믿음의 기도는 병든 자를 구원하리니 주께서 그를 일으키시리라 혹시 죄를 범하였을지라도 사하심을 받으리라(5/15)
12)그러므로 너희 죄를 서로 고백하며 병 낫기를 위하여 서로 기도하라 의인의 간구는 역사하는 힘이 큼이라(5/16)
16)너희가 알 것은 죄인을 미혹된 길에서 돌아서게 하는 자가 그의 영혼을 사망에서 구원할 것이며 허다한 죄를 덮을 것임이라(5/20)

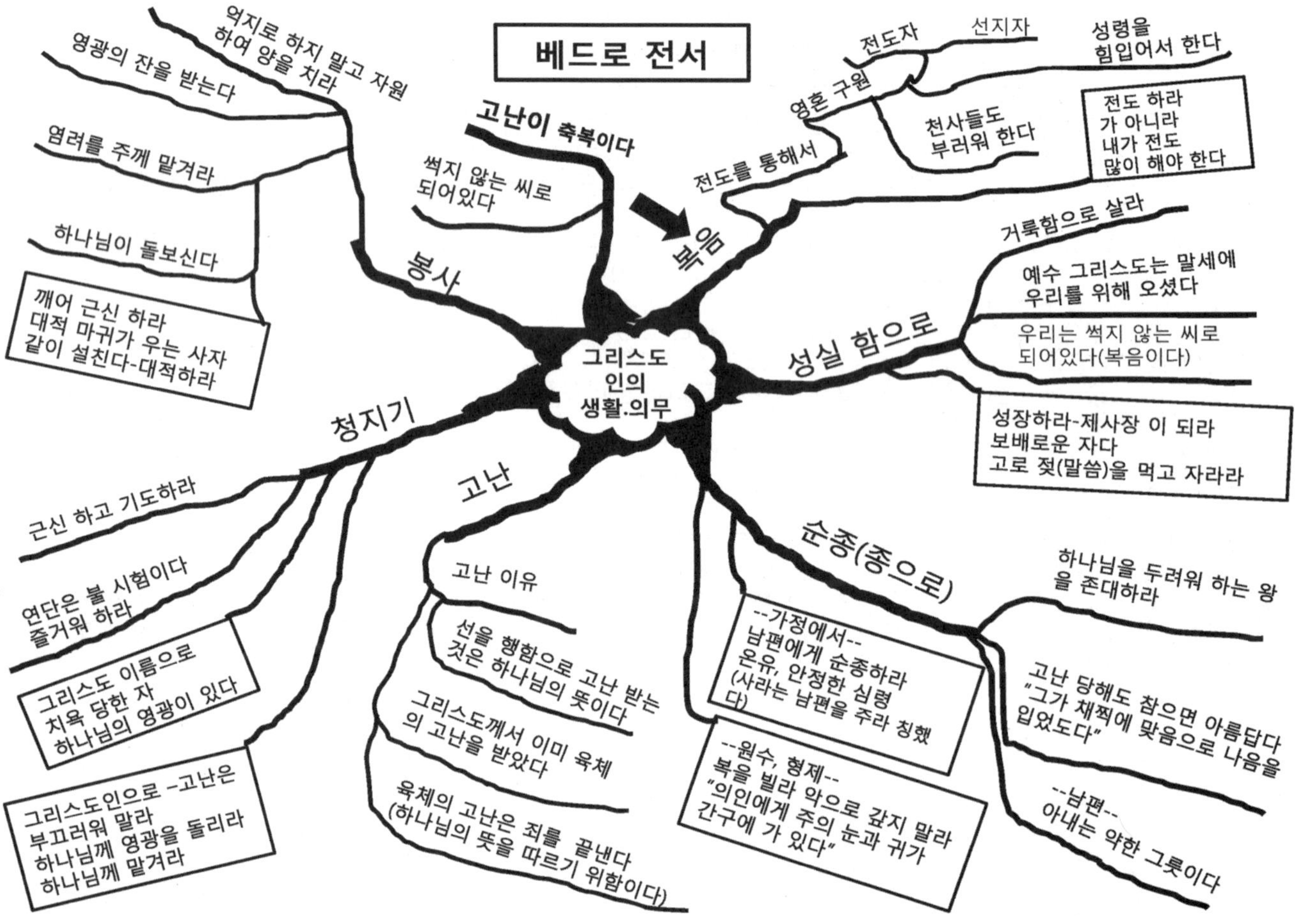
베드로 전서
그리스도 인의 생활·의무
봉사
억지로 하지 말고 자원하여 양을 치라
영광의 잔을 받는다
염려를 주께 맡겨라
하나님이 돌보신다
깨어 근신 하라 대적 마귀가 우는 사자 같이 설친다-대적하라
고난이 축복이다
썩지 않는 씨로 되어있다
복음
전도를 통해서
영혼 구원
전도자
선지자
성령을 힘입어서 한다
천사들도 부러워 한다
전도 하라 가 아니라 내가 전도 많이 해야 한다
성실 함으로
거룩함으로 살라
예수 그리스도는 말세에 우리를 위해 오셨다
우리는 썩지 않는 씨로 되어있다(복음이다)
성장하라-제사장 이 되라 보배로운 자다 고로 젖(말씀)을 먹고 자라라
청지기
근신 하고 기도하라
연단은 불 시험이다 즐거워 하라
그리스도 이름으로 치욕 당한 자 하나님의 영광이 있다
그리스도인으로 -고난은 부끄러워 말라 부끄러워 말라 하나님께 영광을 돌리라 하나님께 맡겨라
고난
고난 이유
선을 행함으로 고난 받는 것은 하나님의 뜻이다
그리스도께서 이미 육체의 고난을 받았다
육체의 고난은 죄를 끝낸다 (하나님의 뜻을 따르기 위함이다)
순종(종으로)
하나님을 두려워 하는 왕을 존대하라
--가정에서-- 남편에게 순종하라 온유, 안정한 심령 (사라는 남편을 주라 칭했다)
--원수, 형제-- 복을 빌라 악으로 갚지 말라 "의인에게 주의 눈과 귀가 간구에 가 있다"
고난 당해도 참으면 아름답다 "그가 채찍에 맞음으로 나음을 입었도다"
--남편-- 아내는 약한 그릇이다

성경해설(베드로 전서)

저자 : 베드로. 주제 : 고난에 대한 그리스도인의 태도. 기장 : 로마.
기연 : AD 62-64. 대상 : 흩어진 그리스도인

Message

1)고난이 축복이다(1/5-7)
2)전도하라(1/12) : 천사들도 부러워 한다-성령의 힘 입어서 전도하라.
3)신자는 썩지 않는 씨로 되어 있다(1/23-25) : 말씀 때문에 구원을 받았다.
4)신자의 삶(2/1-2) : 말씀을 먹어라(젖같이 먹어라.)
5)인내는 아름답다(2/18-20) : 부당한 고난도 참아라.
6)가정 : 아내-순종(3/1)
7)여자 : 사치 하지 말라(3/3-4)
8)남편 : 가족을 잘 돌보라(3/7)
9)선을 위한 고난(3/8-10)
하나님의 눈-의인에게
하나님의 귀-기도에
하나님의 얼굴-악행을 하는 자에게 대적하신다.
10)육체의 고난은 죄가 끝남이다(4/1)
11)기도하라(4/7) : 마지막이 가까이 왔다.
12)그리스도인의 고난 :
ㄱ)연단
ㄴ)불 시험-즐거워 하라(그리스도의 고난에 참여 함이라)(4/12-16)
13)양을 치라(말씀운동 펴라)(5/1-4)—영광의 관을 얻으리라.
14)염려 주께 맡겨라(5/7)
15)마귀와 싸워라(5/8-9)
16)고난은 강하게 하는 훈련이다(5/10)

말씀으로 기도하기-1(베드로전서)

1)예수 그리스도의 피 뿌림을 얻기 위하여 택하심을 받은 자들에게(1/2)
2)너희 믿음의 확실함은 불로 연단하여도 없어질 금보다 더 귀하여 예수 그리스도께서 나타나실 때에 칭찬과 영광과 존귀를 얻게 할 것이니라(1/7)
3)너희가 거듭난 것은 썩어질 씨로 된 것이 아니요 썩지 아니할 씨로 된 것이니 살아있고 항상 있는 하나님의 말씀으로 되었느니라(1/23)
4)모든 육체는 풀과 같고 그 모든 영광은 풀의 꽃과 같으니 풀은 마르고 꽃은 떨어지되 오직 주의 말씀은 세세토록 있도다 하였으니 너희에게 전한 복음이 이 말씀이니라(1/24-25)
5)그러므로 모든 악독과 모든 기만과 외식과 시기와 모든 비방하는 말을 버리고 갓난 아기들 같이 순전하고 신령한 젖을 사모하라 이는 그로 말미암아 너희로 구원에 이르도록 자라게 하려 함이라(2/1-2)
6)하나님께는 택하심을 입은 보배로운 산 돌이신 예수께 나아가 너희도 산돌 같이 신령한 집으로 세워지고 예수 그리스도로 말미암아 하나님이 기쁘게 받으실 신령한 제사를 드릴 거룩한 제사장이 될지니라(2/4-5)
7)선을 행하므로 고난을 받고 참으면 이는 하나님 앞에 아름다우니라(2/20)
8)그가 채찍에 맞음으로 너희는 나음을 얻었나니(2/24)
9)악을 악으로 욕을 욕으로 갚지 말고 도리어 복을 빌라 이를 위하여 너희가 부르심을 받았으니 이는 복을 이어받게 하려 하심이라(3/9)
10)생명을 사랑하고 좋은 날 보기를 원하는 자는 혀를 금하여 악한 말을 그치며 그 입술로 거짓을 말하지 말고 악에서 떠나 선을 행하고 화평을 구하며 그것을 따르라 주의 눈은 의인을 향하시고 그의 귀는 의인의 간구에 기울이시되 주의 얼굴은 악행 하는 자들을 대하시느니라(3/10-12)
11)육체의 고난을 받은 자는 죄를 그쳤음이라(4/1)
12)만물의 마지막이 가까이 왔으니 그러므로 너희는 정신을 차리고 근신하여 기도하라(4/7)
13)사랑하는 자들아 너희를 연단하려고 오는 불 시험을 이상한 일 당하는 것 같이 이상히 여기지 말라(4/12)
14)오히려 너희가 그리스도의 고난에 참여하는 것으로 즐거워 하라 이는 그의 영광을 나타내실 때에 너희로 즐거워하고 기뻐하려 함이라(4/13)
15)너희가 그리스도의 이름으로 치욕을 당하면 복이 있는 자로다 영광의 영 곧 하나님의 영이 너희 위에 계심이라(4/14)
16)만일 그리스도인으로 고난을 받으면 부끄러워하지 말고 도리어 그 이름으로 하나님께 영광을 돌리라(4/16)
17)맡은 자들에게 주장하는 자세를 하지 말고 양 무리의 본이 되라 그리하면 목자장이 나타나실 때에 시들지 아니하는 영광의 관을 얻으리라(5/3)
18)너희 염려를 다 주께 맡기라 이는 그가 너희를 돌보심이라(5/7)

말씀으로 기도하기-2(베드로전서)

20)근신하라 깨어라 너희 대적 마귀가 우는 사자같이 두루 다니며 삼킬 자를 찾나니(5/8)
21)너희는 믿음을 굳건하게 하여 그를 대적하라 이는 세상에 있는 너희 형제들도 동일한 고난을 당하는 줄 앎이라(5/9)
22)모든 은혜의 하나님 곧 그리스도 안에서 너희를 부르사 자기의 영원한 영광에 들어가게 하신 이가 잠깐 고난을 당한 너희를 친히 온전하게 하시며 굳건하게 하시며 강하게 하시며 터를 견고하게 하시리라(5/10)

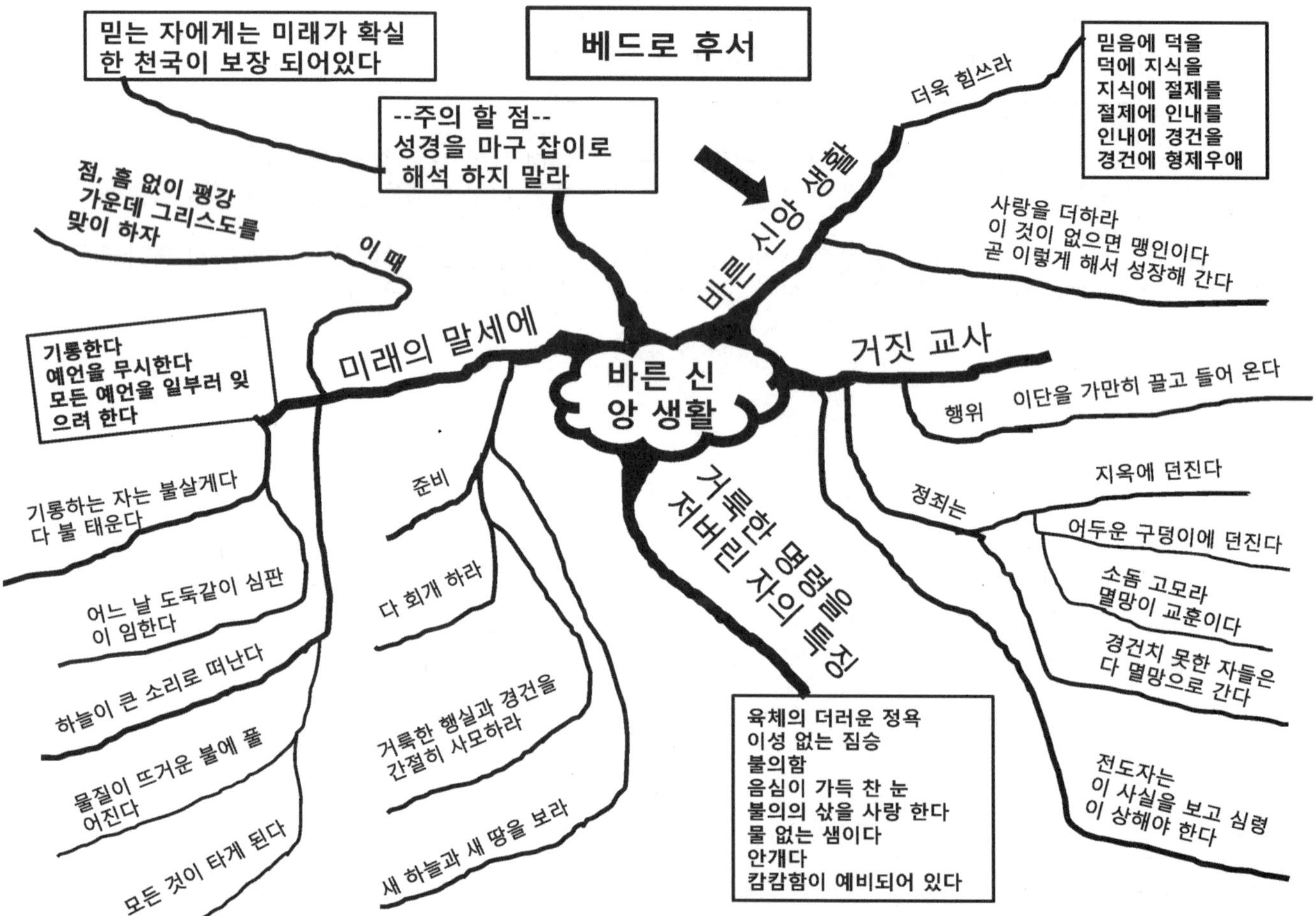
베드로 후서
바른 신앙 생활
밑는 자에게는 미래가 확실 한 천국이 보장 되어있다
--주의 할 점--
성경을 마구 잡이로 해석 하지 말라
점, 흠 없이 평강 가운데 그리스도를 맞이 하자
이 때
미래의 말세에
기롱한다
예언을 무시한다
모든 예언을 일부러 잊으려 한다
기롱하는 자는 불살게다 다 불 태운다
어느 날 도둑같이 심판이 임한다
하늘이 큰 소리로 떠난다
물질이 뜨거운 불에 풀어진다
모든 것이 타게 된다
준비
다 회개 하라
거룩한 행실과 경건을 간절히 사모하라
새 하늘과 새 땅을 보라
바른 신앙 생활
더욱 힘쓰라
믿음에 덕을
덕에 지식을
지식에 절제를
절제에 인내를
인내에 경건을
경건에 형제우애
사랑을 더하라
이 것이 없으면 맹인이다
곧 이렇게 해서 성장해 간다
거짓 교사
행위
이단을 가만히 끌고 들어 온다
정죄는
지옥에 던진다
어두운 구덩이에 던진다
소돔 고모라 멸망이 교훈이다
경건치 못한 자들은 다 멸망으로 간다
전도자는 이 사실을 보고 심령이 상해야 한다
거룩한 명령을 저버린 자의 특징
육체의 더러운 정욕
이성 없는 짐승
불의함
음심이 가득 찬 눈
불의의 삯을 사랑 한다
물 없는 샘이다
안개다
캄캄함이 예비되어 있다

성경해설(베드로 후서)

저자 : 베드로. 주제 : 참된 예언과 거짓 선생.
기장 : 로마. 기연 : AD66-67. 대상 : 흩어진 그리스도 인과 유대인

Message

1)확실한 미래 심판 : 죄는 값을 치른다. 회개 하라. 주 앞에 서는 날 까지
2)큰 약속 : 힘써라, 믿음에 덕을, 덕에 지식을, 지식에 절제를 , 절제에 인내를 , 인내에 경건을 , 경건에 형제우애를, 형제 우애에 사랑을 더하라(1/4-7)
3)예언은 오직 : 성령의 감동으로 나온다(1/20-21)
4)거짓 선지자 거짓 선생들(2/1-8)
5)범죄한 천사들 : 지옥 구덩이에 던진다. 심판 날 까지 둔다(2/4)
6)불법한 것을 보고 심령이 상한 자는 – 의롭다 함(2/6-8)
7)현 시대의 특징(거룩한 명령을 저버린 자들)
ㄱ)육체의 더러운 정욕. ㄴ)이성 없는 짐승. ㄷ)음심 찬 눈 으로 불의의 값으로 즐기는 자들. 물 없는 샘이다. 안개 인생이다. 캄캄함이 예비되어 있다(2/10-17)
8)하나님의 날(3/1-13)
ㄱ)조롱하는 자들이 온다(비웃는 자들)
예언을 무시한다. 일부러 무시한다—불지른다.
ㄴ)심판- 도둑같이 온다(예고 없다)
하늘-큰 소리로 떠난다.
물질 –뜨거운 불에 풀어 진다.
다 타 버린다.
고로 거룩한 행실과 경건을 간절히 사모 하라.
새 하늘과 새 땅을 보라.
9)흠 없고 평강 가운데 나타나기를 힘쓰라.

말씀으로 기도하기(베드로 후서)

1)먼저 알 것은 성경의 모든 예언은 사사로이 풀 것이 아니니
예언은 언제든지 사람의 뜻으로 낸 것이 아니요 오직 성령의 감동하심을 받은 사람들이 하나님께 받아 말한 것임이라(1/20-21)
2)오직 의를 전파하는 노아와 그 일곱 식구를 보존하시고 경건하지 아니한 자들의 세상에 홍수를 내리셨으며 소돔과 고모라 성을 멸망하기로 정하여 재가 되게 하사 후세에 경건하지 아니할 자들에게 본을 삼으셨으며 무법한 자들의 음란한 행실로 말미암아 고통당하는 의로운 롯을 건지셨느니라(2/5-7)
3)이는 이 의인이 그들 중에 거하여 날마다 저 불법한 행실을 보고 들음으로 그 의로운 심령이 상함이라(2/8)
4)먼저 이것을 알지니 말세에 조롱하는 자들이 와서 자기의 정욕을 따라 행하며 조롱하여
이르되 주께서 강림하신다는 약속이 어디 있느냐 조상들이 잔 이후로부터 만물이 처음 창조될 때와 같이 그냥 있다 하니 이는 하늘이 옛적부터 있는 것과 땅이 물에서 나와 물로 성립된 것도 하나님의 말씀으로 된 것을 그들이 일부러 잊으려 함이로다(3/3-5)
5)이로 말미암아 그때에 세상은 물이 넘침으로 멸망하였으되
이제 하늘과 땅은 그 동일한 말씀으로 불사르기 위하여 보호하신바 되어 경건하지 아니한 사람들의 심판과 멸망의 날까지 보존하여 두신 것이니라(3/6-7)
6)사랑하는 자들아 주께는 하루가 천 년 같고 천 년이 하루 같다는 이 한 가지를 잊지 말라(3/8)
7)주의 약속은 어떤 이들은 더디다고 생각하는 것같이 더딘 것이 아니라 오직 주께서는 너희를 대하여 오래 참으사 아무도 멸망하지 아니하고 다 회개하기에 이르기를 원하시느니라(3/9)
8)그러나 주의 날이 도둑같이 오리니 그날에는 하늘이 큰 소리로 떠나가고 물질이 뜨거운 불에 풀어지고 땅과 그 중에 있는 모든 일이 드러나리로다(3/10)
9)이 모든 것이 이렇게 풀어지리니 너희가 어떠한 사람이 되어야 마땅하냐 거룩한 행실과 경건함으로
하나님의 날이 임하기를 바라보고 간절히 사모하라 그날에 하늘이 불에 타서 풀어지고 물질이 뜨거운 불에 녹아지려니와 우리는 그의 약속대로 의가 있는 곳인 새 하늘과 새 땅을 바라보도다(3/11-13)
10)사랑하는 자들아 너희가~~ 점도 없고 흠도 없이 평강 가운데서 나타나기를 힘쓰라(3/14)

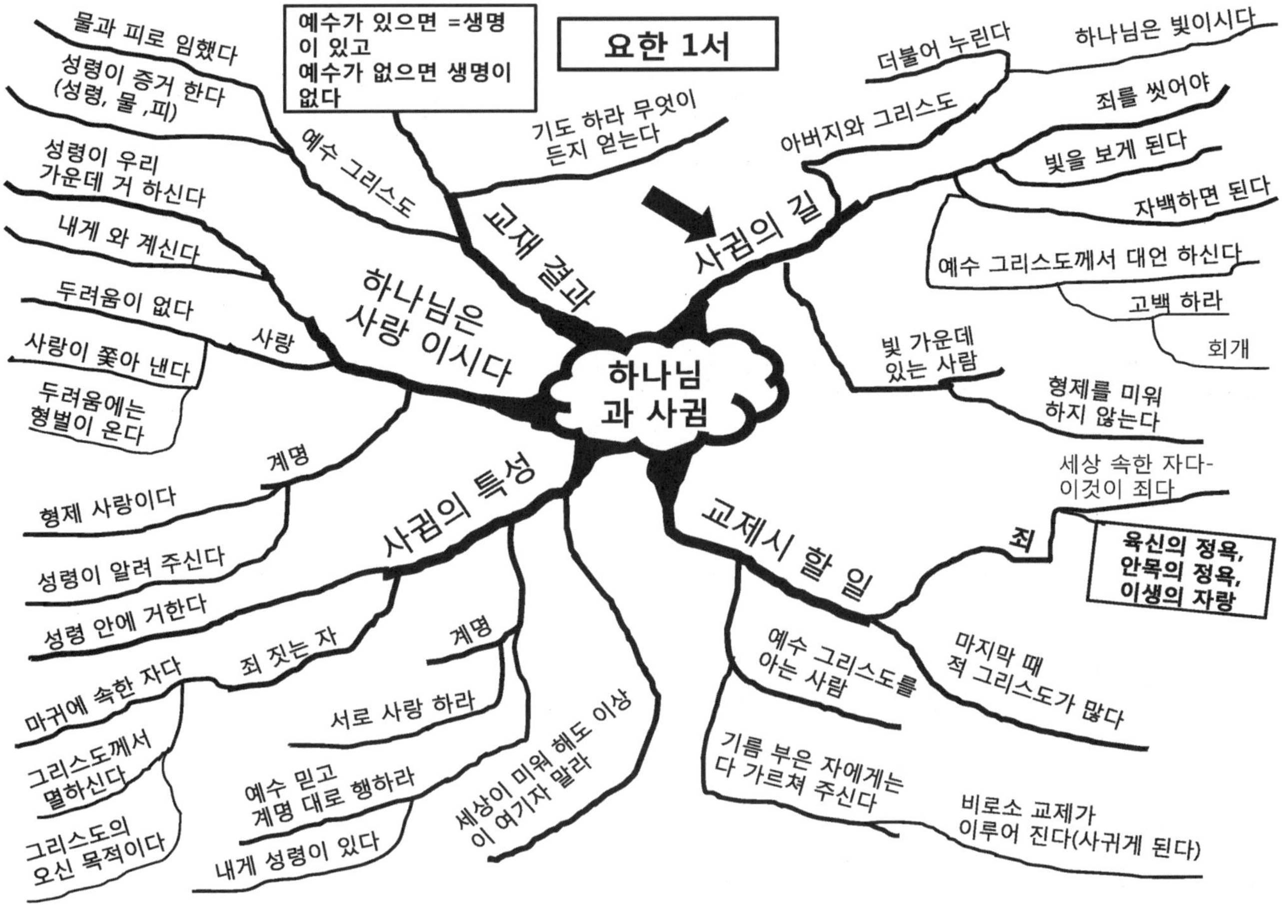
요한 1서
하나님 과 사귐
예수가 있으면 =생명 이 있고 예수가 없으면 생명이 없다
교재 결과
기도 하라 무엇이 든지 얻는다
예수 그리스도
물과 피로 임했다
성령이 증거 한다 (성령, 물 ,피)
하나님은 사랑 이시다
성령이 우리 가운데 거 하신다
내게 와 계신다
사랑
두려움이 없다
사랑이 쫓아 낸다
두려움에는 형벌이 온다
사귐의 길
더불어 누린다
하나님은 빛이시다
아버지와 그리스도
죄를 씻어야
빛을 보게 된다
자백하면 된다
예수 그리스도께서 대언 하신다
고백 하라
회개
빛 가운데 있는 사람
형제를 미워 하지 않는다
사귐의 특성
계명
형제 사랑이다
성령이 알려 주신다
성령 안에 거한다
죄 짓는 자
마귀에 속한 자다
그리스도께서 멸하신다
그리스도의 오신 목적이다
계명
서로 사랑 하라
예수 믿고 계명 대로 행하라
내게 성령이 있다
세상이 미워 해도 이상 이 여기자 말라
교제시 할 일
죄
세상 속한 자다- 이것이 죄다
육신의 정욕, 안목의 정욕, 이생의 자랑
마지막 때 적 그리스도가 많다
예수 그리스도를 아는 사람
기름 부은 자에게는 다 가르쳐 주신다
비로소 교제가 이루어 진다(사귀게 된다)

성경 해설(요한 1서)

저자 : 사도 요한. 주제 : 하나님과 그리스도인의 교제.
기연 : AD 90. 기장 : 에베소 대상 : 모든 그리스도인

Message

1)사귐 : 죄를 씻고 교제 하라(1/3-4)-기쁨이 있다.
2)하나님은 빛이시다. 예수의 피로 죄를 씻고 빛 속에 들어 가자(1/7)
3)하나님과 교제 하려면
고쳐라-**육신의 정욕과 안목의 정욕과 이생의 자랑**을 세상으로 부터 온 것을 고쳐라(2/16)
4) 마지막 때의 징조(2/18-22)
적 그리스도가 온다. 지금이 마지막 때다(2/18)
예수 그리스도가 하나님의 아들 임을 부인 하는 자가 적 그리스도다(2/22)
5)성령의 기름 부음을 받았으면 알게 된다(2/27-28)
성령이 다 가르쳐 준다.
6)죄 = 마귀(3/8-9)
7)세상이 미워 해도 이상히 여기자 말라(그 것이 정상이다)(3/13)
계명 ; 예수 이름 믿고 서로 사랑 하고
8)성령 : 내 안에 거한다(4/13)
9)Victory : 내 안에 증거는 **하나님, 말씀(그리스도), 성령** 만 있으면 Victory 다.

말씀으로 기도하기(요한1서)

1)하나님은 빛이시니라(1/5)
2)우리가 우리 죄를 자백하면 그는 미쁘시고 의로우사 우리 죄를 사하시며 우리를 모든 불의에서 깨끗하게 하실 것이요(1/9)
3)만일 누가 죄를 범하여도 아버지 앞에서 우리에게 대언자가 있으니 곧 의로우신 예수그리스도시라(2/1)
4)세상에 있는 모든 것이 육신의 정욕과 안목의 정욕과 이생의 자랑이니 다 아버지께로 부터 온 것이 아니요 세상으로 부터 온 것이라(2/16)
5)지금은 마지막 때라 적그리스도가 오리라는 말을 너희가 들은 것과 같이 지금도 많은 적그리스도가 일어났으니 그러므로 우리가 마지막 때인 줄 아노라(2/18)
6)그가 우리에게 약속하신 것은 이것이니 곧 영원한 생명이니라(2/25)
7)죄를 짓는 자는 마귀에게 속하나니 마귀는 처음 부터 범죄함이라 하나님의 아들이 나타나신 것은 마귀의 일을 멸하려 하심이라(3/8)
8)세상이 너희를 미워하여도 이상히 여기지 말라(3/13)
9)그의 계명은 이것이니 곧 그 아들 예수 그리스도의 이름을 믿고 그가 우리에게 주신 계명대로 서로 사랑할 것이니라 (3/23)
10)우리에게 주신 성령으로 말미암아 그가 우리 안에 거하시는 줄을 우리가 아느니라(3/24)
11)그의 성령을 우리에게 주시므로 우리가 그 안에 거하고 그가 우리 안에 거하시는 줄을 아느니라(4/13)
12)물과 피로 임하신 이시니 곧 예수 그리스도시라 물로만 아니요 물과 피로 임하셨고 증언 하는 이는 성령이시니 성령은 진리니라(5/6)
13)증언 하는 이는 셋이라
성령과 물과 피라 또한 이 셋은 합하여 하나이니라(5/7-8)
14)아들이 있는 자에게는 생명이 있고 하나님의 아들이 없는 자에게는 생명이 없느니라(5/12)
15)그를 향하여 우리의 가진 바 담대함이 이것이니 그의 뜻대로 무엇을 구하면 들으심이라(5/14)
16)우리가 무엇이든지 구하는 바를 들으시는 줄을 안즉 우리가 그에게 구한 그것을 얻은 줄을 또한 아느니라(5/15)

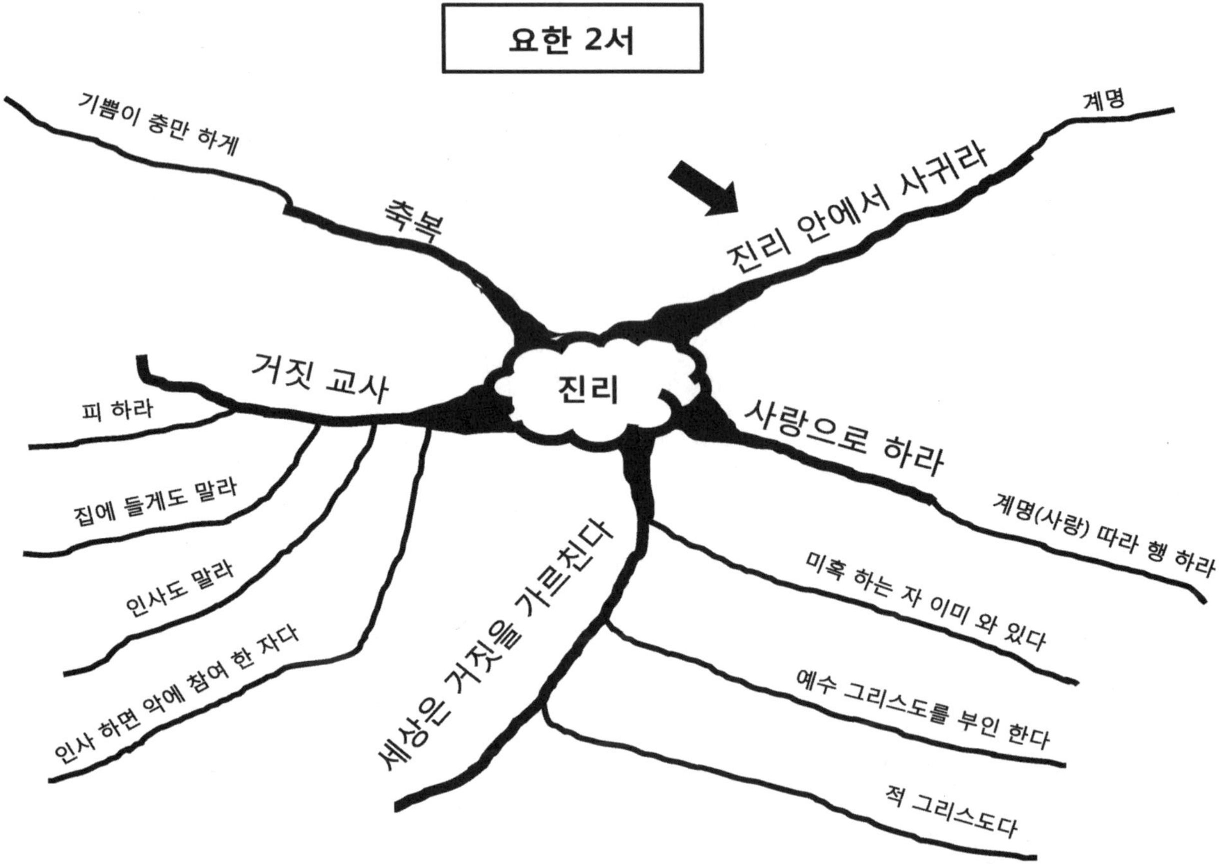
요한 2서
진리
축복
기쁨이 충만 하게
진리 안에서 사귀라
계명
사랑으로 하라
계명(사랑) 따라 행 하라
거짓 교사
피 하라
집에 들게도 말라
인사도 말라
인사 하면 악에 참여 한 자다
세상은 거짓을 가르친다
미혹 하는 자 이미 와 있다
예수 그리스도를 부인 한다
적 그리스도다

성경 해설(요한 2서)

저자 : 사도요한. 주제 : 진리를 지키라. 기장 : 에베소. 기연 : AD 90
대상 : 세계의 그리스도인

Message

1)적 그리스도가 온다(많이 온다)
  특징 : 예수 그리스도께서 육체로 오심을 부인 한다.
2)어떤 자들 에게는(10-11)
  ㄱ)그 집에 들어 가지도 말라.
  ㄴ)인사도 하지 말라.

말씀으로 기도하기(요한 2서)

1)예수 그리스도께로부터 진리와 사랑 가운데서 우리와 함께 있으리라(1/3)
2)예수 그리스도께서 육체로 오심을 부인 하는 자라 이런 자가 미혹하는 자요 적그리스도이니(1/7)

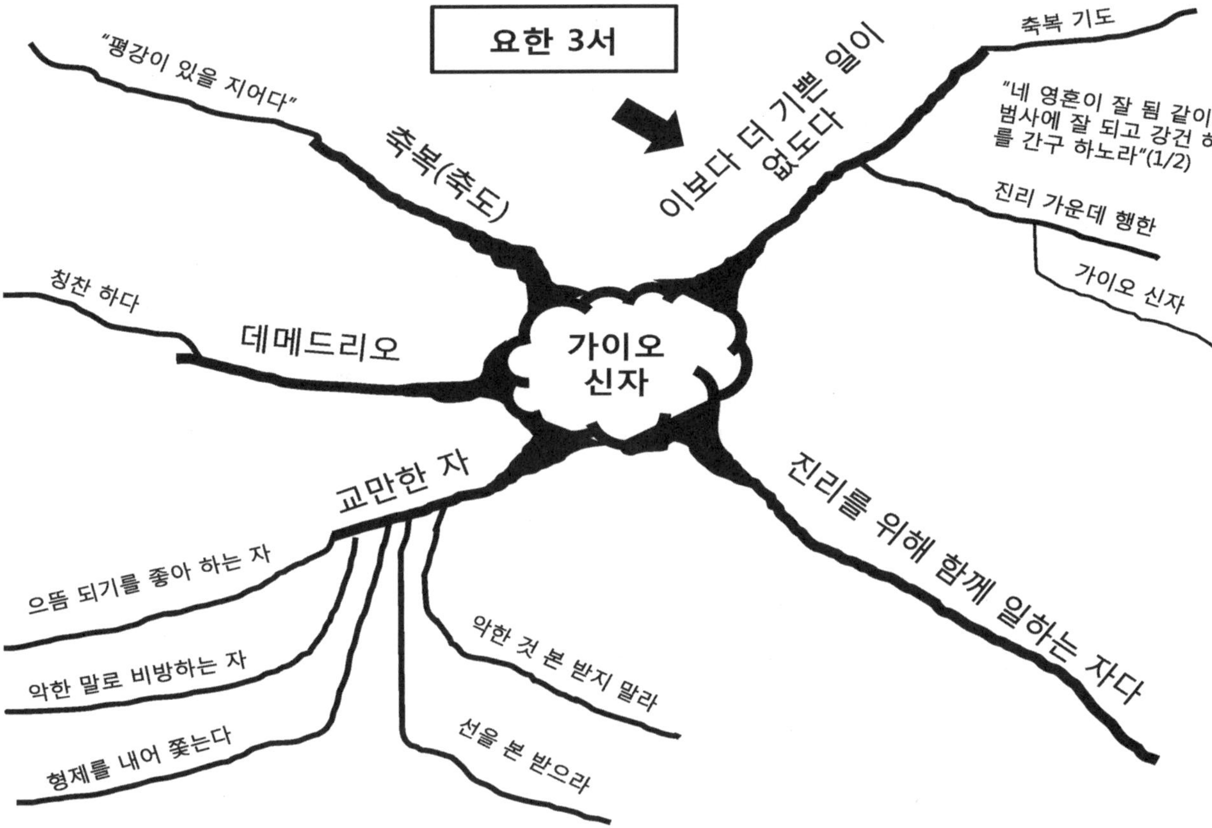
요한 3서
가이오 신자
축복(축도)
"평강이 있을 지어다"
이보다 더 기쁜 일이 없도다
축복 기도
"네 영혼이 잘 됨 같이 네가 범사에 잘 되고 강건 하기를 간구 하노라"(1/2)
진리 가운데 행한
가이오 신자
데메드리오
칭찬 하다
교만한 자
으뜸 되기를 좋아 하는 자
악한 말로 비방하는 자
형제를 내어 쫓는다
악한 것 본 받지 말라
선을 본 받으라
진리를 위해 함께 일하는 자다

성경 해설(요한 3서)

저자 : 사도요한. 주제 : 사역에 대한 협력과 반대.
기장 : 에베소. 기년 : AD90. 대상 : 가이오

Message

1)최고의 기쁨-진리 안에서 생활 하는 것(4)
2)기도 : "영혼이 잘 됨 같이 범사에 잘 되고 강건 하기를 간구 하노라"(2)
3) 악한 것은 본받지도 말라(9-10)
으뜸 되기를 좋아 하는 자, 악한 말 하는 자, 비방하는 자.
4)축복 기도 : "평강이 있을 지어다."

말씀으로 기도하기(요한 3서)

1)사랑하는 자여 네 영혼이 잘 됨 같이 네가 범사에 잘되고 강건 하기를 내가 간구하노라(1/2)
2)내가 내 자녀들이 진리 안에서 행한다 함을 듣는 것보다 더 기쁜 일이 없도다(1/4)

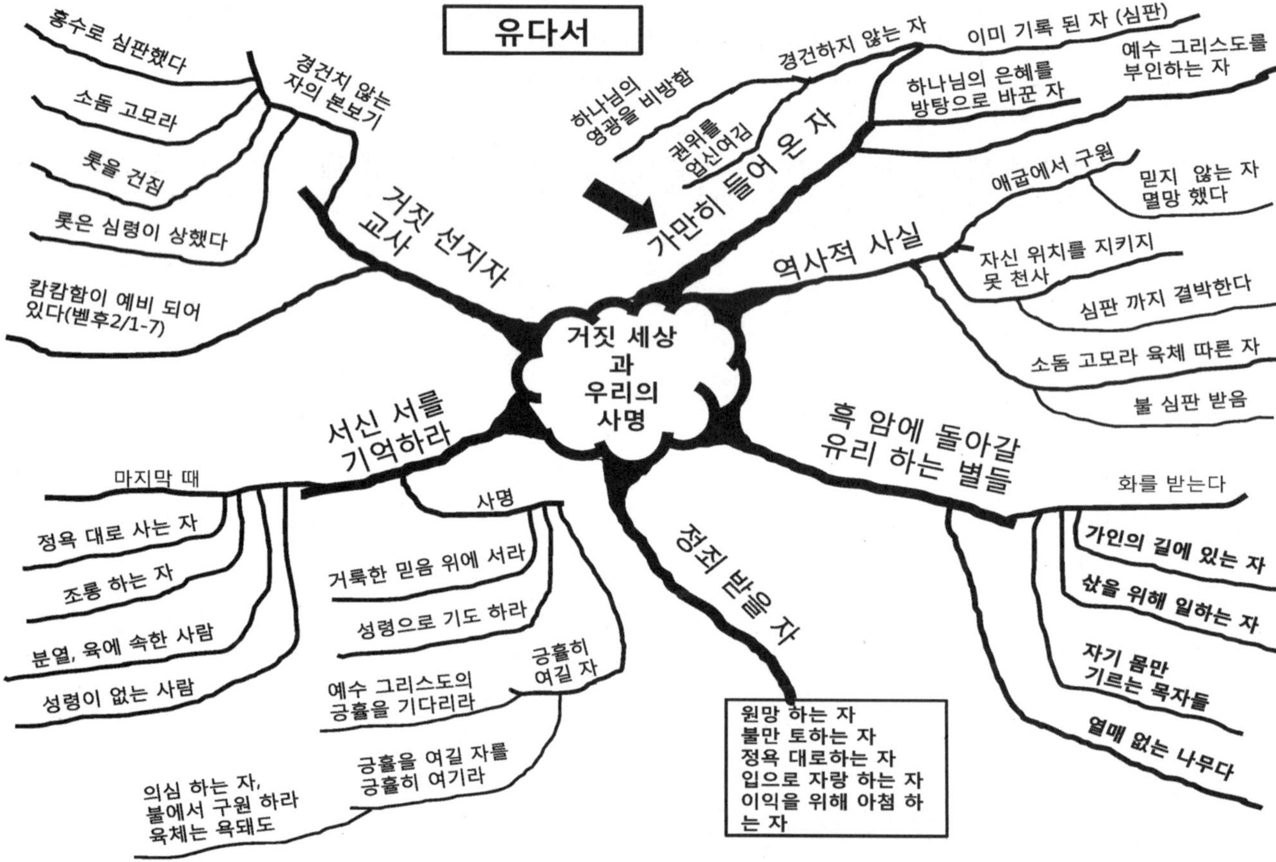
유다서
거짓 세상 과 우리의 사명
거짓 선지자 교사
경건치 않는 자의 본보기
홍수로 심판했다
소돔 고모라
롯을 건짐
롯은 심령이 상했다
캄캄함이 예비 되어 있다(벧후2/1-7)
가만히 들어 온 자
하나님의 영광을 비방함
권위를 업신여김
경건하지 않는 자
이미 기록 된 자 (심판)
하나님의 은혜를 방탕으로 바꾼 자
예수 그리스도를 부인하는 자
역사적 사실
애굽에서 구원
믿지 않는 자 멸망 했다
자신 위치를 지키지 못 천사
심판 까지 결박한다
소돔 고모라 육체 따른 자
불 심판 받음
흑 암에 돌아갈 유리 하는 별들
화를 받는다
가인의 길에 있는 자
삯을 위해 일하는 자
자기 몸만 기르는 목자들
열매 없는 나무다
정죄 받을 자
원망 하는 자
불만 토하는 자
정욕 대로하는 자
입으로 자랑 하는 자
이익을 위해 아첨 하는 자
서신 서를 기억하라
마지막 때
정욕 대로 사는 자
조롱 하는 자
분열, 육에 속한 사람
성령이 없는 사람
사명
거룩한 믿음 위에 서라
성령으로 기도 하라
예수 그리스도의 긍휼을 기다리라
긍휼히 여길 자
긍휼을 여길 자를 긍휼히 여기라
의심 하는 자, 불에서 구원 하라 육체는 욕돼도

성경 해설(유다서)

저자 : 예수의 형제 유다　주제 : 힘써 싸우라　기장 : 예루살렘
기년 : AD70　대상 : 그리스도인

Message

1)거짓 교사 : 가만히 들어온다. 은혜를 방탕한 것으로 바꾼다.
그리스도를 부인 한다(4)
2)하나님의 섭리 (5)
애굽 에서 구원.
애굽 인은-멸하심.
3)타락한 천사 (사탄) : 큰 날(심판 날)까지 흑 암에 가둔다(6-7)
4)육체를 따르는 자 : 원망, 불만, 정욕대로, 입으로 자랑하는 자
이익을 위해 아첨 하는 자(16)
6) 서신 서를 기억 하라. 사도들의 기록(17)
7)성령으로 기도하라(20)
8)전도하라(21-23)
거짓 교사(벧전2/1-17)
경건치 않는 자를 표본으로 했다(홍수 심판)
캄캄함이 예비되어있다.

말씀으로 기도하기(유다서)

1)이는 가만히 들어온 사람 몇이 있음이라 그들은 옛적부터 이 판결을 받기로 미리 기록된 자니 경건하지 아니하여 우리 하나님의 은혜를 도리어 방탕한 것으로 바꾸고 홀로 하나이신 주재 곧 우리 주 예수 그리스도를 부인 하는 자니라(1/4)

2)(거짓 것 들의 심판)이 사람들은 원망하는 자며 불만을 토하는 자며 그 정욕대로 행하는 자라 그 입으로 자랑하는 말을 하며 이익을 위하여 아첨하느니라(1/16)

요한 계시록(계)

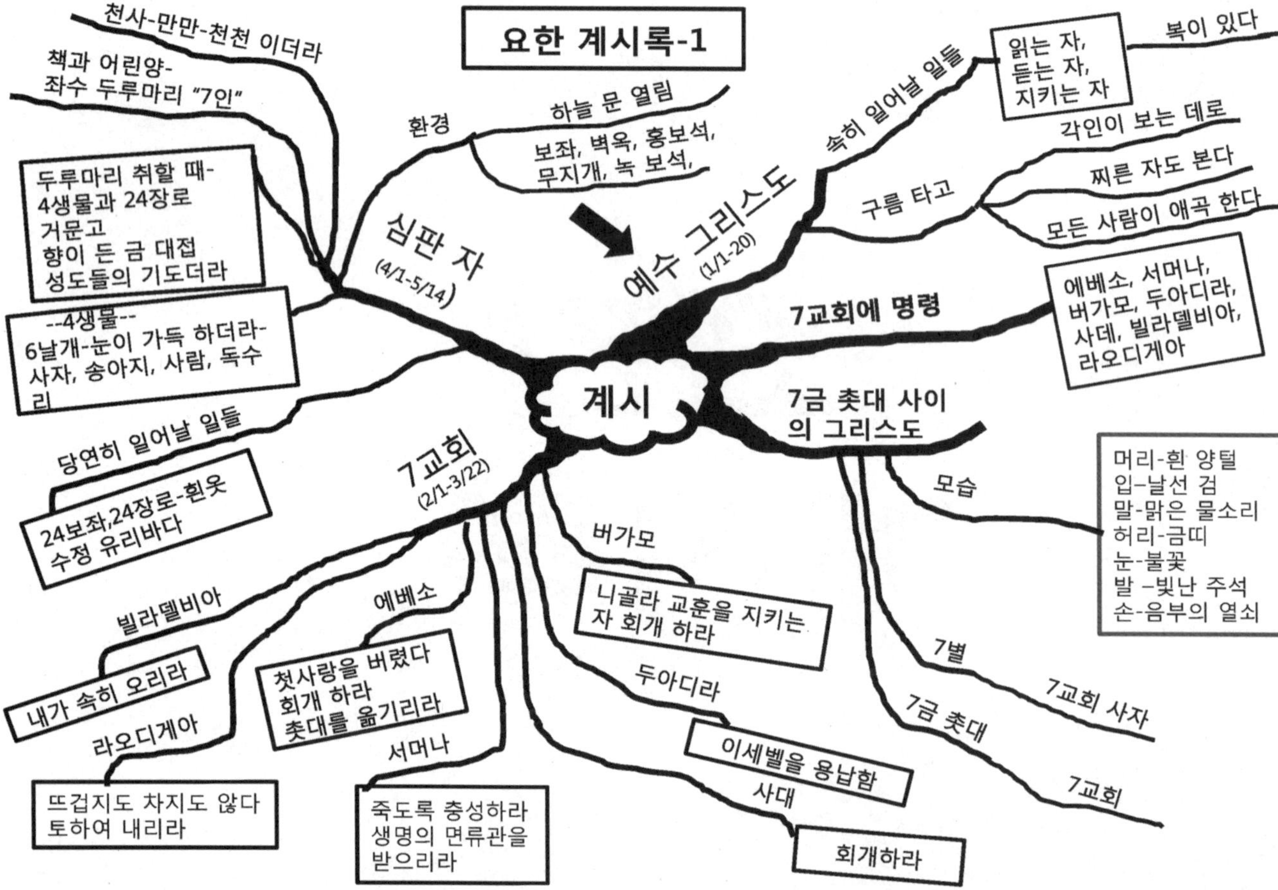
요한 계시록-1
계시
예수 그리스도 (1/1-20)
속히 일어날 일들
읽는 자, 듣는 자, 지키는 자
복이 있다
구름 타고
각인이 보는 데로
찌른 자도 본다
모든 사람이 애곡 한다
7교회에 명령
에베소, 서머나, 버가모, 두아디라, 사데, 빌라델비아, 라오디게아
7금 촛대 사이의 그리스도
모습
머리-흰 양털
입-날선 검
말-맑은 물소리
허리-금띠
눈-불꽃
발 -빛난 주석
손-음부의 열쇠
7별
7교회 사자
7금 촛대
7교회
심판 자 (4/1-5/14)
환경
하늘 문 열림
보좌, 벽옥, 홍보석, 무지개, 녹 보석,
천사-만만-천천 이더라
책과 어린양-좌수 두루마리 "7인"
두루마리 취할 때-4생물과 24장로 거문고 향이 든 금 대접 성도들의 기도더라
--4생물-- 6날개-눈이 가득 하더라-사자, 송아지, 사람, 독수리
당연히 일어날 일들
24보좌,24장로-흰옷 수정 유리바다
7교회 (2/1-3/22)
빌라델비아
내가 속히 오리라
라오디게아
뜨겁지도 차지도 않다 토하여 내리라
에베소
첫사랑을 버렸다 회개 하라 촛대를 옮기리라
서머나
죽도록 충성하라 생명의 면류관을 받으리라
버가모
니골라 교훈을 지키는 자 회개 하라
두아디라
이세벨을 용납함
사대
회개하라

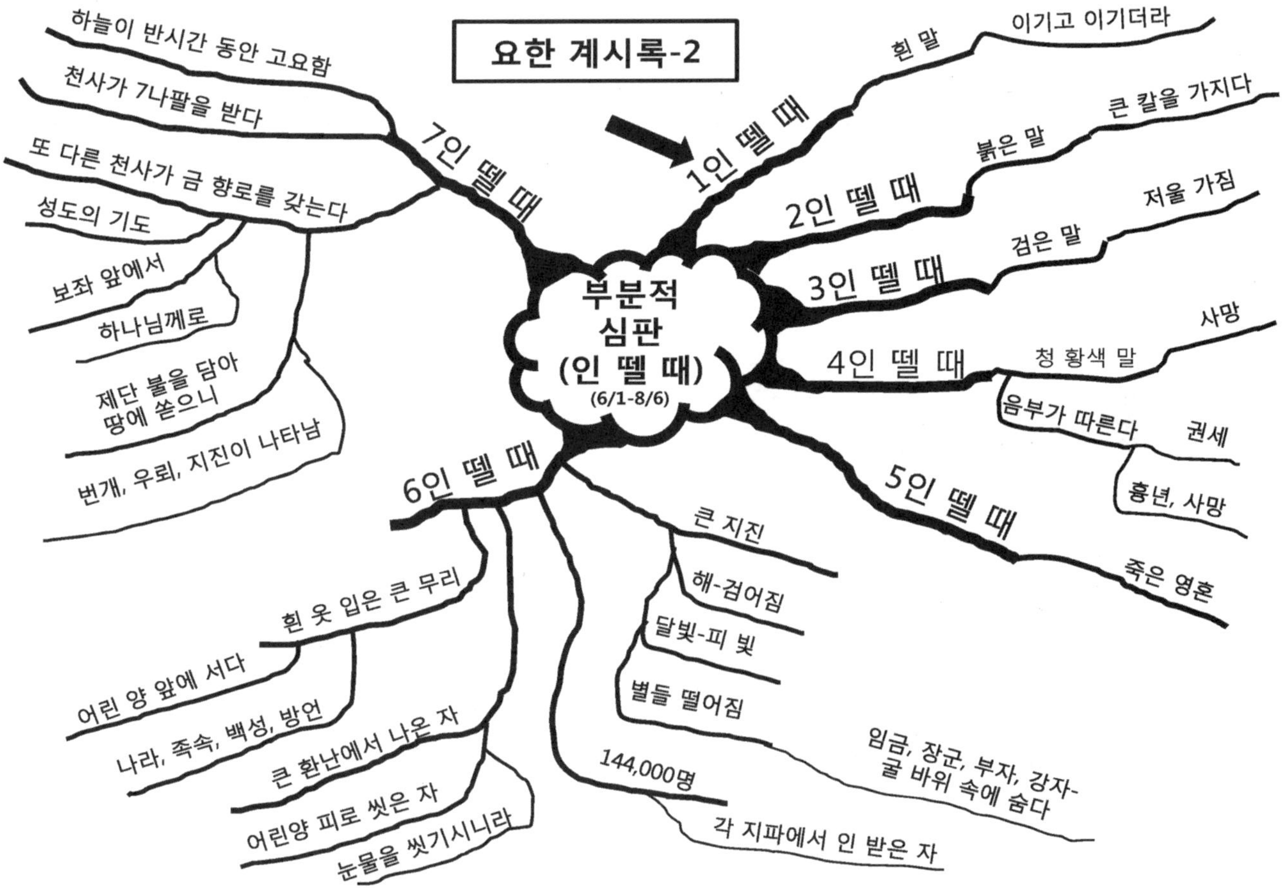
요한 계시록-2
부분적 심판 (인 뗄 때) (6/1-8/6)
1인 뗄 때
흰 말
이기고 이기더라
2인 뗄 때
붉은 말
큰 칼을 가지다
3인 뗄 때
검은 말
저울 가짐
4인 뗄 때
청 황색 말
사망
음부가 따른다
권세
흉년, 사망
5인 뗄 때
죽은 영혼
6인 뗄 때
큰 지진
해-검어짐
달빛-피 빛
별들 떨어짐
임금, 장군, 부자, 강자-
굴 바위 속에 숨다
144,000명
각 지파에서 인 받은 자
흰 옷 입은 큰 무리
어린 양 앞에 서다
나라, 족속, 백성, 방언
큰 환난에서 나온 자
어린양 피로 씻은 자
눈물을 씻기시니라
7인 뗄 때
하늘이 반시간 동안 고요함
천사가 7나팔을 받다
또 다른 천사가 금 향로를 갖는다
성도의 기도
보좌 앞에서
하나님께로
제단 불을 담아
땅에 쏟으니
번개, 우뢰, 지진이 나타남

성경 해설(요한 계시록-1.2)

저자 : 사도요한 . 주제: 그리스도의 계시. 기장 : 밧모 섬.
기연 : 도미치안 치세 말기AD95. 대상 : 아시아 7교회 그리스도 인.
핵심 : 네가 본 것과 지금 있는 일과 장차 될 일을 기록 하라(1/9)

Message

1)구름 타고 각 사람 눈이 보는 가운데 오리라(1/7)
2)교회 들에게 명령한다(2/1-3/22)
3)예수 그리스도의 모습의 초림 때 와는 완전 다르게 오신다-
전지 전능 자로 오신다(1/12-20)
4)심판 하러 오신다(4/1-5/14)
사람으로 써는 상상 할 수 없는 환경과 모습이 우리 앞에 펼쳐 진다.
하늘 문이 열린다.
복 있는 사람들은 다 볼 수 있다.
5)부분 적인 심판이 먼저 온다(6/1-8/5)
인을 1-7번 까지 떼면서 부분적으로 심판 하신다.
6)6째 인을 떼 실 때 일어 나는 일
예수 그리스도 앞에 서게 된다. 흰옷 입은 큰 무리다.
7)7째 인을 떼실 때 일어 나는 일
기도가 실행되는 역사가 일어 난다.

말씀으로 기도하기-1(요한계시록-1.2)

1)(요한 계시록) 반드시 속히 일어날 일들(1/1)
2)이 예언의 말씀을 읽는 자와 듣는 자와 그 가운데에 기록한 것을 지키는 자는 복이 있나니 때가 가까움이라(1/3)
3)볼지어다 그가 구름을 타고 오시리라 각 사람의 눈이 그를 보겠고 그를 찌른 자들도 볼 것이요 땅에 있는 모든 족속이 그로 말미암아 애곡 하리라 아멘(1/7)
4)네가 보는 것을 두루마리에 써서 에베소, 서머나, 버가모, 두아디라, 사데, 빌라델비아, 라오디게아 등 일곱 교회에 보내라(1/11)
5)촛대 사이에 인자 같은 이가 발에 끌리는 옷을 입고 가슴에 금띠를 띠고
그의 머리와 털의 희기가 흰 양털 같고 눈 같으며 그의 눈은 불꽃 같고
그의 발은 풀무 불에 단련한 빛난 주석 같고 그의 음성은 많은 물소리와 같으며
그의 오른손에 일곱 별이 있고 그의 입에서 좌우에 날선 검이 나오고 그 얼굴은 해가 힘있게 빛치는 것 같더라(1/13-16)
6)두려워 하지 말라 나는 처음이요 마지막이니(1/17)
7)볼지어다 이제 세세토록 살아 있어 사망과 음부의 열쇠를 가졌노니(1/18)
8)네가 본 것과 지금 있는 일과 장차 될 일을 기록 하라(1/19)
9)네가 본 것은 내 오른손의 일곱 별의 비밀과 또 일곱 금 촛대라 일곱 별은 일곱 교회의 사자요 일곱 촛대는 일곱 교회니라(1/20)
10)(에베소교회)너를 책망 할 것이 있나니 너의 처음 사랑을 버렸느니라~~회개 하여 처음 행위를 가지라~~회개하지 아니하면 내가 네게가서 네 촛대를 그 자리에서 옮기리라(2/1-5)
11)(서머나 교회)네가 죽도록 충성하라 그리하면 생명의 관을 네게 주리라(2/10)
12)(버가모교회)니골라 당의 교훈을 지키는 자들이 있다~~ 회개하라(2/14-16)
13)(두아디라 교회)여자 이세벨을 네가 용나함이니 그가 내 종들을 가르쳐 꾀어 행음하게 하고 우상의 제물을 먹게 하는도다 ~~음행을 회개 하고자 하지 아니하는 도다~~그를 침상에 던질 터이요~~큰 화난 가운데 던지리라(2/20-22)
14)(사데교회) 사데에 그 옷을 더럽히지 아니한 자 몇 명이 네게 있어 흰옷을 입고 나와 함께 다니리니 그들은 합당한 자인 연고라(3/3-4)
15)(빌라델비아 교회)네가 나의 인내의 말씀을 지켰은즉 내가 또한 너를 지켜 시험의 때를 면하리니~~내가 속히 오리니 네가 가진 것을 굳게 잡아 아무도 네 면류관을 빼앗지 못하게 하라~~내가 하나님의 이름과 하나님의 성 곧 하늘에서 내 하나님께로부터 내려오는 새 예루살렘의 이름과 나의 새 이름을 그이 위에 기록하리라(3/10-12)
16)(라오디게아 교회) 네가 차든지 뜨겁든지 하기를 원하노라 ~~네가 미지근하여~~ 내입에서 너를 토하여 버리리라(3/15-16)
17)그 두루마리를 취하시매 네 생물과 24장로들이 그 어린양 앞에 엎드려 각각 거문고와 향이 가득한 금 대접을 가졌으니 이 향은 성도의 기도들이라(5/8)
18)보좌와 생물들과 장로들을 둘러선 많은 천사의 음성이 있으니 그 수가 만만이요 천천이라(5/11)
19)내가 보매 어린양이 일곱 인 중의 하나를 떼시는데(6/1)

말씀으로 기도하기-2(요한계시록 1.2)

20)이 일 후에 내가 보니 각 나라와 족속과 백성과 방언에서 아무도 능히 셀 수 없는 큰 무리가 나와 흰옷을 입고 손에 종려 가지를 들고 보좌 앞과 어린 양 앞에 서서(7/9)
21)구원하심이 보좌에 앉으신 우리 하나님과 어린양에게 있도다(7/10)
22)보좌 가운데에 계신 어린양이 그들의 목자가 되사 생명수 샘으로 인도하시고 하나님께서 그 들의 눈에서 모든 눈물을 씻어 주실 것임이라(7/17)

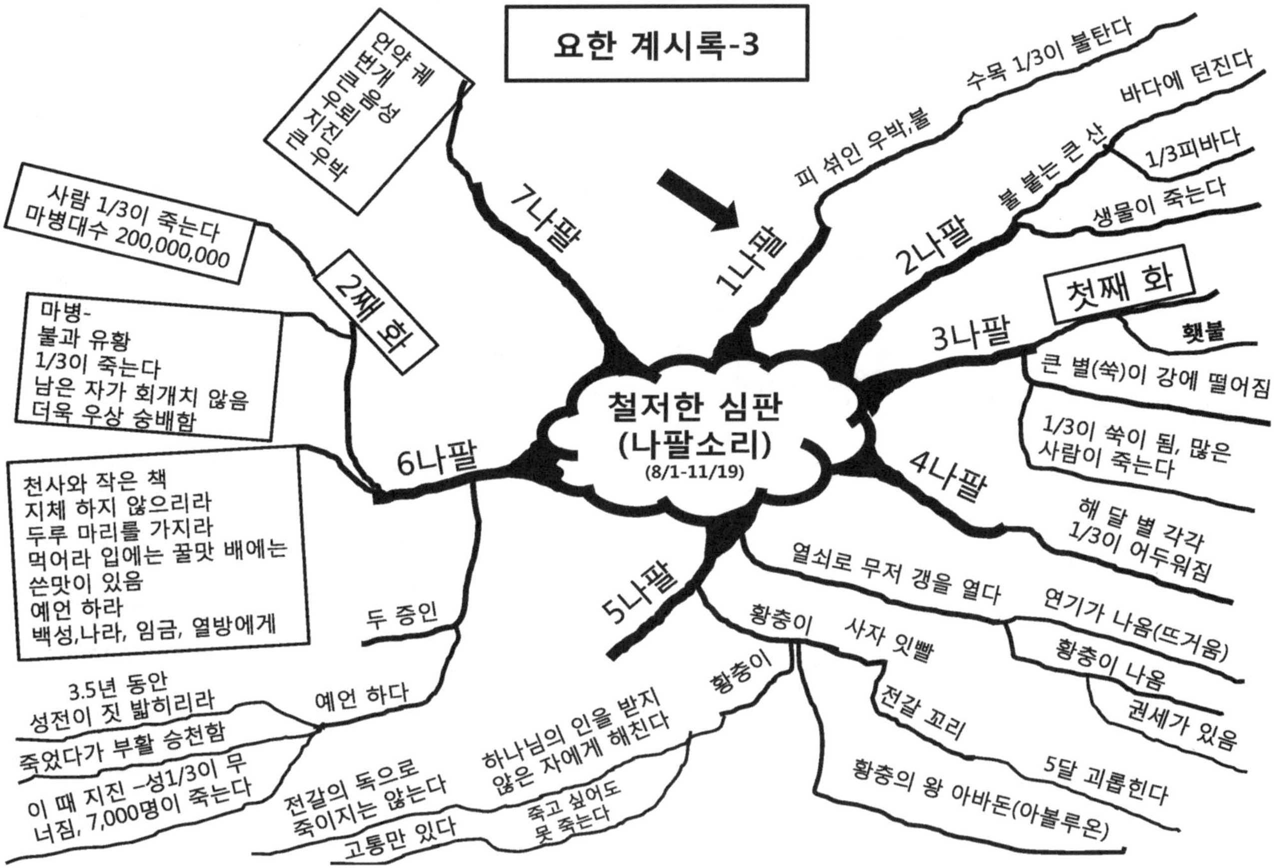

요한 계시록-3
철저한 심판
(나팔소리)
(8/1-11/19)
1나팔
피 섞인 우박,불
수목 1/3이 불탄다
2나팔
불 붙는 큰 산
바다에 던진다
1/3피바다
생물이 죽는다
첫째 화
3나팔
횃불
큰 별(쑥)이 강에 떨어짐
1/3이 쑥이 됨, 많은 사람이 죽는다
4나팔
해 달 별 각각 1/3이 어두워짐
5나팔
열쇠로 무저 갱을 열다
연기가 나옴(뜨거움)
황충이 나옴
권세가 있음
황충이
사자 잇빨
전갈 꼬리
5달 괴롭힌다
황충의 왕 아바돈(아볼루온)
황충이
하나님의 인을 받지 않은 자에게 해친다
전갈의 독으로 죽이지는 않는다
고통만 있다
죽고 싶어도 못 죽는다
6나팔
2째 화
사람 1/3이 죽는다
마병대수 200,000,000
마병-
불과 유황
1/3이 죽는다
남은 자가 회개치 않음
더욱 우상 숭배함
천사와 작은 책
지체 하지 않으리라
두루 마리를 가지라
먹어라 입에는 꿀맛 배에는 쓴맛이 있음
예언 하라
백성,나라, 임금, 열방에게
두 증인
예언 하다
3.5년 동안
성전이 짓 밟히리라
죽었다가 부활 승천함
이 때 지진 –성1/3이 무너짐, 7,000명이 죽는다
7나팔
언약 궤
번개 음성
우뢰
지진
큰 우박

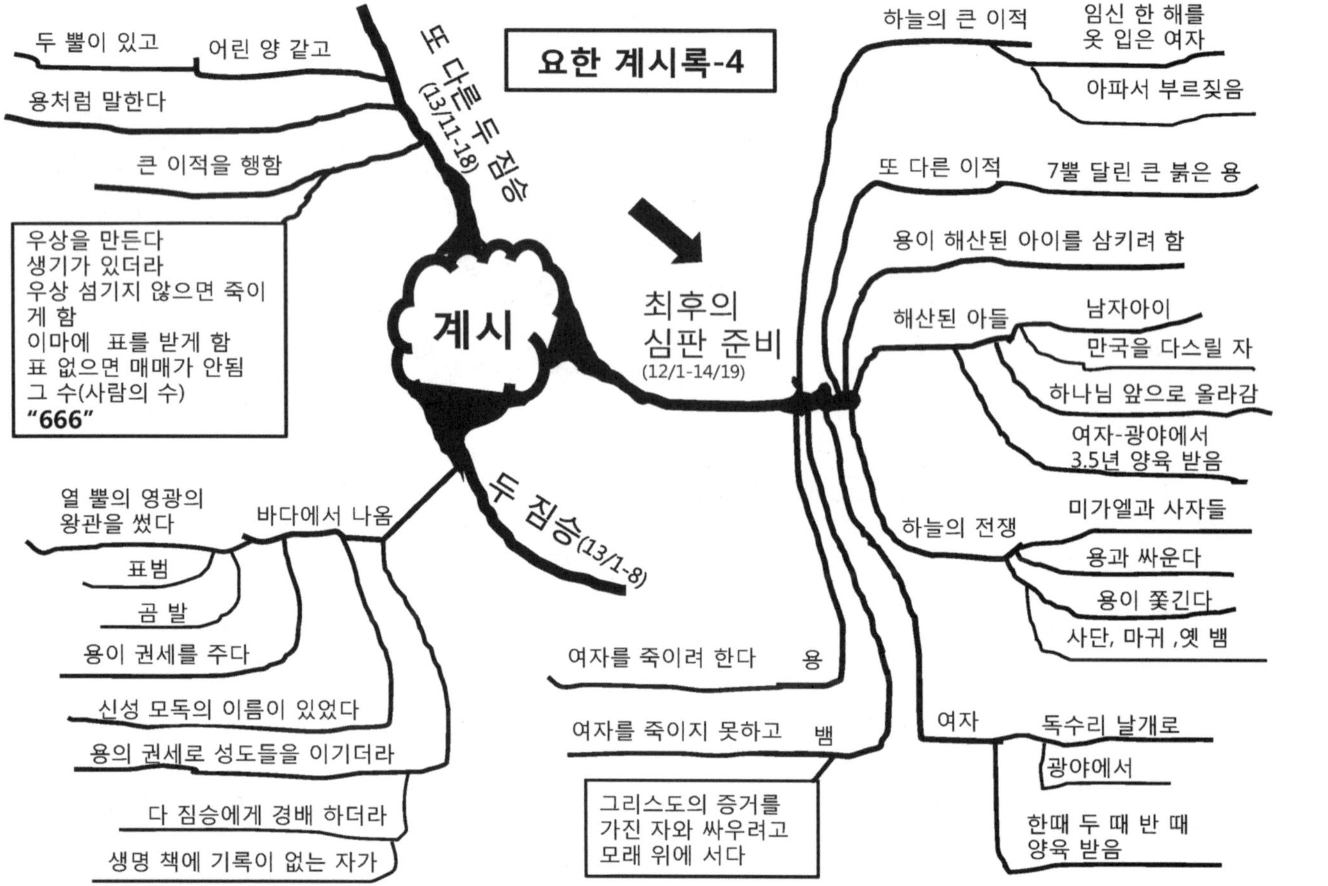
요한 계시록-4
계시
또 다른 두 짐승
(13/11-18)
두 뿔이 있고
어린 양 같고
용처럼 말한다
큰 이적을 행함
우상을 만든다
생기가 있더라
우상 섬기지 않으면 죽이게 함
이마에 표를 받게 함
표 없으면 매매가 안됨
그 수(사람의 수)
"666"
두 짐승(13/1-8)
바다에서 나옴
열 뿔의 영광의 왕관을 썼다
표범
곰 발
용이 권세를 주다
신성 모독의 이름이 있었다
용의 권세로 성도들을 이기더라
다 짐승에게 경배 하더라
생명 책에 기록이 없는 자가
최후의 심판 준비
(12/1-14/19)
하늘의 큰 이적
임신 한 해를 옷 입은 여자
아파서 부르짖음
또 다른 이적
7뿔 달린 큰 붉은 용
용이 해산된 아이를 삼키려 함
해산된 아들
남자아이
만국을 다스릴 자
하나님 앞으로 올라감
여자-광야에서 3.5년 양육 받음
하늘의 전쟁
미가엘과 사자들
용과 싸운다
용이 쫓긴다
사단, 마귀 ,옛 뱀
여자를 죽이려 한다
용
여자를 죽이지 못하고
뱀
그리스도의 증거를 가진 자와 싸우려고 모래 위에 서다
여자
독수리 날개로
광야에서
한때 두 때 반 때 양육 받음

성경 해설(요한 계시록-3.4)

Message

1)나팔의 역사(8/7-11/19)-천사가 시행 한다.
1-7째 나팔이 울릴 때 마다 심판이 시행 된다.
2)첫 째 화
3-5째 나팔을 불 때 천체의 1/3 이 떨어 진다(해.달 .별)
무저갱이 열린다-무서운 황충이 나와 해친다.
아바돈(아볼루온)이 나온다 사람을 해친다.
3)둘 째 화(6째 나팔)
사람의 1/3이 죽는다.
마병 1/3이 죽는다 더욱 우상숭배 한다.
성 1/3이 무너진다.
4)7째 나팔 불 때
하늘의 성전이 보인다-언약 궤가 보인다.
5)최후의 심판 준비(12/1-14/20)
용의 등장-사람을 삼키려 한다. 미카엘이 하늘에서 용과 싸운다.
용과 뱀이 싸우려 한다.
사탄과의 전쟁이다.
한 때 두 때 반 때-양육 받는다(구원 받은 자)
* 용, 짐승, 또 다른 짐승

말씀으로 기도하기-3(요한계시록 3. 4)

23)일곱째 인을 떼실 때에 하늘이 반 시간쯤 고요하더라(8/1)
24)천사가 와서 제단 곁에서서 금 향로를 가지고 많은 향을 받았으니 이는 모든 성도의 기도와 합하여 보좌 앞 금 제단에 드리고자 함이라(8/3)
25)향연이 성도의 기도와 함께 천사의 손으로부터 하나님 앞으로 올라가는지라(8/4)
26)천사가 향로를 가지고 제단의 불을 담아다가 땅에 쏟으매 우레와 음성과 번개와 지진이 나더라(8/5)
27)무저갱의 사자라 히브리어로는 그 이름이 아바돈이요 헬라어로는 그 이름이 아볼루온이더라(9/11)
28)(일곱째 나팔을 불 때) 일곱째 천사가 나팔을 불매 하늘에 큰 음성들이 나서 이르되 세상 나라가 우리 주와 그의 그리스도의 나라가 되어 그가 세세토록 왕 노릇 하시리라(11/15)
22)이에 하늘에 있는 하나님의 성전이 열리니 성전 안에 하나님의 언약궤가 보이며 또 번개와 음성들과 우레와 지진과 큰 우박이 있더라(11/19)
23)내가 보니 보라 어린 양이 시온 산에 섰고 그와 함께 144,000이 서 있는데 그들의 이마에는 어린양의 이름과 그 아버지의 이름을 쓴 것이 있더라(14/1)
24)내가 보니 흰 구름이 있고 구름 위에 인자와 같은 이가 앉으셨는데 그 머리에는 금 면류관이 있고 그 손에는 예리한 낫을 가졌더라(14/14)
25)구름 위에 앉으신 이가 낫을 땅에 휘두르매 땅의 곡식이 거두 어지니라(14/16)
26)성 밖에서 그 틀이 밟히니 틀에서 피가 나서 말 굴레에까지 닿았고 천육백 스타디온 (192미터 x 1600=307,200미터---768리)에 퍼졌더라(14/20)
27)하늘에~~일곱 천사가 일곱 재앙을 가졌으니 곧 마지막 재앙이라 하나님의 진노가 이것으로 마치리로다(15/1)
28)일곱 천사의 일곱 재앙이 마치기 까지는 성전에 능히 들어 갈 자가 없더라(15/8)

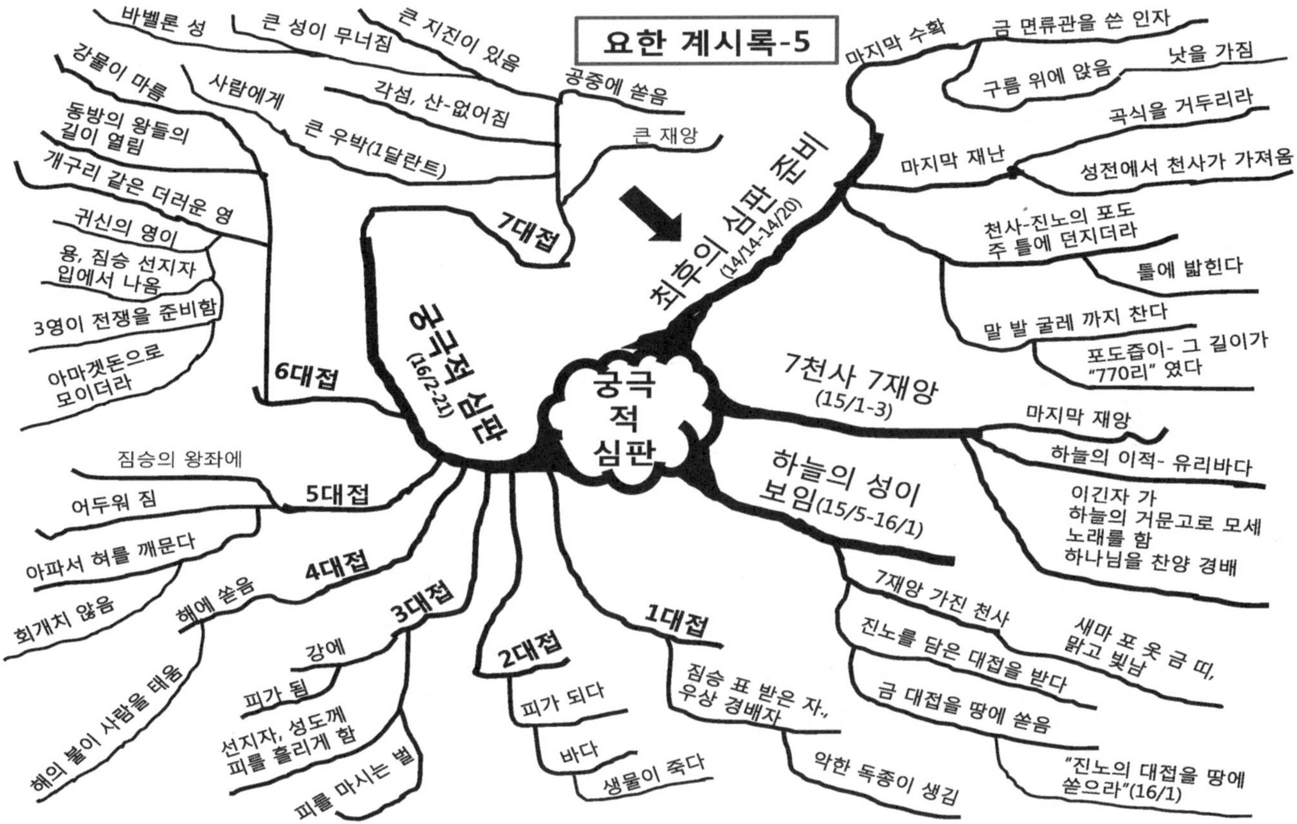

요한 계시록-5
궁극적 심판
최후의 심판 준비 (14/14-14/20)
마지막 수확
금 면류관을 쓴 인자
구름 위에 앉음
낫을 가짐
마지막 재난
곡식을 거두리라
성전에서 천사가 가져옴
천사-진노의 포도 주 틀에 던지더라
틀에 밟힌다
말 발 굴레 까지 찬다
포도즙이- 그 길이가 "770리" 였다
7천사 7재앙 (15/1-3)
마지막 재앙
하늘의 이적- 유리바다
이긴자 가 하늘의 거문고로 모세 노래를 함 하나님을 찬양 경배
하늘의 성이 보임(15/5-16/1)
7재앙 가진 천사
새마 포 옷 금 띠, 맑고 빛남
진노를 담은 대접을 받다
금 대접을 땅에 쏟음
"진노의 대접을 땅에 쏟으라"(16/1)
궁극적 심판 (16/2-21)
1대접
짐승 표 받은 자., 우상 경배자
악한 독종이 생김
2대접
피가 되다
바다
생물이 죽다
3대접
강에
피가 됨
선지자, 성도께 피를 흘리게 함
피를 마시는 벌
4대접
해에 쏟음
해의 불이 사람을 태움
회개치 않음
5대접
짐승의 왕좌에
어두워 짐
아파서 혀를 깨문다
6대접
강물이 마름
동방의 왕들의 길이 열림
개구리 같은 더러운 영
귀신의 영이
용, 짐승 선지자 입에서 나옴
3영이 전쟁을 준비함
아마겟돈으로 모이더라
7대접
공중에 쏟음
사람에게
큰 우박(1달란트)
각섬, 산-없어짐
큰 재앙
바벨론 성
큰 성이 무너짐
큰 지진이 있음

성경 해설(요한 계시록-5)

Message

1)궁극적 심판(12/1-18/23)
2)최후의 심판 준비(대접 심판)—7째 대접이 가는 곳 마다.
경악의 비명이다.
1-7째 대접 역사
마지막 수확을 행한다(16/1-21)
피의 재앙이 온다.—죽음의 재앙이 온다.
3)하늘 성전에서 모든 심판이 진행된다.—천체, 자연에
진노의 대접을 쏟는다.
대접을 사람, 짐승, 바다, 강, 우상, 공중, 천체, 섬에...
생물(바다)이 죽고 해의 불이 사람을 태운다.
더러운 영이 쏟아져서 전쟁이 생긴다.
지진, 큰 우박, 산, 섬이 없어진다.

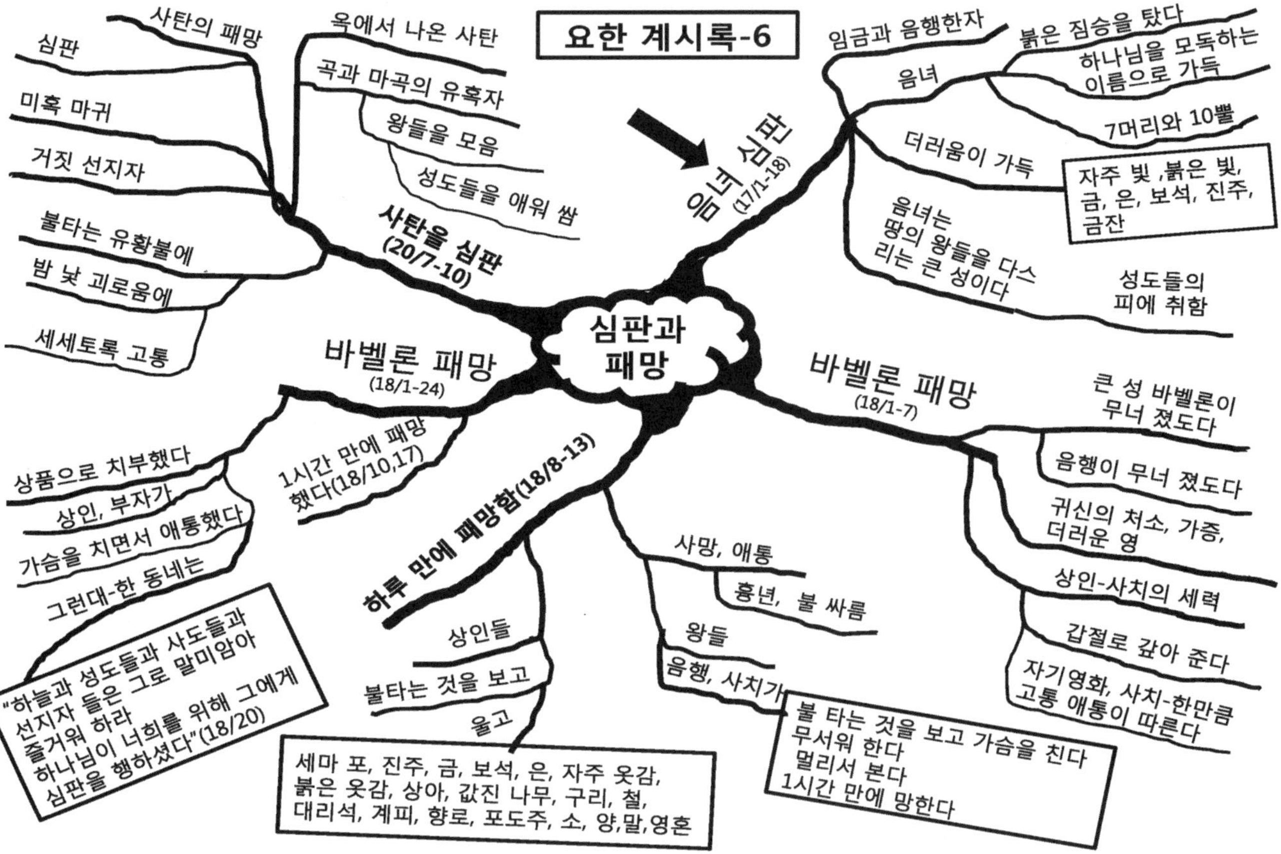
요한 계시록-6
심판과 패망
사탄을 심판 (20/7-10)
사탄의 패망
심판
미혹 마귀
거짓 선지자
불타는 유황불에
밤 낮 괴로움에
세세토록 고통
옥에서 나온 사탄
곡과 마곡의 유혹자
왕들을 모음
성도들을 애워 쌈
음녀 심판 (17/1-18)
임금과 음행한자
음녀
붉은 짐승을 탔다
하나님을 모독하는 이름으로 가득
7머리와 10뿔
더러움이 가득
자주 빛 ,붉은 빛, 금, 은, 보석, 진주, 금잔
음녀는 땅의 왕들을 다스 리는 큰 성이다
성도들의 피에 취함
바벨론 패망 (18/1-7)
큰 성 바벨론이 무너 졌도다
음행이 무너 졌도다
귀신의 처소, 가증, 더러운 영
상인-사치의 세력
갑절로 갚아 준다
자기영화, 사치-한만큼 고통 애통이 따른다
바벨론 패망 (18/1-24)
1시간 만에 패망 했다(18/10,17)
상품으로 치부했다
상인, 부자가
가슴을 치면서 애통했다
그런대-한 동네는
"하늘과 성도들과 사도들과 선지자 들은 그로 말미암아 즐거워 하라 하나님이 너희를 위해 그에게 심판을 행하셨다"(18/20)
하루 만에 패망함(18/8-13)
상인들
불타는 것을 보고
울고
세마 포, 진주, 금, 보석, 은, 자주 옷감, 붉은 옷감, 상아, 값진 나무, 구리, 철, 대리석, 계피, 향로, 포도주, 소, 양,말,영혼
사망, 애통
흉년, 불 싸름
왕들
음행, 사치가
불 타는 것을 보고 가슴을 친다 무서워 한다 멀리서 본다 1시간 만에 망한다

성경 해설(요한 계시록-6)

Message

1)음녀 심판(17/1-18)
우상 국가(현재 모든 국가)
적 그리스도를 심판 한다-우상 섬기면서 사치된 문화
음녀-땅의 왕을 다스리는 왕(큰 성)-현재의 각 국가.
2)바벨론 심판(18/1-24)
문화 심판-과학, 지식, 무기 등.
최고의 인간의 문화 우상이 1일(하루)에 다 타버린다.
3)바벨론 패망(18/1-24)
1시간 만에 망한다.
상품, 첨단 과학, 첨단 무기, 세계 부자, 세계 선진국.

말씀으로 기도하기-4(요한계시록 6)

29)너희는 가서 하나님의 진노의 일곱 대접을 땅에 쏟으라(16/1)
30)귀신의 영이라 이적을 행하여 온 천하 왕들에게 가서 하나님 곧 전능하신 이의 큰 날에 있을 전쟁을 위하여 그들을 모으더라(16/14)
31)이 세 영이 히브리어로 아마겟돈이라는 곳으로 왕들을 모으더라(16/16)

---바벨론 패망---

32)(바벨론 패망) 무너졌도다 큰 성 바벨론 이여 귀신의 처소와 각종 더러운 영이 모이는 곳과 각종 더럽고 가증한 새들이 모이는 곳이 되었도다(18/2)
33)(바벨론)그 음행의 진노의 포도주로 말미암아 만국이 무너졌으며 또 땅의 왕들이 그와 더불어 음행 하였으며 땅의 상인들도 그 사치의 세력으로 치부하였도다(18/3)
34)그러므로 하루 동안에 그 재앙들이 이르리니 곧 사망과 애통함과 흉년이라 그가 또한 불에 살라지리니 그를 심판하시는 주 하나님은 강하신 자이심이라(18/8)
35)그와 함께 음행하고 사치하던 땅의 왕들이 그가 불타는 연기를 보고 위하여 울고 가슴을 치며 그의 고통을 무서워하여 멀리 서서 이르되 화 있도다 화 있도다 큰 성, 견고한 성 바벨론 이여 한 시간에 네 심판이 이르렀다 하리로다(18/9-10)
36) 땅의 상인들이 그를 위하여 울고 애통하는 것은 다시 그들의 상품을 사는 자가 없음이라
그 상품은 금과 은과 보석과 진주와 세마포와 자주 옷감과 비단과 붉은 옷감이요 각종 향목과 각종 상아 그릇이요 값진 나무와 구리와 철과 대리석으로 만든 각종 그릇이요
계피와 향로와 향과 향유와 유향과 포도주와 감람유와 고운 밀가루와 밀이요 소와 양과 말과 수레와 종들과 사람의 영혼들이라(18/11-13)
37)바벨론아 네 영혼이 탐하던 과일이 네게서 떠났으며 맛있는 것들과 빛난 것들이 다 없어졌으니 사람들이 결코 이것들을 다시 보지 못하리로다(18/14)
38)바벨론으로 말미암아 치부한 이 상품의 상인들이 그의 고통을 무서워하여 멀리 서서 울고 애통하여 이르되 화 있도다 화 있도다 큰 성이여 세마포 옷과 자주 옷과 붉은 옷을 입고 금과 보석과 진주로 꾸민 것인데 그러한 부가 한 시간에 망하였도다 모든 선장과 각처를 다니는 선객들과 선원들과 바다에서 일하는 자 들이 멀리 서서 그가 불타는 연기를 보고 외쳐 이르되 이 큰 성과 같은 성이 어디 있느냐 하며
티끌을 자기 머리에 뿌리고 울며 애통하여 외쳐 이르되 화 있도다 화 있도다 이 큰 성이여 바다에서 배 부리는 모든 자들이 너의 보배로운 상품으로 치부하였더니 한 시간에 망하였도다(18/15-19)
39)하늘과 성도들과 사도들과 선지자들아 그로 말미암아 즐거워 하라 하나님이 너희를 위하여 그에게 심판을 행하셨음이라(18/20)

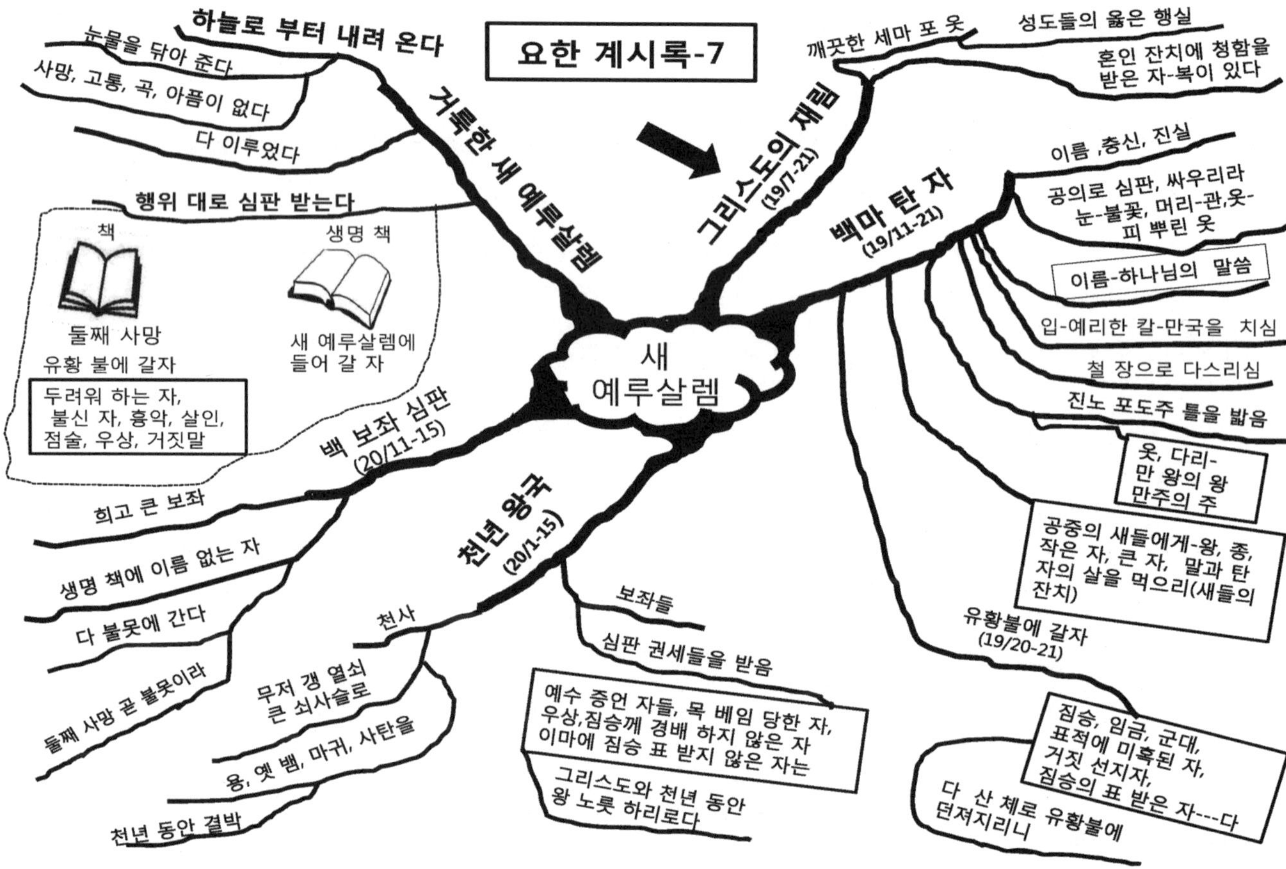
요한 계시록-7
새 예루살렘
거룩한 새 예루살렘
하늘로 부터 내려 온다
눈물을 닦아 준다
사망, 고통, 곡, 아픔이 없다
다 이루었다
행위 대로 심판 받는다
책
둘째 사망
유황 불에 갈자
생명 책
새 예루살렘에 들어 갈 자
두려워 하는 자, 불신 자, 흉악, 살인, 점술, 우상, 거짓말
백 보좌 심판 (20/11-15)
희고 큰 보좌
생명 책에 이름 없는 자
다 불못에 간다
둘째 사망 곧 불못이라
천년 왕국 (20/1-15)
천사
무저 갱 열쇠 큰 쇠사슬로
용, 옛 뱀, 마귀, 사탄을
천년 동안 결박
보좌들
심판 권세들을 받음
예수 증언 자들, 목 베임 당한 자, 우상,짐승께 경배 하지 않은 자 이마에 짐승 표 받지 않은 자는
그리스도와 천년 동안 왕 노릇 하리로다
그리스도의 재림 (19/7-21)
깨끗한 세마 포 옷
성도들의 옳은 행실
혼인 잔치에 청함을 받은 자-복이 있다
백마 탄 자 (19/11-21)
이름 ,충신, 진실
공의로 심판, 싸우리라 눈-불꽃, 머리-관,옷-피 뿌린 옷
이름-하나님의 말씀
입-예리한 칼-만국을 치심
철 장으로 다스리심
진노 포도주 틀을 밟음
옷, 다리-만 왕의 왕 만주의 주
공중의 새들에게-왕, 종, 작은 자, 큰 자, 말과 탄 자의 살을 먹으리(새들의 잔치)
유황불에 갈자 (19/20-21)
짐승, 임금, 군대, 표적에 미혹된 자, 거짓 선지자, 짐승의 표 받은 자---다
다 산 체로 유황불에 던져지리니

성경 해설(요한 계시록-7)

Message

1)예수 그리스도의 재림(19/7-21)
깨끗한 세마 포 옷—성도들
2)백마 탄 자(19/11-21)
사람을 심판 한다.
완전히 전지 전능 하신 예수 그리스도께서 직접 사람을 심판 하신다.
짓 밟는다.
짐승의 밥으로 만든다.
유황 불 못에 던진다—산(生) 체로 넣는다.
3)천년 왕국(20/1-15)
천사-용, 뱀, 사단, 마귀와 싸운다.
하늘 보좌 보인다.
성도는 그리스도와 함께 천년 동안 왕 노릇 한다(20/4)
사탄은 완전 패망한다.
4)백 보좌 심판
지옥과 천국이 나뉘어 진다.

말씀으로 기도하기-5(요한계시록 7)

40)할렐루야! 구원과 영광과 능력이 우리 하나님께 있도다(19/1)
41)빛나고 깨끗한 세마포 옷을 입도록 허락 하셨으니 이 세마포 옷은 성도들의 옳은 행실이로다(19/8)
42)천사가 내게 말하기를 기록하라 어린 양의 혼인 잔치에 청함을 받은 자들은 복이 있도다(19/9)

---백마 탄 자---

43)하늘이 열린 것을 보니 보라 백마와 그것을 탄 자가 있으니 그 이름은 충신과 진실이라 그가 공의로 심판하며 싸우더라(19/11)
44)그 눈은 불꽃 같고 그 머리에는 많은 관들이 있고 또 이름 쓴 것 하나가 있으니 자기밖에 아는 자가 없고(19/12)
45)또 그가 피 뿌린 옷을 입었는데 그 이름은 하나님의 말씀이라 칭하더라(19/13)
46)하늘에 있는 군대들이 희고 깨끗한 세마포 옷을 입고 백마를 타고 그를 따르더라(19/14)
47)그의 입에서는 예리한 검이 나오니 그것으로 만국을 치겠고 친히 그들을 철장으로 다스리며 또 친히 하나님 곧 전능하신 이의 맹렬한 진노의 포도주 틀을 밟겠고 그 옷과 다리에 이름을 쓴 것이 있으니 만 왕의 왕이라 만주의 주라 하였더라(19/15-16)
48)그 짐승과 땅의 임금들과 그들의 군대들이 모여 그 말 탄 자와 그의 군대와 더불어 전쟁을 일으키다가(19/19)
49)짐승이 잡히고 그 앞에서 표적을 행하던 거짓 선지자도 함께 잡혔으니 이는 짐승의 표를 받고 그의 우상에게 경배하던 자들을 표적으로 미혹하던 자라 이 둘이 산채로 유황불 못에 던져지고
그 나머지는 말 탄 자의 입으로부터 나오는 검에 죽으매 모든 새가 그들의 살로 배불리더라(19/20-21)

---천년왕국---

50)천사가 무저갱의 열쇠와 큰 쇠사슬을 그의 손에 가지고 하늘로 부터 내려와서
용을 잡으니 곧 옛 뱀이요 마귀요 사탄이라 잡아서 천년 동안 결박하여
무저갱에 던져 넣어 잠그고 그 위에 인봉하여 천 년이 차도록 다시는 만국을 미혹하지 못하게 하였는데 그 후에는 반드시 잠깐 놓이리라(20/1-3)
51)내가 보좌들을 보니 거기에 앉은 자들이 있어 심판하는 권세를 받았더라~~예수를 증언함과 하나님의 말씀 때문에 목 베임을 당한 자들의 영혼들과 또 짐승과 그의 우상에게 경배하지 아니하고 그들의 이마와 손에 그의 표를 받지 아니한 자들이 살아서 그리스도와 더불어 천 년 동안 왕 노릇 하니(20/4)---이것이 첫째 부활이로다(20/5)
52)이 첫째 부활에 참여하는 자들은 복이 있고 거룩하도다 둘째 사망이 그들을 다스리는 권세가 없고 도리어 그들이 하나님과 그리스도의 제사장이 되어 천 년 동안 그리스도와 더불어 왕 노릇 하리라(20/6)

말씀으로 기도하기-6(요한계시록 7)

---사탄의 패망---

53)천 년이 다 차매 사탄이 그 옥에서 놓여
나와서 땅의 사방 백성 곧 곡과 마곡을 미혹하고 모아 싸움을 붙이리니 그 수가 바다의 모래 같으리라(20/7-8)
54)그들이 지면에 널리 펴서 성도들의 진과 사랑하시는 성을 두르매 하늘에서 불이 내려와 그들을 태워버리고
또 그들을 미혹하는 마귀가 불과 유황 못에 던져지니 거기는 그 짐승과 거짓 선지자도 있어 세세토록 밤낮
괴로움을 받으리라(20/9-10)
55)사망과 음부도 불 못에 던져지니 이것은 둘째 사망 곧 불 못이라
누구든지 생명 책에 기록되지 못한 자는 불 못에 던져지더라(20/14-15)

---새 하늘과 새 땅—

56)새 하늘과 새 땅을 보니 처음 하늘과 처음 땅이 없어졌고 바다도 다시 있지 않더라(21/1)
57)내가 보매 거룩한 성 새 예루살렘이 하나님께로 부터 하늘에서 내려오니 그 준비한 것이 신부가 남편을
위하여 단장한 것 같더라(21/2)
58)보라 하나님의 장막이 사람들과 함께 있으매 하나님이 그들과 함께 계시리니 그들은 하나님의 백성이 되고
하나님은 친히 그들과 함께 계셔서
모든 눈물을 그 눈에서 닦아 주시니 다시는 사망이 없고 애통하는 것이나 곡하는 것이나 아픈 것이 다시 있지
아니하리니 처음 것들이 다 지나갔음이러라(21/3-4)
59)이루었도다 나는 알파와 오메가요 처음과 마지막이라 내가 생명수 샘물을 목마른 자에게 값없이
주리니 이기는 자는 이것들을 상속으로 받으리라 나는 그의 하나님이 되고 그는 내 아들이 되리라(21/6-7)
60)그러나 두려워 하는 자들과 믿지 아니하는 자들과 흉악한 자들과 살인자들과 음행 하는 자들과 점술가들과
우상숭배자들과 거짓말하는 모든 자들은 불과 유황으로 타는 못에 던져지리니 이것이 둘째 사망이라(21/8)

---새 예루살렘---

61)성령으로 나를 데리고 크고 높은 산으로 올라가 하나님께로부터 하늘에서 내려오는 거룩한 성 예루살렘을
보이니 하나님의 영광이 있어 그 성의 빛이 지극히 귀한 보석 같고 벽옥과 수정같이 맑더라(21/10-11)
62)그 성은 네모가 반듯하여 길이와 너비가 같은지라 그 갈대 자로 그 성을 측량하니 만 이천 스다디온
(192미터 : 192 x 192 x 192= 7,077,888 입방 미터)이요 길이 너비와 높이가 같더라(21/16)
63)그 성곽은-벽옥으로 쌓였고 그 성은 정금인데 맑은 유리 같더라
성곽의 기초 석은 각색 보석으로-첫째는 벽옥이요, 둘째는 남보석이요, 셋째는 옥수요, 넷째는 녹 보석이요,
다섯째는 홍마노요, 여섯째는 홍보석이요, 일곱째는 황옥이요, 여덟째는 녹 옥이요, 아홉째는 담황옥이요,
열째는 비취옥이요, 열한째는 청 옥이요, 열두째는 자수정이라(21/18-20)
64)그 열두 문-진주문, 성의 길-정금(21/21)

말씀으로 기도하기-7(요한계시록 7)

65)다시 밤이 없겠고 등불과 햇빛이 쓸 데 없으니 이는 주 하나님이 그들에게 비치심이라 그들이 세세토록 왕 노릇하리로다(22/5)
66)보라 내가 속히 오리니 이 두루마리의 예언의 말씀을 지키는 자는 복이 있으리라(22/7)
67)보라 내가 속히 오리니 내가 줄 상이 내게 있어 각 사람에게 그가 행한 대로 갚아 주리라(22/12)
68)나는 알파와 오메가요 처음과 마지막이라(22/13)
79)자기 두루마기를 빠는 자들은 복이 있으니 이는 그들이 생명나무에 나아가며 문들을 통하여 성에 들어갈 권세를 받으려 함이로다(22/14)
70)개들과 점술가들과 음행 하는 자들과 살인자들과 우상 숭배자들과 및 거짓말을 좋아하며 지어내는 자는 다 성밖에 있으리라(22/15)
71)나 예수는 교회들을 위하여 내 사자를 보내어 이것들을 너희에게 증언하게 하였노라 나는 다윗의 뿌리요 자손이니 곧 광명한 새벽 별이라(22/16)
72)성령과 신부가 말씀하시기를 오라 하시는도다 듣는 자도 오라 할 것이요 목마른 자도 올 것이요 또 원하는 자는 값없이 생명수를 받으라 하시더라(22/17)
73)두루마리의 예언의 말씀을 듣는 모든 사람에게 증언하노니 만일 누구든지 이것들 외에 더하면 하나님이 이 두루마리에 기록된 재앙들을 그에게 더하실 것이요(22/18)
74)만일 누구든지 이 두루마리의 예언의 말씀에서 제하여 버리면 하나님이 이 두루마리에 기록된 생명나무와 및 거룩한 성에 참여 함을 제하여 버리시리라(22/19)
75)이것들을 증언하신 이가 이르시되 내가 진실로 속히 오리라(22/20)

7. P.M독서법으로 얻은 성경의 열매

포토리딩(P.R)과
마인드맵(M.M)과
마인드맵리딩(M.R)
을
P.M 독서법(성경독서법)이라 한다

P.M 독서법으로 얻은 성경 열매

포토리딩(P.R)과 마인드맵(M.M)과 마인드맵읽기(M.R)로 성경을 읽은 결론은 행복이다.
어떤 환경에서도 돈이 있던 없던, 생활이 불편하던, 어려움이 와도, 걱정이 닥쳐도
늘 감사한 마음으로 행복해졌다. 이 행복은 순간적인 것이 아니라 사는 것이 늘 감사하고 행복지수가 충만해졌다. 미래에 대한 불안이 사라졌다.
가장 중요한 것은 하나님의 말씀이 자꾸 믿어지는 믿음이 날로 날로 자라났다. 전에는 억지로 성경을 믿으려고 애를 썼지만 그것이 인본적으로 내가 애를 썼다는 것이었다.
지금 생각하니 참 한심하기 짝이 없었다. 믿음이 없으니 인본적인 애를 쓸 수 밖에 없었다.
이제는 모든 성경을 읽을 때마다 자꾸 믿어지고 이해가 되어 진다.

성경을 읽을수록 미래에 대한 가슴 뛰는 일들이 생긴다. 그것은 내가 어떤 계획을 세우는 것이 아니라 성경에서 나에게 미래를 보게 하여 일들을 만들어 가는데 나는 그냥 따라가는 것 뿐이다. 지금 일어나고 있는 일들에 대한 성경에서 비춰볼 때 미래를 볼 수 있다. 한 예로 예수님이 예루살렘성전의 돌들이 돌 하나도 돌 위에 남지 않고 무너뜨려지리라고 하셨다. 지금 우리교회현실을 볼 때 돌들이 무너지는 것을 볼 때.... 오로지 성경에서 하나님이 주신 지혜로 깨달아 지는 지혜였다. 또 한가지는 고전 인문학 서적들에서와 성경이 깨닫게 해 주는 것이었다. 인문고전과 성경은 우리의 삶에 풍성한 자양분이다.

성경을 자꾸 읽으니 어느 싯점에 닿으니 한 단어로 결집되는데 이르러졌다. 성경 66권의 핵심이 예수는 그리스도라는 것이 깨달아 졌다. 이것을 깨닫는 순간부터 이 때까지 몰랐던 여러가지가 깨달아지고 성경이 해석되기 시작했다. 성경을 읽을 때 이해가 잘 되어졌다.
특히 그 많은 분량의 구약성경이 해석이 되어졌다. 그리스도라는 것이 이해가 되면서 부터 바울이 그리스도를 잡으려고 달려 간다고 한 고백이 이해 되어졌다. 그래서 예수를 깊이 생각하라 했다. "그리스도의 길이 너비 깊이 높이를 알게 하옵소서" 바울의 기도였다. 그리스도를 아는 순간 부터 인본주의를 쓰는 것이 쓸데없는 일이라는 것이었다.
성경이 전체적으로 보여지기 시작했다. 전체를 봄으로 해서 부분적인 것이 해석이 되어졌다. 성경이 어떻게 편집된 것도 알게 되어졌다.
성경을 아는 순간부터 찬송이 달라졌다. 우리가 사용하는 찬송가의 뜻과 깊이가 이해되어지고 찬송을 부를 때 하나님을 만나는 행복을 맛 볼 수 있었다. 찬양에 힘이 있고 찬양의 능력을 알게 되었다
성경을 읽으면서 기도의 참 맛을 알게 되어 기도가 노력이 아니라 즐거운 시간이 되어지고 기도 하는 시간의 길고 짧은 것에 문제가 아니고 그 깊이의 관계였다. 기도하는 시간은 하나님과 독대 하는 시간으로 바꿔졌다.

예배 시간에 하나님을 만나는 즐거움이 얼마나 좋은지 또 하나님으로부터 주시는 하나님의 말씀이 얼마나 중요한지를 알게 되어 예배시간은 행복의 시간이었다.

기도를 짧게 하여도 하나님의 계약서인 하나님의 말씀약속을 가지고 하니 기도의 심지가 깊어 졌다. 그래서 말씀으로 기도하기를 실어놓았다. 그것은 하나님이 사람에게 공포하신 것이기 때문에 그 말씀을 가지고 기도를 하면 하나님은 하나님이 공포하신 것이기 때문에 하나님이 들어주실 수밖에 없다. 우리는 될 수 있는 대로 약속하신 하나님의 말씀을 잡고 하는 기도가 가장 잘 하는 기도가 될 수 있다.

특히 우리의 예배는 될 수 있는 대로 인본적인 것은 배제한 것이 중요하다.
오직 하나님 중심인 성경을 본(本)으로 하는 것이 중요하다.

다시 요약을 하면
P.M독서법으로 성경을 읽으면 누구나 다 새로운 신앙의 행복을 즐긴다.
나는 행복하다. 나의 신앙생활이 행복하고 확실하다. 나의 믿음이 확고하다. 마지막 종말에 대해서 불안하지 않다.
인본적인 것이 자꾸 없어졌다. 하나님의 말씀이 달고 오묘했다. 성경책만 봐도 너무너무 사랑스러웠다.
설교하는 것이 즐거운 시간이다. 설교준비는 노력이 아니라 행복하고 힘이 솟는 즐거움이다.
예배드리는 것은 하나님을 만나는 시간이라서 최고의 행복한 시간이다.
찬송시간이 너무나 즐겁고 행복하고 하나님을 만나는 기쁨이 충만하다. 기도는 하나님과 대화하는 즐거움이 있다.
치유가 저절로 된다.
신앙생활을 하는 것이 아니라 신앙생활이 되어지는 것이다. 기도도 되어지는 것이다. 찬송도 되어 지는 것이다. 예배드림이 행사의 의식이 아니라 되어 지는 것이다. 성경읽기도 노력하는 것이 아니라 되어지는 행복한 성경읽기로 되어진다.

이상은 성경을 읽고 얻은 열매였다.

그러면 어떻게 성경을 많이 읽고 깊이 있게 읽을 수 있나?
그 방법이 P.M 법으로 읽으면 된다
아무리 성경을 못 읽어도 1년에 100-200독을 읽을 수 있다.
그 방법이 포토리딩(P.R)과 마이드맵(M.M)과 마인드맵읽기(M.R)을 하는 피엠(P.M)독서법(성경읽기)이다.

성경을 온 교인들이 P.M독서법으로 성경을 읽으면 전 교회가 많은 간증꺼리들이 나타날 것이며 온 교회에 성령의 흐름이 역사할 것입니다. 목사님의 설교는 힘이 있고 그 말씀으로 교인들은 기도와 신앙생활에 많은 영향이 나타날 것입니다. 교회는 든든히 서 가고 교회는 부흥 운동이 일어나고 전도의 열매들이 나타날 것이고 특히 공부하는 학생들은 학교 성적이 향상되는 정도가 아니라 반에서 뛰어난 성적을 나타낼 것입니다. 할렐루야!

맺는 말

읽은 만큼 당신은 행복해 집니다.
P.R과 M.R를 한 만큼 당신의 매래는 밝습니다.
마음의 여러 가지가 치유되어 집니다.
교회는 정말 평안 해 집니다.
매일 매일 행복해 집니다.
나라는 부강하고 평안한 국가가 되어집니다.
교회는 확장되고 선교와 전도가 활성화 되어집니다.
목회자의 목장은 꼴이 풍성합니다.
감사합니다.

참고도서 성경

큰 글자 성경전서(개역개정) : 대한성서공회 2012.11.30
개역개정 굿데이 성경 : 생명의 말씀사 2012. 6.30
킹레터 성경전서 : 대한성서공회 2001.12.10
큰 글자 성경전서(개역한글판) : 대한성서공회 2001. 7.30
프리즘 성경 : 말씀찬송선교회 1994. 8.25
관주 성경전서 : 대한성서공회 1964.
톰슨 대역 한영성경 : 기독지혜사 1989.
큐티 라이프 성경 : 기독지혜사 톰슨성경. 라이프성경 편찬위원회 1991.

나의 최고 행복

P.R 과 M.R 독서법으로 읽는 성경

지은이 : 이상철
발행인 : 이혜숙
초판 발행일 : 2018. 5. 20
등록 : ISBN 978-89-960111-9-4
발행처 : 치유와 영성(041-742-8276)
등록된 곳 : 충남 논산시 양촌면 매죽헌로 1311-6
독자의견 전화 : 010-9376-8291(이상철)
입금 : 농협 743013-52-315825, 예금주 : 이상철
기획 · 인쇄 : 샬롬기획인쇄 042)633-0678

- 성경다독과 효과에 대한 강의를 원하는 모임, 단체, 교회는
010-9376-8291로 연락주시기 바랍니다.

Email : sangcheol0122@daum.net
Blog : naver.com/lschul927